AWS 클라우드 머신러닝

머신러닝 기초부터 AWS SageMaker까지

AWS 클라우드 머신러닝

머신러닝 기초부터 AWS SageMaker까지

박정현 옮김   아비섹 미쉬라 지음

에이콘

 에이콘출판의 기틀을 마련하신 故 정완재 선생님 (1935-2004)

함께해온 시간 동안 사랑과 헌신을 아끼지 않은 아내 소남과
우리의 삶에 기쁨과 행복을 가져다준 딸 엘라나에게

옮긴이 소개

박정현(liveinfootball@gmail.com)

데이터를 기반으로 하는 머신러닝과 인공지능 관련 기술에 관심이 많으며 머신러닝 스타트업 창업 경험이 있다. 현재 서울대학교 EPM 연구실 및 공학연구원 소속 연구원으로 머신러닝, 엔지니어링 프로젝트 매니지먼트 관련 분야를 연구하고 있다. 공역한 책으로는 『R로 만드는 추천 시스템』(에이콘, 2017)이 있으며 AWS Certified Machine Learning Specialty, Microsoft Certified Professional 자격을 보유하고 있다.

옮긴이의 말

이 책은 머신러닝과 클라우드 두 가지를 모두 다룬다. 1장부터 8장까지 전반부에서는 머신러닝에 관한 이론적 개념과 데이터 수집, 전처리와 시각화 및 모델 생성과 평가에 이르는 전체적인 머신러닝 파이프라인을 설명한다. 9장부터 17장까지 후반부에서는 S3와 같은 기본적인 AWS 서비스를 시작으로 Comprehend, Lex, Rekognition과 같은 AWS 머신러닝 서비스를 간단한 실습과 함께 소개한다. 또한 AWS 머신러닝의 핵심 서비스인 Sage Maker의 기본 내장 알고리즘과 TensorFlow를 활용한 사용자 지정 알고리즘을 사용하는 방법까지 기본적인 실습과 함께 설명한다. 모든 실습 예제는 Jupyter Notebook 형태로 다운로드할 수 있도록 제공된다.

한 권의 책에서 두 가지 주제를 다루기엔 다소 깊이가 부족할 수는 있으나 머신러닝이나 AWS를 동시에 시작하고자 하는 독자에게는 좋은 선택일 수 있을 것이다. 먼저 부록을 따라 실습할 수 있는 환경을 설정하고 시작한다면 큰 어려움 없이 진도를 나갈 수 있다. 만약 머신러닝에 대한 기본적인 개념을 알고 있다면 부록을 마친 후 9장부터 시작하는 것도 좋다. 다만 일부 실습은 이전 장에서 작업한 내용을 바탕으로 진행될 수 있으니 주의하길 바란다. 더불어 AWS Certified Machine Learning Specialty 자격과 관련된 한글 자료가 많이 없는 상황에서 이를 준비하는 독자들에게도 작게나마 도움이 될 것이다.

또한 이 책은 머신러닝 개념과 AWS의 머신러닝 관련 서비스를 모두 경험할 수 있는 기회를 제공하는 만큼 처음 시작하는 독자에게는 앞으로 공부해 나갈 방향을 제시하고, 어느 정도 경험이 있는 독자에게는 AWS가 어떠한 머신러닝 서비스를 제공하고 어떻게 활용해 실제 서비스를 구성할 수 있는지 아이디어를 제공했으면 한다.

IT는 워낙 빠르게 발전하는 분야다. 그러다 보니 원서가 출간된 뒤 번역서가 출간되는 사이 일부 원서에서 소개한 기능이나 서비스가 종료되기도 하고, 화면 구성이나 기능이 좀 더 개선된 방향으로 바뀌어 있기도 한다. 허나 내용을 하나하나 비교해본다면 큰 어려움 없이 따라갈 수 있을 것이다. 이러한 과정을 통해 AWS가 어떤 방향으로 발전해 나아가는지 파악해보자.

지은이 소개

아비섹 미쉬라 Abhishek Mishra

19년 이상 IT 업계에서 활발하게 활동해왔으며 다양한 프로그래밍 언어, 엔터프라이즈 시스템, 서비스 아키텍처, 플랫폼 등 다양한 분야의 전문가다. 영국 런던대학교에서 컴퓨터 과학 석사 학위를 받았으며 현재는 런던의 로이드 뱅킹 그룹Lloyds Banking Group에서 보안 및 사기 방지 솔루션 아키텍트 컨설턴트로 일하고 있다. 『Amazon Web Services for Mobile Developers』(Sybex, 2017)를 포함한 여러 책의 저자이기도 하다.

감사의 글

짐 미나텔[Jim Minatel], 캐넌 브라운[Kenyon Brown], 데이비드 클라크[David Clark], 킴 코퍼[Kim Cofer], 핏 가흔[Pete Gaughan]을 포함한 Wiley 팀의 지원이 없었다면 이 책이 나오기 힘들었을 것이다. 아울러 예리한 눈으로 사소한 부분까지도 살펴봐준 하임 크라우즈[Chaim Krause]에게도 감사드린다. 여러분과 함께 일할 수 있었던 것은 내겐 큰 특권이었다. 감사하다.

IT는 워낙 빠르게 발전하는 분야다. 그러다 보니 원서가 출간된 뒤 번역서가 출간되는 사이 일부 원서에서 소개한 기능이나 서비스가 종료되기도 하고, 화면 구성이나 기능이 좀 더 개선된 방향으로 바뀌어 있기도 한다. 허나 내용을 하나하나 비교해본다면 큰 어려움 없이 따라갈 수 있을 것이다. 이러한 과정을 통해 AWS가 어떤 방향으로 발전해 나아가는지 파악해보자.

기술 감수자 소개

하임 크라우즈^{Chaim Krause}

컴퓨터, 전자 기기와 동물, 일렉트로닉 음악을 좋아하기에 이들을 조합하는 프로젝트를 정말 좋아한다. 스스로 많은 지식을 익히는 것을 즐기며, 사람들에게 집과 회사의 다른 점은 컴퓨터에 로그인한 장소가 다를 뿐이라고 농담할 정도로 집에서도 열심히 일한다. 또한 평생 학습자로서 소중한 시간을 낭비하게 하고 좌절하게 만드는 기술서의 오류에 종종 실망하곤 한다. 출판업계에서 기술 감수자로 일하는 이유 중 하나도 사람들이 이러한 불필요한 좌절을 겪지 않도록 돕기 위해서다.

차례

4장   Scikit-learn으로 머신러닝 모델 생성   131

5장   머신러닝 모델 평가   177

들어가며

AWS^Amazon Web Services^는 오늘날 클라우드 컴퓨팅 플랫폼 업계를 이끄는 선두주자로, 이 책을 쓰는 시점에 18개의 서비스 분야에서 100개 이상의 서비스를 제공한다. 클라우드 컴퓨팅 업계나 AWS 생태계를 처음 접하는 사람들에게는 이렇게 많은 숫자의 서비스가 압박으로 느껴질 수 있으며, 어디서부터 시작해 어느 부분에 초점을 맞춰야 할지도 부담스럽게 느껴질 것이다.

머신러닝을 처음 접하는 개발자와 경험이 많은 데이터 과학자도 종종 퍼블릭 클라우드나 AWS가 제공하는 머신러닝 서비스가 얼마나 유용한지 모르는 경우가 있다. 과거에는 클라우드 기반의 머신러닝 서비스에서 제한적인 알고리즘과 일부에서만 사용자 설정 기능을 사용할 수 있었으나 아마존에서 SageMaker를 발표하면서부터 많은 부분이 바뀌었다. SageMaker를 활용하면 아마존이 구현한 최신 알고리즘을 기반으로 머신러닝 모델을 구축할 수 있으며, Scikit-learn이나 TensorFlow와 같은 프레임워크를 사용해 사용자가 임의로 모델을 구축할 수도 있다.

머신러닝 모델만으로는 실생활에 사용 가능한 서비스를 구현할 수 없으며 데이터베이스, 로드밸런서, API 게이트웨이, 자격 증명 공급자와 같은 다양한 지원 시스템이 기반이 돼야 서비스가 가능하다. AWS는 이러한 모든 서비스를 제공한다. 이 책은 숙련된 머신러닝 전문가와 시작하는 애호가 모두를 위해 사전 학습 모델^pre-trained models^에 기반한 AWS 머신러닝 서비스들을 소개한다. 아울러 Amazon SageMaker에서 사용자 지정 모델을 훈련시키고 배포하는 과정을 단계별로 설명한다. 또한 머신러닝을 새로 시작하는 애호가들을 위해 데이터 전처리, 시각화, 피처 엔지니어링과 같은 머신러닝의 기초부터 NumPy, Pandas, Scikit-learn과 같이 널리 사용되는 파이썬 라이브러리도 다룬다.

이 책의 전반에 걸쳐 이론과 실무를 균형 있게 다루려고 노력했다. 기본 개념을 이해하기 쉽도록 많은 시각 자료를 포함했고, 실무에 바로 적용할 수 있는 다양한 사례와 조언을 실었다. 최신의 유용한 자료를 사용하고자 많은 노력을 기울였지만 일부분은 새로운 버전으로 변경됐을 수도 있다. 하지만 새로운 AWS 버전에서도 내용이 유용할 것이라 확신한다.

이 책의 대상 독자

머신러닝에 대해 배우고 AWS가 제공하는 머신러닝 관련 서비스를 활용해보려는 소프트웨어 개발자에게 적합하다. AWS의 서비스 중 많이 사용되는 머신러닝 관련 서비스에 대해 알고 싶은 데이터 과학자, 시스템 설계자, 애플리케이션 설계자에게도 유용할 것이다.

만약 머신러닝과 AWS 모두가 생소하다면 책의 처음부터 끝까지 차례로 읽기를 권한다. 경험이 많은 데이터 과학자라면 책의 후반부인 AWS의 머신러닝 관련 서비스 부분으로 바로 넘어가도 좋다.

이 책에서 다루는 영역

AWS 클라우드상에서 Python을 활용해 머신러닝 모델을 구축하고 학습시키는 과정과 Amazon Rekognition, Amazon Comprehend, Amazon Lex와 같은 AWS 머신러닝 서비스를 다룬다.

또한 피처 엔지니어링, 데이터 시각화와 같은 일반적인 머신러닝 개념과 머신러닝 시스템을 구축하는 데 사용하는 Amazon IAM, Amazon Cognito, Amazon S3, Amazon DynamoDB, AWS Lambda와 같은 AWS 서비스를 다룬다.

책에서 사용한 모델 생성 및 평가 코드는 Python 3로 작성했다. 아마존, 애플, 구글과 같은 회사가 제공하는 서비스들은 자주 업데이트되기 때문에 책을 따라서 실습하다가 새로운 화면을 만나는 경우가 종종 있을 수 있다.

책의 구성

총 17개 장을 포함하는 2개의 파트와 4개의 부록으로 구성돼 있다. 첫 번째 파트는 5개 장으로 구성돼 있으며 피처 엔지니어링, 데이터 시각화, 모델 생성 및 평가와 같은 머신러닝을 위한 기법들을 Python의 Pandas, NumPy, Matplotlib, Scikit-learn을 활용해 설명한다. 첫 번째 파트의 예제는 Jupyter Notebook을 사용하며, 머신러닝을 처음 접하는 독자들을 대상으로 한다.

두 번째 파트는 AWS 서비스를 사용해 머신러닝 애플리케이션을 구축하는 방법을 다룬다. 먼저 Amazon S3, Amazon DynamoDB, AWS Lambda와 같은 기본 서비스를 소개하고, Amazon Comprehend, Amazon Lex, Amazon SageMaker와 같은 머신러닝과 밀접한 AWS 서비스를 소개한다. 두 장에 걸쳐 Amazon SageMaker에 대해 자세히 다루는데 처음 장에서는 내장 알고리즘과 Scikit-learn을 이용한 모델 생성 및 배포 방법을 소개한다. 두 번째 장에서는 Google TensorFlow를 이용한 모델 생성 및 배포 방법을 다룬다. 두 번째 파트의 일부 장에서는 전체 소스 코드가 책에 표시되지 않지만 전체 코드를 깃허브^{GitHub}에서 다운로드할 수 있다. 또한 실습을 위해 일부 장에서는 Amazon S3에 파일을 업로드해야 하며, 각자의 계정에 맞게 버킷의 이름을 변경해야 한다.

1부

1장, 머신러닝 기초 머신러닝 시스템과 애플리케이션, 머신러닝 애플리케이션을 구축하는 데 필요한 도구 소개

2장, 데이터 수집 및 전처리 훈련 데이터 획득, 데이터 탐색 및 기본적인 피처 엔지니어링 소개

3장, 파이썬 데이터 시각화 Matplotlib를 활용한 데이터 시각화 기법 소개

4장, Scikit-learn으로 머신러닝 모델 생성 Scikit-learn을 활용한 분류 및 회귀 모델 생성 및 학습 기법 소개

5장, 머신러닝 모델 평가 머신러닝 모델 평가 방법 소개

부록

부록 A, Anaconda와 Jupyter Notebook 설정   로컬 환경에 Anaconda 및 Jupyter Notebook 설치 방법 안내

부록 B, 실습에 필요한 AWS 자원 설정   예제 실습에 필요한 계정 내 AWS 리소스 설정 방법 소개

부록 C, AWS CLI 설치 및 구성   AWS CLI 다운로드 및 설치 방법 소개

부록 D, NumPy와 Pandas 소개   NumPy와 Pandas 라이브러리 소개

사전 준비 사항

- 개발용 Mac 또는 Windows 컴퓨터
- 기본적인 Python 프로그래밍 지식
- 관리자용 AWS 계정

예제 코드 다운로드

이 책의 예제 코드는 에이콘출판사의 도서정보 페이지 http://www.acornpub.co.kr/ book/ml-aws-cloud에서 다운로드할 수 있다.

또한 책에서 사용한 소스 코드 전체는 http://www.wiley.com/go/machinelearnin gawscloud와 깃허브에서 다운로드할 수 있다. 코드가 갱신될 경우 깃허브 저장소도 갱신된다. 깃허브 링크는 노트 박스에서 안내한다.

오탈자

콘텐츠의 정확성을 위해 모든 노력을 기울였음에도 실수가 있을 수 있다. 이 책의 오류를 발견하고 전달해준다면 매우 감사할 것이다. errata@wiley.com으로 다음 내용을 포함해서 전달해주면 된다.

- 책 제목과 ISBN(Machine Learning in the AWS Cloud, 9781119556718)
- 관련 내용의 페이지 번호
- 잘못된 설명

한국어판의 정오표는 에이콘출판사의 도서정보 페이지 http://www.acornpub.co.kr/book/ml-aws-cloud에서 찾아볼 수 있다.

문의 사항

이 책에 관해 궁금한 점이 있다면 옮긴이의 이메일이나 에이콘출판사 편집 팀(editor@acornpub.co.kr)으로 문의해주길 바란다.

1부

머신러닝의 기초

머신러닝 소개

1장에서 다루는 내용은 다음과 같다.

- 머신러닝의 기본
- 일반적인 데이터 과학 도구
- 머신러닝의 실제 사례
- 머신러닝 종류
- 전통 시스템과 머신러닝 시스템 비교

흥미진진한 아마존 웹서비스AWS, Amazon Web Services 머신러닝 세계에 오신 여러분을 환영한다. 아직까지 머신러닝을 들어본 적이 없다면 아마도 머신러닝을 인간보다 더 똑똑하고 결국에는 인간을 대체하는 최근 컴퓨터 과학 분야의 혁신적인 기술로 생각할 수 있다. 하지만 그런 생각은 대체로 잘못됐다. 먼저 이와 같은 발전은 최근에 이뤄진 것은 아니며 지난 수십 년 동안 컴퓨터 과학자들은 컴퓨터를 인간처럼 똑똑하고 의사 결정을 하며 문제를 일반화하고 예측할 수 있도록 연구해왔다.

머신러닝은 특히 인간이 정보를 처리하는 방식과 유사하게 문제를 일반화하고 신속 정확하게 정보를 예측하는 컴퓨터 프로그램을 다룬다. 머신러닝 모델을 생성하려면 많은 연산 처리 능력과 저장 공간을 필요로 해 규모가 큰 연구기관이나 기업에서만 구현이 가능했다. 그러나 최근에는 대용량의 실시간 머신러닝 모델을 생성 및 배포가 가능한 수준으로 데이터 저장 및 연산 속도, GPU 기술 및 클라우드 가상화 기술이 발전했다. 그리고 Pandas, Matplotlib, TensorFlow, Scikit-learn, PyTorch, Jupyter Notebook과 같은 도구를 사용해 복잡한 수학적 개념을 파고들지 않아도 누구나 머신러닝을 실생활에 적용할 수 있게 됐으며, 이러한 도구들은 머신러닝의 발전에 이바지했다.

지금 우리가 알고 있는 클라우드 컴퓨팅은 2006년 Amazon이 Elastic Compute Cloud (EC2)를 출시하면서 시작됐고, 이어 2008년 Microsoft가 이와 비슷한 Azure 서비스를 출시했다. 이후 계속해서 Rackspace, Google, Oracle, Apple과 같은 기업이 경쟁에 뛰어들었다. 클라우드상에서 머신러닝 모델을 생성하고 배포하는 방식은 매우 인기가 높아 대부분의 주요 클라우드 서비스 공급자들이 이런 형태의 머신러닝 서비스를 제공한다.

클라우드 컴퓨팅과 AWS에 관한 내용은 6장과 7장에서 다루며, 1장에서는 머신러닝의 개념과 종류 및 실생활 예제를 살펴본다.

머신러닝이란?

머신러닝은 인공지능^AI, Artificial Intelligence의 한 분야로 데이터로부터 학습하는 알고리즘을 생성하는 행위를 다룬다. 머신러닝은 1959년 IBM에서 근무하던 컴퓨터 과학자 아더 사무엘^Arthur Samuel이 만든 프로그램에서 시작됐다. 사무엘이 만든 〈체커 게임^game of checkers〉 프로그램은 게임판 각각의 위치에 말을 뒀을 때 이길 수 있는 가능성을 나타내는 점수를 부여하는 방식이었다. 이 게임판 위치 점수는 프로그램 스스로 경기를 진행해가며 정교화됐고, 단계를 반복할수록 성능은 향상됐다. 경험을 통해 학습하는 머신러닝의 탄생이었던 것이다.

머신러닝 시스템은 수학적 원리를 기반으로 한 알고리즘의 집합으로, 데이터로부터 패턴을 찾아내고 이를 바탕으로 새로운 데이터를 기반으로 예측하는 시스템이다. 규칙 기반 시스템^rule-based systems 역시 새로운 데이터에서 예측할 수는 있으나 머신러닝 시스템과는 차이가 있다. 규칙 기반 시스템의 경우 데이터로부터 패턴을 찾을 수 있도록 사람이 다양한 규칙을 정의해야 하며 이 규칙들이 알고리즘에 적용된다. 이와 같은 규칙은 일반적으로 if-then-else 구문들로 구성돼 순차적으로 실행된다. 반면, 머신러닝 시스템은 데이터로부터 스스로 패턴을 발견하고 새로운 데이터를 통해 계속해서 학습한다.

일반적인 데이터 과학 도구들

여기서는 데이터 과학자들이 머신러닝 솔루션을 만들 때 일반적으로 사용하는 도구를 소개한다. 대부분의 머신러닝 과학자들은 파이썬Python이나 R 가운데 하나의 프로그래밍 언어를 사용한다. R은 통계학자들이 널리 사용하는 언어로 그동안 더 인기가 높았으나 파이썬 머신러닝 관련 라이브러리의 가용성에 힘입어 파이썬이 오늘날 가장 많이 찾는 머신러닝 프로그래밍 언어가 됐다. 이 책에서는 Python 3.6.5를 사용하며, 계속해서 Python 머신러닝 도구를 살펴보자.

- Jupyter Notebook: 매우 유명한 데이터 과학 프로젝트를 위한 웹 기반 인터렉티브web-based interactive 개발 환경으로 소스 코드, 실행 결과 및 그래프 등을 포함하는 하나의 문서 형태로 IPython Notebook 프로젝트를 계승하고 있다. 더 많은 정보는 http://jupyter.org에서 확인 가능하다. 부록 A의 아나콘다 네비게이터Anaconda Navigator에서 Jupyter Notebook을 설치하는 방법을 설명한다.

- Anaconda Navigator: 데이터 과학자들이 널리 사용하는 패키지 매니저package manager로 사용자가 쉽게 파이썬이나 R 라이브러리를 설치하고 관리할 수 있게 해주며 다양한 형태의 라이브러리 및 언어 조합으로 빠르게 전환할 수 있게 한다. Jupyter Notebook, Spyder Python IDE, R Studio와 같은 유명한 도구들을 포함하고 있다. 자세한 정보는 https://www.anaconda.com에서 확인할 수 있다.

- Scikit-learn: 파이썬 라이브러리로 분류classification, 회귀regression 및 군집clustering과 같은 다양한 머신러닝 알고리즘을 구현해 제공하며, 강력한 데이터 전처리preprocessing 및 차원 축소dimensionality reduction 기능을 제공한다. 더 많은 정보는 https://www.scikit-learn.org에서 확인 가능하다.

- NumPy: 파이썬 라이브러리의 하나로 주로 과학, 수학 연산에 사용되며 난수 생성random number generation, 푸리에 변환Fourier transform과 같은 유용한 기능을 제공한다. 데이터 과학자에게 인기 있는 NumPy의 기능 중 하나는 ndarrays라고 부르는 N-차원 데이터 배열과 관련된 함수다. NumPy N-차원 배열은 배열 간의 행렬 연산과 벡터

연산을 가능하게 하며, 이는 요소별 연산element-wise operations을 반복해서 연산하는 것에 비해 월등히 빠른 성능을 보인다. 더 많은 정보는 https://www.numpy.org에서 확인할 수 있다.

- Pandas: 데이터 분석을 위한 파이썬 라이브러리로 NumPy N-차원 배열을 기반으로 하며, 데이터 과학자들이 즐겨 사용하는 시리즈Series와 데이터프레임DataFrame이라는 두 가지 객체를 제공한다. 추가 정보는 https://pandas.pydata.org에서 확인할 수 있다.

- Matplotlib: 데이터 시각화에 사용되는 인기 있는 2D 그래프 라이브러리로, 자세한 정보는 https://matplotlib.org에서 확인할 수 있다.

- Pillow: 디지털 이미지를 불러오고 작업 후 저장하는 작업을 위한 다양한 함수를 제공하는 라이브러리로, 이미지를 활용한 머신러닝 작업 시 사용한다. 더 많은 정보는 https://python-pillow.org에서 볼 수 있다.

- TensorFlow: 수치 연산을 위한 파이썬 라이브러리로 구글이 개발하고 2015년 오픈소스 프로젝트로 공개했다. 주로 딥러닝에 사용하며 고유한 형태의 그래프 기반 연산을 사용해 연산하려면 사용자가 연산 그래프를 생성해야 한다. 연산 그래프상에서 각각의 노드node는 수치 연산을 나타내며 노드의 연결은 데이터를 나타낸다. 자세한 정보는 https://www.tensorflow.org에서 볼 수 있다.

- PyTorch: 페이스북에서 만든 파이썬 라이브러리로 딥러닝 학습에 널리 사용되며 TensorFlow보다 다루기 쉬워 처음 시작하는 사람들이 많이 사용한다. https://pytorch.org에서 더 많은 정보를 확인할 수 있다.

용어 설명

머신러닝을 다루며 자주 마주치게 될 일반적인 머신러닝 용어를 살펴보자. 처음 시작하는 데 매우 유용할 것이다.

- **머신러닝 모델**Machine Learning Model: 데이터를 기반으로 예측하는 알고리즘으로 입력 데이터에 적용해 결과를 예측하는 함수라고 생각할 수도 있다. 머신러닝 알고리즘은 알고리즘의 기능에 따라 다양한 매개변수parameter를 가지며, 학습training시키는 과정에서 결정된다.

- **데이터 획득**Data Acquisition: 머신러닝 모델을 학습시키는 데 필요한 데이터를 모으는 과정으로 CSV 파일을 다운로드하는 것부터 웹에서 데이터를 긁어 모으는 모든 활동(scraping)을 포함한다.

- **입력변수**Input Variable: 머신러닝 모델이 예측에 사용하는 입력값으로, N개의 입력변수를 갖는 집합은 일반적으로 소문자 $x_i (i = 1, 2, 3, \cdots, N)$로 나타내며, 입력변수를 특징 혹은 피처feature라고도 한다.

- **피처 엔지니어링**Feature Engineering: 가장 적합한 입력변수들의 집합을 찾는 과정이다. 원본 입력 데이터를 각각의 문제 영역에 맞는 다양한 창의적인 방법으로 더 의미 있는 데이터로 가공하는 절차를 포함하며, 주로 수작업으로 진행된다.

- **목적변수**Target Variable: 예측하고자 하는 값으로 일반적으로 소문자 y로 나타낸다. 모델을 학습시키는 과정은 목적변숫값을 포함하는 많은 양의 훈련 표본training sample을 갖고 있으며, N 표본 데이터에 관한 목적변수는 $y_i (i = 1, 2, 3, \cdots, N)$로 표현하기도 한다.

- **훈련 데이터**Training Data: 피처 엔지니어링한 데이터를 포함한 모든 입력 데이터의 집합으로 모델을 훈련시키는 데 사용되며, 훈련 데이터셋에는 목적변수가 포함돼 있다.

- **테스트 데이터**Test Data: 훈련 데이터와 마찬가지로 피처 엔지니어링한 입력 데이터를 포함한 데이터의 집합으로 목적변수를 포함한다. 그러나 모델을 학습시키는 과정에 사용되지 않고, 모델 예측 정확성을 측정하는 데 사용된다.

- **회귀**Regression: 종속변수Dependent Variable와 독립변수Independent Variable 사이의 수학적 관계를 찾는 통계 기법으로 종속변수는 목적변수, 독립변수는 피처라고도 부른다.

- **분류**Classification: 알고리즘을 통해 사전에 정의한 분류들predefined labels로 관찰값observations을 할당하는 작업이다.

- **선형회귀**Linear Regression: 데이터 포인트data point에 직선line, 평면plane 또는 초평면hyperplane 을 피팅하는 통계적 기법이다. 높이, 너비, 나이와 같은 연속적인 수치continuous numeric values를 예측하는 머신러닝 모델에 널리 사용된다.

- **로지스틱회귀**Logistic Regression: 선형회귀의 결과를 사용하는 통계적 기법으로 시그모이드 함수sigmoid function를 활용해 결괏값을 0과 1 사이의 확률값으로 변환한다. 로지스틱회귀는 확률 기반 분류class-wise probabilities 예측 머신러닝 모델을 생성하는 데 널리 사용한다. 앞으로 살아가는 동안 질병이 발현될 확률을 예측하거나 대출자의 추후 상환 부도 확률을 예측한다.

- **의사 결정 나무**Decision Tree: 나무 모양의 데이터 구조로 분류, 예측 문제에 사용된다. 트리의 각 노드node는 조건을 나타내며, 각 잎leaf은 의사 결정을 나타낸다. 의사 결정 나무를 생성하는 과정은 훈련 데이터를 검토하고, 가장 정확한 결과를 도출할 수 있는 노드 구조를 결정하는 과정을 포함한다.

- **오차 함수**Error Function: 실젯값(목적값)과 예측값을 입력받아 예측 오차 수치를 반환하는 계산 함수다. 학습 단계의 목적은 이 오차 함수의 값을 최소화하는 것이다.

- **신경망**Neural Vetwork: 인간의 뇌 구조를 모방한 머신러닝 모델로 입력층input layer, 중간층 혹은 은닉층in-between or hidden layers, 출력층output layer과 같은 서로 다른 계층으로 이뤄진 여러 개의 상호 연결된 노드로 구성된다. 각 노드는 뉴런을 나타내며, 입력층의 뉴런 수는 입력 피처 수에 해당하며 출력층의 뉴런 수는 예측/분류되는 분류의 수에 해당한다.

- **심층 학습**Deep Learning: 각 레이어에 많은 수의 노드가 있는 다중 계층 신경망multi-layer neural networks을 활용하는 머신러닝의 한 분야로 여러 개의 심층 신경망deep neural networks을 병렬로 사용하는 것도 일반적이다.

머신러닝 실제 사례

머신러닝은 전례 없는 속도로 다양한 산업군에서 비즈니스를 변화시키고 있다. 이번에는 머신러닝 기반 솔루션 사례를 살펴본다.

- **사기 탐지**Fraud Detection: 은행과 금융기관에서 지급과 관련된 전반적인 위험 요소를 고려해 의사 결정을 하는 데 사용한다. 여기서 지급이란 송금 및 카드를 사용한 구매(공급자에게 지불)를 포함한다. 위험 의사 결정은 구매 내역을 포함한 다양한 소요를 기반으로 한다. 위험이 낮다면 거래가 진행될 것이며, 위험이 너무 높다면 거래는 거절될 것이다. 만약 받아들일 수 있는 수준의 위험이 있다면, 거래를 진행하려면 고객은 추가적인 단계별 인증 절차를 거쳐야 할 것이다.

- **신용 점수**Credit Scoring: 고객이 대출이나 신용카드와 같은 신용을 기반으로 한 상품을 신청할 때 고객이 상환하지 못할 수 있는 전반적인 위험을 나타내는 점수를 계산한다.

- **보험료 프리미엄 계산**Insurance Premium Calculation: 고객이 보험 상품을 구매하고자 할 때 적용되는 보험료 프리미엄을 계산하는 데 이 시스템이 사용된다.

- **행동 바이오메트릭**Behavioral Biometrics: 머신러닝 시스템은 웹사이트나 모바일 애플리케이션 사용을 기반으로 사용자들의 프로필을 생성하도록 학습시킬 수 있다. 이와 같은 시스템은 사용자가 시스템에 접속했을 때 사용자의 위치, 시간, 정확한 웹 페이지 클릭 위치, 웹 페이지에 머무른 시간 및 마우스 이동 속도 등의 정보를 기반으로 사용자 프로필을 만든다. 일단 시스템이 학습을 마치게 되면 누군가가 고객을 사칭하는 것인지를 보여주는 실시간 정보를 제공할 수 있다.

- **상품 추천 시스템**Product Recommendation: Amazon과 같은 온라인 소매업체에서 고객들의 구매 이력을 기반으로 추천 목록을 제공하는 데 널리 사용되며, 심지어 고객의 식료품이나 생활용품이 언제 떨어질지 예측하고 그 제품을 구매하도록 알림을 보낼 수도 있다.

- **이탈 예측**Churn Prediction: 어떤 고객이 향후 며칠 안에 제품이나 서비스 구독을 취소할지 예측하는 데 사용한다. 이와 같은 정보는 기업이 프로모션을 제공해 고객을 유지하게 할 수 있는 기회를 제공한다.

- **음악, 영상 추천 시스템**Music and Video Recommendation: Netflix나 Spotify와 같은 온라인 콘텐츠 공급업체는 사용자가 소비한 영화나 음악 데이터를 분석해 좋아할 만한 콘텐츠를 추천하는 복잡한 추천 시스템 엔진을 만드는 데 머신러닝을 사용한다.

머신러닝의 종류

오늘날 다양한 종류의 머신러닝 시스템이 존재하며, 시스템의 학습 방식과 예측 방식을 기반으로 다음과 같이 분류된다.

- 지도 학습^{Supervised Learning}

- 비지도 학습^{Unsupervised Learning}

- 준지도 학습^{Semi-supervised Learning}

- 강화 학습^{Reinforcement Learning}

- 배치 학습^{Batch Learning}

- 점진적 학습^{Incremental Learning}

- 사례 기반 학습^{Instance-based Learning}

- 모델 기반 학습^{Model-based Learning}

이와 같은 분류는 상호 배타적^{mutually exclusive}이지 않고 머신러닝 시스템이 다양한 범주에 속하는 경우가 많다. 예를 들어 은행 웹사이트에서 행동 데이터를 사용해 잠재적인 사기꾼을 찾는 시스템은 모델 기반 지도 학습 머신러닝 시스템이다. 더 자세히 살펴보자.

지도 학습

지도 학습은 머신러닝 시스템의 훈련 단계와 관련된 것으로, 지도 훈련^{supervised training} 단계 동안 머신러닝 알고리즘은 훈련 데이터셋을 사용한다. 이때 데이터셋은 알고리즘이 예측을 수행하는 데 사용하는 입력값과 목적값(참값, y값 혹은 레이블)으로 구성된다(그림 1.1).

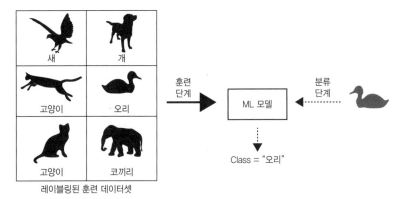

새 | 개
고양이 | 오리
고양이 | 코끼리

레이블링된 훈련 데이터셋

훈련 단계

ML 모델

분류 단계

Class = "오리"

그림 1.1 지도 학습

학습 단계[1]에서는 알고리즘에 데이터를 입력하고 알고리즘의 결과와 목적값을 비교하는 작업을 반복한다. 목적값과 알고리즘을 통해 계산한 값의 차이는 알고리즘의 결과가 목적 값과 같거나 비슷하도록 매개변수를 조정하는 데 사용한다.[2]

훈련 데이터셋의 각 입력값이 올바른 결과를 출력하려면 보통 사람의 감독이 필요하다. 일 단 알고리즘이 예측 전 학습 단계를 마치면, 이전에 학습하지 않은 데이터상에서 예측할 수 있다.

지도 학습을 활용한 머신러닝이 실제 생활에서 가장 많이 사용되며 그 예는 다음과 같다.

- 디지털 이미지에서 사물 검출
- 스팸 필터링
- 생활 양식 기반 질병 발현 가능성 예측
- 금융거래 사기 예측
- 부동산 가격 예측
- 구매 이력 기반 제품 추천 시스템

1　학습 단계와 훈련 단계는 같은 의미로 사용한다. – 옮긴이

2　목적값(target value, y, label)과 알고리즘을 통해 계산된 값의 차이가 에러이며, 결국 훈련 과정에서 이 에러의 합을 최소화하는 것을 목적으로 한다. – 옮긴이

- 취향 분석 음악 추천 스트리밍 서비스

비지도 학습

비지도 학습 역시 머신러닝 시스템의 훈련 단계와 관련 있다. 하지만 지도 학습과 다르게 비지도 학습은 훈련 데이터셋의 데이터와 관련된 어떠한 분류class/category 정보도 제공하지 않는다. 비지도 학습 알고리즘은 기존 데이터상에서 새로운 패턴을 찾는 데 사용하며, 두 가지 주요 범주로 나뉜다.

- **군집화**: 이 알고리즘은 입력 데이터를 데이터의 유형에 따라 여러 개의 클러스터로 그룹화하며, 이와 같은 클러스터를 시각화하면 데이터에 관한 유용한 통찰력을 얻을 수 있다. 그림 1.2는 6세 미만 아동들의 키와 나이 데이터에 군집화 알고리즘을 적용한 것을 시각화한 것이다. k-평균 군집화k-means clustering와 계층 군집 분석HCA, Hierarchical Cluster Analysis이 대표적인 클러스터링 알고리즘이다.

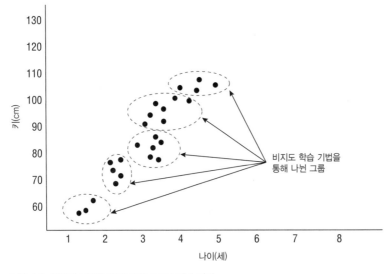

그림 1.2 데이터 패턴을 찾기 위한 클러스터링 기법

- **차원 축소**: 정보의 손실을 최소화하면서 많은 수의 입력 피처들을 적은 수의 피처로 축소하는 데 사용되며, 일반적으로 합쳐진 피처는 서로 높은 관계의 상관관계를 갖

던 피처다. 차원 축소 알고리즘은 입력 피처의 수를 줄여 과적합^{overfitting}을 방지하고, 또한 머신러닝 모델 연산의 복잡성을 줄여준다. 주성분 분석^{PCA, Principal Component Analysis}, 선형 판별 분석^{LDA, Linear Discriminant Analysis}과 오토인코딩^{auto-encoding}이 대표적인 차원 축소 알고리즘이다. 차원 축소는 효과적으로 데이터를 분석하기에 지나치게 많은 피처가 존재할 때 사용하기도 한다.

준지도 학습

준지도 학습은 지도 학습과 비지도 학습을 혼합한 형태다. 많은 경우 데이터 과학자가 지도 학습을 위해 수백만 개의 데이터를 일일이 레이블링하는 것은 현실적으로 불가능하다. 하지만 보통의 경우 데이터 과학자는 일부 데이터가 어떤 범주에 속하는지 이미 알고 있다. 이와 같은 경우 데이터 과학자는 이미 알고 있는 일부 데이터에 레이블링을 진행하고, 그 후 알고리즘이 레이블링되지 않은 데이터를 처리해 이미 분류한 경계는 명확히 하고 새로운 분류를 발견할 수도 있다. 그림 1.3은 6세 미만 아이들의 키와 나이 데이터에 교육 단계를 나타내는 샘플 레이블을 적용한 후 준지도 학습을 적용한 결과를 보여준다.

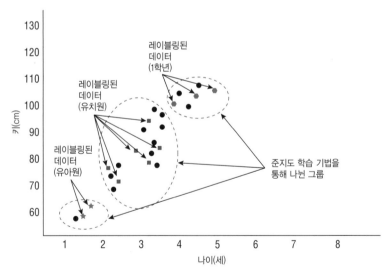

그림 1.3 준지도 학습

이러한 방식은 실무에서 극단적으로 큰 데이터셋을 다루는 경우 사용되는 접근 방법으로 음성 인식speech recognition, 자연어 처리natural language parsing, 유전자 분석 등에 사용된다.

지도 학습에 비해 준지도 학습은 레이블링 편향이 적다는 큰 장점을 갖는다. 이는 데이터 과학자들이 데이터의 일부만 레이블링하고 데이터 과학자에 의해 편향된 레이블링 값은 비지도 학습 알고리즘에 의해 보정되기 때문이다.

준지도 학습 알고리즘은 데이터 분류를 결정하는 경계는 기하학적으로 단순하다고 가정한다. 다시 말해 서로 가까운 데이터 포인트들은 어떠한 방식으로든 연관이 있다고 본다.

강화 학습

강화 학습은 주변 환경과 상호작용하며 행위에 관해 긍정적 혹은 부정적 보상을 부여하는 인간의 학습 방식과 비슷하게 학습하는 방식이다. 인류는 오랜 시간에 걸쳐 불을 만지는 것은 부정적인 것으로 학습했다. 하지만 요리나 온기를 제공하는 일에 사용하는 것은 긍정적인 경우로 학습했다. 따라서 인류는 불을 맞닥뜨렸을 때 긍정적인 방식으로 사용하고자 한다.

강화 학습의 기반이 되는 시스템은 에이전트agent라고 부르며 주어진 특정 시점에서 취할 수 있는 고정된 여러 행위를 갖고 있다. 이와 같은 행위action는 보상reward 혹은 벌칙penalty과 연관돼 있다. 시스템의 목적은 행위를 반복하며 축적되는 보상을 최대화하는 것으로, 에이전트에 의해 학습한 지식은 어떠한 상황에 직면했을 때 취해야 하는 조치를 기술하는 정책policy으로 표현된다.

- **에피소딕 작업**episodic tasks: 승패가 존재하는 게임과 같이 종료 시점이 있는 문제
- **연속 작업**continuous tasks: 주식 포트폴리오 수익을 극대화하는 것과 같이 종료 시점이 없는 문제

강화 학습 알고리즘은 종종 선택의 결과가 지연돼 나타나는 환경에서 작동한다. 자동 주식 거래 봇stock trading bot은 실시간으로 어떤 시점state에서 주식을 사거나, 팔거나, 보유하는 행동을 취할 수 있으며, 이 매매의 결과는 결국 포트폴리오의 가치를 상승reward시키거나 하락penalty시킬 것이다.

봇은 주어진 행동을 취하는 일이 미래에 보상이나 벌칙을 받을지 미리 알 수가 없다. 따라서 봇은 이 지연 메커니즘을 고려해야 하며 행위를 취했을 때 즉시 보상/벌칙을 측정하려고 해서는 안 된다. 봇의 목적은 보상받는 횟수를 최대화하는 것이다.[3]

어느 시점에서 봇은 여러 상황에서 취할 수 있는 전략policy을 배웠을 것이다. 심층 학습 신경망과 결합한 강화 학습은 머신러닝 과학자들 사이에서는 인기 있는 연구 대상이다.

배치 학습

배치 학습은 모델을 사용해 예측하기 전 전체 데이터셋에 머신러닝 모델을 학습시키는 것을 말한다. 따라서 배치 학습은 앞으로 발생될 새로운 데이터를 점진적으로 학습할 수 없다. 배치 학습 시스템에 새로 추가되는 데이터가 발생하면 기존에 사용한 전체 데이터에 새로 발생한 데이터를 추가해 새로 모델을 생성하며, 이렇게 새로 생성한 모델로 이전 모델을 대체한다.

배치 학습 시스템은 학습과 예측이라는 두 가지 형태로 작동된다. 학습 과정에서 시스템은 예측할 수 없으며 예측 과정에서 데이터로부터 학습을 수행 수 없는 단점이 있다.[4]

배치 학습의 훈련 과정은 꽤 오랜 시간과 많은 연산 자원을 필요로 한다. 또한 새로운 모델을 생성하려면 전체 트레이닝 데이터를 포함해서 다시 한 번 학습하는 과정을 거쳐야 한다. 따라서 훈련 데이터가 매우 크거나 대용량의 저장 공간이 필요한 경우 문제가 될 수 있다.

점진 학습

온라인 학습이라고도 알려진 점진 학습은 적은 양의 배치 데이터를 사용해 연속적으로 모델을 학습시켜, 점차적으로 모델의 성능을 향상시키는 방식을 말한다. 이때 미니 배치mini batch 데이터의 크기는 하나의 데이터부터 수백 개의 데이터로 구성된다. 점진 학습은 일정

---

3 저자는 강화 학습의 예로 주식 매매 봇을 들어 설명하며 봇의 목적을 보상받는 횟수의 최대화라고 정의했으나, 풀고자 하는 문제에 따라 목적함수를 보상의 횟수나 가치로 설정해 최대화하면 될 것이다. – 옮긴이

4 이와 같은 단점 때문에 배치 학습을 오프라인 학습이라고도 한다. – 옮긴이

기간 동안 데이터가 작은 덩어리 형태로 사용 가능하거나 훈련 데이터가 매우 커 한 번에 메모리에 데이터를 불러들일 수 없는 경우에 적합하다. 점진 학습의 목적은 모델을 생성할 때마다 이전 데이터를 모두 사용하지 않고, 모델의 매개변수(학습된 내용)를 새로운 미니 배치를 학습해 가면서 점진적으로 업데이트하는 것이다. 점진 학습은 실시간 데이터나 매우 큰 데이터를 다루는 데 적용되기도 한다.

사례 기반 학습

사례 기반 학습 시스템은 훈련 데이터의 사례 중에서 가장 유사한 사례를 찾아 접해보지 못한 데이터에서 예측하는 시스템이다. 사실 머신러닝 시스템은 훈련 데이터셋을 기억하고, 단순히 가장 가까운 데이터를 찾는 예측 작업이다. 사례 기반 학습 시스템의 훈련 단계는 예측 단계에서 가장 가까운 사례를 빨리 찾을 수 있도록 모든 훈련 데이터를 적합한 데이터 구조로 구성하는 과정을 포함한다. 사례 기반 학습 모델은 머신러닝 시스템에 사용되기 전 훈련 데이터에 일정 수준의 전처리를 진행할 수 있으나, 모델 튜닝은 하지 않거나 하더라도 최소한으로 진행한다.

사례 기반 학습 시스템의 장점은 학습과 예측 과정이 상대적으로 빠르고 훈련 데이터를 추가하면 일반적으로 시스템의 정확도가 향상된다. 사례 기반 시스템의 예측 결과는 훈련 데이터에 존재한다는 점에 유의해야 한다. 키와 몸무게를 입력받아 신발 사이즈를 예측하는 사례 기반 학습 머신러닝 시스템을 생각해보자. 이 시스템은 100개의 훈련 데이터로 학습했으며 각각의 사례는 키, 몸무게, 신발 사이즈로 구성돼 있다고 하자.

만약 사례 기반 학습 머신러닝 시스템이 새로 주어진 키와 몸무게를 입력으로 신발 사이즈를 예측한곤 했을 때, 예측한 신발 사이즈의 값은 훈련 데이터셋 중 가장 유사한 값일 것이다. 다시 말하면 이 머신러닝 시스템은 훈련 데이터에 없는 신발 사이즈를 결과로 내놓지 못한다.

모델 기반 학습

모델 기반 학습 시스템은 입력과 출력 사이에 관계를 수학적, 계층적 또는 그래프 기반으로 모델링하는 시스템이다. 예측 과정은 결과를 도출하도록 모델을 해석하는 과정을 수반하며, 대부분의 머신러닝 알고리즘이 이에 속한다.

모델 기반 학습 모델을 생성하려면 많은 시간을 필요로 한다. 하지만 모델 자체의 크기는 훈련 데이터 크기의 일부일 뿐이고, 예측 작업을 위해 훈련 데이터를 제공하거나 다시 훈련시키는 과정은 필요 없다. 예를 들어 1백만 개의 이상의 데이터를 갖는 데이터셋을 학습한 모델을 5개의 원소를 갖는 작은 벡터로 저장할 수 있다.

머신러닝 접근 방식 대 전통적인 접근 방식

인간은 학습이라는 개념에 익숙하다. 학습은 기억과 이해라는 두 가지 범주로 구성되는데, 비밀번호를 외우는 일과 자동차를 운전하는 방법을 배우는 일 사이에는 분명한 차이가 있다. 후자의 경우 차량의 작동 방식과 도로의 조건에 따라 어떻게 대응해야 하는지에 관한 이해가 필요하다. 즉, 집과 직장을 운전하며 오갈 때 모든 행동의 순서를 하나하나 기억할 필요는 없지만, 도로에서 마주치게 되는 상황을 통해 이해한 것을 운전하는 동안 적용시킨다.

머신러닝 알고리즘의 능력은 인간만큼 정교하진 않다. 기계는 이해하고 사유할 수 있는 능력이 없는 대신, 인간보다 훨씬 빠른 속도로 데이터를 처리해 문제를 일반화하고 예측하는 능력을 갖고 있다. 여기서는 가상의 상황을 설정해 당면한 문제를 해결하도록 어떻게 머신러닝 알고리즘을 적용할 수 있는지 살펴보자.

은행의 신용카드 부서에서 고객에게 새로운 신용카드 상품을 제공하는 일을 맡았다고 상상해보자. 새로운 신용카드 발급 자격을 갖춘 고객은 낮은 이자로 2만 5천 달러까지 신용으로 사용할 수 있는 카드를 발급받을 수 있고, 은행은 손실을 최소화하도록 상환 능력을 갖춘 고객에게만 제공하길 원한다.

먼저 이 신용카드를 발급받도록 고객이 작성해야 하는 새로운 신청서를 만든다. 고객은 신청서에 다음의 정보를 기입해야 한다.

- 이름Name
- 나이Age
- 성별Sex
- 현 주소 거주 기간Number of years lived at current address
- 지난 5년간 거주한 주소의 수Number of addresses in the last 5 years
- 다른 은행에서 발급한 것을 포함한 전체 신용카드 수Number of credit cards held with other banks
- 모기지론을 제외한 총 부채 금액Total amount of loan (excluding mortgage)
- 세후 소득Total income after tax
- 월별 예상 지출액Estimated regular monthly outgoings
- 월 부채 상환액Total monthly repayments
- 주택 소유 현황Homeowner status
- 결혼 여부Marital status
- 부양 가족 수Number of dependents in the household

실제로 신용카드를 발급받으려면 더 많은 정보와 더불어 신용 평가 회사의 신용 점수도 필요하겠지만, 예제에서는 위 정보만 사용한다고 하자. 그리고 신용카드 신청은 오직 은행 웹사이트에서만 가능하다고 가정한다. 작성한 신청서 데이터는 은행의 SQL 데이터베이스에 저장된다.

은행은 새로운 신용카드가 고객들 사이에서 매우 인기가 많을 것으로 예상하고 있기에 매주 많은 양의 신청서를 처리할 계획도 세워야 한다. 회사가 신용카드 업계에서 계속해서 경쟁력을 갖도록 유지하는 것도 중요하기 때문에 신청자가 지원 결과를 몇 주씩 오래 기다리게 할 수도 없다. 또, 신규 상품에 적용되는 은행의 표준 서비스 약관을 충족해야 하기에 신용카드 신청건 중 최소 51%가 은행에 의해 몇 분 안에 결정돼야 한다.

신청서를 하나하나 면밀히 검토하려면 수백명의 애널리스트를 고용하는 것은 분명히 비용 측면에서 비효율적이다. 이제 여러분은 다음과 같은 선택지를 갖는다.

- 규칙 기반 의사 결정 시스템rule-based decisioning system
- 머신러닝 시스템

이제 규칙 기반 의사 결정 시스템이 어떻게 이 문제를 해결할 수 있는지 살펴보자.

규칙 기반 의사 결정 시스템

무언가 불분명한 블랙박스 같은 머신러닝 시스템과 이해하기 쉬운 규칙 기반 의사 결정 시스템 중 한 가지를 선택해야 하는 상황에 직면하게 되면 여러분은 규칙 기반 의사 결정 시스템을 선택한다.

비즈니스 룰business rule 자체는 데이터베이스에 저장되고, 비즈니스 룰을 신청서에 적용하는 비즈니스 로직business logic은 서버 측 애플리케이션에 캡슐화된다. 데이터가 증가할 경우 필요에 따라 확장할 수 있도록 여러 서버로 구성된 클러스터를 구성할 계획이며, 그림 1.4 에서는 제안하는 시스템의 구조를 보여준다.

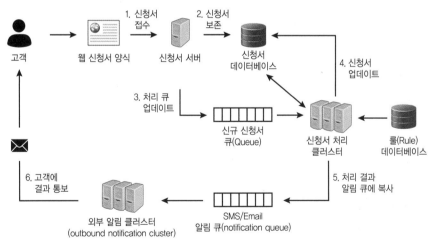

그림 1.4 규칙 기반 의사 결정 시스템 구조

고객이 신용카드 신청서를 은행 웹사이트에 접수하면 신청서에는 고유한 식별번호가 생성되고 신청서 서버가 데이터베이스 서버에 새로운 행을 추가한다. 신청서 서버는 메시지 큐에 고유 신청서 식별번호를 포함하는 새로운 메시지를 발급한다. 신청서 처리 클러스터가 메시지 큐를 구독하고 클러스터 중 처리가 가능한 서버가 메시지를 수신해 신용카드 신청서를 처리하기 시작한다. 신청서 처리 서버에서 의사 결정을 내리게 되면 신청서 데이터베이스의 내용을 업데이트하고 SMS/Email 알림 메시지 큐에 새로운 메시지를 발행한다. 이 알림 메시지에는 고객에게 SMS나 이메일로 전달하는 데 필요한 내용을 포함한다.

그런데 의사 결정에 사용되는 규칙은 어떻게 정의할 수 있을까? 먼저 해결하고자 하는 문제와 관련된 분야의 경험과 작성한 대출 신청서의 품질을 바탕으로 규칙을 정할 필요가 있다. 이미 다른 규칙 기반 시스템이 존재한다면 기존 시스템의 규칙 일부를 새로운 시스템으로 이식할 수도 있을 것이다.

기존 시스템에 접근할 수 있는 권한이 없고 스스로 비즈니스 규칙을 정의해야 한다고 해보자. 신청서 양식 항목을 살펴보면 어떠한 항목이 개인의 상환 능력과 상관없는지 확인하고 다음 항목을 의사 결정 처리 과정에서 제외할 수 있다.

- 이름
- 성별
- 주택 소유 현황
- 결혼 여부
- 부양 가족 수

이제 규칙을 생성하는 데 필요한 남은 정보는 다음과 같다.

- 현 주소 거주 기간
- 지난 5년간 거주한 주소의 수
- 다른 은행에서 발급한 것을 포함한 전체 신용카드 수
- 모기지론을 제외한 총 부채 금액

- 세후 소득
- 월별 예상 지출액
- 월 부채 상환액

이를 바탕으로 다음 조건 중 어떤 것이라도 만족하면 신청서를 거절하는 규칙을 만들었다.

1. 현 주소에서 1년 미만 거주한 신청자

2. 지난 5년간 거주했던 주소지 수가 3곳 이상인 신청자

3. 타 은행에서 발급한 신용카드가 2개 이상인 신청자

4. 사용 가능한 월 소득이 세후 소득의 15% 미만인 신청자

이 규칙은 if-then-else 구문을 사용해 프로그래밍 언어로 작성될 것이다. 그림 1.5는 앞에서 작성한 규칙을 사용해 의사 결정을 내리는 과정을 나타낸 순서도다.

처음 설정한 값은 최적이 아닐 수 있기에 만약 손실이 은행이 감내할 수 있다고 설정한 임계치를 넘으면 언제든 규칙을 적절하게 조정할 수 있다. 또 시간이 지나면서 신청자가 증가해 비즈니스 규칙을 수정해야 할 수도 있고 다음과 같은 문제에 처할 수도 있다.

- 비즈니스 규칙이 너무 복잡해지고 상호 의존적이서 오래된 규칙을 새로운 규칙으로 대체하기 어렵다
- 비즈니스 규칙이 수치적 분석을 기반으로 만들어지지 않고 수요의 증가에 따라 임시방편으로 만들어졌다.
- 비즈니스 규칙이 경제 상황을 반영하지 못한다. 예를 들어 경기 침체가 진행되는 동안 설정한 규칙은 그렇지 않을지라도 많은 사람들이 결국 급여를 받지 못할 수도 있다. 따라서 시간과 비용이 들더라도 지속적으로 규칙을 업데이트해야 한다.

이제 머신러닝 기반 시스템이 어떻게 문제를 해결하는지 살펴보자.

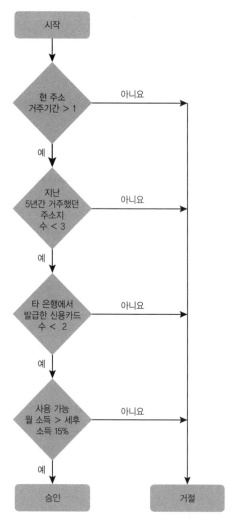

그림 1.5 규칙 기반 시스템 의사 결정 과정 순서도

머신러닝 기반 시스템

머신러닝 솔루션은 규칙 기반 솔루션과 다르게 이전 신청자에 관한 기록이 없으면 만들 수 없으며, 해결하고자 하는 문제와 관련된 정확한 데이터를 획득하는 것이 매우 중요하다. 아마도 개인 대출과 같은 다른 형태의 대출 상품 데이터를 사용해 머신러닝 모델을 생성하

고자 할 수 있으나, 개인 대출 데이터에만 나타나는 추세가 있을 수 있기에 이와 같은 방식은 권장하지 않는다.

아마도 규칙 기반 시스템을 구축하면서 과거 데이터가 필요하지 않았는지, 왜 문제에 관한 직관적인 이해를 바탕으로 규칙을 정의하는 것만으로도 충분했는지 궁금할 것이다. 그 이유는 규칙 기반 접근 방식은 개인의 문제 영역에 관한 경험과 지식을 바탕으로 규칙을 정의했기 때문이다. 반면 머신러닝 시스템은 문제 영역에 관한 사전 지식으로부터 시작하지 않는다. 머신러닝 시스템은 인간과 같은 직관적인 능력을 갖고 있지 않으며 대신 접하게 되는 데이터로부터 자체적으로 추론한다. 데이터가 존재하는 것도 중요하지만 얼마나 적절한 데이터인지도 매우 중요하다. 만약 머신러닝 시스템을 훈련시키는 동안 사용되는 데이터가 적절하지 못하다면 예측의 결과가 부정확할 수 있다.

얼마나 많은 데이터가 필요한가에 관한 질문에 쉽게 답하기는 어렵다. 일반적으로 머신러닝 알고리즘은 효과적으로 학습하기 위해 많은 양의 데이터가 필요하지만 단순히 데이터 양의 문제만은 아니며 데이터의 품질 또한 매우 중요하다. 만약 보유한 데이터 중 많은 양의 데이터가 특정한 추세를 따른다면 머신러닝 시스템은 그 추세에 치우치게 될 것이다.

신용카드 신청 예제에서 임의로 5,000명의 신청자 데이터를 뽑아 CSV 형식의 파일로 내보냈다고 하자. 이들은 모두 신용카드 상품 신청자로 현재 카드 대금을 정상적으로 납부 중이거나 많아야 1회 납부를 하지 못한 신청자들이라고 하자. 이 경우 입력변수는 신청서 양식의 질문에 관한 답변이 되고 목적변수는 신청자가 최대 한 번의 지불을 누락했는지 여부를 나타내는 참, 거짓 형식의 부울Boolean 값일 것이다.

이와 같은 데이터에서 이미 목적변수의 값을 알고 있는 경우를 레이블링된 데이터labeled data 라고 하며 머신러닝 모델을 학습시키는 데 사용된다. 일반적으로 데이터는 레이블링되지 않은 경우가 많으며, 레이블링이 안 됐거나 일부만 된 데이터를 통해 학습하는 머신러닝 알고리즘 분야가 활발하게 연구되고 있다.

머신러닝 솔루션을 구축하기 위한 데이터가 전혀 없고 고품질의 레이블링된 데이터를 수집하는 데 오랜 시간을 투자할 수 없다면 어떻게 할 것인가? 이와 같은 경우 최선의 선택

은 현재 풀고자 하는 문제와 가장 근접한 분야의 유/무상 데이터를 인터넷상에서 찾아보
는 것이다. 2장에서는 이와 같은 다양한 종류의 머신러닝 공개 데이터셋을 소개한다.

피처 선택하기

레이블링된 데이터를 수집한 후에는 가장 적합한 입력변수를 선택하려면 기본적인 통계
분석을 진행하고 머신러닝 모델에 입력할 데이터를 생성해 준비해야 한다. CSV 파일에 데
이터를 저장하면 데이터 분석 도구로 쉽게 불러들일 수 있는데, 대부분의 클라우드 기반
데이터 분석 도구는 CSV 파일을 지원한다. 그리고 일부는 클라우드 기반 데이터베이스에
저장하는 기능도 지원한다.

데이터 시각화 기법은 개별 피처 사이의 상관관계와 분포를 표시하는 데 널리 사용된다.
보통은 일부 앞부분 피처만을 사용해 모델을 생성, 훈련시키고 생성된 모델을 통해 예측하
는 과정에서 성능 지표를 계산한다. 그 후 피처를 추가해 가며 모델을 다시 훈련시키고 성
능 지표가 꾸준히 향상되는 한 이 작업을 반복한다.

선택한 피처의 수는 훈련 데이터의 크기에도 영향을 준다. 3개의 피처를 갖는 모델이라면
500개 정도의 데이터를 갖는 데이터셋으로 생성이 가능하며, 10개의 피처를 갖는 모델이
라면 수천 개의 데이터로 구성된 데이터셋이 필요할 것이다.

놀랍게도 데이터 과학자가 하는 일의 많은 부분이 데이터를 탐색하고 어떻게 사용할지 고
민하는 것이다. 이와 같은 작업을 데이터 먼징munging이라고 하며, 다음 단계를 포함한 다양
한 단계가 있다.

- 결측값 찾기
- 적합한 결측값 처리 방법 확인
- 데이터의 통계적 분포 분석
- 입력변수 간의 상관관계 분석
- 기존 입력변수를 결합하거나 분할해 새로운 변수 생성

R, Python, Jupyter Notebook, Numpy, Pandas, Matplotlib은 통계 분석 및 피처 엔지니어링에 많이 사용한다. 2장과 3장에서는 입력 피처를 선택하는 데 사용하는 피처 엔지니어링과 데이터 시각화를 살펴본다.

지원서 양식의 질문을 검토하고 규칙 기반 접근에서 얻은 경험을 바탕으로 첫 번째 머신러닝 모델에 입력할 데이터를 얻기 위한 기본적인 피처 엔지니어링을 수행해보자. 표 1.1은 5,000개의 신청서 데이터에서 확인한 질문과 데이터 유형, 실제 응답 범위 및 최대 범위를 나타낸다.

표 1.1 100개의 표본 지원서 데이터 유형 및 범위

질문	데이터 유형	실제 응답 범위	최대 응답 범위
이름	텍스트	문자 A–Z, 일부 특수문자	문자 A–Z, 일부 특수문자
나이	연속형 수치	22–45	18–150
성별	범주형	남, 녀, 비공개	남, 녀, 비공개
현 주소 거주 기간	연속형 수치	0–7	0–150
지난 5년간 거주한 주소의 수	연속형 수치	1–6	1–10
다른 은행에서 발급한 것을 포함한 전체 신용카드 수	이산형 수치	1, 2, 3	1, 2, 3, 4, 5, 6, 7, 8, 9, 10
모기지론을 제외한 총 부채 금액	연속형 수치	0–17500	0–1천만 달러
세후 소득	연속형 수치	50000–200000	0–1천만 달러
월별 예상 지출액	연속형 수치	3000–15000	0–1천만 달러
월 부채 상환액	연속형 수치	0–1500	0–1천만 달러
주택 소유 현황	범주형	예 또는 아니요	예 또는 아니요
결혼 여부	범주형	미혼, 기혼, 비공개	미혼, 기혼, 비공개
부양가족 수	이산형 수치	1, 2, 3	1, 2, 3, 4, 5, 6, 7, 8, 9, 10

응답 데이터 유형은 범주형categorical과 수치형numeric 데이터로, 수치형 피처는 이산형discrete 이거나 연속형continuous으로 다른 범위를 갖는다.

대부분의 머신러닝 모델은 한 가지 유형의 피처를 가질 때 더 잘 작동하며, 일부 통계 기반 학습 모델은 큰 수치 값에 민감하게 반응한다. 지원서의 질문과 입력값의 범위 등 5,000명의 신청자 데이터 중 표본 데이터를 검토한 후 다음 항목을 제외한 모든 응답을 입력 피처로 사용하기로 한다.

- 신청자 이름
- 부양가족 수
- 다른 은행에서 발급한 것을 포함한 전체 신용카드 수

그리고 '총 사용 가능 소득'이라는 새로운 피처를 만들기로 하고 3개의 범주형 피처를 표 1.2와 같이 이산형[5]으로 변환한다.

표 1.2 범주형 피처를 수치형 피처로 변환

원본 범주형 피처	새로운 수치형 피처	허용 값/범위
성별	SexIsMale	0 또는 1
	SexIsFemale	0 또는 1
	SexIsUndisclosed	0 또는 1
주택 소유 현황	IsHomeOwner	0 또는 1
	IsNotHomeOwner	0 또는 1
결혼 여부	MaritalStatusIsSingle	0 또는 1
	MaritalStatusIsMarried	0 또는 1
	MaritalStatusIsUndisclosed	0 또는 1

피처 엔지니어링을 통해 만든 새로운 피처인 "총 사용 가능 소득"은 다음과 같이 정의된다.

총 사용 가능 소득 = 세후 소득 – 월별 예상 지출액 – 월 부채 상환액

---

5 책에서는 이산형이라 표현했으나 보통 0과 1만으로 표현되는 형태는 이진형 또는 바이너리형(binary)이라고 하며, 이와 같은 변수 변환 작업을 원-핫 인코딩(one-hot-encoding) 또는 더미(dummy)화한다고 한다.

피처 엔지니어링의 자세한 내용은 2장에서 다루며, 여기서는 비공개^{undisclosed}된 값을 누락된 정보로 취급하는 것이 아니라 하나의 값으로 취급해 0과 1로 입력받는 점에 주목하자.

표 1.3은 피처 엔지니어링을 통해 만들어진 피처를 포함한 새로운 입력 피처들로 각각의 피처들과 5000개 샘플 신청서의 응답결과의 예상 범위와 실제 범위를 보여준다.

표 1.3 수정된 입력 피처 값

피처 이름	피처 설명	데이터 형식	실제 응답 범위	최대 응답 범위
F1	나이	연속형 수치	22–45	18–100
F2	남성 여부	이산형 수치	0, 1	0 or 1
F3	여성 여부	이산형 수치	0, 1	0 or 1
F4	성별 비공개 여부	이산형 수치	0, 1	0 or 1
F5	현 주소 거주 기간	연속형 수치	0–7	0–150
F6	지난 5년간 거주한 주소의 수	연속형 수치	1–6	0–150
F7	총 사용 가능 소득	연속형 수치	0–5000	0–1천만
F8	모기지론을 제외한 총 부채 금액	연속형 수치	0–17500	0–1천만
F9	세후 소득	연속형 수치	50000–200000	0–1천만
F10	월별 예상 지출액	연속형 수치	3000–15000	0–1천만
F11	월 부채 상환액	연속형 수치	0–1500	0–1천만
F12	주택 소유 여부	이산형 수치	0, 1	0 또는 1
F13	주택 미소유 여부	이산형 수치	0, 1	0 또는 1
F14	미혼 여부	이산형 수치	0, 1	0 또는 1
F15	기혼 여부	이산형 수치	0, 1	0 또는 1
F16	결혼 상태 공개 여부	이산형 수치	0, 1	0 또는 1

피처가 입력을 허용하는 범위는 당연히 다를 것이다. 예를 들어 F1(Age)의 범위는 [18, 100]인 반면 다른 피처 값은 [0, 1], [0, 150], [1, 10], [0, 10000000]의 범위에 있다. 이 데이터를 실제로 사용하기 전 모든 데이터 값이 [0, 1] 범위에 위치하도록 정규화^{normalize}할 필요가 있으며, 정규화 작업은 2장에서 다룬다. 정규화 작업은 훈련 데이터뿐만 아니라 예측하고자 하는 값에도 적용해야 한다.

또한 수치형 피처를 범주형 피처로 변환해 사용할 수도 있다. 예를 들어 0에서 1천만까지 연속된 수치형 값을 갖는 F9(세후 소득^Total income after tax)를 다음과 같이 3개의 범주형 피처로 바꿀 수 있다.

- 0 이상 100,000 이하의 세후 소득
- 100,001 이상 500,000 이하의 세후 소득
- 500,001 이상의 세후 소득

피처 엔지니어링에 옳고 그른 방법은 없다. 사용하고자 하는 머신러닝 알고리즘에 따라 이산형이나 범주형 데이터를 사용하게 된다. 선형회귀와 같은 알고리즘은 수치형 피처에서 잘 작동하며 의사 결정 나무 기반 알고리즘의 경우 범주형 피처에서 잘 작동한다. 머신러닝을 통해 훈련된 모델의 예측 결과 성능이 충분하지 않을 때에는 새로운 피처와 알고리즘이나 훈련 방법을 사용해 처음부터 다시 시작해야 할 것이다.

훈련 데이터와 테스트 데이터 준비하기

머신러닝 모델을 생성하기 전에 먼저 훈련 데이터셋과 테스트 데이터셋을 나누게 되는데, 훈련 데이터는 모델을 생성하는 데 사용되며 테스트 데이터는 모델의 성능을 검증하는 데 사용된다. 훈련 데이터로 학습이 제대로 이뤄졌다면 모델은 훈련 데이터셋에서 항상 좋은 성능을 보일 것이다. 따라서 모델의 성능을 제대로 측정하려면 훈련 데이터에 포함하지 않은 데이터를 사용한 테스트를 사용해 검증해야 한다.

일반적으로 전체 데이터의 70%를 훈련 데이터로 사용하고 30%를 테스트 데이터로 사용하지만 60:40과 같은 다른 비율도 널리 사용된다. 데이터셋을 나누어 준비할 때 테스트 데이터셋이 특정한 추세나 치우침이 없이 고르게 분포하도록 해야 한다. 훈련 데이터셋의 대부분이 여성 신청자이고 연 소득이 100,000달러를 초과한다면 이 모델은 다른 유형의 신청자 데이터에는 좋은 성능을 보일 수 없다. 훈련 데이터에서는 잘 작동하는 모델이 테스트 데이터에서 잘 작동하지 않는 경우 이를 '모델이 훈련 데이터에 과적합됐다'고 한다.

교차 검증은 훈련 데이터셋에서 모델이 예상치 못한 편향을 갖지 않도록 돕는다. 교차 검증의 기본 개념은 전체 데이터셋을 무작위로 섞어 작은 데이터셋으로 나누는 것이다. 예를 들어 데이터셋을 10개의 같은 묶음으로 나누게 되면 모델은 10번의 훈련과 검증 과정을 거치게 된다. 각각의 훈련과 검증 과정 동안 10개의 묶음 중 하나는 테스트 데이터셋으로 사용하며 나머지 9개의 묶음은 훈련 데이터로 사용한다. 그림 1.6은 이와 같은 교차 검증 과정을 나타낸다.

테스트 데이터셋
훈련 데이터셋

그림 1.6 교차 검증

종종 데이터 수집 단계에서 표본 편향sampling bias이라고 부르는 데이터가 편중되는 현상이 나타나는데, 이는 여러 번의 교차 검증으로도 잘 제거되지 않는다. 그 예로 크리스마스 휴가철의 고객 쇼핑 데이터를 기반으로 모델을 만들게 되면 이 데이터는 휴가철 쇼핑에 국한돼 편향성이 나타나게 되고 이 데이터를 기반으로 만든 모델로 연간 소비를 예측한다면 잘 들어맞지 않게 된다. 이와 같은 경우 표본 데이터의 편향성을 제거하기 위한 가장 좋은 방법은 데이터를 고르게 많이 수집하는 것이다.

머신러닝 모델 선정

분류 문제를 해결하는 데 사용할 수 있는 머신러닝 알고리즘은 다양하다. 이번 예제의 경우 신용카드 신청자에게 카드를 발급할지를 결정하는 것이 목적이다. 이와 같은 결정을 내리는 머신러닝 시스템은 신청자가 과거에 지불을 하지 못한 경우가 있었는지negative outcome

혹은 단 한 번도 지불을 하지 못한 경우가 없는지positive outcome를 레이블링한 데이터로 학습하게 된다.

신용카드 발급 결정 여부는 머신러닝 시스템이 고객의 채무 불이행 여부를 예측하는 것과 직결된다. 이는 전형적인 분류 문제로 다음과 같은 알고리즘이 사용될 수 있다.

- 로지스틱회귀
- 의사 결정 나무
- 랜덤 포레스트
- XGBoost
- 인공 신경망
- 클러스터 기반 기법

알고리즘을 선택하는 데에는 알고리즘의 정확도, 분류 카테고리 수(binary vs. multi-class), 훈련 데이터의 양, 훈련에 소요되는 시간, 메모리 소요량, 실제 서비스 환경으로 배포하는 데 필요한 자원 등의 요소가 영향을 미친다.

이번 예제에서는 두 가지 카테고리 중 하나로 분류하는 이진 분류 문제에 적합한 로지스틱회귀 알고리즘을 사용할 것이다. 로지스틱회귀는 선형회귀 알고리즘을 기반으로 이뤄져 있는데, 선형회귀는 연속적인 수치 데이터를 예측하는 데 효율적인 알고리즘으로 출력 변수가 입력 피처의 선형 조합으로 나타낼 수 있다고 가정한다.

실제로 선형회귀는 모든 데이터 포인트에 가장 맞는 최적의 선(더 높은 차원에서의 초평면)을 찾으려 시도한다. 선형회귀의 결괏값은 양수 혹은 음수를 가질 수 있는 연속적인 무한의 값이며 모델이 어떤 값을 학습했는지에 따라 어떤 값도 가질 수 있다.

이진 분류 문제에 연속적인 값을 사용하도록 로지스틱회귀는 선형회귀의 결괏값을 시그모이드 함수에 입력해 0.0과 1.0 사이의 확률값으로 변환한다. 시그모이드 함수의 그래프는 그림 1.7과 같으며, 입력값에 관계없이 그 결괏값은 0.0 미만 이거나 1.0을 초과할 수 없다.

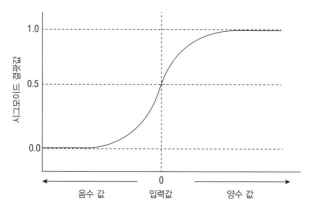

그림 1.7 시그모이드 함수

그림 1.8과 같이 시그모이드 함수의 결괏값은 임계치를 설정해 임계치를 초과하는 모든 값은 A로 분류하고 임계치 이하의 모든 값을 B로 분류하는 식으로 이진 분류에 사용할 수 있다.

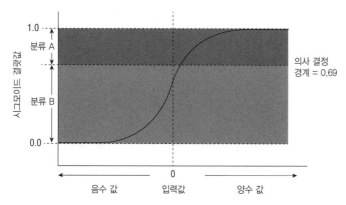

그림 1.8 시그모이드 함수를 활용한 이진 분류

로지스틱회귀는 이해하기 쉬운 장점이 있으나 입력변수와 목적변수의 관계가 복잡하다면 좋은 결과를 얻지 못할 수 있다. 그런 경우에는 트리 기반 모델 혹은 사례 기반 클러스터링 모델을 사용하는 것을 고려해볼 수 있다. 더 자세한 내용은 4장에서 다룬다.

모델 성능 평가

신청자에게 신용카드를 발급할지 결정하는 모델을 생성한 후에는 모델의 성능을 정량적으로 측정하는 것이 필요하다. 훈련 과정에서 별도로 분리해 둔 레이블링된 테스트 데이터셋을 사용해 모델이 새로운 데이터에서 얼마나 잘 작동하는지 평가한다.

분류 문제를 해결하는 이번 예제의 경우 간단하게 모델이 정확하게 예측한 경우의 수를 합해 평가 지표로 사용할 수 있다.

만약 신용카드 발급 승인을 Positive라 했을 때, 다음과 같이 추가적인 지표를 생성할 수 있다.[6]

- **True positive 합계**: 모델이 신용카드 발급을 승인한다고 예측했고, 테스트 데이터셋에서 발급 승인으로 레이블링된 경우의 수
- **False positive 합계**: 모델이 신용카드 발급을 승인한다고 예측했고, 테스트 데이터셋에서 발급 거절로 레이블링된 경우의 수
- **True negative 합계**: 모델이 신용카드 발급을 거절한다고 예측했고, 테스트 데이터셋에서 발급 거절로 레이블링된 경우의 수
- **False negative 합계**: 모델이 신용카드 발급을 거절한다고 예측했고, 테스트 데이터셋에서 발급 승인으로 레이블링된 경우의 수

위의 지표와 추가적인 성능 지표를 5장, '모델 튜닝 기법'에서 자세히 다룰 것이다.

---

6 이를 혼동행렬(confusion matrix)이라 한다. – 옮긴이

요약

- 머신러닝은 데이터를 학습해 예측하는 알고리즘을 만드는 인공지능의 한 분야다.

- 머신러닝은 정보를 신속 정확하게 예측하고 일반화하는 문제를 다루는 컴퓨터 프로 그램을 다룬다.

- 머신러닝은 사기 검출, 신용 평가, 접근 권한authentication 의사 결정, 사용자 행동 분석, 고객 이탈 방지, 추천 시스템 등에 널리 사용된다.

- 머신러닝 시스템을 훈련시킬 때 사용되는 훈련 데이터의 사용 여부에 따라 지도, 비 지도, 준지도 학습으로 나눌 수 있다.

- 배치 학습은 전체 데이터셋으로 훈련시켜 모델을 생성한.후 예측에 사용하는 방식 을 말한다.

- 점진적 학습은 온라인 학습이라고도 하며, 작은 데이터셋을 훈련 과정에 지속적으로 추가하면서 모델의 성능을 향상시키는 방법을 말한다.

- 사례 기반 학습은 훈련 데이터셋 중 가장 비슷한 사례를 찾아 학습하지 않은 데이터 에서 예측을 수행하는 방식을 말한다.

- 모델 기반 학습은 입력과 출력값의 관계를 수학적, 계층적 혹은 그래프 기반의 모델 로 나타내는 방식이다.

데이터 수집 및 전처리

2장에서 다루는 내용은 다음과 같다.

- 훈련 데이터 구하기
- 데이터 탐색 기법
- 결측값 처리 기법
- 피처 엔지니어링 기법

1장에서는 머신러닝의 개요와 다양한 머신러닝 시스템을 살펴봤다. 2장에서는 NumPy, Pandas, Scikit-learn과 같은 파이썬 라이브러리를 활용한 피처 엔지니어링 방법을 학습할 것이다.

> **노트**　2장을 학습하려면 부록 A에 설명한 Anaconda Navigator와 Jupyter Notebook을 설치해야 한다.
>
> 예제 소스 코드는 Wiley 출판사 홈페이지와 깃허브에서 다운로드할 수 있다.
>
> - 출판사: http://www.wiley.com/go/machinelearningawscloud
> - 깃허브: https://github.com/asmtechnology/awsmlbook-chapter2.git

머신러닝 데이터셋

머신러닝 모델을 학습시키기 위해서는 고품질의 데이터셋이 필요하다. 실제로 우수한 성능의 머신러닝 알고리즘을 사용해 만든 모델도 고품질의 훈련 데이터가 부족하다면 좋은 결과를 기대하기 어렵다. 여기서 말하는 데이터 품질이란 해결하고자 하는 분야의 근본적인 문제를 훈련 데이터가 얼마나 정확하게 반영했는지와 이 훈련 데이터를 적절하게 전처리했는지를 말한다. 다음으로 머신러닝 공개 데이터셋을 살펴보자.

Scikit-learn 데이터셋

Scikit-learn[1]의 데이터셋 패키지는 Iris, Boston, Digits와 같이 잘 알려진 머신러닝 데이터셋의 축소 버전을 포함하며, 이러한 축소 버전 데이터셋을 토이 데이터셋^{toy datasets}이라고도 한다. Scikit-learn에서는 토이 데이터셋을 다음과 같은 속성을 지닌 딕셔너리 형태의 객체^{dictionary-like object}로 불러올 수 있는 함수를 제공한다.

- DESCR: 데이터셋에 관한 설명을 사용자가 이해할 수 있는 형태로 반환
- data: 데이터의 모든 피처를 NumPy 배열 형태로 반환
- feature_names: 피처 값들의 이름을 NumPy 배열 형태로 반환하며, 일부 데이터셋에서만 지원
- target: 목적변숫값을 NumPy 배열 형태로 반환
- target_names: 목적변숫값을 범주형 NumPy 배열 형태로 반환하며, Digits, Boston house prices, Diabetes 데이터셋에서는 지원하지 않음

```
# Scikit-learn의 iris 데이터셋 불러오기
from sklearn import datasets
iris_dataset = datasets.load_iris()

# 데이터 탐색
print (iris_dataset.DESCR)
Iris Plants Database
====================
Notes
-----
Data Set Characteristics:
    :Number of Instances: 150 (50 in each of three classes)
    :Number of Attributes: 4 numeric, predictive attributes and the class
```

---

1   부록 A를 참고해 Scikit-learn을 설치해보길 바란다. – 옮긴이

```
        :Attribute Information:
            - sepal length in cm
            - sepal width in cm
            - petal length in cm
            - petal width in cm
            - class:
                    - Iris-Setosa
                    - Iris-Versicolour
                    - Iris-Virginica
        :Summary Statistics:

        ============== ==== ==== ======= ===== ====================
                        Min  Max   Mean    SD   Class Correlation
        ============== ==== ==== ======= ===== ====================
        sepal length:   4.3  7.9   5.84  0.83     0.7826
        sepal width:    2.0  4.4   3.05  0.43    -0.4194
        petal length:   1.0  6.9   3.76  1.76     0.9490  (high!)
        petal width:    0.1  2.5   1.20  0.76     0.9565  (high!)
        ============== ==== ==== ======= ===== ====================

        :Missing Attribute Values: None
        :Class Distribution: 33.3% for each of 3 classes.
        :Creator: R.A. Fisher
        :Donor: Michael Marshall ( MARSHALL%PLU@io.arc.nasa.gov)
        :Date: July, 1988

This is a copy of UCI ML iris datasets.
http://archive.ics.uci.edu/ml/datasets/Iris


.....

print (iris_dataset.data.shape)
(150, 4)

print (iris_dataset.feature_names)
['sepal length (cm)', 'sepal width (cm)', 'petal length (cm)', 'petal width (cm)']

print (iris_dataset.target.shape)
(150,)

print (iris_dataset.target_names)
['setosa' 'versicolor' 'virginica']
```

Scikit-learn에 포함된 토이 데이터셋은 다음과 같다.

- **보스턴 주택 데이터셋**: 회귀 모델에 주로 사용하는 데이터셋으로 토이 버전은 `load_boston()`으로 불러올 수 있으며, 전체 버전은 다음 URL에서 받을 수 있다.

  https://archive.ics.uci.edu/ml/machine-learning-databases/housing/

- **Iris 식물 데이터셋**: 분류 모델에 주로 사용하는 데이터셋으로 토이 버전은 `load_iris()`로 불러올 수 있으며, 전체 버전은 다음 URL에서 받을 수 있다.

  https://archive.ics.uci.edu/ml/datasets/iris

- **발증형**發症型 **당뇨 데이터셋**: 회귀 모델에 주로 사용하는 데이터셋으로 토이 버전은 `load_diabetes()`로 불러올 수 있으며, 전체 버전은 다음 URL에서 받을 수 있다.

  http://www4.stat.ncsu.edu/~boos/var.select/diabetes.html

- **손글씨 데이터셋**: 이 데이터셋은 손으로 쓴 0부터 9까지 숫자의 이미지 데이터로 구성돼 있으며 주로 분류 모델에 사용한다. 토이 버전은 `load_digits()`로 불러올 수 있으며, 전체 버전은 다음 URL에서 받을 수 있다.

  http://archive.ics.uci.edu/ml/datasets/Optical+Recognition+of+Handwritten+Digits

- **Linnerud 데이터셋**: 다변량 회귀분석에 주로 사용하는 데이터셋으로 중년 남성의 신체 및 운동과 관련된 변수로 구성돼 있다. 토이 버전은 `load_linnerud()`로 불러올 수 있으며, 전체 버전은 다음 URL에서 받을 수 있다.

  https://rdrr.io/cran/mixOmics/man/linnerud.html

- **와인 데이터셋**: 이 데이터셋은 이탈리아에서 생산된 와인을 분석한 화학 성분에 관한 데이터를 포함하고 있으며, 주로 분류 문제에 사용한다. 토이 버전은 `load_wine()`으로 불러올 수 있으며, 전체 버전은 다음 URL에서 받을 수 있다.

  https://archive.ics.uci.edu/ml/machine-learning-databases/wine/

- **유방암 데이터셋**: 분류 문제에 주로 사용하는 데이터셋으로 유방암 종양의 세포핵에 관한 정보로 구성돼 있다. 토이 버전은 `load_breast_cancer()`로 불러올 수 있으며, 전

체 버전은 다음 URL에서 받을 수 있다.

https://archive.ics.uci.edu/ml/datasets/Breast+Cancer+Wisconsin+(Diagnostic)

AWS 공개 데이터셋

Amazon에서 운영하는 머신러닝 공개 데이터셋으로 AWS상에 배포된 애플리케이션과 쉽게 통합할 수 있으며, S3 버킷과 EBS 볼륨 형태로 사용할 수 있다. S3 버킷은 AWS CLI, AWS SDKs, 혹은 S3 HTTP 쿼리 API를 통해 접근이 가능하며, EBS 볼륨의 경우 EC2 인스턴스에 연결해야 사용할 수 있다. 공개된 데이터셋은 다음과 같다.

- **생물학**: 인간게놈프로젝트와 같은 널리 알려진 데이터셋을 포함하고 있다.
- **화학**: PubChem은 다양한 화학 분자식에 관한 데이터를 포함하고 있으며 https://pubchem.ncbi.nlm.nih.gov를 통해 접속할 수 있다.
- **경제학**: 인구조사 및 기타 다양한 경제학 관련 데이터를 제공한다.
- **백과사전**: 위키피디아 및 다양한 데이터를 제공하며, 다음 URL에서 관련 내용을 살펴볼 수 있다.

  https://registry.opendata.aws

Kaggle.com 데이터셋

Kaggle.com은 가장 유명한 머신러닝 경진대회를 개최하는 웹사이트 중 하나로 일반적인 용도로 사용 가능한 다양한 데이터를 제공할 뿐만 아니라 캐글 경진대회에 사용되는 자체 데이터도 다음 URL에서 제공한다.

https://www.kaggle.com/datasets

데이터 파일은 사용자의 컴퓨터로 다운로드한 후 Pandas 데이터프레임 형식으로 불러올 수 있으며, 현재 진행 중인 대회와 지난 대회는 다음 URL에서 확인 가능하다.

https://www.kaggle.com/competitions

UCI 머신러닝 저장소

UCI 머신러닝 저장소는 어바인 캘리포니아대학교^{University of California Irvine}의 머신러닝 및 지능형 시스템 센터^{Center for Machine Learning and Intelligent Systems}에서 운영하고 있으며 450여 개 이상의 데이터를 일반에 공개하고 있다. 이 저장소는 가장 오래된 머신러닝 데이터 저장소 중 하나로 머신러닝을 처음 시작하는 사용자뿐만 아니라 이미 훌륭한 실력을 지닌 사람들도 꼭 한 번 방문해봐야 하는 곳으로 알려져 있다. 다만 이곳의 데이터는 대중들로부터 제공받은 것이 많아 모델 생성을 위해 사용하려면 데이터를 가공해야 할 수 있다. 데이터는 사용자의 컴퓨터로 다운로드해 Pandas나 Scikit-learn을 통해 분석이 가능하며, 다음 URL에서 전체 데이터를 다운로드할 수 있다.

https://archive.ics.uci.edu/ml/datasets.php

UCI 머신러닝 저장소의 가장 유명한 데이터셋 중 일부는 Kaggle.com의 https://www.kaggle.com/uciml을 통해서도 접속할 수 있다.

데이터 전처리 기법

1장에서 다양한 머신러닝 시스템과 머신러닝 기반 솔루션을 구축하는 일반적인 방법에서 살펴본 것과 같이 머신러닝 시스템의 성능은 훈련 데이터의 품질에 크게 의존한다. 이번 절에서는 예제를 통해 머신러닝 모델을 위한 일반적인 데이터 전처리 방법을 배운다. 예제에서는 인터넷상에서 쉽게 구할 수 있는 데이터를 사용하며 이 책의 실습 예제 파일에 포함돼 있다.

데이터 탐색

머신러닝 모델 생성 시 가장 먼저 수행하는 작업 가운데 하나는 변수에 관한 대략적인 정보를 파악하는 것이다. 이 절에서는 Jupyter Notebook에서 타이타닉 데이터셋^{Titanic dataset}을 NumPy와 Pandas로 분석해볼 것이다. 데이터와 노트북 파일은 실습 예제 파일에 포함돼 있다.

타이타닉 데이터셋은 널리 알려진 데이터셋 중 하나로 타이타닉호에 승선한 1,309명 승객의 인구통계학적 정보와 티켓에 관한 정보를 포함하며, 승객의 생존 여부를 예측하는 것을 목표로 한다. 전체 데이터셋은 밴더빌트대학교 생물통계학과^{Department of BioStatistics, Vanderbilt University}에서 확인할 수 있다(http://biostat.mc.vanderbilt.edu/wiki/Main/DataSets).

실습 예제 파일에 포함된 titanic3 버전 데이터셋은 캐글 경진대회(Titanic: Machine Learning From Disaster, https://www.kaggle.com/c/titanic)를 포함해 다양한 곳에서 구할 수 있다. 캐글 버전은 데이터 순서가 사전에 섞여 있고, 훈련 데이터와 테스트 데이터로 분류돼 있는 장점이 있으며, 각각의 파일명은 training.csv와 test.csv이다.

캐글 버전 타이타닉 데이터셋의 속성은 다음과 같다.

- PassengerId: 텍스트 변수, 행 구분자
- Survived: 논리형 변수, 승객 생존 여부. 0 = 사망, 1 = 생존
- Pclass: 범주형 변수, 티켓 등급. 1 = 1등석, 2 = 2등석, 3 = 3등석
- Name: 텍스트 변수, 승객 이름
- Sex: 범주형 변수, 승객 성별
- Age: 수치형 변수, 승객 나이
- SibSp: 수치형 변수, 함께 여행한 형제자매 혹은 배우자 수(siblings/spouses)
- Parch: 수치형 변수, 함께 여행한 부모 혹은 자녀 수(parents/children)
- Ticket: 텍스트 변수, 티켓 번호
- Fare: 수치형 변수, 티켓 요금(단위: 1970년대 초반 영국 파운드화)
- Cabin: 텍스트 변수, 객실 번호
- Embarked: 범주형 변수, 탑승 항구. C = Cherbourg, Q = Queenstown, S = Southampton

CSV 파일 훈련 데이터를 Pandas의 데이터프레임 형식으로 불러오는 코드는 다음과 같다.

```python
import numpy as np
import pandas as pd

# Pandas 데이터프레임 형식으로 파일 내용 불러오기
input_file = './datasets/titanic_dataset/original/train.csv'
df_titanic = pd.read_csv(input_file)
```

먼저, 불러온 데이터프레임의 shape 속성을 통해 데이터의 행과 열에 관한 정보를 확인하자.

```python
df_titanic.shape

(891, 12)
```

데이터에는 891개의 행과 12개의 열(속성)이 있는 것을 확인할 수 있으며, 다음의 코드로 열의 이름을 확인할 수 있다.

```python
# 12개 열 이름 확인하기
print (df_titanic.columns.values)

['PassengerId' 'Survived' 'Pclass' 'Name' 'Sex' 'Age' 'SibSp' 'Parch'
 'Ticket' 'Fare' 'Cabin' 'Embarked']
```

데이터 과학자가 가장 많이 접하는 일반적인 문제 중 하나가 결측값 처리다. 원시 데이터 raw data 는 종종 한 개 이상의 열에 결측값을 갖고 있다. 이유는 사람의 입력 실수부터 실제 관찰값이 없는 경우 등 다양하다. CSV 파일을 Pandas 데이터프레임으로 불러올 때 결측 값은 NaN으로 표현된다. 다양한 방법으로 데이터프레임의 열에서 결측값을 찾을 수 있는 데, 다음 코드에 설명된 info() 함수가 그중 하나다.

```python
# 결측값 확인하기
df_titanic.info()
```

```
<class 'pandas.core.frame.DataFrame'>
RangeIndex: 891 entries, 0 to 890
Data columns (total 12 columns):
PassengerId    891 non-null int64
Survived       891 non-null int64
Pclass         891 non-null int64
Name           891 non-null object
Sex            891 non-null object
Age            714 non-null float64
SibSp          891 non-null int64
Parch          891 non-null int64
Ticket         891 non-null object
Fare           891 non-null float64
Cabin          204 non-null object
Embarked       889 non-null object
dtypes: float64(2), int64(5), object(5)
memory usage: 83.6+ KB
```

info() 함수의 결과를 살펴보면 대부분의 열이 891개의 값을 갖고 있는 반면 Age, Cabin, Embarked는 891개 이하의 열을 갖고 있다. info() 함수를 사용해 결측값을 찾는 경우 CSV 파일에 값이 비어 있어야만 Pandas가 결측값을 찾아 데이터프레임에 NaN으로 나타낼 수 있다. 만약 데이터를 생성할 당시 공백 문자^blank space^나 느낌표(!)와 같은 특수 문자를 사용해서 결측값을 표시했다면 Pandas는 이와 같은 문자를 결측값으로 해석하지 못한다.

결측값에 관한 정보를 확인할 수 있는 또 다른 방법은 Pandas의 isnull() 함수와 sum() 함수를 연결해 사용하는 것이다. 데이터프레임에 isnull() 함수를 적용하면 원본 데이터프레임과 동일한 차원의 True 혹은 False값을 반환한다. 원본 데이터프레임의 데이터가 존재하지 않거나 NaN을 가지면 isnull()의 결과인 새로운 데이터프레임은 동일한 위치에 True 값을 갖는다. 다시 True 혹은 False값의 결과를 갖는 데이터프레임에 sum() 함수를 적용하면 각각의 열에 True값 개수를 반환한다. 다음 코드는 isnull()과 sum()을 함께 사용해 데이터프레임의 각 열에서 결측값을 찾는 과정을 보여준다.

```
# 데이터프레임에서 결측값을 찾는 다른 방법
df_titanic.isnull().sum()
```

```
PassengerId      0
Survived         0
Pclass           0
Name             0
Sex              0
Age            177
SibSp            0
Parch            0
Ticket           0
Fare             0
Cabin          687
Embarked         2
dtype: int64
```

위 결과를 살펴보면 상당수의 Age와 Cabin값이 비어 있음을 확인할 수 있다. 2장 후반부에서는 이런 결측값을 다루는 방법을 살펴볼 것이다.

데이터프레임을 시각화해보는 것은 데이터에 관한 감각을 익히는 가장 좋은 방법이 될 수 있다. 그림 2.1과 같이 head() 함수를 사용하면 데이터프레임의 처음 몇 개 행을 확인할 수 있다.

```
In [12]: # view the first 5 rows of the dataframe
         df_titanic.head()

Out[12]:
```

	PassengerId	Survived	Pclass	Name	Sex	Age	SibSp	Parch	Ticket	Fare	Cabin	Embarked
0	1	0	3	Braund, Mr. Owen Harris	male	22.0	1	0	A/5 21171	7.2500	NaN	S
1	2	1	1	Cumings, Mrs. John Bradley (Florence Briggs Th...	female	38.0	1	0	PC 17599	71.2833	C85	C
2	3	1	3	Heikkinen, Miss. Laina	female	26.0	0	0	STON/O2. 3101282	7.9250	NaN	S
3	4	1	1	Futrelle, Mrs. Jacques Heath (Lily May Peel)	female	35.0	1	0	113803	53.1000	C123	S
4	5	0	3	Allen, Mr. William Henry	male	35.0	0	0	373450	8.0500	NaN	S

그림 2.1 head()로 Pandas 데이터프레임의 첫 부분 확인하기

데이터프레임에 행이 너무 많아 한 줄에 다 표현하기 어려운 경우 Pandas는 데이터프레임의 중간 행을 생략하고 보여준다. 그림 2.2는 30개 행을 갖는 데이터프레임에 head() 함수를 적용한 결과를 보여주고 있다.

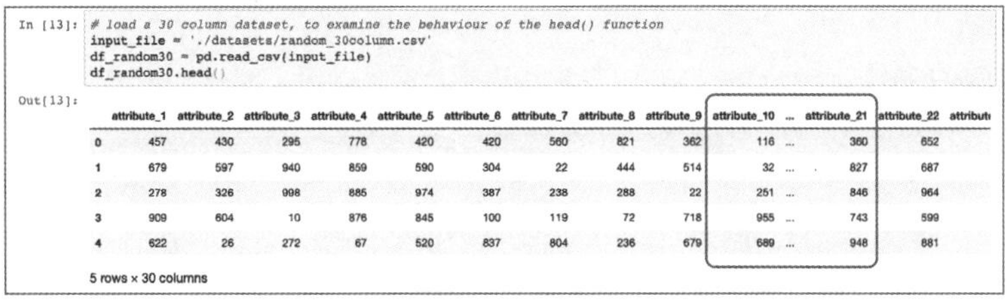

```
In [13]: # load a 30 column dataset, to examine the behaviour of the head() function
         input_file = './datasets/random_30column.csv'
         df_random30 = pd.read_csv(input_file)
         df_random30.head()
```

	attribute_1	attribute_2	attribute_3	attribute_4	attribute_5	attribute_6	attribute_7	attribute_8	attribute_9	attribute_10	...	attribute_21	attribute_22	attribute
0	457	430	295	778	420	420	560	821	362	116	...	360	652	
1	679	597	940	859	590	304	22	444	514	32	...	827	687	
2	278	326	998	885	974	387	238	288	22	251	...	846	964	
3	909	604	10	876	845	100	119	72	718	955	...	743	599	
4	622	26	272	67	520	837	804	236	679	689	...	948	881	

5 rows × 30 columns

그림 2.2 데이터프레임의 크기가 큰 경우 head()는 중간 행을 제외하고 보여준다.

display.max_columns 속성을 변경해 Pandas가 보여주는 최대 열의 수를 변경할 수 있으며, 다음 코드는 최대 4개 열만 보이도록 수정한 결과다.

```
pd.set_option('display.max_columns', 4)
df_random30.head()


    attribute_1.     attribute_2      ...     attribute_29.     target
0.  457.             430.             ...     8                 1
1.  679.             597.             ...     253.              1
2.  278.             326.             ...     706.              0
3.  909.             604.             ...     263.              1
4   622              26.              ...     675.              1


5 rows × 30 columns
```

모든 열을 다 보이게 하려면 다음과 같이 display.max_columns를 None으로 설정하면 된다.

```
pd.set_option('display.max_columns', None)
```

예리한 독자라면 타이타닉 데이터셋의 PassengerId 속성이 수치형 구분자로서 모델을 생성하는 데 유용한 정보를 제공하지 않는다는 것을 알아차렸을 수도 있다. Pandas 데이터프레임은 각 행을 구분하는 고유한 값의 인덱스index를 가질 수 있는데, 기본적으로 Pandas는 데이터프레임 인덱스를 생성하지는 않는다. 다음 코드를 사용하면 데이터프레임에 인덱스가 있는지 확인할 수 있다.

```
# 데이터프레임의 인덱스 확인
print (df_titanic.index.name)

None
```

다음 코드를 통해 타이타닉 데이터프레임 df_titanic에 PassengerId 속성을 인덱스로 지정할 수 있다.

```
df_titanic.set_index("PassengerId", inplace=True)
```

set_index() 함수 적용 후 데이터프레임의 인덱스를 확인해보면 PassengerId가 인덱스로 설정된 것을 확인할 수 있다.

```
# 데이터프레임의 인덱스 확인
print (df_titanic.index.name)

PassengerId
```

그림 2.3은 df_titanic 데이터프레임에 인덱스 설정 전과 후에 head() 함수를 적용한 결과를 보여준다.

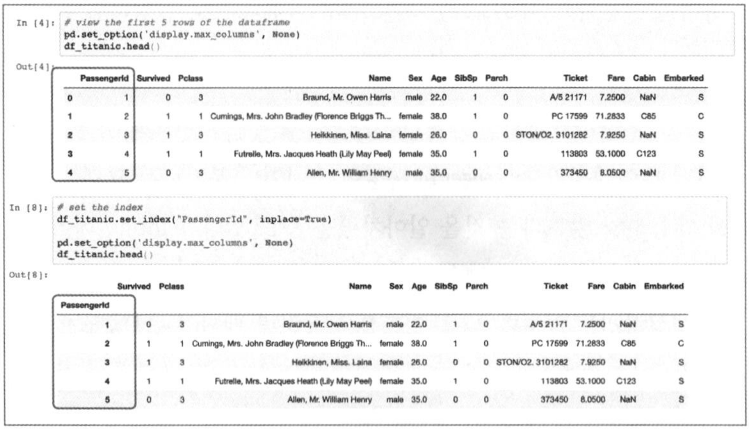

```
In [4]: # view the first 5 rows of the dataframe
pd.set_option('display.max_columns', None)
df_titanic.head()
```

Out[4]:

	PassengerId	Survived	Pclass	Name	Sex	Age	SibSp	Parch	Ticket	Fare	Cabin	Embarked
0	1	0	3	Braund, Mr. Owen Harris	male	22.0	1	0	A/5 21171	7.2500	NaN	S
1	2	1	1	Cumings, Mrs. John Bradley (Florence Briggs Th...	female	38.0	1	0	PC 17599	71.2833	C85	C
2	3	1	3	Heikkinen, Miss. Laina	female	26.0	0	0	STON/O2. 3101282	7.9250	NaN	S
3	4	1	1	Futrelle, Mrs. Jacques Heath (Lily May Peel)	female	35.0	1	0	113803	53.1000	C123	S
4	5	0	3	Allen, Mr. William Henry	male	35.0	0	0	373450	8.0500	NaN	S

```
In [8]: # set the index
df_titanic.set_index("PassengerId", inplace=True)

pd.set_option('display.max_columns', None)
df_titanic.head()
```

Out[8]:

	Survived	Pclass	Name	Sex	Age	SibSp	Parch	Ticket	Fare	Cabin	Embarked
PassengerId											
1	0	3	Braund, Mr. Owen Harris	male	22.0	1	0	A/5 21171	7.2500	NaN	S
2	1	1	Cumings, Mrs. John Bradley (Florence Briggs Th...	female	38.0	1	0	PC 17599	71.2833	C85	C
3	1	3	Heikkinen, Miss. Laina	female	26.0	0	0	STON/O2. 3101282	7.9250	NaN	S
4	1	1	Futrelle, Mrs. Jacques Heath (Lily May Peel)	female	35.0	1	0	113803	53.1000	C123	S
5	0	3	Allen, Mr. William Henry	male	35.0	0	0	373450	8.0500	NaN	S

그림 2.3 데이터프레임에 set_index 함수 적용하기

다음 코드를 보면 데이터프레임의 shape 속성 중 행이 12가 아닌 11인 것을 확인할 수 있다.

```
# index 설정 후 데이터프레임 shape 확인
df_titanic.shape

(891, 11)
```

df_titanic 데이터프레임의 PassengerId를 인덱스로 설정한 후 남아 있는 11개 속성 중 Survived가 남아 있음을 확인할 수 있다. 모델을 훈련시킬 때 목적변수가 입력 피처에 포함되지 않도록 주의해야 한다. 간단한 방법 중 하나는 입력 변수 데이터프레임과 목적변수 데이터프레임을 별도로 나누는 것이다. 다음 코드는 Survived 속성을 df_titanic으로부터 df_titanic_target이라는 별도의 데이터프레임으로 추출하고, 나머지 10개의 피처변수들을 df_titanic_features라는 데이터프레임에 저장한다.

```
# 목적변수를 추출해 새로운 데이터프레임에 저장하기
df_titanic_target = df_titanic.loc[:,['Survived']]

# 나머지 10개의 피처를 새로운 데이터프레임에 저장하기
df_titanic_features = df_titanic.drop(['Survived'], axis=1)
```

Survived 속성은 0, 1의 바이너리 값으로 1은 생존을 나타낸다. 머신러닝 모델에서 목적변수가 범주형(이진 혹은 여러 범주) 형태일 때, 훈련 데이터에서 각 범주별로 값의 분포를 파악하는 것은 유용하다. 이번 예제에서는 목적변숫값의 분포를 다음 코드를 통해 확인할 수 있다.

```
# 목적변숫값 분포 확인하기
df_titanic_target['Survived'].value_counts()

0    549
1    342
Name: Survived, dtype: int64
```

value_counts() 함수는 범주형 데이터의 열에 적용할 수 있지만, 기본적으로 NaN값을 세지는 않는다. value_counts() 함수를 통해 NaN값을 포함해 분포를 확인하려면 다음과 같이 dropna=false 옵션을 추가해야 한다.

```
# Embarked 속성 값들의 개수 확인하기(NaN을 포함)
df_titanic_features['Embarked'].value_counts(dropna=False)

S      644
C      168
Q       77
NaN      2
Name: Embarked, dtype: int64
```

목적변숫값의 분포를 시각화해 확인하려면 다음 코드를 통해 그림 2.4와 같이 히스토그램을 생성할 수 있다.

```
# 목적변수 히스토그램
%matplotlib inline
import matplotlib.pyplot as plt
df_titanic_target.hist(figsize=(5,5))
```

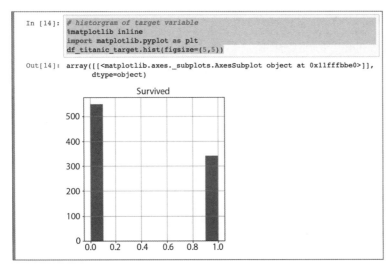

그림 2.4 Survived 속성 값 분포

목적변수 히스토그램과 더불어 피처 값들의 분포를 히스토그램으로 확인하는 것 또한 매우 유용하다. hist() 함수는 Pandas 데이터프레임의 수치형 데이터를 히스토그램으로 표현한다. 타이타닉 데이터셋의 수치형 피처는 Age, Fare, Pclass, Parch, SibSp이며 이를 히스토그램으로 나타내면 그림 2.5와 같다.

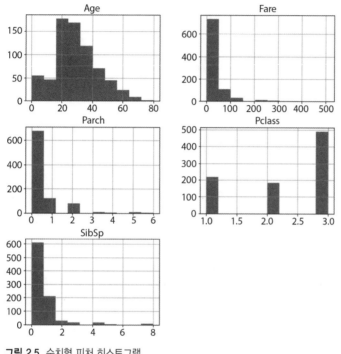

그림 2.5 수치형 피처 히스토그램

```
# 피처 값을 (10, 10) 사이즈의 히스토그램으로 표현하기
df_titanic_features.hist(figsize=(10,10))
```

통계학 지식이 있는 독자라면 히스토그램 형태가 빈bin의 개수에 영향을 받는다는 것을 알고 있을 것이다. 그래서 데이터 과학자들은 데이터의 분포를 더욱 잘 이해하고자 특정 변수에 여러 빈 값을 적용해 히스토그램을 적용해보기도 한다. 다음 코드를 활용하면 수치형 변수에 x축을 따라 빈 값을 적용해 히스토그램을 표현할 수 있으며, 그림 2.6은 수치형 피처에 여러 가지 빈 값을 적용해 표현한 히스토그램이다.

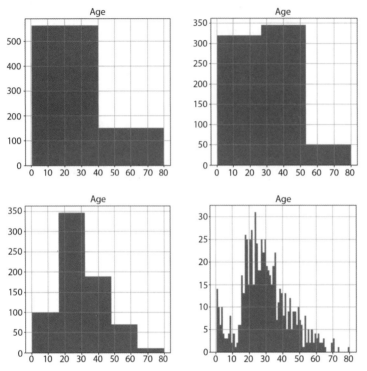

그림 2.6 수치형 변수 Age에 가로 빈(bin)의 값을 (2, 3, 5, 80)으로 지정해 얻은 히스토그램

```
# Age 변수의 히스토그램
# 다양한 빈(bin) 크기를 적용해 히스토그램을 그려보는 것은 데이터의 분포를 이해하는 데 도움이 된다.
df_titanic_features.hist(column='Age', figsize=(5,5), bins=2)
```

value_counts() 함수는 범주형 데이터와 수치형 데이터 모두에 사용할 수 있어 value_counts() 함수의 결괏값을 이용해 범주형 데이터의 히스토그램을 표현할 수 있다. 다음 코드는 범주형 데이터 Embarked에 이와 같은 방법을 적용한 것이며 그 결과는 그림 2.7과 같다.

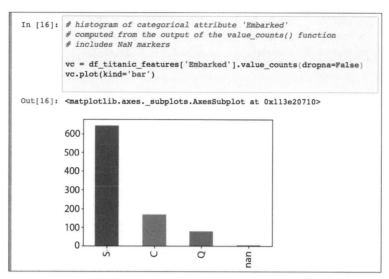

```
In [16]: # histogram of categorical attribute 'Embarked'
         # computed from the output of the value_counts() function
         # includes NaN markers

         vc = df_titanic_features['Embarked'].value_counts(dropna=False)
         vc.plot(kind='bar')

Out[16]: <matplotlib.axes._subplots.AxesSubplot at 0x113e20710>
```

그림 2.7 범주형 피처 Embarked의 히스토그램

```
# value_counts()의 결과를 통해 나타낸 범주형 피처 'Embarked'의 히스토그램(NaN 포함)
vc = df_titanic_features['Embarked'].value_counts(dropna=False)
vc.plot(kind='bar')
```

피처들과 목적변숫값의 분포 정보와 더불어 이러한 변수들의 통계적 특성과 변수 사이의
상관 관계correlation, 훈련 데이터셋에 관한 유용한 정보도 확인할 수 있다. 데이터프레임의
수치형 속성에 Pandas의 describe() 함수를 적용해 통계적 정보를 확인할 수 있으며, 다음
코드는 df_titanic_features 데이터프레임에 describe() 함수를 적용한 결과를 보여준다.

```
# 데이터의 통계적 특성 확인하기
df_titanic_features.describe()
```

	Pclass	Age.	SibSp.	Parch	Fare
Count.	891.000000	714.000000.	891.000000.	891.000000.	891.000000
Mean.	2.308642.	29.699118.	0.523008.	0.381594.	32.204208
Std.	0.836071.	14.526497.	1.102743.	0.806057.	49.693429
Min.	1.000000.	0.420000.	0.000000.	0.000000.	0.000000
25%.	2.000000	20.125000.	0.000000.	0.000000.	7.910400

50%.	3.000000.	28.000000.	0.000000.	0.000000.	14.454200
75%.	3.000000.	38.000000	1.000000.	0.000000.	31.000000
Max.	3.000000.	80.000000.	8.000000.	6.000000.	512.329200

describe() 함수는 각 수치형 속성의 최솟값, 최댓값, 평균, 표준편차, 사분위수를 제공한다. 사분위수는 데이터를 4등분하는 값으로 1사분위수는 관측값의 25%가 위치하는 값이다. 예를 들어 Age 피처의 1사분위수는 20.12로 데이터셋의 25%의 사람들이 20세 미만임을 나타낸다. 피처들의 사분위수와 통계적 특성값은 상자 그림box plot으로 나타내기도 하며 상자 그림은 4장에서 다룬다. boxplot() 함수로 수치형 피처의 값을 상자 그림으로 나타낼 수 있으며 그림 2.8은 다음 코드를 boxplot()을 사용해 상자 그림을 생성한 결과다.

```
# 수치형 피처를 상자 그림으로 나타내기
df_titanic_features.boxplot(figsize=(10,6))
```

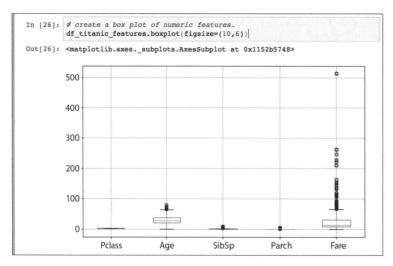

그림 2.8 수치형 피처의 상자 그림

입력변수와 목적변수 사이의 상관관계를 알면 예측 모델 생성 시 데이터 중 적합한 피처를 찾는 데 도움을 줄 수 있고, 피처 간의 상관관계는 과적합을 예방하는 데에도 도움을 줄 수 있다. Pandas의 corr() 함수를 활용하면 데이터프레임의 열 간의 피어슨 상관계수^{Pearson's} correlation coefficient를 구할 수 있다. 그림 2.9는 df_titanic 데이터프레임에 corr() 함수를 적용한 결과를 보여준다.

```
In [39]:   # correlation between the target variable and the features
           df_titanic.corr()

Out[39]:
```

	Survived	Pclass	Age	SibSp	Parch	Fare
Survived	1.000000	-0.338481	-0.077221	-0.035322	0.081629	0.257307
Pclass	-0.338481	1.000000	-0.369226	0.083081	0.018443	-0.549500
Age	-0.077221	-0.369226	1.000000	-0.308247	-0.189119	0.096067
SibSp	-0.035322	0.083081	-0.308247	1.000000	0.414838	0.159651
Parch	0.081629	0.018443	-0.189119	0.414838	1.000000	0.216225
Fare	0.257307	-0.549500	0.096067	0.159651	0.216225	1.000000

그림 2.9 수치형 행 간의 선형 상관관계

피어슨 상관계수의 경우 변수 간의 선형 상관관계만을 찾아낼 수 있다. corr() 함수는 피어슨 상관계수 이외에도 켄달 타우 상관^{Kendall's tau correlation}, 스피어만 상관^{Spearman's rank correlation}과 같은 표준 상관계수를 계산할 수 있다. 추가 정보는 https://pandas.pydata.org/pandas-docs/stable/reference/api/pandas.DataFrame.corr.html에서 확인할 수 있다.

다음 코드는 수치형 피처와 목적변수 사이의 상관관계를 내림차순으로 정리한 것이다.

```
# 어떤 피처가 목적변수와 큰 상관관계를 갖고 있는가?
corr_matrix = df_titanic.corr()
corr_matrix['Survived'].sort_values(ascending=False)

Survived    1.000000
Fare        0.257307
Parch       0.081629
SibSp      -0.035322
Age        -0.077221
Pclass     -0.338481
Name: Survived, dtype: float64
```

피처 간의 상관관계를 구하는 방법은 상관계수를 구하는 방법만 존재하는 것은 아니다. 산점도scatter plot를 통해 시각화하는 것도 피처 간의 관계를 파악할 수 있는 방법이다. 다음 코드는 Pandas의 scatter_matrix() 함수로 모든 수치형 피처를 상호간의 산점도로 나타낸 것이며, 그 결과는 그림 2.10과 같다.

```
# 산점도 행렬을 통한 피처 간의 관계 시각화
from pandas.plotting import scatter_matrix
scatter_matrix(df_titanic, figsize=(12,12))
```

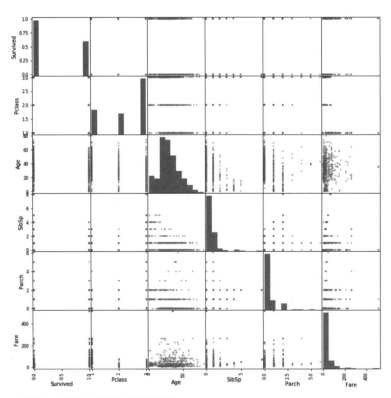

그림 2.10 수치형 피처 간의 산점도 행렬

결측값 다루기

지금까지는 데이터 탐색 기법을 살펴보았다. 타이타닉 데이터셋을 살펴보는 동안 Age, Cabin, Embarked에는 결측값이 존재하는 것을 알 수 있었다. Age의 경우 수치형 피처로 다음 코드를 통해 상자 그림으로 나타내 피처의 통계적 특성을 살펴볼 수 있다. 그림 2.11은 Age 변수의 상자 그림을 보여주고 있다.

```
# 'Age'의 상자 그림
%matplotlib inline
import matplotlib.pyplot as plt
df_titanic_features.boxplot(column='Age', figsize=(7,7))
```

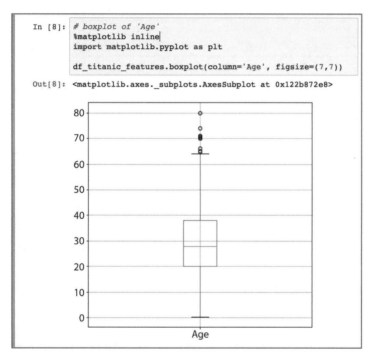

그림 2.11 Age 피처변수의 상자 그림

상자 그림을 보면 Age의 중간값이 28인 것을 알 수 있다. Pandas의 fillna() 함수는 결측 값을 새로운 값으로 채울 수 있는데, 다음 코드는 fillna()를 사용해 Age의 결측값을 중간 값으로 채우는 것을 보여준다.

```
# 중간값으로 결측값 채우기
median_age = df_titanic_features['Age'].median()
print (median_age)
28.0

df_titanic_features["Age"].fillna(median_age, inplace=True)
```

> **노트**　여기서 설명하진 않았지만 훈련 데이터에 적용하는 피처 엔지니어링이나 대치(imputation)는 테스트 데 이터에도 적용해야 한다.

Embarked는 범주형 피처로 결측값이 2개밖에 되지 않아 Embarked 열에 가장 많은 빈도를 보 이는 값으로 대체하는 것이 합리적이다. 이를 위해 fillna() 함수를 다음과 같이 사용할 수 있다.

```
# Embarked의 결측값을 가장 많은 빈도 값으로 대체
embarked_value_counts = df_titanic_features['Embarked'].value_counts(dropna=True)
most_common_value = embarked_value_counts.index[0]

print (most_common_value)
S

df_titanic_features["Embarked"].fillna(most_common_value, inplace=True)
```

Cabin 또한 범주형 속성이지만 687개나 되는 많은 결측값을 갖고 있다. Embarked와 동일한 방식으로 결측값을 대체하는 것은 데이터에 큰 편향성을 주기 때문에 Cabin의 경우에는 적 합하지 않다. 이 경우 가장 적절한 접근 방법은 Cabin의 값이 있으면 True, 그렇지 않으면 False를 갖는 CabinIsKnown이라는 새로운 부울 형식의 피처를 만드는 것이다. 숫자 1과 0을 사용해 결측값이 있으면 1, 없으면 0과 같은 형식으로 표현할 수도 있으나 이와 같은 표현

방식은 1이 0보다 크기 때문에 데이터에 의도하지 않은 의미를 부여하게 될 수 있고, 일부 모델에서는 결과에 영향을 미칠 수도 있어 바람직하지 않다. 다음 코드는 CabinIsKnown이라는 새로운 열을 만들고 데이터프레임에서 원본 Cabin을 삭제하는 것을 보여준다.

```
# Boolean 속성의 피처 'CabinIsKnown' 생성
# Cabin값을 알면 True, 결측값이면 False
df_titanic_features['CabinIsKnown'] = ~df_titanic_features.Cabin.isnull()

# 데이터프레임에서 Cabin 열 삭제
df_titanic_features.drop(['Cabin'], axis=1, inplace=True)
```

지금까지 결측값을 다른 값으로 대치하거나 데이터프레임에 새로운 열을 만들어봤다. 이제 데이터프레임에는 결측값이 없어야 하며 CabinIsKnown이라는 새로운 열이 생성됐고 Cabin 열은 삭제됐어야 한다. 이 모든 작업은 다음 코드를 통해 실행할 수 있다.

```
# 데이터프레임의 피처 확인
print (df_titanic_features.columns.values)

# 피처에 존재하는 결측값 확인
df_titanic_features.isnull().sum()

['Pclass' 'Name' 'Sex' 'Age' 'SibSp' 'Parch' 'Ticket' 'Fare' 'Embarked'
 'CabinIsKnown']
Out[10]:
Pclass          0
Name            0
Sex             0
Age             0
SibSp           0
Parch           0
Ticket          0
Fare            0
Embarked        0
CabinIsKnown    0
dtype: int64
```

새로운 피처 생성하기

타이타닉 데이터셋 설명에서는 SibSp와 Parch 열을 다음과 같이 설명한다.

- SibSp: 수치형 변수, 함께 여행한 형제 자매/배우자 수

- Parch: 수치형 변수, 함께 여행한 자녀와 부모 수

이 변수들을 함께 여행한 가족 수를 나타내는 수치형 변수로 합치는 것은 합리적인 방법일수 있다. 지금 단계에서 피처를 합성하는 작업이 더 나은 성능을 발휘할 수 있다고 확신할수는 없지만, 모델을 생성하고 평가하는 단계에서는 더 많은 선택지를 줄 수 있다. 다음 코드는 SibSp와 Parch 속성 값을 더해 FamilySize라는 새로운 속성을 만들어 데이터프레임에저장한다.

```
# SibSp과 Parch의 수를 더해 새로운 수치형 피처 FamilySize 생성
df_titanic_features['FamilySize'] = df_titanic_features.SibSp + df_titanic_features.
Parch
```

> **노트** 여기서 설명하진 않았지만 훈련 데이터에 적용하는 피처 엔지니어링이나 대치(imputation)는 테스트 데이터에도 적용해야 한다.

Age와 Fare는 일정한 범위의 수치형 데이터를 갖는데, 이와 같은 경우 데이터를 그룹화binning해서 사용하는 것이 유용하다. 모델을 생성하는 과정에서 Age와 Fare를 그룹화된 범주형 데이터가 더 좋은 성능을 보이는 것을 알 수 있을 것이다. AgeCategory라는 새로운 범주형 피처를 생성하려면 다음 코드와 같이 Pandas의 cut() 함수를 사용하면 된다.

```
# AgeCategory라는 새로운 범주형 피처 생성
bins_age = [0,20,30,40,50,150]
labels_age = ['<20','20-30','30-40','40-50','>50']

df_titanic_features['AgeCategory'] = pd.cut(df_titanic_features.Age,
                                            bins=bins_age,
```

```
                                        labels=labels_age,
                                        include_lowest=True)
```

그림 2.12는 AgeCategory 피처 생성 후 df_titanic_features 데이터프레임에 head()를 적용한 결과를 보여준다.

그림 2.12 새로 조합된 AgeCategory를 포함한 데이터프레임

cut() 함수는 다양한 매개변수와 인자값을 갖는다. 예제에서 bins 매개변수는 구간과 구간 사이 경계를 나타내는 일련의 수를 포함하며, 매개변수의 가장 작은 값과 가장 큰 값은 각각 Age 피처 값의 범위를 벗어나도록 결정한다. labels 매개변수는 문자열 리스트[list] 값으로 cut() 함수 실행 결과로 생성된 범주형 피처의 구간별 레이블 값으로 사용된다. include_lowest 매개변수는 True로 설정되면 x축의 왼쪽부터 구간이 시작되는 것을 의미한다. cut() 함수의 전체 매개변수에 관한 내용은 다음 주소에서 확인할 수 있다.

https://pandas.pydata.org/pandas-docs/stable/reference/api/pandas.cut.html

구간의 넓이와 개수를 정하는 데에 딱히 정해진 규칙은 없다. 대신 모델을 생성하는 동안 다양한 조건으로 구간을 정해보면서 가장 좋은 성능을 보여주는 값을 선택할 수 있다. 만약 연속적인 수치형 변수를 사분위 경계로 나누려면 Pandas의 qcut() 함수를 사용하면 된다. 다음 코드는 qcut() 함수를 사용해 FareCategory라는 사분위를 경계로 하는 새로운 범주형 피처를 생성한다.

```
# FareCategory라는 새로운 범주형 피처 생성
df_titanic_features['FareCategory'] = pd.qcut(df_titanic_features.Fare,
                                              q=4,
                                              labels=['Q1', 'Q2', 'Q3', 'Q4'])
```

두 번째 매개변수 q=4는 구간을 사분위로 나누겠다는 의미이다. qcut() 함수에 관한 자세한 내용은 다음 주소에서 확인할 수 있다.

https://pandas.pydata.org/pandas-docs/stable/reference/api/pandas.qcut.html

그림 2.13은 df_titanic_features 데이터프레임에 FareCategory 피처를 생성 후 head() 함수를 적용한 결과를 보여주고 있다.

```
In [27]: # examine the first 10 rows of the dataset
         df_titanic_features.head(10)
Out[27]:
```

PassengerId	Pclass	Name	Sex	Age	SibSp	Parch	Ticket	Fare	Embarked	CabinIsKnown	FamilySize	AgeCategory	FareCategory
1	3	Braund, Mr. Owen Harris	male	22.0	1	0	A/5 21171	7.2500	S	False	1	20-30	Q1
2	1	Cumings, Mrs. John Bradley (Florence Briggs Th...	female	38.0	1	0	PC 17599	71.2833	C	True	1	30-40	Q4
3	3	Heikkinen, Miss. Laina	female	26.0	0	0	STON/O2. 3101282	7.9250	S	False	0	20-30	Q2
4	1	Futrelle, Mrs. Jacques Heath (Lily May Peel)	female	35.0	1	0	113803	53.1000	S	True	1	30-40	Q4
5	3	Allen, Mr. William Henry	male	35.0	0	0	373450	8.0500	S	False	0	30-40	Q2
6	3	Moran, Mr. James	male	28.0	0	0	330877	8.4583	Q	False	0	20-30	Q2
7	1	McCarthy, Mr. Timothy J	male	54.0	0	0	17463	51.8625	S	True	0	>50	Q4
8	3	Palsson, Master. Gosta Leonard	male	2.0	3	1	349909	21.0750	S	False	4	<20	Q3
9	3	Johnson, Mrs. Oscar W (Elisabeth Vilhelmina Berg)	female	27.0	0	2	347742	11.1333	S	False	2	20-30	Q2
10	2	Nasser, Mrs. Nicholas (Adele Achem)	female	14.0	1	0	237736	30.0708	C	False	1	<20	Q3

그림 2.13 새로 조합된 FareCategory를 포함한 데이터프레임

수치형 피처 변환하기

위에서 범주형 피처 AgeCategory와 FareCategory를 새로 생성한 후 데이터셋에서 Age와 Fare를 없애는 과정이 필요할 것이다. 이때 원본 피처를 삭제할지 여부는 생성하고자 하는 모델 종류에 따라 크게 좌우된다.

연속적인 수치형 변수를 사용해 모델을 생성할 때 속성을 변환해야 할 때도 있다. 일반적으로 머신러닝 모델들이 수치형 변숫값의 평균이 0이고 분산이 1인 표준 정규분포에 가까운 분포를 보일 때 더 빨리 수렴하고 더 잘 작동한다.

정규화nomalization와 표준화standardization는 수치형 속성에 널리 적용되는 변환하는 방식이다. 정규화는 피처를 0과 1 사이의 값으로 변환하며, 표준화는 피처를 평균이 0, 표준편차가 1인 새로운 분포로 변환한다. 하지만 표준화된 값들은 꼭 0과 1 사이의 값을 갖는 것은 아니다. 표준화는 생성하고자 하는 모델의 변수가 가우시안 분포Gaussian distribution일 경우 사용되며, 정규화는 인공신경망과 같이 입력값이 [0, 1]의 값을 필요로 할 때 주로 사용된다.

Scikit-learn은 수치 속성의 스케일링scaling에 사용할 수 있는 다양한 클래스를 제공한다. 피처를 정규화할 때 MinMaxScaler 클래스를 사용하며, 표준화는 주로 StandardScaler 클래스를 사용한다. 다음의 코드는 df_titanic_features 데이터프레임에 NormalizedAge와 Standardized Age라는 두 개의 새로운 열을 생성하며, 그림 2.14에서는 Age, NormalizedAge, StandardizedAge의 히스토그램을 보여준다.

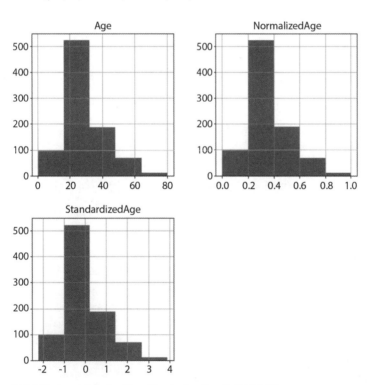

그림 2.14 Age, NormalizedAge, StandardizedAge의 히스토그램

```
# MinMaxScaler를 사용해 NormalizedAge라는 새로운 피처 생성
from sklearn import preprocessing

minmax_scaler = preprocessing.MinMaxScaler()
ndNormalizedAge = minmax_scaler.fit_transform(df_titanic_features[['Age']].values)
df_titanic_features['NormalizedAge'] = pd.DataFrame(ndNormalizedAge)

# StandardScaler를 사용해 StandardizedAge라는 새로운 피처 생성
standard_scaler = preprocessing.StandardScaler()
ndStandardizedAge = standard_scaler.fit_transform(df_titanic_features[['Age']].values)
df_titanic_features['StandardizedAge'] = pd.DataFrame(ndStandardizedAge)

# Age, NormalizedAge, StandardizedAge 히스토그램 생성
df_titanic_features[['Age', 'NormalizedAge', 'StandardizedAge']].hist(figsize=(10,10),
bins=5)
```

범주형 피처 원-핫 인코딩

2장의 마지막 부분에서는 범주형 데이터를 원-핫 인코딩One-Hot encoding을 사용해 수치형 데이터로 변환하는 방법을 다룬다. 앞에서 수치형 데이터를 범주형으로 변환하는 방법을 살펴봤기 때문에 왜 범주형 데이터를 수치형으로 변환하는지 궁금할 수도 있다.

모든 머신러닝 알고리즘이 범주형 데이터를 처리할 수 없기에, 원-핫 인코딩을 통해 범주형 데이터의 속성을 각각 바이너리 형태의 수치형 피처로 변환하는 기법을 사용한다. 예를 들어 선형회귀나 로지스틱회귀는 수치형 피처만을 적용할 수 있으며, XGBoost나 랜덤 포레스트 같은 경우 범주형 데이터도 문제없이 처리할 수 있다.

Pandas의 get_dummies() 함수로 원-핫 인코딩을 적용할 수 있으며, 다음 코드는 범주형 피처인 Sex, Embarked, CabinIsKnown, AgeCategory, FareCategory를 바이너리 형태의 수치형 피처로 변환하고, 데이터프레임의 열의 이름을 확인한다.

```
# one-hot encoding으로 범주형 피처를 바이너리 형태의 수치형 속성으로 변환
df_titanic_features = pd.get_dummies(df_titanic_features, columns=[
'Sex','Embarked','CabinIsKnown','AgeCategory','FareCategory'])
```

```
# 데이터프레임의 열 이름 확인
print (df_titanic_features.columns.values)

['Pclass' 'Name' 'Age' 'SibSp' 'Parch' 'Ticket' 'Fare' 'FamilySize'
 'NormalizedAge' 'StandardizedAge' 'Sex_female' 'Sex_male' 'Embarked_C'
 'Embarked_Q' 'Embarked_S' 'CabinIsKnown_False' 'CabinIsKnown_True'
 'AgeCategory_<20' 'AgeCategory_20-30' 'AgeCategory_30-40'
 'AgeCategory_40-50' 'AgeCategory_>50' 'FareCategory_Q1' 'FareCategory_Q2'
 'FareCategory_Q3' 'FareCategory_Q4']
```

위 코드 실행 결과와 같이 df_titanic_features 데이터프레임의 원본 범주형 속성들은 사라지고 새로운 열이 추가됐다. Pandas가 어떤 방식으로 새로운 열을 추가했는지 이해하기 위해 범주형 속성 Sex를 살펴보자. 원래 Sex는 male(남)과 female(여)의 두 가지 속성을 갖고 있는데, Pandas가 데이터프레임에 Sex를 Sex_male과 Sex_female이라는 두 개의 열로 나누어 범주형 속성을 바이너리 형태의 수치형 속성으로 변환했다. Embarked, CabinIsKnow와 같은 나머지 범주형 속성도 비슷한 방식으로 변환되며, 다음 코드를 통해 Sex_male과 Sex_female의 처음 5개 행을 확인해볼 수 있다.

```
df_titanic_features[['Sex_male', 'Sex_female']].head()

               Sex_male        Sex_female
PassengerId
1              1               0
2              0               1
3              0               1
4              0               1
5              1               0
```

예리한 독자 중에는 원본 df_titanic_features 데이터셋의 Sex 속성이 male과 female 중 하나만을 갖기 때문에 Sex_male과 Sex_female 속성 중 하나만 알면 나머지 하나를 유추할 수 있어 Sex_male과 Sex_female 중 하나만 있어도 되는 것을 알 수 있다.[2] Sex_male과 Sex_female

---

2   성별은 오직 male과 female만을 갖는다고 하면, Sex_male이 1이면 Sex_female은 0 이외의 값은 가질 수 없다. – 옮긴이

은 매우 큰 음의 상관관계(-1)를 가지며, 머신러닝 모델에는 둘 중 하나만을 입력변수로 사용해야 한다. 다음 코드는 두 속성이 강한 음의 상관관계를 갖고 있음을 보여준다.

```
# Sex_male과 Sex_female은 강한 음의 상관관계를 가지며 둘 중 하나는 삭제할 수 있다.
corr_matrix = df_titanic_features[['Sex_male', 'Sex_female']].corr()
print(corr_matrix)

            Sex_male  Sex_female
Sex_male         1.0        -1.0
Sex_female      -1.0         1.0
```

CabinIsKnown_False와 CabinIsKnown_True의 경우도 이와 유사하다. 다음 코드는 Sex_female과 CabinIsKnown_False 속성 및 Name, Ticket 등 비수치형non-numeric을 삭제해 데이터프레임이 오직 수치형 속성만 갖도록 한다.

```
# dataframe을 linear 혹은 logistic regression에 사용할 수 있도록
# Name, Ticket, Sex_female, CabinIsKnown_False 삭제
df_titanic_features_numeric = df_titanic_features.drop(['Name', 'Ticket',
'Sex_female', 'CabinIsKnown_False'], axis=1)
```

다음 코드와 같이 목적변수인 Survived와 나머지 수치형 피처 간의 상관관계를 계산해보면 피처 엔지니어링을 하기 전 계산했던 상관관계보다 두드러지게 높아진 것을 볼 수 있다.

```
# 어떤 속성이 목적변수와 가장 강한 상관관계를 보이는가?
corr_matrix = df_temporary.corr()
corr_matrix['Survived'].sort_values(ascending=False)

Survived             1.000000
CabinIsKnown_True    0.316912
Fare                 0.257307
FareCategory_Q4      0.233638
Embarked_C           0.168240
FareCategory_Q3      0.084239
Parch                0.081629
AgeCategory_<20      0.076565
```

```
AgeCategory_30-40      0.057867
FamilySize             0.016639
Embarked_Q             0.003650
AgeCategory_40-50     -0.000079
NormalizedAge         -0.001654
StandardizedAge       -0.001654
AgeCategory_>50       -0.022932
SibSp                 -0.035322
Age                   -0.064910
AgeCategory_20-30     -0.093689
FareCategory_Q2       -0.095648
Embarked_S            -0.149683
FareCategory_Q1       -0.221610
Pclass                -0.338481
Sex_male              -0.543351
Name: Survived, dtype: float64
```

여기서 목적변수 Survived와 Sex_male이 강한 음의 상관관계를 갖고, FareCategory_Q4는 양의 상관 관계를 갖는 반면, FareCategory_Q1은 음의 상관관계를 갖는 부분이 주목할 만하다.

피처 엔지니어링은 데이터 과학에서 힘과 시간을 가장 많이 필요로 하는 부분이며, 주어진 상황에 정확하게 들어맞는 공식은 없다. 지금까지 데이터 탐색 기법, 결측치 처리 및 피처를 다루는 방법을 살펴봤다.

> **노트** 2장을 학습하려면 부록 A에 설명한 Anaconda Navigator와 Jupyter Notebook을 설치해야 한다.
> 예제 소스 코드는 Wiley 출판사 홈페이지와 깃허브에서 다운로드할 수 있다.
> - 출판사: http://www.wiley.com/go/machinelearningawscloud
> - 깃허브: https://github.com/asmtechnology/awsmlbook-chapter2.git

요약

- 머신러닝 모델을 생성에는 UCI 머신러닝 저장소, Kaggle.com, AWS 공개 데이터셋 등 다양한 데이터셋을 사용할 수 있다.

- Scikit-learn은 초보자용으로 일부 유명한 데이터셋의 축소 버전을 포함하기도 한다.

- Pandas의 read_csv() 함수를 통해 CSV 파일을 데이터프레임으로 불러올 수 있다.

- Pandas의 isnull() 함수와 sum() 함수를 조합해 데이터프레임의 각 열의 결측값 개수를 계산할 수 있다.

- Pandas의 hist() 함수는 데이터프레임의 수치형 데이터의 히스토그램을 생성한다.

- Pandas의 describe() 함수는 데이터프레임의 수치형 속성의 통계 정보를 제공한다.

- Pandas의 corr() 함수는 데이터프레임의 열 사이의 피어슨 상관계수를 계산할 수 있으며, 산점도를 통해 피처 간의 관계를 시각화할 수 있다.

- Pandas의 fillna() 함수로 결측값을 새로운 값으로 채울 수 있다.

3장

파이썬 데이터 시각화

3장에서 다루는 내용은 다음과 같다.

- Matplotlib 소개
- 히스토그램, 막대 도표, 파이 그래프 생성
- 상자 그림, 산점도 생성
- Pandas 그래프 관련 함수 사용법

2장에서는 데이터 탐색 기법과 NumPy, Pandas, Scikit-learn을 활용한 피처 엔지니어링을 살펴봤다. 3장에서는 Matplotlib을 활용한 데이터 시각화를 다룰 것이다. 데이터 시각화는 데이터 탐색 단계에서 피처 간의 관계나 특징을 이해하는 데 도움을 주며, 수백 개 이상의 피처를 갖는 규모가 매우 큰 데이터셋을 다룰 때 특히 중요하다.

> **노트** 3장을 학습하려면 부록 A에 설명한 Anaconda Navigator와 Jupyter Notebook이 설치돼 있어야 한다.
> 예제 소스 코드는 Wiley 출판사 홈페이지와 깃허브에서 다운로드할 수 있다.
> - 출판사: http://www.wiley.com/go/machinelearningawscloud
> - 깃허브: https://github.com/asmtechnology/awsmlbook-chapter3.git

Matplotlib 소개

Matplotlib은 Python 시각화 라이브러리로 다양한 형태의 그래프를 생성하고 사용자의 요구 사항에 맞게 변경할 수 있는 기능을 제공한다. Matplotlib은 존 헌터[John Hunter]가

Python 사용자를 위해 만들었으며, 과학계에서 널리 사용되는 MATLAB과 유사한 기능을 가진 시각화 라이브러리이다. Matplotlib 패키지는 광범위한 코드베이스codebase를 갖고 있으며, 사용자의 다양한 요구 사항을 충족할 수 있도록 설계됐고 추상화 기능을 제공한다. Matplotlib을 활용하면 간단한 데이터를 산점도 혹은 다른 그래프 종류를 지정해 가능한 한 단순하게 시각화할 수 있다. 이런 경우 그래프의 위치나 크기, 선의 종류, 색상 등 구체적인 속성을 지정하지 않는다. 반면 그래프의 구체적 속성을 픽셀 단위까지 상세하게 조정해 표현할 수도 있다.

대부분의 시각화 작업은 가장 높은 수준의 추상화 수준을 제공하는 Matplotlib의 `pyplot` 모듈을 사용한다. `pyplot` 모듈은 상태-기계 디자인state-machine design[1]을 기반으로 설계된 함수형 인터페이스functional interface를 구현한다. 즉, 함수를 통해 색상, 폰트와 같은 시각화 엔진의 속성을 정의할 수 있으며, 이 값은 다시 변경하기 전까지 모든 그래프에 적용된다. `pyplot`보다 낮은 수준의 추상화 단계는 객체지향 인터페이스object-oriented interface로 좀 더 많은 유연성을 제공한다.

> **Seaborn이란?**
>
> Seaborn은 Matplotlib을 기반으로 만들어진 또 다른 Python 시각화 패키지로, Matplotlib보다 많은 시각화 유형을 제공하며 시각적으로 더 우수하다는 평가도 있다. 이 둘은 상호 보완적인 패키지로 주어진 조건에서 심미성, 개인 취향, 편의성을 고려해 사용할 수 있다. Seaborn은 여기서 다루지 않으며 자세한 내용은 다음 주소에서 확인할 수 있다. https://seaborn.pydata.org/

관습적으로 `pyplot` 모듈은 `plt`로 사용하며 Matplotlib 패키지는 `mpl`, Seaborn 패키지는 `sns`로 사용한다. 다음 구문으로 Matplotlib과 Seaborn을 파이썬 프로젝트로 불러올 수 있다.

```
import matplotlib.pyplot as plt
import matplotlib as mpl
import seaborn as sns
```

---

1 기계 혹은 컴퓨터가 가질 수 있는 상태를 정의해서 디자인하는 소프트웨어 방법론을 말한다. - 옮긴이

Matplotlib 패키지와 그 하부 모듈인 pyplot을 모두 불러오는 것은 pyplot의 고수준 추상화 모듈과 Matplotlib가 제공하는 저수준 객체지향 API 모두를 사용하기 위함이다. 또한 Jupyter Notebook에서 Matplotlib을 사용할 경우 notebook의 셀^{cells} 안에 그래프를 표현려면 %matplotlib inline 구문을 반드시 추가해야 한다.

Matplotlib의 구성 요소를 살펴보기 전에 pyplot 모듈을 사용해 간단한 곡선을 표현하는 코드를 살펴보자. 다음 코드는 함수 $y_1 = 4x^2 + 2x + 2$와 $y_2 = 3x + 4$(단, $1 < x < 7$)의 그레프를 표현하는 코드로 실행 결과는 그림 3.1과 같다.

```
%matplotlib inline
import matplotlib.pyplot as plt
import matplotlib as mpl

import numpy as np
import pandas as pd

# x값 정의
x = np.linspace(1, 7, 10)

# y1, y2 정의
y1 = 4*x*x + 2*x + 2
y2 = 3*x + 4

# figure 생성
plt.figure(figsize=(7,7))

# y1 = 4*x*x + 2*x + 2 그리기
plt.plot(x, y1)

# y2 = 3*x + 4 그리기
plt.plot(x, y2)

# 축 label 설정
plt.xlabel('X values')
plt.ylabel('Y values')

# plot 보여주기
plt.show()
```

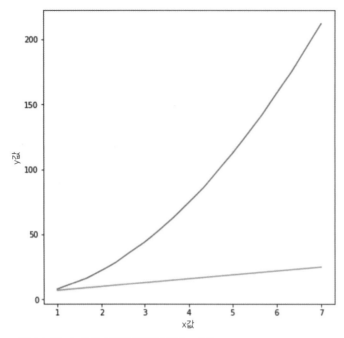

그림 3.1 Matplotlib을 사용해 표현한 2개의 그래프

코드에서는 NumPy 함수를 사용해 x, y1, y2를 ndarray 형태로 생성한다. 그 후 `plt.figure(figsize=(7,7))`로 7×7의 Matplotlib figure 객체를 생성한다. 첫 번째 곡선 $y_1 = 4x^2 + 2x + 2$는 `plt.plot(x, y1)` 구문으로 생성하며, 표현하고자 하는 점의 2차원 좌푯값을 입력값으로 한다. `plt.xlabel('X values')`와 `plt.ylabel('Y values')` 구문은 x축과 y축에 레이블을 추가하며 마지막으로 `plt.show()` 구문을 통해 그래프를 보여준다.

Plot의 구성 요소

Matplotlib을 활용해 표현하고자 하는 plot의 종류나 고수준 추상화 인터페이스인 pyplot 또는 저수준의 객체지향 인터페이스를 사용하는지와 상관없이 일반적으로 사용하는 plot의 구성 요소와 용어가 있다. 여기서는 구성 요소와 용어의 개념을 살펴볼 것이며, 그림 3.2는 그 일부를 보여주고 있다.

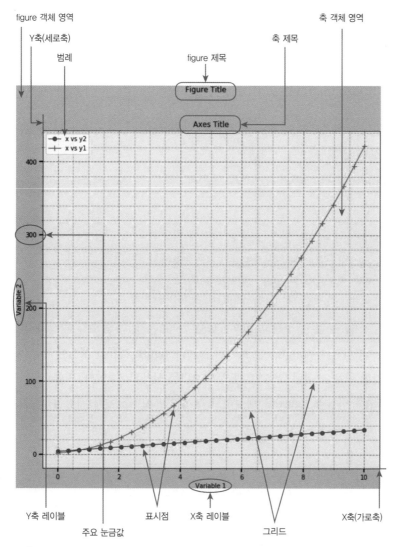

그림 3.2 Matplotlib plot의 구성 요소

Figure 객체

figure 객체는 선과 글자를 포함한 plot 전체라고 생각할 수 있다. 다시 말해 Matplotlib을 이용해 표현하고자 하는 것을 담는 컨테이너와 같은 역할을 한다. figure 객체는 저수준의

객체지향 API를 사용해 다룰 경우에도 일반적으로 pyplot 함수를 사용해 생성한다. 다음 pyplot 명령어를 사용하면 빈 figure를 생성할 수 있다.

```
plt.figure()
```

그리고 특별히 지정하려는 사이즈가 있는 경우 다음과 같이 튜플tuple 형태로 x축과 y축의 사이즈를 인치inch로 정할 수 있다.

```
plt.figure(figsize=10,5))
```

figsize 속성 외에도 pyplot의 figure 함수는 생성 시점에 다양한 속성 값을 사용자가 지정할 수 있다. 이와 같은 속성에 관한 자세한 내용은 다음 주소에서 확인할 수 있다.

https://matplotlib.org/api/_as_gen/matplotlib.pyplot.figure.html

pyplot의 figure 함수는 figure를 생성하고 이후 그래프가 표현될 수 있도록 활성화시키며, 실제 무언가가 표현되기 전까지 figure는 보이지 않는다. figure 객체를 생성한 후 객체지향 API를 통해 조작할 경우 레퍼런스reference를 통해 API를 사용할 수 있다. 다음 코드는 pyplot의 figure() 함수를 사용해 figure를 생성하고 객체지향 API를 통해 배경색을 지정한다.

```
figure1 = plt.figure(figsize=(5,3))
figure1.suptitle('Figure Title')
figure1.set_facecolor('#c3badc')
```

Axes

Axes 객체는 보통 plot으로 간주되며, 데이터 포인트, 표시점, 색상, 척도 등과 같은 plot과 관련된 다양한 특성을 갖는 실제 그래프다. 다음 코드는 pyplot으로 2×2의 subplot을 표현한 후 figure 객체와 axes 객체 관련 레퍼런스를 할당한다. 각각의 axes 객체에 지정한 타이틀은 figure 객체의 값과는 다른 고유한 값이며, 이 타이틀 값은 객체지향 API를 통해 지정한다. 그림 3.3은 다음 코드를 실행해 생성한 figure를 보여준다.

```python
# 2 x 2의 axes 객체를 갖는 figure 객체 생성
figure, axes_list  = plt.subplots(2,2, figsize=(9,9))

# figure 객체 타이틀 지정
figure.suptitle('This is the title of the figure')

# axis 객체에 각각의 타이틀 지정
axes_list[0,0].set_title('Subplot 0')
axes_list[0,1].set_title('Subplot 1')
axes_list[1,0].set_title('Subplot 2')
axes_list[1,1].set_title('Subplot 3')
```

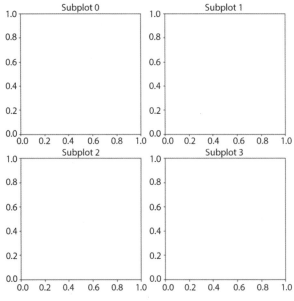

그림 3.3 4개의 axes 객체를 갖는 figure 객체

이처럼 Matplotlib의 figure와 axes 클래스class는 저수준 객체지향 API로 작업하기 위한 중요한 시작점이다.

Axis

axis 객체는 subplot의 크기를 나타내며 2차원의 plot은 가로와 세로 2개의 axis 객체를 갖는다. 객체지향 인터페이스 중 하나인 axes 클래스의 경우 x축과 y축의 속성을 변경할 수 있는 다양한 방법을 제공한다.

Axis Label

axis 레이블은 각 축의 아래 혹은 옆에 표시되며 다음 코드와 같이 set_xlabel()과 set_ylabel()로 axes 객체에 설정한다.

```
figure, axes  = plt.subplots(figsize=(10,10))
axes.set_xlabel('Variable 1')
axes.set_ylabel('Variable 2')
```

만약 axes 객체에 의해 노출되는 객체지향 API를 사용하고 싶지 않은 경우 plot의 고수준 인터페이스인 pyplot의 축 레이블 설정 함수인 xlabel()과 ylabel()을 사용한다.

```
plt.figure(figsize=(7,7))
plt.xlabel('X values')
plt.ylabel('Y values')
```

Grid

그리드는 그래프의 값을 읽기 편하도록 설정하는 plot 영역 안의 가로 세로 선들의 집합으로, axes의 grid() 메서드를 통해 모양을 변경할 수 있다. axes 클래스의 grid() 메서드에 관한 더 자세한 정보는 다음 주소에서 확인할 수 있다.

https://matplotlib.org/api/_as_gen/matplotlib.axes.Axes.grid.html

pyplot 모듈도 axes 클래스의 메서드 이름과 동일한 grid() 함수를 제공하며, 다음 코드는 axes 클래스의 grid() 메서드를 사용 예시를 보여준다.

```
figure, axes  = plt.subplots(figsize=(10,10))
axes.grid(b=True, which='both', linestyle='--', linewidth=1)
```

그림 3.4는 그리드를 포함하는 plot과 포함하지 않는 plot 2개를 비교해 보여준다.

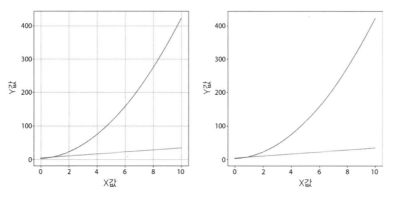

그림 3.4 그리드를 포함하는 것과 포함하지 않는 plot 비교

Title

타이틀은 문자열로 plot의 윗부분에 표시된다. figure 객체와 axes 객체 모두 타이틀을 갖을 수 있으며, 기본적으로 가운데 정렬 후 figure 객체와 axes 객체의 상단에 표시된다. figure의 타이틀은 figure 클래스의 suptitle() 메서드나 pyplot 모듈의 suptitle() 함수로 변경할 수 있다. 이 둘은 기능과 사용 방법 모두 동일하며 pyplot의 suptitle() 함수에 관한 정보는 다음 주소에서 확인할 수 있다.

https://matplotlib.org/api/_as_gen/matplotlib.pyplot.suptitle.html#matplotlib.pyplot.suptitle

다음 코드는 figure 클래스의 suptitle() 메서드와 pyplot 모듈의 suptitle() 함수 사용법을 보여준다.

```
# 1개의 axes 객체를 갖는 figure 생성
# figure 인스턴스의 suptitle() 메서드 호출
figure, axes  = plt.subplots(figsize=(10,10))
figure.suptitle('Figure Title')

# 1개의 axes 객체를 갖는 새로운 figure 생성
# pyplot의 suptitle() 함수 호출
```

```
plt.figure(figsize=(7,7))
plt.suptitle('Figure Title')
```

axes 객체의 타이틀은 axes 클래스의 set_title() 메서드로 변경할 수 있으며 set_title() 메서드의 추가적인 정보는 다음 주소에서 확인할 수 있다.

https://matplotlib.org/api/_as_gen/matplotlib.axes.Axes.set_title.html#matplotlib.axes.Axes.set_title

pyplot 모듈은 axes 클래스의 set_title() 메서드와 동일한 기능을 하는 title() 함수를 제공하며, 다음 코드는 axes 클래스의 set_title() 메서드와 pyplot 모듈의 title() 함수의 사용법을 보여준다.

```
# 1개의 axes 객체를 갖는 figure 생성
# axes 인스턴스의 set_title() 매서드 호출
figure, axes  = plt.subplots(figsize=(10,10))
axes.set_title('Axes Title')

# 1개의 axes 객체를 갖는 새로운 figure 생성
# pyplot의 title() 함수 호출
plt.figure(figsize=(7,7))
plt.title('Axes Title')
```

일반적인 Plot의 종류

지금까지 Matplotlib의 여러 가지 구성 요소와 방법을 살펴봤다. 고수준 추상화 pyplot API는 함수형 인터페이스를 제공하며, 저수준 추상화 Matplotlib API는 객체지향 인터페이스를 사용한다. 여기서는 Matplotlib을 사용해 다양한 그래프를 표현하는 방법을 배운다.

Histogram

히스토그램은 일반적으로 수치 변숫값의 분포를 시각화하는 데 사용하며 범주형 변수에는 적합하지 않다. 다음 코드는 타이타닉 데이터셋의 Age 속성을 pyplot 모듈의 함수를 사용해 히스토그램을 작성하는 예를 보여준다. 그 결과는 그림 3.5와 같다.

```python
import numpy as np
import pandas as pd

# 파일 내용을 pandas Dataframe으로 불러오기
input_file = './datasets/titanic_dataset/original/train.csv'
df_titanic = pd.read_csv(input_file)

# index 지정
df_titanic.set_index("PassengerId", inplace=True)

# pyplot으로 'Age' 히스토그램 생성
fig = plt.figure(figsize=(7,7))
plt.xlabel('Passenger Age')
plt.ylabel('Count')
plt.grid()

n, bins, patches = plt.hist(df_titanic['Age'], histtype='bar',
                            color='#0dc28d', align='mid',
                            rwidth=0.90, bins=7)
```

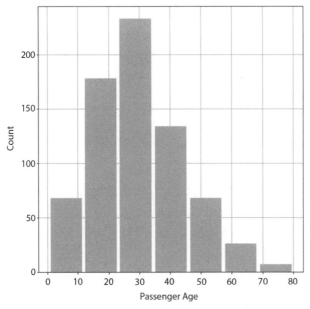

그림 3.5 타이타닉 데이터셋 Age의 히스토그램

pyplot의 hist() 함수는 여러 개의 인자를 받아 히스토그램을 생성하는 함수다. 앞의 코드에서 사용한 일부 인자값을 살펴보면 histtype='bar'는 히스토그램이 막대[bar] 형태임을 나타내고, rwidth=0.9는 구간의 폭을 90%로 설정해 구간과 구간 사이에 공간을 두도록 하며, bins=7은 구간의 개수를 나타낸다. hist() 함수의 전체 인자값에 관한 설명은 다음 주소에서 확인할 수 있다.

https://matplotlib.org/api/_as_gen/matplotlib.pyplot.hist.html#matplotlib.pyplot.hist

히스토그램의 모양은 bins 인자값으로 전달되는 구간의 개수에 따라 달라진다. 앞의 코드에서처럼 정수 값으로 설정하면 Matplotlib은 동일한 폭을 갖는 지정한 수 만큼의 구간을 생성하고, 구간의 경곗값이 데이터의 범위를 나타낸다. 구간 수를 설정하는 대신 경곗값을 설정할 수도 있지만, 보통 간편히 구간의 개수를 지정한다.

pyplot의 hist() 함수는 튜플 형태로 (n, bins, patches) 값을 반환한다. 먼저 n은 각 구간에 속한 데이터의 개수를 나타내는 배열이며, 다음으로 bins는 구간의 경곗값을 나타내는 부동소수점[floating-point] 값들의 배열이다. 마지막으로 patches는 Matplotlib이 구간을 생성하는 데 필요한 기초 정보를 나타내는 사각형 객체의 배열이다. 다음과 같이 print() 구문을 통해 튜플 내용을 확인할 수 있다.

```
print (n)
[ 68. 178. 233. 134.  68.  26.   7.]

print (bins)
[0.42
11.78857143
23.15714286
34.52571429
45.89428571
57.26285714
68.63142857
80.0]

print (patches[0])
Rectangle(xy=(0.988429, 0), width=10.2317, height=68, angle=0)
```

다음 코드는 pyplot의 함수를 사용해 4개의 subplot(axes 객체)를 만들고, 객체지향 API를 통해 동일한 데이터를 사용하지만 다른 구간 개수bins를 갖는 히스토그램을 각각의 subplot에 나타낸다. 그 결과는 그림 3.6과 같다.

```python
# pyplot 함수와 matplolib 객체지향 API를 활용해
# 동일한 데이터를 다른 bin의 값을 갖는 여러 개의 히스토그램으로 표현
fig, axes_list = plt.subplots(2,2, figsize=(11,11))

# bins = 3인 histogram
axes_list[0,0].set_xlabel('Passenger Age')
axes_list[0,0].set_ylabel('Count')
axes_list[0,0].grid()

n1, bins1, patches1 = axes_list[0,0].hist(df_titanic['Age'], histtype='bar',
                              color='#0dc28d', align='mid',
                              rwidth=0.90, bins=3)


# bins = 10인 histogram
axes_list[0,1].set_xlabel('Passenger Age')
axes_list[0,1].set_ylabel('Count')
axes_list[0,1].grid()
n2, bins2, patches2 = axes_list[0,1].hist(df_titanic['Age'], histtype='bar',
                              color='#0dc28d', align='mid',
                              rwidth=0.90, bins=10)

# bins = 30인 histogram
axes_list[1,0].set_xlabel('Passenger Age')
axes_list[1,0].set_ylabel('Count')
axes_list[1,0].grid()
n3, bins3, patches3 = axes_list[1,0].hist(df_titanic['Age'], histtype='bar',
                              color='#0dc28d', align='mid',
                              rwidth=0.90, bins=30)

# bins = 100인 histogram
axes_list[1,1].set_xlabel('Passenger Age')
axes_list[1,1].set_ylabel('Count')
axes_list[1,1].grid()
n4, bins4, patches4 = axes_list[1,1].hist(df_titanic['Age'], histtype='bar',
                              color='#0dc28d', align='mid',
                              rwidth=0.90, bins=100)
```

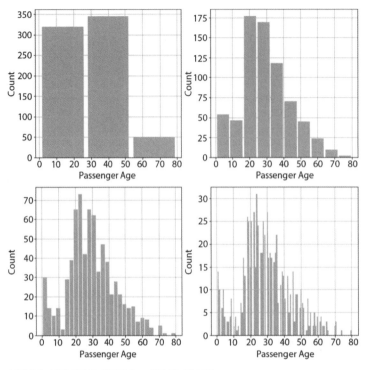

그림 3.6 구간 개수를 변경해 Age 히스토그램 표현

이처럼 구간 개수가 히스토그램의 모양과 히스토그램을 통해 추론할 때에도 영향을 준다. 구간의 개수를 정하는 정해진 규칙은 없지만, 데이터 과학자들은 이전에 볼 수 없던 데이터의 특성을 나타내고자 구간의 개수를 다른 값으로 변경해본다. 가장 널리 사용되는 방법은 데이터의 개수의 제곱근 값을 구간의 개수로 지정해 그려보고 필요하다면 업데이트하는 방식이다. 구간의 폭을 결정하는 일반적인 통계적 방법은 1981년 데이비드 프리드먼 David Freedman과 페르시 디아코니스Persi Diaconis가 제안한 프리드먼-디아코니스 법칙Freedman-Diaconis rule으로 기본적인 개념은 구간의 폭을 $2 \times IQR /$(데이터 개수)$^{1/3}$로 설정하는 것이다. 이 방정식을 사용해 데이터의 범위를 구간의 폭으로 나누어 구간의 개수를 구할 수도 있다. 이 법칙에 관한 추가적인 정보는 1981년 발표된 「On the histogram as a density estimator(밀도 추정기로서의 히스토그램에 관하여)」라는 논문에서 찾아볼 수 있으며, 주소는 다음과 같다.

https://statistics.stanford.edu/sites/g/files/sbiybj6031/f/EFS%20NSF%20159.pdf

Pandas 데이터프레임 객체 또한 제한적이지만 그래프 관련 기능을 제공한다. 이런 기능은 Matplotlib을 바탕으로 하며, 어떤 경우에는 Pandas 함수가 사용하기에 더 편리하다. 다음 코드는 Pandas 데이터프레임의 plot 함수를 사용해 간단한 히스토그램에을 생성한다.

```
%matplotlib inline
import matplotlib.pyplot as plt
import matplotlib as mpl
import numpy as np
import pandas as pd

# 파일 내용 pandas Dataframe으로 불러오기
input_file = './datasets/titanic_dataset/original/train.csv'
df_titanic = pd.read_csv(input_file)

# index 지정
df_titanic.set_index("PassengerId", inplace=True)

fig = plt.figure(figsize=(7,7))
plt.xlabel('Passenger Age')
plt.ylabel('Count')

df_titanic['Age'].plot.hist(color='#0dc28d', align='mid',
                            rwidth=0.90, bins=7, grid=True)
```

Bar Chart

막대 도표는 범주형 변수를 표현할 때 주로 사용되며, 막대 도표의 막대는 데이터 개수, 평균과 같은 범주형 데이터에 관한 정보를 나타낸다. 막대 도표는 명목형 범주nominal categorical 데이터와 순서형 범주ordinal categorical 데이터 모두에 사용할 수 있는데, 명목형 범주 데이터를 사용해 막대 도표를 그릴 때 일반적으로 막대의 길이(높이)가 증가하도록 순서를 정렬하는 것이 일반적이다.

이렇게 할 수 있는 것은 명목형 데이터의 분류 간에는 어떠한 우선순위가 존재하지 않기 때문이며, 따라서 막대의 위치를 시각적으로 보기 좋도록 자유롭게 위치시켜도 된다. 다음 코드는 타이타닉 데이터셋의 Embarked 속성을 막대 도표로 표현하며, 그 결과는 그림 3.7과 같다.

```python
# pyplot 함수로 'Embarked' 속성을 막대 도표로 표현
fig = plt.figure(figsize=(9,9))
plt.xlabel('Embarkation Point')
plt.ylabel('Count')
plt.grid()

values = df_titanic['Embarked'].unique()
counts = df_titanic['Embarked'].value_counts(dropna=False)
x_positions = np.arange(len(values))

plt.bar(x_positions, counts, align='center')
plt.xticks(x_positions, values)
```

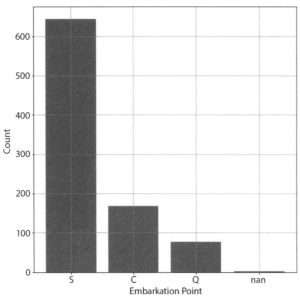

그림 3.7 Embarked 속성의 막대 도표

Pandas 데이터프레임의 plot 함수를 사용하면 막대 도표를 보다 간단하게 생성할 수 있다. 다음 코드는 Pandas 함수로 동일한 막대 도표를 생성한다.

```
# Pandas dataframe의 함수를 활용한 'Embarked' 속성 막대 도표 생성
fig = plt.figure(figsize=(7,7))
plt.xlabel('Embarkation Point')
plt.ylabel('Count')
plt.grid()

df_titanic['Embarked'].value_counts(dropna=False).plot.bar(grid=True)
```

Grouped Bar Chart

그룹 막대 도표는 한 범주 내의 다른 하위 범주에 관한 정보를 보여주는 용도로 사용되며, 이름 그대로 그룹으로 묶인 막대 도표다. 각각의 막대 그룹은 한 범주에 관한 정보를 제공하며, 그룹 안의 막대의 길이는 하위 범주에 관한 정보를 제공한다.

그룹 막대 도표는 배에 탑승한 지점에 따른 개개인의 생사 여부 분포를 시각화하는 데 사용할 수 있다. 다음 코드는 Embarked 속성을 그룹마다 2개의 막대를 갖는 그룹 막대 도표를 생성하며, 실행 결과는 그림 3.8과 같다.

```
# 그룹당 2개의 막대를 갖는 Embarked 속성의 그룹 막대 도표
survived_df = df_titanic[df_titanic['Survived']==1]
not_survived_df = df_titanic[df_titanic['Survived']==0]

values = df_titanic['Embarked'].dropna().unique()
embarked_counts_survived = survived_df['Embarked'].value_counts(dropna=True)
embarked_counts_not_survived = not_survived_df['Embarked'].value_counts(dropna=True)

x_positions = np.arange(len(values))

fig = plt.figure(figsize=(9,9))
plt.xlabel('Embarkation Point')
plt.ylabel('Count')
plt.grid()

bar_width = 0.35

plt.bar(x_positions, embarked_counts_survived, bar_width, color='#009bdb',
label='Survived')
plt.bar(x_positions + bar_width, embarked_counts_not_survived, bar_width,
color='#00974d', label='Not Survived')
```

```
plt.xticks(x_positions + bar_width, values)
plt.legend()

plt.show()
```

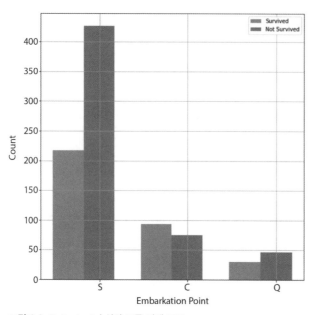

그림 3.8 Embarked 속성의 그룹 막대 도표

다음 코드는 동일한 그룹 막대 도표를 Pandas 함수로 생성하는 방법을 보여준다.

```
# 그룹당 2개의 막대를 갖는 Embarked 속성의 그룹 막대 도표
survived_df = df_titanic[df_titanic['Survived']==1]
not_survived_df = df_titanic[df_titanic['Survived']==0]

values = df_titanic['Embarked'].dropna().unique()
embarked_counts_survived = survived_df['Embarked'].value_counts(dropna=True)
embarked_counts_not_survived = not_survived_df['Embarked'].value_counts(dropna=True)

embarked_counts_survived.name = 'Survived'
embarked_counts_not_survived.name = 'Not Survived'
df = pd.concat([embarked_counts_survived, embarked_counts_not_survived], axis=1)

fig, axes = plt.subplots(figsize=(9,9))
plt.xlabel('Embarkation Point')
```

```
plt.ylabel('Count')

df.plot.bar(grid=True, ax=axes, color=['#009bdb', '#00974d'])
```

Stacked Bar Chart

누적 막대 도표는 다른 방식으로 동일한 정보를 시각화할 수 있다. 누적 막대 도표는 여러
개의 막대 그룹으로 표현하는 대신 범주마다 한 개의 막대를 여러 개로 나눠 하위 범주 데
이터의 분포를 표현한다.

다음 코드는 Embarked 속성 데이터를 이용해 각 승선 지점별 생존 여부를 누적 막대 도표로
나타낸 것이다. 실행 결과는 그림 3.9와 같다.

```
# Embarked 속성 데이터를 이용해 탑승 지점에 따른 생존 여부 누적 막대 도표 생성
survived_df = df_titanic[df_titanic['Survived']==1]
not_survived_df = df_titanic[df_titanic['Survived']==0]

values = df_titanic['Embarked'].dropna().unique()
embarked_counts_survived = survived_df['Embarked'].value_counts(dropna=True)
embarked_counts_not_survived = not_survived_df['Embarked'].value_counts(dropna=True)

x_positions = np.arange(len(values))

fig = plt.figure(figsize=(9,9))
plt.xlabel('Embarkation Point')
plt.ylabel('Count')
plt.grid()

plt.bar(x_positions, embarked_counts_survived, color='#009bdb', label='Survived')
plt.bar(x_positions, embarked_counts_not_survived, color='#00974d', label='Not
Survived', bottom=embarked_counts_survived)

plt.xticks(x_positions, values)
plt.legend()

plt.show()
```

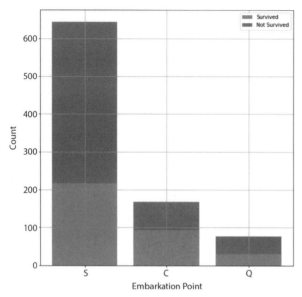

그림 3.9 Embarked 속성의 누적 막대 도표

dataframe.plot.bar() 함수의 인자값에 stacked=True 속성을 추가하면 쉽게 Pandas의 함수를 이용해 누적 막대 도표를 생성할 수 있으며, 다음 코드는 Pandas 함수를 사용해 동일한 누적 막대 도표를 생성한다.

```
# Embarked 속성 데이터를 이용해 탑승 지점에 따른 생존 여부 누적 막대 도표 생성
survived_df = df_titanic[df_titanic['Survived']==1]
not_survived_df = df_titanic[df_titanic['Survived']==0]

values = df_titanic['Embarked'].dropna().unique()
embarked_counts_survived = survived_df['Embarked'].value_counts(dropna=True)
embarked_counts_not_survived = not_survived_df['Embarked'].value_counts(dropna=True)

embarked_counts_survived.name = 'Survived'
embarked_counts_not_survived.name = 'Not Survived'
df = pd.concat([embarked_counts_survived, embarked_counts_not_survived], axis=1)

fig, axes = plt.subplots(figsize=(9,9))
plt.xlabel('Embarkation Point')
plt.ylabel('Count')

df.plot.bar(stacked=True, grid=True, ax=axes, color=['#009bdb', '#00974d'])
```

pyplot과 Matplotlib에 비해 Pandas plot 함수의 막강함은 누적 막대 도표에서 나타나는데, 특히 범주 당 2개 이상의 하위 범주가 존재할 때 더욱 두드러진다. Matplotlib과 pyplot 함수를 사용해 표현하려면 여러 개의 plt.bar() 구문을 사용해 표현해야 하는 반면 Pandas 를 사용하면 데이터프레임 형태로 데이터를 불러온 다음 dataframe.plot.bar()를 한 번만 호출하면 된다.

Stacked Percentage Bar Charts

누적 백분율 막대 도표를 사용하면 각 범주의 하위 범주 분포를 백분율로 누적해 보여줄 수 있으며, 누적 백분율 그래프의 범주별 막대 높이는 모두 동일하다. 다음 코드는 Embarked 속성의 탑승 지점별 생존자 비율을 누적 백분율 막대 도표로 생성하며 실행 결과는 그림 3.10과 같다.

```
# Embarked 속성의 탑승 지점별 생존자 비율을 누적 백분율 막대 도표로 표현
survived_df = df_titanic[df_titanic['Survived']==1]
not_survived_df = df_titanic[df_titanic['Survived']==0]

values = df_titanic['Embarked'].dropna().unique()
counts = df_titanic['Embarked'].value_counts(dropna=True)

embarked_counts_survived = survived_df['Embarked'].value_counts(dropna=True)
embarked_counts_not_survived = not_survived_df['Embarked'].value_counts(dropna=True)

embarked_counts_survived_percent = embarked_counts_survived / counts * 100
embarked_counts_not_survived_percent = embarked_counts_not_survived / counts * 100

x_positions = np.arange(len(values))

fig = plt.figure(figsize=(9,9))
plt.xlabel('Embarkation Point')
plt.ylabel('Percentage')
plt.grid()

plt.bar(x_positions, embarked_counts_survived_percent, color='#009bdb',
label='Survived')
plt.bar(x_positions, embarked_counts_not_survived_percent, color='#00974d', label='Not
Survived', bottom=embarked_counts_survived_percent)
```

```
plt.xticks(x_positions, values)
plt.legend()

plt.show()
```

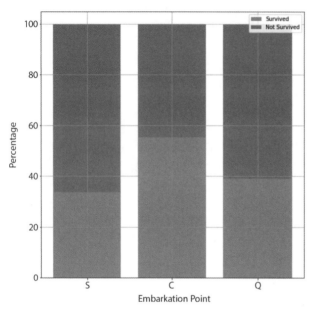

그림 3.10 Embarked 속성의 누적 백분율 막대 도표

다음 코드는 동일한 그래프를 Pandas의 plot 함수로 구현한다.

```
# Embarked 속성의 탑승 지점별 생존자 비율을 누적 백분율 막대 도표로 표현
survived_df = df_titanic[df_titanic['Survived']==1]
not_survived_df = df_titanic[df_titanic['Survived']==0]

values = df_titanic['Embarked'].dropna().unique()
counts = df_titanic['Embarked'].value_counts(dropna=True)

embarked_counts_survived = survived_df['Embarked'].value_counts(dropna=True)
embarked_counts_not_survived = not_survived_df['Embarked'].value_counts(dropna=True)

embarked_counts_survived_percent = embarked_counts_survived / counts * 100
embarked_counts_not_survived_percent = embarked_counts_not_survived / counts * 100

embarked_counts_survived_percent.name = 'Survived'
```

```
embarked_counts_not_survived_percent.name = 'Not Survived'
df = pd.concat([embarked_counts_survived_percent, embarked_counts_not_survived_percent],
axis=1)

fig, axes = plt.subplots(figsize=(9,9))
plt.xlabel('Embarkation Point')
plt.ylabel('% Survived ')

df.plot.bar(stacked=True, grid=True, ax=axes, color=['#009bdb', '#00974d'])
```

Pie Chart

파이 그래프는 막대 도표의 대안으로 범주형 데이터의 비율을 나타낼 때 사용한다. pyplot 모듈은 파이 그래프를 생성하는 데 사용할 수 있도록 pie()라는 함수를 제공하며, 이 pyplot 모듈의 pie() 함수는 axes 클래스의 pie() 메서드를 기반으로 한다. 관련 문서는 다음 주소에서 확인할 수 있다.

https://matplotlib.org/api/_as_gen/matplotlib.pyplot.pie.html

다음 코드는 pyplot 모듈의 pie() 함수로 Embarked 열의 탑승 지점별로 탑승한 승객 비율을 파이 그래프로 생성한다. 그 결과는 그림 3.11과 같다.

```
# pyplot의 함수로 'Embarked' 속성 파이 그래프 생성
fig = plt.figure(figsize=(9,9))

embarkation_ports = df_titanic['Embarked'].dropna().unique()
counts = df_titanic['Embarked'].value_counts(dropna=True)

total_embarked = counts.values.sum()
counts_percentage = counts / total_embarked * 100

counts_percentage.values
plt.pie(counts_percentage.values,
        labels=embarkation_ports,
        autopct='%1.1f%%', shadow=True, startangle=90)
```

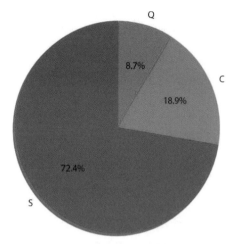

그림 3.11 탑승 지점별 탑승객 비율을 표현한 파이 그래프

Pandas의 plot.pie() 함수로도 파이 그래프를 생성할 수 있다. 만약 이미 데이터가 Pandas 데이터프레임 형식이라면 더욱 간결하게 표현할 수 있다. 다만 Pandas의 함수를 사용해 파이 그래프를 표현할 때 사용자가 정의할 수 있는 범위가 줄어드는 단점이 있다. 다음 코드는 Pandas의 함수로 동일한 파이 그래프를 생성한다.

```
# Pandas의 함수로 'Embarked' 속성 파이 그래프 생성
fig = plt.figure(figsize=(7,7))
df_titanic['Embarked'].value_counts(dropna=True).plot.pie()
```

데이터셋의 속성 값이 바이너리 형태인 경우 파이 그래프는 데이터셋의 속성들의 바이너리 분포를 표현하는 데 도움이 될 수 있다. 다음 코드는 Matplotlib의 Axes.pie() 메서드로 타이타닉 데이터셋의 3개 탑승 지점별 생존자 비율을 3개의 파이 그래프로 생성하며, 그 결과는 그림 3.12의 파이 그래프와 같다.

```
# 탑승 지점별 생존자 비율 파이 그래프
# S = Southampton
# C = Cherbourg
# Q = Queenstown
S_df = df_titanic[df_titanic['Embarked'] == 'S']
C_df = df_titanic[df_titanic['Embarked'] == 'C']
Q_df = df_titanic[df_titanic['Embarked'] == 'Q']
```

```
S_Total_Embarked = S_df['Embarked'].count()
S_Survived_Count = S_df[S_df['Survived']==1].Embarked.count()
S_Survived_Percentage = S_Survived_Count / S_Total_Embarked * 100
S_Not_Survived_Percentage = 100.0 - S_Survived_Percentage

C_Total_Embarked = C_df['Embarked'].count()
C_Survived_Count = C_df[C_df['Survived']==1].Embarked.count()
C_Survived_Percentage = C_Survived_Count / C_Total_Embarked * 100
C_Not_Survived_Percentage = 100.0 - C_Survived_Percentage

Q_Total_Embarked = Q_df['Embarked'].count()
Q_Survived_Count = Q_df[Q_df['Survived']==1].Embarked.count()
Q_Survived_Percentage = Q_Survived_Count / Q_Total_Embarked * 100
Q_Not_Survived_Percentage = 100.0 - Q_Survived_Percentage


fig, axes = plt.subplots(1, 3, figsize=(16,4))

Wedge_Labels = ['Survived', 'Not Survived']
S_Wedge_Sizes = [S_Survived_Percentage, S_Not_Survived_Percentage]
C_Wedge_Sizes = [C_Survived_Percentage, C_Not_Survived_Percentage]
Q_Wedge_Sizes = [Q_Survived_Percentage, Q_Not_Survived_Percentage]

axes[0].pie(S_Wedge_Sizes, labels=Wedge_Labels, autopct='%1.1f%%', shadow=True,
startangle=90)
axes[0].set_title('Southampton')

axes[1].pie(C_Wedge_Sizes, labels=Wedge_Labels, autopct='%1.1f%%', shadow=True,
startangle=90)
axes[1].set_title('Cherbourg')

axes[2].pie(Q_Wedge_Sizes, labels=Wedge_Labels, autopct='%1.1f%%', shadow=True,
startangle=90)
axes[2].set_title('Queenstown')
```

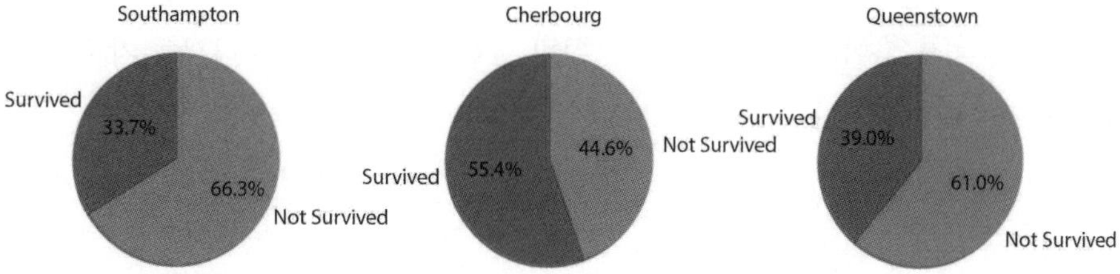

그림 3.12 탑승 지점별 생존자 비율을 표현한 파이 그래프

사용자가 지정할 수 있는 옵션이 상대적으로 적지만 Pandas의 함수를 이용하면 비교적 적은 코드로 동일한 파이 그래프를 생성할 수 있다. 다음 코드는 Pandas의 함수로 동일한 파이 그래프를 생성한다.

```
# 탑승 지점별 생존자 비율 파이 그래프
# S = Southampton
# C = Cherbourg
# Q = Queenstown

survived_df = df_titanic[df_titanic['Survived']==1]
not_survived_df = df_titanic[df_titanic['Survived']==0]

values = df_titanic['Embarked'].dropna().unique()
counts = df_titanic['Embarked'].value_counts(dropna=True)

embarked_counts_survived = survived_df['Embarked'].value_counts(dropna=True)
embarked_counts_not_survived = not_survived_df['Embarked'].value_counts(dropna=True)

embarked_counts_survived_percent = embarked_counts_survived / counts * 100
embarked_counts_not_survived_percent = embarked_counts_not_survived / counts * 100

embarked_counts_survived_percent.name = 'Survived'
embarked_counts_not_survived_percent.name = 'Not Survived'
df = pd.concat([embarked_counts_survived_percent, embarked_counts_not_survived_percent],
axis=1)

df.T.plot.pie(sharex=True, subplots=True, figsize=(16, 4))
```

Box Plot

상자 그림은 1969년 존 터키[John Tukey]가 만든 그래프로 수치형 데이터의 분포를 확인하는 데 유용하다. 이를테면 데이터가 대칭적으로 분포하는지, 전체적으로 분포하는지 또는 이상점[outlier]이 있는지를 확인하는 데 사용한다. 상자 그림은 다음과 같은 다섯 가지 주요한 통계적 특성 정보를 제공한다.

- **제1사분위수**: 데이터의 25%가 이 값보다 작거나 같다. 25번째 백분위수라고도 한다.

- **제2사분위수**: 데이터의 50%가 이 값보다 작거나 같다. 50번째 백분위수 혹은 중간값 median이라고 한다.

- **제3사분위수**: 데이터의 75%가 이 값보다 작거나 같다. 75번째 백분위수라고도 한다.

- **최솟값**minimum: 최솟값 = Q1 – 1.5*IQR로 계산하며 IQRinterquartile range = Q3 – Q2이다. 도표에서 이 값보다 작은 값은 이상점으로 간주한다.

- **최댓값**maximum: 최댓값 = Q3 + 1.5*IQR로 계산하며 IQRinterquartile range = Q3 – Q2이다. 도표에서 이 값보다 큰 값은 이상점으로 간주한다.

pyplot 모듈의 boxplot() 함수로 상자 그림을 생성할 수 있으며, pyplot 모듈의 boxplot() 함수는 axes 클래스의 boxplot() 메서드를 기반으로 한다. pyplot의 boxplot() 함수에 관한 자세한 문서는 다음 주소에서 확인할 수 있다.

https://matplotlib.org/api/_as_gen/matplotlib.pyplot.boxplot.html

다음 코드는 pyplot 모듈의 boxplot() 함수를 사용해 타이타닉 데이터셋의 Age 열의 데이터를 상자 그림으로 나타낸다. 실행 결과는 그림 3.13과 같다.

```
# pyplot의 함수로 'Embarked' 속성 상자 그림 생성
fig , axes = plt.subplots(figsize=(9,9))
box_plot = plt.boxplot(df_titanic['Age'].dropna())
axes.set_xticklabels(['Age'])
```

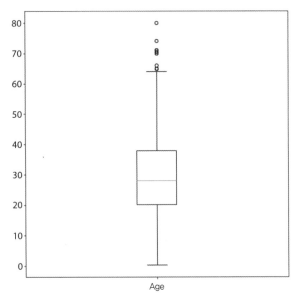

그림 3.13 Age 속성의 분포를 보여주는 상자 그림

다음 코드는 동일한 상자 그림을 Pandas 함수로 생성한다.

```
df_titanic.boxplot(column = 'Age', figsize=(9,9), grid=False);
```

상자 그림을 활용하면 수치형 속성을 갖는 데이터 간의 분포나 속성 내 데이터의 분포를 쉽게 비교할 수 있다. 다음 코드는 pyplot의 함수로 Age 데이터를 생존자와 사망자 2개의 상자 그림으로 생성한다. 그 결과는 그림 3.14와 같다.

```
# 생존자와 사망자에 관한 Age 속성 상자 그림 생성
survived_df = df_titanic[df_titanic['Survived']==1].dropna()
not_survived_df = df_titanic[df_titanic['Survived']==0].dropna()

fig , axes = plt.subplots(figsize=(9,9))
box_plot = plt.boxplot([survived_df['Age'], not_survived_df['Age']],
                       labels=['Survived', 'Not Survived'])
```

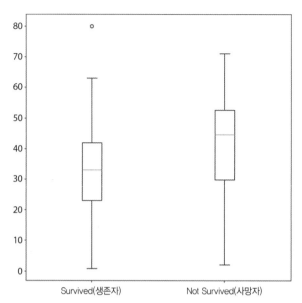

그림 3.14 타이타닉 사고 생존자와 사망자의 Age 속성을 상자 그림으로 비교

다음 코드는 Pandas로 동일한 상자 그림을 생성한다.

```
df_titanic.boxplot(column = 'Age', by = 'Survived', figsize=(9,9), grid=False);
```

산점도

산점도는 두 개의 연속적인 수치형 데이터를 짝지어 표현하는 도표로 하나의 값을 x축으로, 다른 하나의 값을 y축으로 한다. 또한 산점도는 점들의 집합으로 일반적으로 두 변수의 상관관계를 표현하거나 데이터의 군집을 시각화하는 데 사용한다. 다음 코드는 타이타닉 데이터셋의 Age와 Fare 속성 데이터의 결측값을 각각 중간값과 평균으로 대치 후 정규화 작업을 거쳐 산점도로 표현한다. 실행 결과는 그림 3.15와 같다.

```
# 결측값 대치
# Age: 중간값(median)
# Fare: 평균(mean)
median_age = df_titanic['Age'].median()
df_titanic["Age"].fillna(median_age, inplace=True)
```

```
mean_fare = df_titanic['Fare'].mean()
df_titanic["Fare"].fillna(mean_fare, inplace=True)

# pyplot 함수로 산점도 표현
fig , axes = plt.subplots(figsize=(9,9))
plt.xlabel('Age')
plt.ylabel('Fare')
plt.grid()

plt.scatter(df_titanic['Age'], df_titanic['Fare'])
```

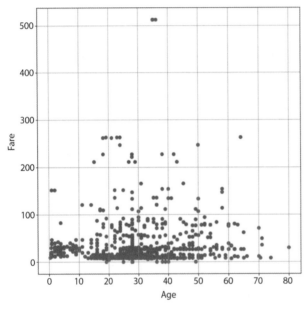

그림 3.15 Fare 속성에 관한 Age 속성을 표현한 산점도

Pandas 데이터프레임의 plot.scatter()로도 산점도를 생성할 수 있으며, 다음 코드는 위와 동일한 산점도를 보여준다.

```
df_titanic.plot.scatter(x='Age', y='Fare', figsize=(9,9))
```

산점도를 이용하면 두 속성 사이의 상관관계 정도를 시각화할 수 있으며, 데이터셋의 속성이 많지 않은 경우 산점도 행렬로 속성들 간의 관계를 확인할 수 있다. 그림 3.16은 완벽한 양의 상관관계[ideal strong positive correlation]와 역시 완벽한 음의 상관관계[ideal strong negative correlation]의 산점도를 보여준다. 완벽한 양의 상관관계는 대부분의 점이 왼쪽 하단에서 오른쪽 상단을 따라 직선으로 표현되며, 완벽한 음의 상관관계는 대부분의 점이 왼쪽 상단에서 오른쪽 하단으로 직선으로 표현된다.

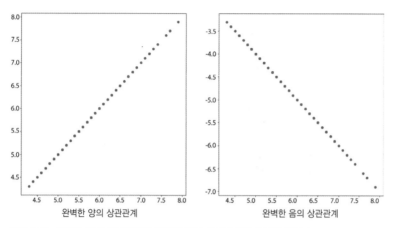

그림 3.16 완벽한 양의 상관관계와 완벽한 음의 상관관계를 표현한 산점도

다음 코드는 Pandas 데이터프레임의 자료를 산점도 행렬로 나타내는 함수로 3개의 인자 값을 갖는다. 첫 번째 인자는 데이터프레임 객체이며, 두 번째 인자는 높이(inch)이고, 세 번째 인자는 폭(inch)이다.

```python
# M X M의 산점도 행렬 생성
def generate_scatterplot_matrix(df_input, size_h, size_w):
    num_points, num_attributes = df_input.shape
    fig, axes = plt.subplots(num_attributes, num_attributes, figsize=(size_h, size_w))

    column_names = df_input.columns.values

    for x in range(0, num_attributes):
        for y in range(0, num_attributes):
            axes[x , y].scatter(df_input.iloc[:,x], df_input.iloc[:,y])

            # 눈금 설정
            axes[x , y].xaxis.set_visible(False)
            axes[x , y].yaxis.set_visible(False)
```

```
# 테두리만 눈금이 보이도록 설정
if axes[x , y].is_first_col():
    axes[x , y].yaxis.set_ticks_position('left')
    axes[x , y].yaxis.set_visible(True)
    axes[x , y].set_ylabel(column_names[x])

if axes[x , y].is_last_col():
    axes[x , y].yaxis.set_ticks_position('right')
    axes[x , y].yaxis.set_visible(True)

if axes[x , y].is_first_row():
    axes[x , y].xaxis.set_ticks_position('top')
    axes[x , y].xaxis.set_visible(True)

if axes[x , y].is_last_row():
    axes[x , y].xaxis.set_ticks_position('bottom')
    axes[x , y].xaxis.set_visible(True)
    axes[x , y].set_xlabel(column_names[y])


    return fig, axes
```

위에서 정의한 generate_scatter_plot 함수를 Iris 데이터셋에 적용해 산점도 행렬을 생성해
보자. 2장에서 다룬 것 같이 Scikit-learn은 토이 버전의 Iris 데이터셋을 포함하고 있으며,
데이터셋에는 꽃받침과 꽃잎의 높이, 폭을 포함하고 있다. 다음 코드는 Iris 데이터셋을 데
이터프레임 형식으로 불러와 generate_scatter_plot 함수로 산점도 행렬을 생성한다. 그 결
과는 그림 3.17과 같다.

```
from sklearn.datasets import load_iris
iris = load_iris()
df_iris = pd.DataFrame(iris.data, columns = iris.feature_names)
generate_scatterplot_matrix (df_iris, 20, 20)
```

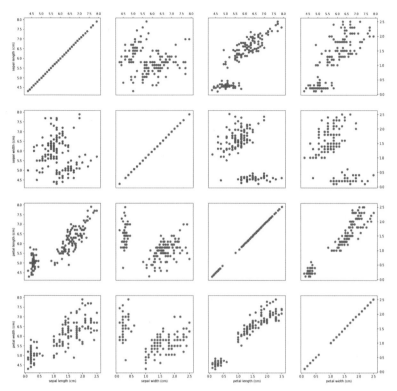

그림 3.17 Iris 데이터셋 피처 간의 산점도 행렬

산점도는 데이터의 군집을 시각화하는 데 사용할 수도 있다. 다음 코드는 4개의 클러스터에 x, y값을 임의로 합성해서 생성 후 산점도로 표현하며, 합성 데이터는 Scikit-learn의 make_blobs() 함수를 사용한다. 실행 결과는 그림 3.18과 같으며, make_blobs()에 관한 자세한 정보는 다음 주소에서 확인할 수 있다.

https://scikit-learn.org/stable/modules/generated/sklearn.datasets.make_blobs.html

```
# 임의로 데이터 생성 후 데이터 내 군집을 산점도로 시각화

from sklearn.datasets import make_blobs
coordinates, clusters = make_blobs(n_samples = 500, n_features = 2, centers=4, random_
state=12)
```

```
coordinates_cluster1 = coordinates[clusters==0]
coordinates_cluster2 = coordinates[clusters==1]
coordinates_cluster3 = coordinates[clusters==2]
coordinates_cluster4 = coordinates[clusters==3]

fig , axes = plt.subplots(figsize=(9,9))
plt.xlabel('X Values')
plt.ylabel('Y Values')
plt.grid()

plt.scatter(coordinates_cluster1[:,0], coordinates_cluster1[:,1])
plt.scatter(coordinates_cluster2[:,0], coordinates_cluster2[:,1])
plt.scatter(coordinates_cluster3[:,0], coordinates_cluster3[:,1])
plt.scatter(coordinates_cluster4[:,0], coordinates_cluster4[:,1])
```

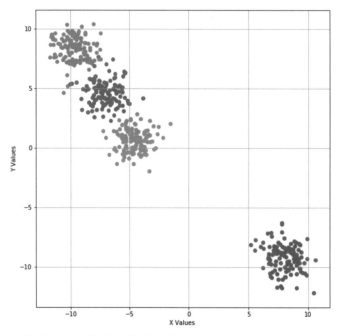

그림 3.18 4개 군집을 갖는 데이터의 산점도

요약

- Matplotlib은 Python 도표 관련 라이브러리로 다양한 도표를 생성하고 사용자의 요구에 맞게 변경할 수 있는 기능을 제공한다.

- Matplotlib의 pyplot 모듈은 도표 관련 고수준 함수형 인터페이스를 제공한다.

- Matplotlib은 pyplot과 함께 사용하거나 단독으로 사용할 수 있는 저수준 객체지향 API도 제공한다.

- Seaborn은 Matplotlib을 기반으로 만들어진 또 다른 Python 도표 라이브러리다.

- 히스토그램은 수치형 데이터의 분포를 시각화할 때 사용하며 범주형 데이터에는 적합하지 않다.

- 히스토그램의 구간 개수는 그래프의 모양에 영향을 준다.

- 막대 도표는 범주형 데이터를 다룰 때 주로 사용하며, 명목형 범주 데이터와 순서형 범주 데이터 모두에 사용할 수 있다.

- 누적 막대 도표는 하나의 막대를 여러 개로 나누어 하위 범주의 분포를 나타낸다.

- 상자 그림은 수치 데이터의 분포를 확인할 수 있는 방법 중 하나다.

4장

Scikit-learn으로 머신러닝 모델 생성

4장에서 다루는 내용은 다음과 같다.

- Scikit-learn 소개
- 훈련 데이터와 테스트 데이터 나누기
- k겹 교차 검증
- 머신러닝 모델 생성

2장에서는 데이터 탐색 기법과 피처 엔지니어링을 살펴봤으며, 4장에서는 Matplotlib을 Scikit-learn을 사용해 데이터를 훈련 데이터셋과 테스트 데이터셋으로 분할하고 다양한 유형의 머신러닝 모델을 만드는 방법을 배운다. 4장에서는 여러 유형의 모델을 구축하기 위해 Titanic 및 Iris 데이터셋을 활용한다.

> **노트**　4장을 학습하려면 부록 A에 설명한 Anaconda Navigator와 Jupyter Notebook이 설치돼 있어야 한다.
>
> 예제 소스 코드는 Wiley 출판사 홈페이지와 깃허브에서 다운로드할 수 있다.
> - 출판사: http://www.wiley.com/go/machinelearningawscloud
> - 깃허브: https://github.com/asmtechnology/awsmlbook-chapter4.git

Scikit-learn 소개

Scikit-learn은 머신러닝 엔지니어나 데이터 과학자에게 유용한 다양한 기능을 제공하는 Python 라이브러리이다. 2007년 데이비드 코르나푸[David Cournapeau]가 개발했으며 오늘날에는 선형회귀, 로지스틱회귀, 서포트벡터머신[SVM, Support vector machines], 클러스터링, 랜덤 포레스트^{random forest}와 같이 여러 유명한 머신러닝 알고리즘을 바로 구현할 수 있도록 도와준다. 또한 데이터셋을 훈련 데이터와 테스트 데이터로 나눌 수 있는 기능과 k겹 교차 검증, 다양한 지표를 통한 모델 성능 평가, 이상점 검출 및 피처 선택 알고리즘 등 다양한 기능을 제공한다. 아울러 NumPy, Pandas, Matplotlib과 같은 다른 라이브러리를 기반으로 데이터 불러오기나 시각화와 같은 작업이 아닌 모델 생성과 성능 평가와 같은 일에 중점을 둔다.

Scikit-learn은 머신러닝이 실생활에 적용되는 데 중요한 역할을 했으며, 수학과 통계학 배경지식이 깊지 않아도 머신러닝을 시작할 수 있도록 도왔다.

Scikit-learn으로 작업하려면 데이터를 NumPy 배열이나 Pandas 데이터프레임 형식으로 불러와야 하며, 좀 더 많은 관련 자료는 다음 주소에서 얻을 수 있다.

https://scikit-learn.org/stable/

훈련 데이터와 테스트 데이터로 나누기

머신러닝 모델을 생성하는 핵심은 훈련 단계에서 피처를 통해 추론할 수 있는 컴퓨터 프로그램을 만들고 예측을 통해 모델의 성능을 테스트하는 과정이다. 보통은 모델 생성 단계 이전에 레이블링된 데이터 중 일부를 따로 분리해두고, 모델 생성 후 이 데이터를 사용해 성능을 테스트한다. 즉, 훈련 단계에서 접하지 못한 데이터로 생성한 모델의 성능이 충분한지 혹은 더 향상이 필요한지 결정하게 된다. 이렇게 훈련 데이터와 테스트 데이터로 나누게 되면 모델이 훈련 과정에서 모든 데이터를 다 기억해 과적합이 일어나는 것을 막을 수 있다. 지도 학습의 경우 훈련 데이터와 테스트 데이터 모두 레이블링이 필요하며, 데이터는 나누기 전 반드시 고르게 섞여 있어야 한다.

Scikit_learn 하부 모듈인 model_selection의 train_test_split() 함수는 Pandas 데이터프레임을 모델 생성과 평가를 위한 데이터프레임으로 나눈다. train_test_split() 함수는 기본값을 갖는 여러 매개변수가 있으며, 주요 매개변수는 다음과 같다.

- test_size: 정수나 부동소수점 형식의 수로 지정할 수 있다. 정수일 경우 테스트 데이터셋에 포함되는 데이터 개수를 의미하며, 부동소수점인 경우 테스트 데이터셋에 포함될 데이터의 백분율을 나타낸다.

- random_state: 정수 값으로 지정하며, 데이터를 고르게 섞기 위한 난수 생성기^{random-number generator}의 시드^{seed}값으로 사용된다.

train_test_split() 함수의 실행 결과는 다음과 같이 4개의 배열을 포함하는 리스트다.

- 훈련 데이터셋 배열

- 테스트 데이터셋 배열

- 훈련 데이터셋 레이블

- 테스트 데이터셋 레이블

train_test_split() 함수의 매개변수에 관한 자세한 설명은 다음 주소에서 확인할 수 있다. https://scikit-learn.org/stable/modules/generated/sklearn.model_selection.train_test_split.html

다음 코드는 train_test_split() 함수를 이용해 Iris 데이터셋을 75%:25%의 비율로 훈련 데이터셋과 테스트 데이터셋으로 나눈다.

```
import numpy as np
import pandas as pd

# iris 데이터셋 불러오기
from sklearn.datasets import load_iris
iris_dataset = load_iris()
df_iris_features = pd.DataFrame(data = iris_dataset.data, columns=iris_dataset.feature_
names)
df_iris_target = pd.DataFrame(data = iris_dataset.target, columns=['class'])

# iris 데이터셋 나누기
iris_split = train_test_split(df_iris_features, df_iris_target,
             test_size=0.25, random_state=17)
df_iris_features_train = iris_split[0]
df_iris_features_test = iris_split[1]
```

```
df_iris_target_train = iris_split[2]
df_iris_target_test = iris_split[3]
```

다음 코드와 같이 데이터프레임의 shape 속성으로 train_test_split() 함수로 생성한 훈련 및 테스트 데이터셋의 크기를 확인할 수 있다.

```
df_iris_features.shape, df_iris_target.shape
((150, 4), (150, 1))
df_iris_features_train.shape, df_iris_target_train.shape
((112, 4), (112, 1))
df_iris_features_test.shape, df_iris_target_test.shape
((38, 4), (38, 1))
```

데이터프레임의 head() 메서드로 df_iris_features 원본 데이터셋의 첫 5개 행을 확인하고 df_iris_features_train 데이터셋의 첫 5개 행과 비교해보면 train_test_split() 함수가 데이터를 나누기 전에 자동으로 데이터를 섞은 것을 알 수 있다.

In [15]: `df_iris_features.head()`

Out[15]:

	sepal length (cm)	sepal width (cm)	petal length (cm)	petal width (cm)
0	5.1	3.5	1.4	0.2
1	4.9	3.0	1.4	0.2
2	4.7	3.2	1.3	0.2
3	4.6	3.1	1.5	0.2
4	5.0	3.6	1.4	0.2

In [16]: `df_iris_features_train.head()`

Out[16]:

	sepal length (cm)	sepal width (cm)	petal length (cm)	petal width (cm)
71	6.1	2.8	4.0	1.3
34	4.9	3.1	1.5	0.2
95	5.7	3.0	4.2	1.2
75	6.6	3.0	4.4	1.4
48	5.3	3.7	1.5	0.2

그림 4.1 Scikit-learn의 train_test_split() 메서드는 데이터를 섞은 후 나눈다.

train_test_split() 함수는 기본적으로 데이터를 섞은 후 훈련 데이터가 끝나고 테스트 데이터가 시작되는 점을 경계로 데이터셋을 나눈다. 만약 풀고자 하는 문제의 원본 데이터가 여러 개의 범주를 갖고 있고 범주들의 데이터 양이 불균형하다면, 나눈 데이터도 비슷한 비율을 갖도록 해야 한다. train_test_split() 함수의 stratify 매개변수는 데이터가 여러 범주를 갖고 있는 경우 나누기 전과 후의 비율이 동일하도록 유지해주며, 다음 코드는 stratify 매개변수 사용법을 보여준다.

```
# iris 데이터셋을 범주별로 계층화해서 샘플링하기
iris_split_strat = train_test_split(df_iris_features, df_iris_target,
                                    test_size=0.25, random_state=17, stratify=df_iris_
target)
df_iris_features_train2 = iris_split_strat[0]
df_iris_features_test2 = iris_split_strat[1]
df_iris_target_train2 = iris_split_strat[2]
df_iris_target_test2 = iris_split_strat[3]
```

다음 코드는 Pandas의 함수를 이용해 원본 데이터셋, 계층화stratification 분할 적용 훈련 데이터셋, 계층화 분할 미적용 훈련 데이터셋의 분포를 각각 막대 도표로 시각화한다. 그림 4.2에서와 같이 stratify 매개변수를 적용한 데이터셋의 분포가 완벽하게 동일하진 않지만 원본 데이터셋과 비슷한 분포인 것을 알 수 있다.

```
# Iris 데이터셋의 class 속성
# 원본데이터, 계층 분할(stratification) 미적용 데이터, 계층 분할 적용 데이터
# 각각 막대 도표로 분포 시각화
fig, axes = plt.subplots(1, 3, figsize=(15,5))
axes[0].set_title('df_iris_target')
df_iris_target['class'].value_counts(dropna=False).plot.bar(grid=True, ax=axes[0])
axes[1].set_title('df_iris_target_train')
df_iris_target_train['class'].value_counts(dropna=False).plot.bar(grid=True, ax=axes[1])
axes[2].set_title('df_iris_target_train2')
df_iris_target_train2['class'].value_counts(dropna=False).plot.bar(grid=True,
ax=axes[2])
```

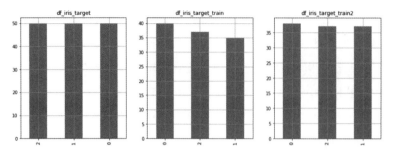

그림 4.2 Iris 원본 데이터, 계층화 분할 적용 훈련 데이터, 계층화 분할 미적용 데이터의 분포 비교

그림 4.2의 첫 막대 도표와 같이 Iris 데이터셋은 3개의 범주를 갖고 각 범주의 데이터 수는 50개로 동일하다. 다음 코드는 UCI 머신러닝 와인 데이터셋을 불러와 계층화 분할 여부의 차이를 도표로 이해하기 쉽게 보여준다. UCI 머신러닝 와인 데이터셋 역시 초보자들이 많이 사용하는 다중분류 문제 데이터셋으로 이탈리아의 4개 지역에서 생산한 와인의 화학적 분석 결과를 포함한 여러 수치형 피처와 와인 등급을 나타내는 범주를 포함하고 있다. 데이터셋에 관한 자세한 설명은 다음 주소에서 확인할 수 있으며, 그림 4.3은 실행 결과를 보여준다.

https://scikit-learn.org/stable/datasets/index.html

```
# UCI ML Wines 데이터 불러오기
from sklearn.datasets import load_wine
wine_dataset = load_wine()
df_wine_features = pd.DataFrame(data = wine_dataset.data, columns=wine_dataset.feature_
names)
df_wine_target = pd.DataFrame(data = wine_dataset.target, columns=['class'])

# 계층화 분할 미적용
wines_split = train_test_split(df_wine_features, df_wine_target,
                               test_size=0.25, random_state=17)
df_wine_features_train = wines_split[0]
df_wine_features_test = wines_split[1]
df_wine_target_train = wines_split[2]
df_wine_target_test = wines_split[3]

# 계층화 분할 적용
wines_split_strat = train_test_split(df_wine_features, df_wine_target,
```

```
                                 test_size=0.25, random_state=17, stratify=df_wine_
target)
df_wine_features_train2 = wines_split_strat[0]
df_wine_features_test2 = wines_split_strat[1]
df_wine_target_train2 = wines_split_strat[2]
df_wine_target_test2 = wines_split_strat[3]

# 원본데이터, 계층 분할(stratification) 미적용 데이터, 계층 분할 적용 데이터
# 각각 막대 도표로 분포 시각화
fig, axes = plt.subplots(1, 3, figsize=(15,5))
axes[0].set_title('df_wine_target')
df_wine_target['class'].value_counts(dropna=False).plot.bar(grid=True, ax=axes[0])
axes[1].set_title('df_wine_target_train')
df_wine_target_train['class'].value_counts(dropna=False).plot.bar(grid=True, ax=axes[1])
axes[2].set_title('df_wine_target_train2')
df_wine_target_train2['class'].value_counts(dropna=False).plot.bar(grid=True,
ax=axes[2])
```

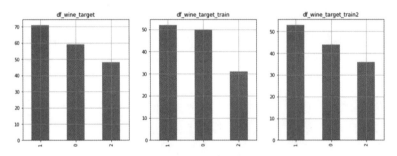

그림 4.3 와인 원본 데이터, 계층화 분할 적용 훈련 데이터, 계층화 분할 미적용 데이터의 분포 비교

k겹 교차 검증

데이터셋을 훈련 데이터와 테스트 데이터로 나눌 때 발생할 수 있는 가장 큰 단점은 훈련 데이터에서 나타나는 특징이 테스트 데이터에서 나타나지 않을 수 있다는 점이다. 데이터를 섞는 것으로 이러한 문제를 감소시킬 수 있지만 원본 데이터셋의 크기, 특성을 나타내는 데이터의 비율 등 다양한 요인에 따라 문제 감소의 수준이 달라진다. 훈련 데이터에서만 잘 작동하는 모델을 생성하지 않기 위해서 k겹 교차 검증이라는 방법을 사용한다. 작동 원리는 다음과 같다.

1. k 값 선택

2. 원본 데이터 섞기

3. 원본 데이터를 동일한 크기를 갖는 k개의 데이터셋으로 나누기

4. 각 k에 관해서

   a. k번째 데이터셋을 테스트 데이터로, 나머지 데이터셋을 훈련 데이터로 사용해 모델 학습

   b. k번째 데이터셋에 테스트한 성능 기록

5. 개별 모델들의 평균 성능을 계산해 전체 성능 계산

k겹 교차 검증은 훈련 데이터셋이 예상하지 못한 편향성을 보일 가능성을 줄여준다. k겹 교차 검증의 기본적인 아이디어는 전체 데이터를 무작위로 섞은 후 k개의 겹^{fold}이라는 작은 데이터셋으로 나눠 여러 개의 모델을 훈련시키거나 동일한 모델을 여러 번 훈련시킨다. 그림 4.4와 같이 훈련과 평가를 반복하는 동안 1개의 겹을 테스트 데이터로 사용하고 나머지는 훈련 데이터로 사용한다.

1차 검증   2차 검증   3차 검증   4차 검증

테스트 데이터셋
훈련 데이터셋

그림 4.4 k겹 교차 검증

만약 k=2라면 k겹 교차 검증은 3장에서 배운 훈련/테스트 데이터로 나누는 것과 유사한 접근 방식이 된다. 데이터셋의 데이터 수가 n일 때 k=n이라면 각 훈련 과정의 테스트 데이터셋은 오직 1개의 데이터만을 포함한다. 이러한 기법을 LOO$^{Leave-One-Out}$ 교차 검증이라고 한다.

Scikit-learn은 모델 생성 모듈에 데이터를 여러 개로 나누고 열거할 수 있는 KFold라는 클래스를 제공한다.

KFold 클래스 생성자^{constructor}의 매개변수는 다음과 같다.

- n_splits: 생성될 데이터셋 개수를 나타내는 정수 값
- shuffle: 나누기 전 데이터를 섞을지 여부를 나타내는 True, False 값
- random_state: 데이터를 섞을 때 사용하는 난수 생성기의 시드값을 나타내는 정수(필수 아님)

KFold 클래스의 메서드는 다음 두 가지이다.

- get_n_splits(): 생성할 데이터셋 개수 반환
- split(): 훈련과 테스트 데이터셋으로 나누기 위한 인덱스 생성

다음 코드는 KFold 클래스로 Iris 데이터셋을 10개의 훈련/테스트 데이터셋으로 나눈다. KFold 클래스에 관한 추가적인 정보는 다음 주소에서 확인할 수 있다.

https://scikit-learn.org/stable/modules/generated/sklearn.model_selection.KFold.html

```python
# Iris 데이터셋을 10개의 훈련/테스트셋으로 나누기
from sklearn.model_selection import KFold
kf = KFold(n_splits=10, shuffle=True)
fold_number = 1

for train_indices, test_indices in kf.split(df_iris_features):

    print("Fold number:", fold_number)
    print("Training indices:", train_indices)
    print("Testing indices:", test_indices)

    fold_number = fold_number + 1

    df_iris_features_train = df_iris_features.iloc[train_indices]
    df_iris_target_train = df_iris_target.iloc[train_indices]
```

```
df_iris_features_test = df_iris_features.iloc[test_indices]
df_iris_target_test = df_iris_target.iloc[test_indices]
```

코드 실행 결과를 통해 k번째 훈련 데이터셋과 테스트 데이터셋에 포함된 데이터의 인덱스 위치를 확인할 수 있으며, 첫 2개의 데이터셋은 다음과 같다.

```
Fold number: 1
Training indices: [  0   1   2   3   4   5   6   7   8   9  10  11  12  13  14  15
  16  18
  19  20  21  22  23  26  27  28  29  31  32  33  34  35  36  38  39  41
  42  43  44  46  47  48  49  50  51  52  53  54  55  56  57  58  59  60
  61  62  63  64  65  66  68  69  70  71  72  73  74  75  76  77  78  79
  80  82  83  84  85  86  87  88  89  90  91  94  95  96  97  98  99 100
 101 102 103 104 105 106 107 108 109 110 111 112 113 114 115 116 117 118
 120 121 122 123 124 125 127 128 129 130 131 132 133 134 135 136 137 138
 139 140 141 142 143 145 146 147 148]
Testing indices:: [ 17  24  25  30  37  40  45  67  81  92  93 119 126 144 149]

Fold number: 2
Training indices: [  1   2   3   4   5   6   7   8   9  10  12  13  14  16  17  18
  19  20
  21  22  23  24  25  26  27  28  29  30  31  32  34  35  36  37  39  40
  41  42  43  44  45  46  47  48  50  51  52  53  55  56  57  58  59  60
  61  62  63  64  65  67  68  69  70  71  73  74  75  76  77  78  80  81
  83  84  85  86  87  88  89  91  92  93  94  95  96  97  98  99 100 101
 102 103 104 105 106 107 109 110 111 112 113 114 115 116 117 118 119 120
 121 122 123 124 125 126 128 130 131 132 133 134 135 136 137 138 139 140
 141 142 143 144 145 146 147 148 149]
Testing indices:: [  0  11  15  33  38  49  54  66  72  79  82  90 108 127 129]
```

머신러닝 모델 생성

여기서는 예측 문제와 분류 문제 모두에 사용할 수 있는 머신러닝 모델을 생성하는 방법을 배운다. 여기서 다룰 모델의 일부는 피처와 목적변수가 선형 관계이며, 다른 일부 모델은 비선형 관계를 갖는다.

선형회귀

선형회귀는 모든 데이터 포인트에 가장 근접한 직선(혹은 초평면)의 방정식을 찾는 통계적 기법이다. 먼저 선형회귀가 어떻게 작동하는지 이해하기 위해 훈련 데이터셋을 가정해보자. 이 데이터셋에는 100개의 데이터 행이 있고 각 데이터는 Y1, Y2, Y3 3개의 피처와 목적변수 X를 갖는다. 이때 선형회귀는 목적변수 X와 입력변수 Y1, Y2, Y3는 선형 관계이며 다음 식과 같이 표현한다.

$$X_i = \alpha Y1_i + \beta Y2_i + \gamma Y3_i + \varepsilon$$

단,

- X_i: i번째 목적변수의 예측값
- $Y1_i$: Y1 피처의 i번째 값
- $Y2_i$: Y2 피처의 i번째 값
- $Y3_i$: Y3 피처의 i번째 값
- α, β, γ: Y1, Y2, Y3 피처의 계수
- ε: 편향bias term 혹은 절편intercept을 나타내는 상수

훈련 과정 동안 데이터셋을 계산해 가장 적합한 α, β, γ, ε을 찾는데, 에러 함수error function 값을 작게 하는 조합이 더 나은 값이라 할 수 있다. 에러 함수는 X_i의 실젯값과 예측값 사이의 차이를 계산하는 식으로, RMSERoot Mean Square Error가 가장 널리 사용되는 에러 함수로 다음과 같이 수학적으로 표현한다.

$$RMSE = \sqrt{\frac{\sum_{i=1}^{N} \left(X_i' - X_i \right)^2}{N}}$$

선형회귀는 모든 데이터 포인트를 설명하는 최적의 직선(혹은 초평면)을 찾는 기법이다. 선형회귀의 결과는 연속값continuous이고 무한unbounded하며 입력값에 따라 다양한 값을 가질 수 있다. 그러므로 선형회귀 모델은 연속형 수치 데이터를 예측할 때 주로 사용한다.

Scikit-learn은 선형회귀를 linear_model 모듈의 일부로 LinearRegression이라는 클래스로 갖고 있다. 여기서는 이 클래스를 사용해 보스턴 주택 가격 데이터셋에 선형회귀 모델을 생성한다.

보스턴 주택 데이터셋에는 결측값은 없으며 Scikit-learn에는 datasets 모듈의 일부로 전체 데이터가 포함돼 있다. 이 데이터셋에 관한 자세한 정보는 다음 주소에서 확인할 수 있다.

https://scikit-learn.org/stable/datasets/index.html

2장에서 이미 Scikit-learn의 DESCR을 이용해 데이터셋에 관한 설명을 확인해봤다. 다음 코드는 보스턴 주택 데이터셋을 불러와 DESCR 함수로 데이터셋에 관한 설명을 출력한다.

```
# boston house dataset 불러오기
from sklearn.datasets import load_boston
boston_dataset = load_boston()[1]
df_boston_features = pd.DataFrame(data = boston_dataset.data,
columns=boston_dataset.feature_names)
df_boston_target = pd.DataFrame(data = boston_dataset.target, columns=['price'])
# dataset에 관한 설명 출력
print(boston_dataset.DESCR)
Boston house prices dataset
---------------------------
**Data Set Characteristics:**
    :Number of Instances: 506
    :Number of Attributes: 13 numeric/categorical predictive. Median Value
(attribute 14) is usually the target.
    :Attribute Information (in order):
        - CRIM      per capita crime rate by town
        - ZN        proportion of residential land zoned for lots over 25,000 sq.ft.
        - INDUS     proportion of non-retail business acres per town
        - CHAS      Charles River dummy variable (= 1 if tract bounds river; 0 otherwise)
        - NOX       nitric oxides concentration (parts per 10 million)
        - RM        average number of rooms per dwelling
        - AGE       proportion of owner-occupied units built prior to 1940
        - DIS       weighted distances to five Boston employment centres
        - RAD       index of accessibility to radial highways
```

---

1   현재 버전에서는 boston house dataset을 지원하지 않아 scikit learn 구 버전 설치해야 가능하다.
pip install scikit-learn==1.1.3 – 옮긴이

```
    - TAX       full-value property-tax rate per $10,000
    - PTRATIO   pupil-teacher ratio by town
    - B         1000(Bk - 0.63)^2 where Bk is the proportion of blacks by town
    - LSTAT     % lower status of the population
    - MEDV      Median value of owner-occupied homes in $1000's
:Missing Attribute Values: None
:Creator: Harrison, D. and Rubinfeld, D.L.
This is a copy of UCI ML housing dataset.
https://archive.ics.uci.edu/ml/machine-learning-databases/housing/

This dataset was taken from the StatLib library which is maintained at Carnegie
Mellon University.
The Boston house-price data of Harrison, D. and Rubinfeld, D.L. 'Hedonic
prices and the demand for clean air', J. Environ. Economics & Management,
vol.5, 81-102, 1978.   Used in Belsley, Kuh & Welsch, 'Regression diagnostics
...', Wiley, 1980.   N.B. Various transformations are used in the table on
pages 244-261 of the latter.
The Boston house-price data has been used in many machine learning papers that
address regression
problems.

.. topic:: References
   - Belsley, Kuh & Welsch, 'Regression diagnostics: Identifying Influential
Data and Sources of Collinearity', Wiley, 1980. 244-261.
   - Quinlan,R. (1993). Combining Instance-Based and Model-Based Learning. In
Proceedings on the Tenth International Conference of Machine Learning, 236-243,
University of Massachusetts, Amherst. Morgan Kaufmann.
```

선형회귀 모델을 생성하는 과정에는 보스턴 주택 데이터셋의 506개 데이터를 훈련 데이터와 테스트 데이터로 나누고 훈련 데이터로 모델을 학습시키는 과정이 포함돼 있다. 다음 코드는 75:25의 비율로 506개 행을 나누어 원본 데이터의 75%를 선형회귀 모델 생성에 사용한다.

```
# 75/25 비율로 트레이닝 데이터/테스트 데이터 나누기
from sklearn.model_selection import train_test_split
boston_split = train_test_split(df_boston_features, df_boston_target,
                                test_size=0.25, random_state=17)
df_boston_features_train = boston_split[0]
df_boston_features_test = boston_split[1]
df_boston_target_train = boston_split[2]
df_boston_target_test = boston_split[3]
```

```
# 선형회귀 모델 생성
from sklearn.linear_model import LinearRegression
linear_regression_model = LinearRegression(fit_intercept=True)
linear_regression_model.fit(df_boston_features_train, df_boston_target_train)
```

클래스 생성자를 사용해 선형회귀 모델을 인스턴스화할 수 있으며, 이 생성자는 4개의 매개변수를 가지며 반드시 입력해야 하는 것은 아니다. 다음과 같이 대부분의 경우 매개변수가 없는 생성자를 사용해 LinearRegression 인스턴스를 생성한다.

```
linear_regression_model = LinearRegression()
```

이전 코드에서는 생성자의 매개변수 fit_intercept는 True로 설정했다. 이는 절편값이 0이 아니며 절편값을 계산해야 하는 것을 의미한다. 반대로 fit_intercept가 False이면, 모델은 y축 절편값이 0이라 가정하고 이를 만족하는 직선 혹은 초평면으로 피팅한다. 생성자 매개변수에 관한 자세한 정보는 다음 주소에서 확인할 수 있다.

https://scikit-learn.org/stable/modules/generated/sklearn.linear_model.LinearRegression.html

LinearRegression 인스턴스를 생성 후 모델을 훈련시키는 과정은 fit() 메서드를 호출해 피처와 목적변수를 포함하는 데이터프레임을 전달하는 과정이다. 훈련 과정이 완료되면 LinearRegression 인스턴스의 속성인 coef_와 intercept_를 통해 선형 모델의 계수와 절편을 확인할 수 있다. 다음 코드는 보스턴 주택 데이터로 선형회귀 모델을 훈련시킨 후 얻은 모델의 계수와 절편값을 보여준다. 출력 결과와 같이 13개의 피처에 대응하는 13개의 계수값을 확인할 수 있다.

```
print (linear_regression_model.coef_)
[[-1.12960344e-01  5.48578928e-02  6.71605489e-02  3.26195457e+00
  -1.70702665e+01  3.49123817e+00  7.03121906e-05 -1.37355630e+00
   3.12880217e-01 -1.32867294e-02 -9.57749225e-01  7.70369247e-03
  -5.59461017e-01]]
print (linear_regression_model.intercept_)
[38.51522467]
```

생성한 모델 이후 예측 작업을 진행하게 되는데, 다음 코드는 linear_regression_model 객체로 506개 표본 데이터 중 25%인 테스트 데이터셋에 예측을 수행한다.

```
# 선형 모델을 이용해 테스트 데이터셋에 예측 수행
predicted_median_house_prices = linear_regression_model.predict(df_boston_features_test)
```

머신러닝 모델의 성능을 평가하는지는 5장에서 다룬다. 여기서는 테스트 데이터셋에 예측을 통해 얻은 값과 실젯값을 산점도로 표현해 모델의 성능을 확인한다. 다음 코드는 Matplotlib의 pyplot 모듈의 함수로 산점도를 생성한다. 실행 결과는 그림 4.5와 같다.

```
%matplotlib inline
import matplotlib.pyplot as plt
# pyplot로 실제 값 vs 예측값 산점도 생성
fig, axes = plt.subplots(1, 1, figsize=(9,9))
plt.scatter(df_boston_target_test, predicted_median_house_prices)
plt.xlabel("Expected Prices")
plt.ylabel("Predicted prices")
plt.title("Expected vs Predicted prices")
```

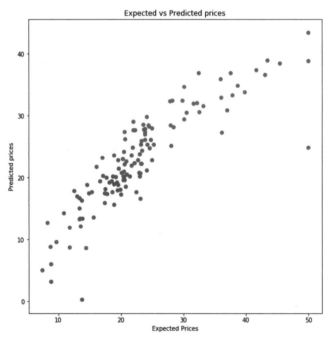

그림 4.5 실제 주택 가격 대 예측 주택 가격

이상적인 경우 실제 가격에 관한 예측 가격을 산점도로 나타내면 직선에 가깝게 표현돼야 한다. 다음 코드는 LinerRegression 인스턴스를 생성하는 동안 fit_intercept 매개변수를 변경한 결과를 효과적으로 이해할 수 있게 2차원의 50개 데이터를 임의로 합성해 2개의 선형 회귀 모델을 생성한다. 즉, 첫 번째 모델은 fit_intercept = False로 설정해 생성하고, 두 번째 모델은 fit_intercept = True로 설정해 생성한다. 두 모델 모두 X, Y 좌표 평면에 50개의 점을 훈련 데이터로 사용한다. X축은 피처변수를 나타내고 Y축은 목적변수를 나타낸다.

훈련 과정을 거친 후에는 모델을 사용해 X축에 관한 Y값을 예측할 수 있으며, X축이 유일한 입력 피처이기 때문에 모델은 오직 한 개의 계수를 갖게 된다. 다음 코드는 50개의 점을 산점도를 표현한 다음 그 위에 각각의 모델이 생성한 회귀 선분을 생성한다. 실행 결과는 그림 4.6과 같다.

```
# 임의의 X, Y 합성 데이터셋 생성
from sklearn.datasets import make_regression
from sklearn.preprocessing import MinMaxScaler
SyntheticX, SyntheticY = make_regression(n_samples=50, n_features=1, noise=35.0, random_
state=17)
x_scaler = MinMaxScaler()
x_scaler.fit(SyntheticX.reshape(-1,1))
SyntheticX = x_scaler.transform(SyntheticX.reshape(-1,1))
y_scaler = MinMaxScaler()
y_scaler.fit(SyntheticY.reshape(-1,1))
SyntheticY = y_scaler.transform(SyntheticY.reshape(-1,1))

# 합성 데이터셋으로 fit_intercept 매개변수의 효과 확인
linear_regression_model_synthetic1 = LinearRegression(fit_intercept=True)
linear_regression_model_synthetic1.fit(SyntheticX, SyntheticY)
linear_regression_model_synthetic2 = LinearRegression(fit_intercept=False)
linear_regression_model_synthetic2.fit(SyntheticX, SyntheticY)
c1 = linear_regression_model_synthetic1.coef_
i1 = linear_regression_model_synthetic1.intercept_
YPredicted1 = np.dot(SyntheticX, c1) + i1
c2 = linear_regression_model_synthetic2.coef_
i2 = linear_regression_model_synthetic2.intercept_
YPredicted2 = np.dot(SyntheticX, c2) + i2

# pyplot으로 산점도 생성 후 각각 모델의 선형회귀 결과 표현
fig, axes = plt.subplots(1, 1, figsize=(9,9))
```

```
axes.axhline(y=0, color='k')
axes.axvline(x=0, color='k')
plt.scatter(SyntheticX, SyntheticY)
plt.plot(SyntheticX, YPredicted1, color='#042fed', label='fit_intercept=True')
plt.plot(SyntheticX, YPredicted2, color='#d02fed', label='fit_intercept=False')
plt.legend()
plt.xlabel("X")
plt.ylabel("Y")
```

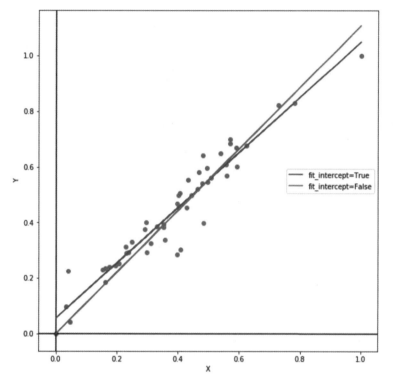

그림 4.6 합성 데이터셋의 산점도와 선형회귀

그림 4.6과 같이 fit_intercept = False로 설정해 생성한 선형회귀 모델은 Y=0으로 하는 제약 조건을 갖고 있으며, 반대로 fit_intercept = True로 설정해 생성한 선형회귀 모델은 Y=0이 아닌 훈련 과정을 통해 얻은 최적의 값을 Y 절편값으로 한다.

서포트벡터머신

서포트벡터머신SVM, Support Vector Machine은 분류, 회귀, 이상값 검출과 같은 다양한 분야에 적용할 수 있는 모델이다. 본래 알고리즘은 1963년 블라디미르 밥닉Vladimir Vapnik과 알렉세이 체르보넨키스Alexey Chervonenkis가 이진 분류 알고리즘으로 만들었다. 훈련 과정 동안 SVM 모델은 데이터 포인트를 여러 범주로 나누는 의사 결정 경계를 만드는 것을 목표로 한다. 만약 데이터셋에 2개의 피처만 존재한다면 이 경계는 2차원 산점도 위에 쉽게 표현할 수 있다. 의사 결정 경계가 선형인 경우 2차원 평면에 직선의 형태이며, 3차원에서는 평면으로, n차원에서는 초평면의 형태를 갖는다. 그러나 인간은 3차원 이상을 시각화할 수 없기에 SVM의 작동 원리를 이해하기 위해서는 2차원 평면에 2개의 피처를 갖는 데이터를 2개의 범주로 나누는 경우를 예로 든다. 직선으로 구분할 수 있는 데이터가 있다고 가정해보자. 그림 4.7은 가상의 데이터의 범주를 원과 별로 나타내는 산점도를 보여주며, 데이터를 2개의 범주로 구분하는 3개의 선형 의사 결정 경계선을 보여준다.

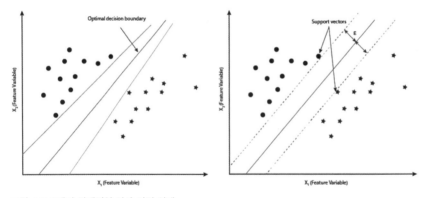

그림 4.7 3개의 잠재적인 의사 결정 경계

3개의 의사 결정 경계선 중 왼쪽의 의사 결정 경계선은 원으로 표시된 그룹에 너무 가까워 훈련 데이터셋의 데이터와 약간 다른 실제 데이터를 잘못 분류할 위험성이 있다. 오른쪽의 의사 결정 경계선도 별 모양으로 표시된 그룹에 너무 가까워 유사한 위험성을 지니고 있다. 이에 반해 가운데 의사 결정 경계선은 두 그룹에서 가장 멀리 위치하면서 깔끔하게 경계를 나누기 때문에 가장 적절하다고 할 수 있다. SVM 모델은 가운데(최적) 있는 의사 결정 경계, 다시 말하면 두 그룹 사이의 거리를 최대화하며 구분하는 경계선을 찾는 것을 목표로 한다.

Scikit-learn의 `sklearn.svm` 모듈 중 일부인 SVC 클래스로 SVM 기반 분류기를 구현할 수 있다. 여기서는 SVC 클래스를 이용해 피마 인디언 당뇨병 데이터셋[Pima Indians diabetes dataset]에 SVM 기반 분류 모델을 구현해본다. 이 데이터셋은 혈압[blood pressure], 혈장 포도당 농도[plasma glucose concentration], BMI, 인슐린 수치 등 8개의 의료 정보를 피처변수로 하고, 해당 개인이 당뇨가 있는지를 나타내는 이진 목적변수를 결괏값으로 한다. 원본 데이터셋은 미국 국립 당뇨, 소화기 및 신장 질환 연구소[National Institute of Diabetes and Digestive and Kidney Diseases]에서 만들었다. Kaggle 버전은 다음 주소에서 확인할 수 있고, 부록 예제에도 포함돼 있다.

https://www.kaggle.com/uciml/pima-indians-diabetes-database

다음 코드는 CSV 형식의 데이터셋을 불러와 Pandas 데이터프레임 형식으로 피처변수와 목적변수를 각각 저장한 후 피처에 정규화를 진행하고 75:25의 비율로 훈련 데이터와 테스트 데이터로 분리한다.

```
# Pima Indians Diabetes dataset 불러오기
diabetes_dataset_file = './datasets/diabetes_dataset/diabetes.csv'
df_diabetes = pd.read_csv(diabetes_dataset_file)
df_diabetes_target = df_diabetes.loc[:,['Outcome']]
df_diabetes_features = df_diabetes.drop(['Outcome'], axis=1)

# 피처 정규화
from sklearn.preprocessing import MinMaxScaler
diabetes_scaler = MinMaxScaler()
diabetes_scaler.fit(df_diabetes_features)
nd_diabetes_features = diabetes_scaler.transform(df_diabetes_features)
df_diabetes_features_normalized = pd.DataFrame(data=nd_diabetes_features, columns=df_
diabetes_features.columns)

# 75/25 비율로 훈련 데이터와 테스트 데이터로 분리
diabetes_split = train_test_split(df_diabetes_features_normalized, df_diabetes_target,
                        test_size=0.25, random_state=17)
df_diabetes_features_train = diabetes_split[0]
df_diabetes_features_test = diabetes_split[1]
df_diabetes_target_train = diabetes_split[2]
df_diabetes_target_test = diabetes_split[3]
```

다음 코드는 선형 의사 결정 경계를 찾기 위해 SVC 클래스의 인스턴스를 생성하고, 75%의 훈련 데이터셋으로 생성한 SVC 인스턴스를 학습시킨다. 그 후 테스트 데이터셋에 predict() 메서드로 예측을 수행한다. SVC 인스턴스에 관한 자세한 정보는 다음 주소에서 확인할 수 있다.

https://scikit-learn.org/stable/modules/generated/sklearn.svm.SVC.html

```python
# SVM 분류기 생성
from sklearn.svm import SVC
svc_model = SVC(kernel='linear', C=1)
svc_model.fit(df_diabetes_features_train, df_diabetes_target_train)
# 테스트 데이터셋에 SVC 모델로 예측
predicted_diabetes = svc_model.predict(df_diabetes_features_test)
```

5장에서는 분류 모델의 성능을 어떻게 평가하는지 다룰 것이며, 여기서는 Python의 print() 함수를 이용해 예측한 결과 그대로를 확인만 한다.

```
print (predicted_diabetes)
[0 0 0 1 0 0 1 1 0 1 0 0 0 0 0 0 0 0 1 0 0 1 0 0 1 0 1 0 0 0 0 0 0 0 0 1
 0 0 0 0 0 0 0 0 1 0 1 0 0 0 0 0 0 0 0 0 0 0 0 0 0 1 0 0 0 0 0 0 1 0 0 0
 0 0 0 0 0 0 1 0 0 0 1 1 0 0 0 0 0 0 0 0 0 0 0 0 1 1 1 0 0 1 0 0 1 0
 1 0 0 0 0 0 0 0 0 0 0 0 0 0 0 0 0 0 1 0 0 0 1 0 0 0 0 1 0 1 0 1 0 0 0
 0 0 0 1 0 0 0 0 0 0 0 0 0 1 0 1 1 0 0 0 1 0 0 0 1 1 0 0 0 1 0 0 0 0 0 1 0
 0 0 0 0 1 0 0]
```

SVM 기반 분류기의 진정한 능력은 비선형 의사 결정 경계를 만드는 것이다. 서포트 벡터 기반 모델은 커널kernel이라는 수학 함수를 이용해 각각의 입력 데이터 포인트를 선형 의사 결정 경계를 사용할 수 있는 고차원 공간으로 변환한다. 예제를 통해 이해하기 쉽도록 설명해보자. 그림 4.8은 2개의 피처를 갖는 가상의 데이터셋을 산점도로 표현한 것이고, 각각의 데이터 포인트는 둘 중 하나의 범주에 속한다. 이 예제에서는 모든 데이터를 완벽하게 선형으로 구분할 수 있는 의사 결정 경계는 존재하지 않는다. 즉, 어떤 방향으로 직선을 그리더라도 항상 일부 데이터는 잘못 분류된다.

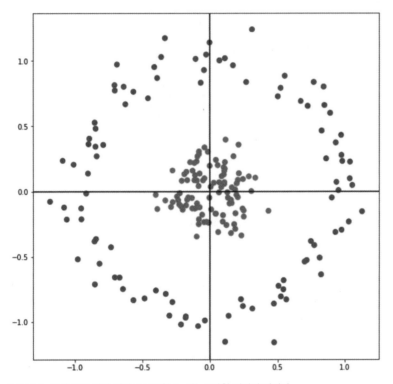

그림 4.8 직선 의사 결정 경계로 분류할 수 없는 2차원 평면의 데이터

하지만 만약 데이터에 추가로 z축을 추가하고 방정식 z = x² + y²로 각각의 데이터 포인트에 관한 z값을 계산하면 그림 4.9와 같이 z = 0.3인 z축 평면으로 데이터를 선형 분리할 수 있다.

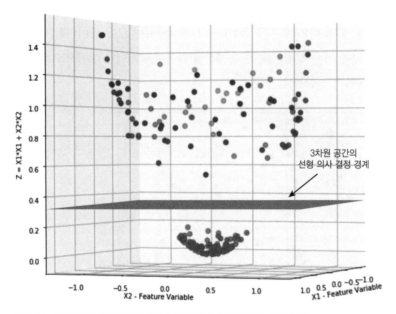

그림 4.9 2차원에서 선형 분리가 불가능한 데이터를 3차원에서 선형 분리

z값은 x² + y²으로 계산할 수 있으므로, z = 0.3인 의사 결정 평면은 2차원 평면에서 원의 방정식 x² + y² = 0.3을 의미한다. 즉, 그림 4.10과 같이 3차원 공간에서 선형 의사 결정 경계는 2차원 공간에서 비선형 의사 결정 경계가 된다.

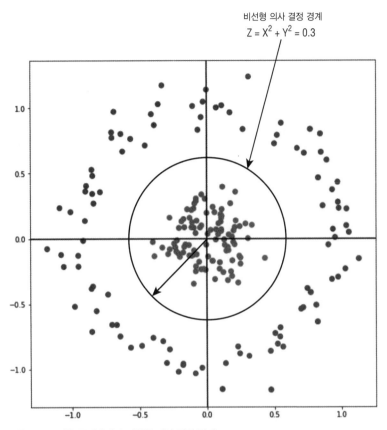

비선형 의사 결정 경계
$Z = X^2 + Y^2 = 0.3$

그림 4.10 2차원 공간에서의 비선형 의사 결정 경계

이는 커널 작동 방식을 아주 간단하게 설명한 것으로 SVM 커널에 관해 더 알고 싶다면 넬로 크리스티아니니[Nello Cristianini]와 존 쇼-테일러[John Shawe-Taylor]의 『An Introduction to Support Vector Machines and Other Kernel-based Learning Methods(SVM과 기타 커널 기반 학습 방법 소개)』(Cambridge University Press, 2000)를 읽어보자(https://www.cambridge.org/core/books/an-introduction-to-support-vector-machines-and-other-kernelbased-learning-methods/A6A6F4084056A4B23F88648DDBFDD6FC).

Scikit-learn으로 SVC 인스턴스를 생성할 때 선형, 다항형, 방사형 또는 사용자 정의 커널 등 다양한 커널 중 하나를 선택할 수 있으며, 커널 함수에 관한 정보는 다음 주소에서 확인할 수 있다.

https://scikit-learn.org/stable/modules/svm.html#svm-kernels

다양한 커널의 효과를 시각화하기 위해 여러 커널 함수로 SVM 분류기를 학습시켜보자. 다음 코드는 2개의 피처를 갖는 이진 데이터셋에 여러 개의 SVM 기반 분류기를 학습시킨다. 첫 번째 분류기는 선형 커널을, 두 번째 분류기는 2차 다항 커널을, 세 번째 분류기는 15차 다항 커널을, 네 번째 분류기는 RBF^{Radial Basis Function} 커널을 사용한다.

```
# 2개 피처를 갖는 임의의 이진 분류 데이터셋 생성
from sklearn.datasets import make_classification
Synthetic_BinaryClassX, Synthetic_BinaryClassY = make_classification(n_samples=50, n_
features=2, n_redundant=0, n_classes=2)

# -3에서 3 스케일로 조정
from sklearn.preprocessing import MinMaxScaler
scaler = MinMaxScaler(feature_range=(-3,3))
scaler.fit(Synthetic_BinaryClassX.reshape(-1,1))
Synthetic_BinaryClassX = scaler.transform(Synthetic_BinaryClassX)

# 다양한 SVM 분류기 생성
from sklearn.svm import SVC
svc_model_linear = SVC(kernel='linear', C=1, gamma='auto')
svc_model_polynomial2 = SVC(kernel='poly', degree=2, C=1, gamma='auto')
svc_model_polynomial15 = SVC(kernel='poly', degree=15, C=1, gamma='auto')
svc_model_rbf = SVC(kernel='rbf', C=1, gamma='auto')
svc_model_linear.fit(Synthetic_BinaryClassX, Synthetic_BinaryClassY)
svc_model_polynomial2.fit(Synthetic_BinaryClassX, Synthetic_BinaryClassY)
svc_model_polynomial15.fit(Synthetic_BinaryClassX, Synthetic_BinaryClassY)
svc_model_rbf.fit(Synthetic_BinaryClassX, Synthetic_BinaryClassY)
```

Matplotlib 함수와 생성한 모델들로 데이터 포인트와 의사 결정 경계를 표현할 수 있다. 다음 코드는 어떻게 SVM 분류기의 의사 결정 경계를 시각화하는지 보여준다. 실행 결과는 그림 4.11과 같다(코드의 일부는 https://scikit-learn.org/stable/auto_examples/exercises/plot_iris_exercise.html을 참고했다).

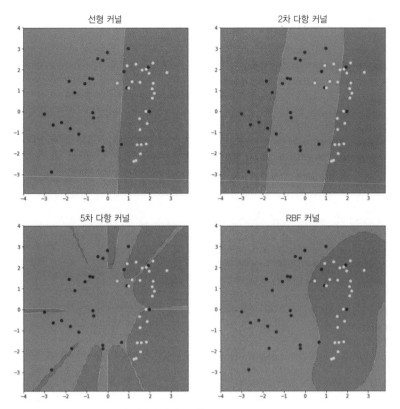

그림 4.11 커널이 의사 결정 경계에 미치는 영향

```
#
# 참고 코드
# source: https://scikit-learn.org/stable/auto_examples/svm/plot_iris.html
#
%matplotlib inline
import matplotlib.pyplot as plt
def plot_contours(ax, clf, xx, yy, **params):
    """Plot the decision boundaries for a classifier.
    Parameters
    ----------
    ax: matplotlib axes object
    clf: a classifier
    xx: meshgrid ndarray
    yy: meshgrid ndarray
    params: dictionary of params to pass to contourf, optional
    """
    Z = clf.predict(np.c_[xx.ravel(), yy.ravel()])
```

```
        Z = Z.reshape(xx.shape)
        out = ax.contourf(xx, yy, Z, **params)
        return out
def make_meshgrid(x, y, h=.02):
        """Create a mesh of points to plot in
        Parameters
        ----------
        x: data to base x-axis meshgrid on
        y: data to base y-axis meshgrid on
        h: stepsize for meshgrid, optional
        Returns
        -------
        xx, yy : ndarray
        """
        x_min, x_max = x.min() - 1, x.max() + 1
        y_min, y_max = y.min() - 1, y.max() + 1
        xx, yy = np.meshgrid(np.arange(x_min, x_max, h),
                             np.arange(y_min, y_max, h))
        return xx, yy
# X0, X1로 2개 피처 선택
X0 = Synthetic_BinaryClassX[:,0]
X1 = Synthetic_BinaryClassX[:,1]
xx, yy = make_meshgrid(X0, X1, 0.02)#np.meshgrid(np.arange(-3, 3, 0.002), np.arange(-3,
3, 0.002))

fig, axes = plt.subplots(2, 2, figsize=(16,16))
# 선형 커널
plot_contours(axes[0,0], svc_model_linear,
              xx, yy, cmap=plt.cm.coolwarm, alpha=0.8)
axes[0,0].scatter(X0, X1, s=30, c=Synthetic_BinaryClassY)
axes[0,0].set_xlim(xx.min(), xx.max())
axes[0,0].set_ylim(yy.min(), yy.max())
axes[0,0].set_title('Linear Kernel')

# 2차 다항 커널
plot_contours(axes[0,1], svc_model_polynomial2, xx, yy,
              cmap=plt.cm.coolwarm, alpha=0.8)
axes[0,1].scatter(X0, X1, s=30, c=Synthetic_BinaryClassY)
axes[0,1].set_xlim(xx.min(), xx.max())
axes[0,1].set_ylim(yy.min(), yy.max())
axes[0,1].set_title('2nd Degree Polynomial Kernel')

# 15차 다항 커널
plot_contours(axes[1,0], svc_model_polynomial15, xx, yy,
              cmap=plt.cm.coolwarm, alpha=0.8)
```

```
axes[1,0].scatter(X0, X1, s=30, c=Synthetic_BinaryClassY)
axes[1,0].set_xlim(xx.min(), xx.max())
axes[1,0].set_ylim(yy.min(), yy.max())
axes[1,0].set_title('5th Degree Polynomial Kernel')

# RBF 커널
plot_contours(axes[1,1], svc_model_rbf, xx, yy,
                cmap=plt.cm.coolwarm, alpha=0.8)
axes[1,1].scatter(X0, X1, s=30, c=Synthetic_BinaryClassY)
axes[1,1].set_xlim(xx.min(), xx.max())
axes[1,1].set_ylim(yy.min(), yy.max())
axes[1,1].set_title('RBF Kernel')
plt.show()
```

SVM 기반 모델은 선형회귀에도 사용할 수 있다. SVM 모델을 선형회귀에 적용할 경우 SVM 모델은 더 이상 데이터 포인트를 구분하는 의사 결정 경계를 찾는 작업이 아닌 훈련 데이터에 가장 적절한 직선(혹은 초평면)을 찾는 작업을 수행하는데, 이를 서포트벡터회귀 SVR, Support Vector Regression라고 한다. 선형회귀와 SVR의 차이점은 초평면을 결정하는 방식이 다. 2차원 평면에서 선형회귀는 기본적으로 데이터 포인트에서 직선까지 거리의 합을 최소화하는 직선을 찾는 반면 SVR에서는 초평면에서 일정 범위 내에 가장 많은 데이터 포인트를 포함하는 직선을 찾는다. 그림 4.12에서 2차원 평면에서 선형회귀와 SVR의 차이점을 보여주고 있다.

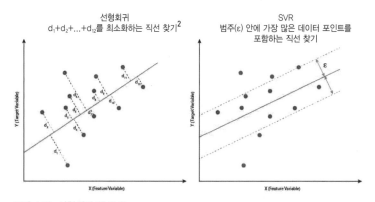

그림 4.12 선형회귀 대 SVR

---

2   선형회귀에서는 예측값과 실젯값의 차이가 최소가 되는 모델을 찾는 것으로 d1,d2,...d12(실젯값) 값들과 직선(예측값) 사이의 값의 차이는 직선에 수직이 아니라 X축에 수직으로 점선으로 표시해야 한다. 그림 16.8 참조 – 옮긴이

Scikit-learn의 `Sklearn.svm` 모듈의 일부인 SVR 클래스로 SVM 기반 회귀분석을 구현할 수 있다. 다음 코드는 SVR 클래스로 SVM 기반 회귀 모델을 구현하고 보스턴 주택 데이터셋의 주택 중간값을 예측한다. 그림 4.13은 실제 가격과 예측 가격의 산점도를 보여준다.

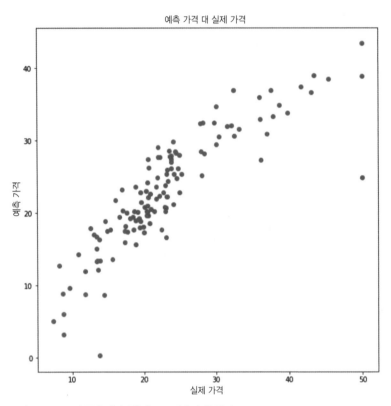

그림 4.13 보스턴 주택 데이터셋에 SVR 예측 수행 결과

```
# 선형 모델 훈련
from sklearn.svm import SVR
svr_model = SVR(kernel='linear', C=1.5, gamma='auto', epsilon=1.5)
svr_model.fit(df_boston_features_train, df_boston_target_train.values.ravel())

# SVR 모델로 테스트 데이터셋에 예측 수행
svr_predicted_prices = svr_model.predict(df_boston_features_test)
%matplotlib inline
import matplotlib.pyplot as plt
```

```
# 예측 가격 대 실제 가격 산점도 생성
fig, axes = plt.subplots(1, 1, figsize=(9,9))
plt.scatter(df_boston_target_test, predicted_median_house_prices)
plt.xlabel("Expected Prices")
plt.ylabel("Predicted prices")
plt.title("Expected vs Predicted prices")
```

로지스틱회귀

로지스틱회귀에는 회귀라는 단어가 들어가 있지만 이진 분류와 다중 분류 문제에 모두 적용할 수 있는 기법이다. 로지스틱회귀는 로짓회귀^{logit regression}라고도 하며 선형회귀 분석의 결과를 바탕으로 데이터가 각 범주에 속할 확률을 반환한다. 선형회귀의 결괏값은 연속이고 무한한 값을 갖는 반면, 로지스틱회귀의 결괏값은 0.0과 1.0 사이의 연속인 확률값을 갖는다.

로지스틱회귀는 선형회귀 결괏값을 로지스틱 함수^{logistic function}를 사용해 0.0과 1.0 사이의 확률값으로 변환해서 연속값을 이진 분류에 사용한다. 통계학에서 로지스틱 함수는 값을 [음의 무한대, 양의 무한대]에서 [0, 1]의 값으로 변환[3]한다. 로지스틱회귀 분석에서 로지스틱 함수는 시그모이드 함수^{sigmoid function}로 다음과 같이 정의한다.

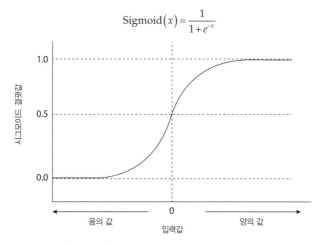

$$\text{Sigmoid}(x) = \frac{1}{1 + e^{-x}}$$

그림 4.14 시그모이드 함수

---

3   엄밀하게 말하면 0과 1을 포함하지 않는 개구간 (0, 1)의 값으로 변환된다. – 옮긴이

그림 4.14는 시그모이드 함수 그래프이며, 그림과 같이 입력값에 상관없이 시그모이드 함수의 결괏값은 0.0보다 작거나 1.0보다 큰 값을 가질 수 없다.[4]

그림 4.15와 같이 임곗값을 설정해 임곗값보다 크면 A, 그 외에는 모두 B로 분류하는 방식으로 시그모이드 함수의 결괏값을 이진 분류에 사용할 수 있다.

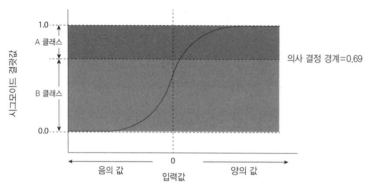

그림 4.15 이진 분류를 위한 시그모이드 함수

Scikit-learn에는 linear_model 모듈의 일부로 LogisticRegression 클래스가 포함돼 있다. 다음 코드는 피마 인디언 당뇨병 데이터셋에 로지스틱회귀를 사용해 이진 분류 모델을 구현한다.

```
# Pima Indians Diabetes dataset 불러오기
diabetes_dataset_file = './datasets/diabetes_dataset/diabetes.csv'
df_diabetes = pd.read_csv(diabetes_dataset_file)
df_diabetes_target = df_diabetes.loc[:,['Outcome']]
df_diabetes_features = df_diabetes.drop(['Outcome'], axis=1)

# 정규화
from sklearn.preprocessing import MinMaxScaler
diabetes_scaler = MinMaxScaler()
diabetes_scaler.fit(df_diabetes_features)
nd_diabetes_features = diabetes_scaler.transform(df_diabetes_features)
df_diabetes_features_normalized = pd.DataFrame(data=nd_diabetes_features, columns=df_
diabetes_features.columns)
```

---

4 개구간(0,1)으로 0과 1을 포함하지 않기에 0보다 크거나 1보다 작은 값을 갖는다는 표현이 더 적절해 보인다. – 옮긴이

```
# 75/25로 훈련 데이터, 테스트데이터 나누기
diabetes_split = train_test_split(df_diabetes_features_normalized, df_diabetes_target,
                                  test_size=0.25, random_state=17)
df_diabetes_features_train = diabetes_split[0]
df_diabetes_features_test = diabetes_split[1]
df_diabetes_target_train = diabetes_split[2]
df_diabetes_target_test = diabetes_split[3]

# 로지스틱회귀 모델 학습시키기
from sklearn.linear_model import LogisticRegression
logistic_regression_model = LogisticRegression(penalty='l2', fit_intercept=True,
solver='liblinear')
logistic_regression_model.fit(df_diabetes_features_train, df_diabetes_target_train.
values.ravel())

# 임계치 0.5로 설정해서 예측 수행
logistic_regression_predictions = logistic_regression_model.predict(df_diabetes_
features_test)
```

LogisticRegression 클래스의 생성자는 여러 매개변수를 입력받는데 그중 일부는 LinearRegression 클래스와 동일하다. 매개변수에 관한 추가 정보는 다음 주소에서 확인할 수 있다.

https://scikit-learn.org/stable/modules/generated/sklearn.linear_model.Logistic Regression.html

생성한 모델로 예측을 수행한 결과는 Python print() 함수로 확인할 수 있다.

```
print (logistic_regression_predictions)
[0 1 0 0 0 0 0 1 1 1 1 1 0 0 0 0 1 0 0 0 1 0 0 1 0 0 1 0 1 0 1 0 1 0 0 0 0 0 1
 0 0 0 0 0 0 1 0 0 1 0 1 0 1 0 0 0 0 0 1 0 0 0 0 0 0 1 0 0 0 0 0 0 1 0 0 0
 0 0 0 0 0 0 1 0 0 0 1 1 0 0 0 0 0 0 0 0 0 0 1 0 0 1 1 1 0 0 1 0 0 1 0
 1 0 0 1 0 0 0 0 0 0 0 0 0 0 0 0 0 0 0 1 0 0 0 0 0 0 0 1 0 0 0 1 0 0 0
 0 0 0 1 0 0 0 0 0 0 0 0 1 0 0 1 0 0 0 1 0 0 0 1 1 0 0 0 0 0 0 0 0 1 0 1
 0 0 0 0 1 0 0]
```

로지스틱회귀를 이용한 이진 분류 예측은 0.5를 임계 확률값으로 수행한다. 예를 들어 로지스틱회귀의 기반이 되는 선형회귀 모델의 예측 결과가 0.5를 초과하면 0으로 분류한다. Scikit-learn에서는 임계 확률값을 변경할 수 없지만 LogisticRegression 인스턴스의

predict_proba() 메서드를 사용해 임곗값이 적용되기 전에 예측한 확률값에 접근할 수 있다.

```
# 범주별 확률에 접근
logistic_regression_probabilities = logistic_regression_model.predict_proba(df_diabetes_
features_test)
```

이진 분류는 2개의 범주를 갖고 있기 때문에 predict_proba() 메서드는 데이터 포인트 마다 2개의 확률값을 보여준다. 첫 번째 열은 0으로 분류될 확률이며, 두 번째 열은 1로 분류될 확률이다.

```
print (logistic_regression_probabilities)
[[0.85694005 0.14305995]
 [0.37165061 0.62834939]
 [0.73695232 0.26304768]
 [0.880803   0.119197  ]
 ...
 ...
 [0.41292724 0.58707276]
 [0.63547121 0.36452879]
 [0.52728275 0.47271725]]
```

각각의 숫자가 확률을 의미하기에 특정 데이터 포인트의 예측 확률값의 합은 1.0이 될 것이며, 이진 분류로 2개의 범주만 존재하기 때문에 이 정보를 활용해 1.0에서 하나의 확률을 빼면 나머지 확률을 계산할 수 있다. 다음 코드는 이러한 방식을 활용해 첫 번째 열(0으로 분류될 확률)을 이용해 0.8을 임곗값으로 설정하고 0.8보다 큰 값을 0으로 분류한다.

```
# 임의의 임곗값 설정
dfProbabilities = pd.DataFrame(logistic_regression_probabilities[:,0])
predictions = dfProbabilities.applymap(lambda x: 0 if x > 0.8 else 1)
```

0.8로 임곗값을 설정해 수행한 예측값을 확인해보면 다음과 같다. 임곗값이 0.5인 Scikit-learn 모델로 예측한 값과 비교해보자.

```
print (predictions.values.ravel())
[0 1 1 0 1 1 1 1 1 1 1 1 1 1 0 1 0 1 1 1 0 1 1 1 0 1 1 1 1 0 0 1 0 1
 1 0 1 0 0 1 1 0 1 1 1 1 1 0 1 1 1 1 1 1 0 1 1 0 1 1 0 1 1 1 1 1 1 0]
```

```
010111111011110000100111111110111010
111111011110110101110111101111101001
111101001111011110111110110111110111
1111111]
```

이전에 언급한 바와 같이 로지스틱회귀는 선형회귀의 결과를 바탕으로 모델을 생성하는데, coef_와 intercept_로 선형회귀 모델의 계수와 절편을 확인할 수 있다.

```
print (logistic_regression_model.coef_)
[[ 1.48972976  3.4891602  -0.7344297  -0.07461329  0.16776565  1.81409369
   1.39383873  1.03554067]]
print (logistic_regression_model.intercept_)
[-4.06714158]
```

로지스틱회귀는 본래 이진 분류기이지만 목적변수가 2개 이상인 데이터셋에 다중 분류기로도 사용할 수 있다. 이진 분류기를 다중 분류 문제에 사용할 수 있는 기본적인 2가지 접근 방법은 다음과 같다.

- **One-versus-rest 방식**: OVR 방식은 각각의 범주를 예측하는 모델을 범주의 수만큼 모델을 만들어 분류하는 방식이다. N개의 범주가 있다면 N개의 모델을 생성하게 되며, 가장 높은 확률값을 예측한 값이 최종 결괏값이 된다. Iris 데이터셋을 예로 들면, 목적변수는 3개로 [0, 1, 2] 중 하나로 꽃의 종류를 분류한다. 이 경우 OVR 방식은 3개의 로지스틱회귀 모델을 학습시키게 되며, 첫 모델은 0인지 0이 아닌지를 확률로 예측하게 된다. 마찬가지로 두 번째 모델은 1인지 1이 아닌지를 예측하며, 세 번째 모델도 동일하다. OVR은 OVA[one-versus-all]라고도 한다.

- **One-versus-one 방식**: OVO 방식도 여러 이진 분류 모델을 생성해 가장 큰 확률을 갖는 범주로 분류하게 되는데, OVO와 OVR의 차이는 생성하는 모델의 갯수다. OVO는 출력 범주를 조합해 1개의 모델을 생성하며, Iris 데이터셋의 경우 OVO도 3개의 모델을 생성한다.

  □ 0인지 1인지 분류를 예측하는 로지스틱회귀 모델

  □ 0인지 2인지 분류를 예측하는 로지스틱회귀 모델

□ 1인지 2인지 분류를 예측하는 로지스틱회귀 모델

이와 같이 분류의 수가 증가함에 따라 모델 수도 증가한다. Scikit-learn은 `multiclass` 모듈에 `OneVsOneClassifier`와 `OneVsRestClassifier` 클래스를 제공해 여러 이진 분류 모델을 만들고 학습시키는 어려움을 줄여주며, 클래스의 생성자는 이진 분류 모델을 입력값으로 한다. Scikit-learn의 일부 모델은 애초에 다중 분류를 해결할 수 있는데 그중 하나가 Logistic Regression 클래스다. `LogisticRegression` 클래스로 다중 분류기를 구현해보기 전에 `OneVsRestClassifier`를 사용해 앙상블ensemble `LogisticRegression` 이진 분류 모델을 생성해 이 앙상블 모델을 다중 분류기로 사용해보자. `multiclass` 패키지 안의 클래스에 관한 정보는 다음 주소에서 확인할 수 있다.

https://scikit-learn.org/stable/modules/multiclass.html

다음 코드는 Iris 데이터셋에 `OneVsRestClassifier` 클래스로 앙상블 이진 `LogisticRegression` 모델을 만들어 다중 분류기로 사용한다.

```
# Iris flowers dataset 불러오기
from sklearn.datasets import load_iris
iris_dataset = load_iris()
df_iris_features = pd.DataFrame(data = iris_dataset.data, columns=iris_dataset.feature_
names)
df_iris_target = pd.DataFrame(data = iris_dataset.target, columns=['class'])


# 정규화
from sklearn.preprocessing import MinMaxScaler
iris_scaler = MinMaxScaler()
iris_scaler.fit(df_iris_features)
nd_iris_features = iris_scaler.transform(df_iris_features)
df_iris_features_normalized = pd.DataFrame(data=nd_iris_features, columns=df_iris_
features.columns)
# 75/25로 훈련 데이터와 테스트 데이터 나누기
from sklearn.model_selection import train_test_split
iris_split = train_test_split(df_iris_features_normalized, df_iris_target,
                              test_size=0.25, random_state=17)
df_iris_features_train = iris_split[0]
df_iris_features_test = iris_split[1]
df_iris_target_train = iris_split[2]
df_iris_target_test = iris_split[3]
```

```
# OVA(OVR)와 LogisticRegression으로 다중 분류기 구현
from sklearn.multiclass import OneVsRestClassifier
from sklearn.linear_model import LogisticRegression
logit_model = LogisticRegression(penalty='l2', fit_intercept=True, solver='liblinear')
ovr_logit_model = OneVsRestClassifier(logit_model)
ovr_logit_model.fit(df_iris_features_train, df_iris_target_train.values.ravel())

# 0.5 임곗값으로 테스트 데이터셋에 예측 수행
ovr_logit_predictions = ovr_logit_model.predict(df_iris_features_test)
```

Python의 print() 함수로 OVR 로지스틱회귀 모델의 예측값을 확인할 수 있으며, 테스트 데이터셋에 예측을 수행한 결과는 다음과 같이 0, 1, 2 중 하나다.

```
print (ovr_logit_predictions)
[0 2 2 1 2 2 2 2 1 2 2 0 1 0 2 0 0 2 2 2 2 0 2 1 2 2 1 1 0 1 0 1 0 0 1 2 1
 2]
```

이전에 LogisticRegression 인스턴스에서 수행한 것과 같이 OneVsRestClassifier 인스턴스의 predict_proba() 메서드를 사용하면 범주마다 확률을 확인할 수 있다. 여기서는 테스트 데이터셋의 데이터 포인트마다 3개의 값을 가지며, 첫 번째 확률값은 분류가 0일 확률 두 번째는 1, 세 번째는 2일 확률이다.

```
# 범주별 확률
ovr_logit_probs = ovr_logit_model.predict_proba(df_iris_features_test)
print(ovr_logit_probs)
[[0.82272514 0.12785864 0.04941622]
 [0.12044579 0.40056122 0.47899299]
 [0.02542865 0.32329645 0.6512749 ]
 [0.18305903 0.42111625 0.39582472]
 [0.05944138 0.38763397 0.55292465]
 [0.07236737 0.36312485 0.56450777]
 [0.16344427 0.37963956 0.45691617]
 [0.01998424 0.24601841 0.73399734]
 [0.18950936 0.48395363 0.32653701]
 [0.03663432 0.40209894 0.56126674]
 [0.02062532 0.27783051 0.70154417]
 [0.73577162 0.22066942 0.04355896]
 [0.15270279 0.42746281 0.41983439]
```

```
[0.77216659 0.18251154 0.04532187]
[0.05309898 0.32231709 0.62458393]
[0.815817   0.13825926 0.04592374]
[0.73489217 0.22191513 0.0431927 ]
[0.04491288 0.36458749 0.59049964]
[0.02065056 0.27871118 0.70063826]
[0.02127991 0.35388486 0.62483523]
[0.07152985 0.41695375 0.5115164 ]
[0.7706894  0.18349734 0.04581325]
[0.07040028 0.36307885 0.56652087]
[0.19267192 0.4727485  0.33457958]
[0.15280003 0.38212573 0.46507424]
[0.17395557 0.31901921 0.50702523]
[0.12736739 0.48820204 0.38443056]
[0.13568065 0.44198711 0.42233224]
[0.7867313 0.16963785 0.04363084]
[0.17115366 0.45770086 0.37114548]
[0.74540203 0.20735953 0.04723843]
[0.31041971 0.43132172 0.25825857]
[0.80839308 0.15516489 0.03644203]
[0.80848648 0.13549109 0.05602242]
[0.21762134 0.48521286 0.29716579]
[0.15584948 0.41625218 0.42789834]
[0.19201639 0.40706352 0.4009201 ]
[0.03199536 0.34175085 0.62625378]]
```

이진 분류 모델을 여러 개 학습시켜 다중 분류 모델을 만드는 것도 하나의 방법이지만, 로지스틱회귀와 같이 일부 알고리즘은 본질적으로 다중 분류 문제에 적용할 수 있도록 수정할 수 있다. 예를 들면 로지스틱회귀의 경우 내부적으로 선형회귀 모델을 학습할 때 시그모이드 함수 대신 소프트맥스 함수softmax function를 사용할 수 있다. 소프트맥스 함수는 여러 선형회귀 모델로부터 입력을 받아 범주별 확률을 출력할 수 있다. 소프트맥스 함수는 정규화된 지수함수normalized exponential function라고도 하며 식은 그림 4.16과 같다.

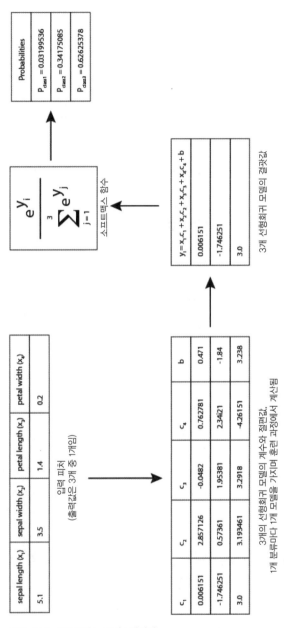

입력 피처
(출력값은 3개 중 1개임)

sepal length (x_1)	sepal width (x_2)	petal length (x_3)	petal width (x_4)
5.1	3.5	1.4	0.2

c_1	c_2	c_3	c_4	b
0.006151	2.857126	-0.0482	0.762781	0.471
-1.746251	0.57361	1.95381	2.34421	-1.84
3.0	3.193461	3.2918	-4.26151	3.238

3개의 선형회귀 모델의 계수와 절편값,
1개 분류마다 1개 모델을 가지며 훈련 과정에서 계산됨

$$\frac{e^{y_i}}{\sum_{j=1}^{3} e^{y_j}}$$

소프트맥스 함수

$y_i = x_1 c_1 + x_2 c_2 + x_3 c_3 + x_4 c_4 + b$

0.006151
-1.746251
3.0

3개 선형회귀 모델의 결괏값

Probabilities
$P_{class1} = 0.03199536$
$P_{class2} = 0.34175085$
$P_{class3} = 0.62625378$

그림 4.16 소프트맥스 로지스틱회귀

소프트맥스 함수가 어떻게 작동하는지 이해하기 위해 Iris 데이터셋을 예로 들어보자. 데이터셋의 각 행은 4개의 연속적인 수치형 속성과 0, 1, 2 중 하나의 값을 갖는 다중 분류 목적변수를 포함한다. Iris 데이터셋에서 소프트맥스 로지스틱회귀 모델이 학습하는 동안 범주별로 1개씩 총 3개의 선형회귀 모델이 생성되고, 생성된 모델이 예측을 수행할 때 각각의 선형회귀 모델은 연속형 수치 데이터를 출력하며 이 값은 소프트맥스 함수에 의해 3개의 범주별 확률로 계산된다.

Scikit-learn의 LogisticRegression 클래스의 인스턴스를 생성할 때 생성자의 인자값을 multi_class = 'multinomial'과 solver = 'lbfgs'로 설정하는 것만으로 다항 분류를 구현할 수 있다. 다음 코드는 Scikit-learn의 LogisticRegression 클래스와 소프트맥스 회기로 다중 분류를 수행한다.

```
# softmax(다항 회귀)로 다중 분류 구현
from sklearn.linear_model import LogisticRegression
softmax_logit_model = LogisticRegression(penalty='l2', fit_intercept=True,
solver='lbfgs', multi_class='multinomial')
softmax_logit_model.fit(df_iris_features_train, df_iris_target_train.values.ravel())
# 테스트 셋에 예측 수행
softmax_logit_predictions = softmax_logit_model.predict(df_iris_features_test)
```

소프트맥스 로지스틱회귀 모델이 예측한 분류를 Python print() 함수로 확인할 수 있으며 테스트 데이터셋을 통해 예측한 결괏값은 0, 1, 2 중 하나를 갖는다.

```
print (softmax_logit_predictions)
[0 1 2 1 2 2 1 2 1 2 2 0 1 0 2 0 0 2 2 2 1 0 2 1 1 2 1 1 0 1 0 1 0 0 1 1 1
 2]
```

LogisticRegression 인스턴스의 predict_proba() 메서드를 호출해 각 범주별 확률을 확인할 수 있다. 예상한 것과 같이 실행 결과는 테스트 데이터셋의 한 데이터 포인트에 관해 3개의 값을 갖는다. 첫 번째는 0일 확률, 두 번째는 1일 확률, 세 번째는 2일 확률이다.

```
# 범주별 확률 확인
softmax_logit_probs = softmax_logit_model.predict_proba(df_iris_features_test)
print(softmax_logit_probs)
[[0.89582633 0.09444564 0.00972803]
 [0.09889138 0.50828121 0.39282741]
 [0.01311439 0.23998685 0.74689876]
 [0.1645445  0.56290434 0.27255115]
 [0.04525701 0.42873174 0.52601125]
 [0.05219811 0.40090084 0.54690105]
 [0.1412285  0.49318467 0.36558684]
 [0.00512255 0.1226479  0.87222954]
 [0.18517246 0.6381944  0.17663314]
 [0.0301524  0.40920296 0.56064464]
 [0.00767857 0.15588852 0.83643291]
 [0.85228205 0.14095824 0.00675971]
 [0.1344201  0.56001268 0.30556722]
 [0.87716333 0.11550045 0.00733622]
 [0.03095013 0.30494959 0.66410028]
 [0.89925442 0.09260716 0.00813842]
 [0.86906457 0.12521241 0.00572302]
 [0.0286017  0.35588746 0.61551083]
 [0.00777372 0.15176958 0.84045669]
 [0.01219112 0.26741715 0.72039173]
 [0.05557848 0.49114599 0.45327553]
 [0.86733298 0.12475638 0.00791064]
 [0.05107527 0.39427714 0.55464759]
 [0.18367433 0.62661521 0.18971046]
 [0.1288656  0.49409071 0.37704369]
 [0.12588161 0.41550633 0.45861205]
 [0.12692498 0.64014023 0.23293479]
 [0.11348037 0.57595155 0.31056808]
 [0.85890116 0.13346798 0.00763086]
 [0.32189697 0.55802372 0.12007931]
 [0.91075124 0.08432501 0.00492375]
 [0.87466417 0.11230055 0.01303528]
 [0.21216432 0.63742445 0.15041124]
 [0.12872766 0.55202598 0.31924635]
 [0.16895463 0.54601673 0.28502864]
 [0.01604996 0.28654283 0.69740721]]
```

의사 결정 나무

의사 결정 나무는 이름에서 알 수 있듯이 부모 노드^{parent node}가 의사 결정 경계를 나타내고 자식 노드^{child nodes}가 의사 결정 결과를 나타내는 나무 구조이다. 제일 상단의 노드를 뿌리 노드^{root node}라고 한다. 의사 결정 나무 모델 생성은 뿌리 노드에서 의사 결정을 위한 가장 적절한 속성을 선택하고, 특정 조건을 만족할 때까지 노드를 나누는 작업을 반복함으로써 이뤄진다.

의사 결정 나무는 다양한 용도로 사용할 수 있어 분류 및 회귀 문제 모두에 적용 가능하다. 의사 결정 나무는 분류 문제의 경우 근본적으로 다중 분류 문제를 처리할 수 있어 개별 피처의 스케일^{scale}에 영향을 받지 않는다. 그리고 뉴럴 네트워크와 같은 모델의 경우 예측의 결과를 설명할 수 없는 데 반해, 의사 결정 나무 모델로 예측한 결과는 의사 결정 나무의 전체 노드를 살펴보는 것으로 예측 결과를 설명할 수 있다는 장점이 있다. 의사 결정 나무와 같이 쉽게 예측 결과를 설명할 수 있는 모델을 화이트박스 모델^{white-box models}이라고 하며, 뉴럴 네트워크와 같이 예측의 결과를 설명할 수 없는 모델을 블랙박스 모델^{black-box models}이라 한다.

Scikit-learn은 tree 패키지의 일부로 DecisionTreeClassifier 클래스를 제공하며, 다음 코드는 이 클래스를 이용해 Iris 데이터셋에 의사 결정 나무 기반의 다중 분류 모델을 구현한다.

```
from sklearn.datasets import load_iris
iris_dataset = load_iris()
df_iris_features = pd.DataFrame(data = iris_dataset.data, columns=iris_dataset.feature_
names)
df_iris_target = pd.DataFrame(data = iris_dataset.target, columns=['class'])
# 정규화
from sklearn.preprocessing import MinMaxScaler
iris_scaler = MinMaxScaler()
iris_scaler.fit(df_iris_features)
nd_iris_features = iris_scaler.transform(df_iris_features)
df_iris_features_normalized = pd.DataFrame(data=nd_iris_features, columns=df_iris_
features.columns)
# 75/25로 트레이닝 데이터셋과 테스트 데이터셋 나누기
from sklearn.model_selection import train_test_split
iris_split = train_test_split(df_iris_features_normalized, df_iris_target,
                              test_size=0.25, random_state=17)
```

```
df_iris_features_train = iris_split[0]
df_iris_features_test = iris_split[1]
df_iris_target_train = iris_split[2]
df_iris_target_test = iris_split[3]
# 의사 결정 나무 기반 다중 분류 모델 구현
from sklearn.tree import DecisionTreeClassifier
dtree_model = DecisionTreeClassifier(max_depth=4)
dtree_model.fit(df_iris_features_train, df_iris_target_train.values.ravel())
# 테스트 데이터셋에 예측 수행
dtree_predictions = dtree_model.predict(df_iris_features_test)
```

DecisionTreeClassifier 클래스의 생성자는 여러 매개변수를 갖는다. 보통은 max_ 또는 min_
으로 시작되는 매개변수로 의사 결정 나무의 제약 조건으로 사용된다. 의사 결정 나무는
다른 모델들과 다르게 고유한 정규화 형태가 없으며, 훈련 데이터를 거의 완벽하게 맞추
는 것을 목표로 한다. 이러한 이유로 의사 결정 모델은 훈련 데이터셋에 과적합되는 경향
이 있어, 과적합을 방지하기 위해 모델을 생성하는 과정에서 의사 결정 나무 모델의 최대
깊이$^{maximum\ depth\ of\ the\ tree}$나 잎 노드$^{leaf\ node}$의 최소 표본 수 등을 제약 조건을 준다. 생성자
의 매개변수에 관한 자세한 설명은 다음 주소에서 확인할 수 있으며, 예측 결과를 Python
print() 함수로 확인한 결과는 다음과 같다.

https://scikit-learn.org/stable/modules/generated/sklearn.tree.DecisionTree
Classifier.html

```
print (dtree_predictions)
[0 1 2 1 2 2 1 2 1 2 2 0 1 0 2 0 0 2 2 2 1 0 2 1 1 1 1 1 0 1 0 1 0 0 1 1 1
 2]
```

의사 결정 나무를 시각화하기 위해서는 먼저 sklearn.tree.export_graphviz() 함수로
Graphviz DOT 파일 형식으로 내보내고, Graphviz 함수로 DOT 파일을 이미지로 변환
해야 한다. Graphviz에 관한 추가 정보는 https://pydotplus.readthedocs.io/reference.
html에서 확인할 수 있다. 다음 코드는 의사 결정 나무 기반 분류기를 그래프로 나타내며
실행 결과는 그림 4.17과 같다.

```
from sklearn.externals.six import StringIO
from IPython.display import Image
from sklearn.tree import export_graphviz
import pydotplus
dot_data = StringIO()
export_graphviz(dtree_model, out_file=dot_data,
                filled=True, rounded=True,
                special_characters=True)
graph = pydotplus.graph_from_dot_data(dot_data.getvalue())
Image(graph.create_png())
```

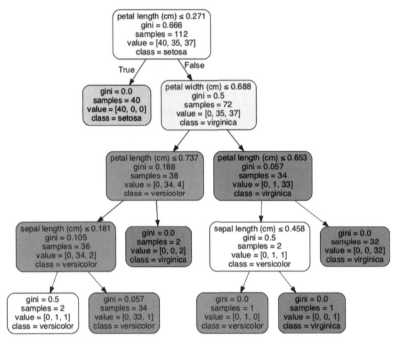

그림 4.17 의사 결정 나무 시각화

의사 결정 나무로 예측을 수행하기 위해 뿌리 노드 조건을 petal length <= 0.271로 시작한다. 이 뿌리 노드에서 2개의 가지가 나뉘는데, 뿌리 노드 조건을 만족할 경우의 왼쪽 경로를 선택하고 만족하지 못할 경우 오른쪽 경로를 선택한다. 이러한 절차를 잎 노드에 도달할 때까지 반복하게 되며, 잎 노드와 연관된 분류가 예측 결괏값이다.

이외에 뿌리 노드에는 추가적인 정보가 담겨 있다. `samples=112`는 뿌리 노드 조건이 적용되는 데이터셋의 표본 수가 112라는 의미이다. `value=[]`은 112개 표본 중 40개가 첫 번째 분류에 속하고 35개가 두 번째 분류에 속하며 37개가 세 번째 분류에 속함을 나타낸다. `gini=0.666`은 해당 노드와 관련된 지니^{gini} 점수이다. 지니는 불순도의 척도로 Scikit-learn에서 제공하는 의사 결정 나무의 두 가지 불순도 지표 중 하나이며 다른 하나는 엔트로피^{entropy}이다. 퓨어 노드$^{pure node}$는 모든 원소가 하나의 분류에 속하는 것을 의미하며 이때 지니 점수는 0.0이다. 의사 결정 나무 모델을 생성하는 과정에서 노드를 구성하는 의사 결정 조건(예를 들어 `petal length <= 0.271`)은 양쪽 자식 노드 모두 가능한 순수^{pure}한 하위 집합을 만들도록 선택한다. 의사 결정 나무 모델 생성은 반복적인 절차로 지니 점수가 0.0이 되는 노드까지 혹은 의사 결정 나무의 최대 허용 깊이에 도달할 때까지 반복한다. 지니 점수에 관한 추가적인 내용은 '지니 방법론(The Gini Methodology: A Primer on Statistical Methodology by Shlomo Yitzhaki and Edna Schechtman, https://www.springer.com/gb/book/9781461447191)'에서 확인할 수 있다.

의사 결정 나무는 회귀 문제에도 적용할 수 있다. Scikit-learn의 `DecisionTreeRegressor` 클래스로 회귀 의사 결정 나무 모델을 만들 수 있다. 회귀 의사 결정 나무는 분류 문제에 적용하는 것과 매우 유사하다. 가장 큰 차이점은 각각의 노드가 분류가 아닌 수치를 예측한다는 점이다. 다음 코드는 `DecisionTreeRegressor` 클래스로 보스턴 주택 가격 데이터셋에 의사 결정 나무 모델을 만들어 테스트 데이터셋의 주택 가격의 중간값을 예측한다. 실행 결과 생성된 회귀 의사 결정 나무는 그림 4.18과 같다.

```python
# 보스턴 주택 가격에 회귀 의사 결정 나무 모델 생성
from sklearn.tree import DecisionTreeRegressor
dtree_reg_model = DecisionTreeRegressor(max_depth=4)
dtree_reg_model.fit(df_boston_features_train, df_boston_target_train.values.ravel())
# 테스트 데이터셋에 예측 수행
dtree_reg_predictions = dtree_reg_model.predict(df_boston_features_test)
```

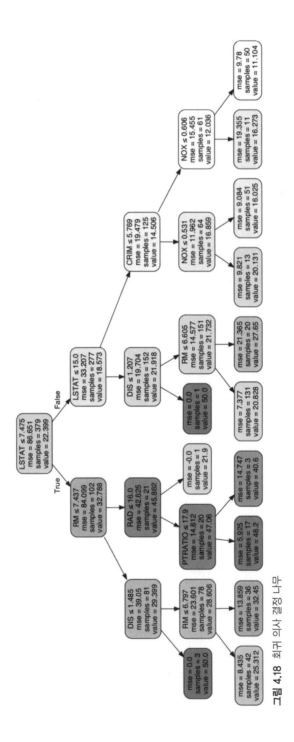

그림 4.18 회귀 의사 결정 나무

요약

- Scikit-learn은 머신러닝 엔지니어와 데이터 과학자에게 수많은 유용한 기능을 제공하는 Python 라이브러리이다.

- Scikit-learn의 `model_selection` 모듈에 있는 `train_test_split()` 함수로 Pandas 데이터프레임을 두 개로 나눠, 하나는 모델 생성에 사용하고 다른 하나는 모델을 평가하는 데 사용할 수 있다.

- K겹 교차 검증은 모델이 훈련 데이터셋에서 예상하지 못한 편향성을 갖게 될 가능성을 줄여준다.

- 선형회귀는 데이터셋의 모든 데이터 포인트에 가장 근접한 직선(혹은 초평면)의 방정식을 찾는 통계적 기법이다.

- Scikit-learn의 `linear_model` 모듈의 일부인 `LinearRegression` 클래스로 선형회귀를 구현할 수 있다.

- 서포트벡터머신SVM은 분류, 회귀, 이상점 검출 등 다양한 작업에 사용할 수 있다.

- Scikit-learn의 `sklearn.svm` 모듈의 일부인 SVC 클래스로 SVM 기반 분류기를 구현할 수 있다.

- SVM은 선형 의사 결정 경계로 분류할 수 있도록 커널이라는 수학 함수를 통해 입력 데이터를 고차원 공간으로 변환한다.

- 로지스틱회귀는 이름에 '회귀'라는 단어가 들어가 있지만 이진 분류와 다중 분류에 사용할 수 있다.

- Scikit-learn은 `linear_model` 모듈의 일부로 `LogisticRegression` 클래스를 제공한다.

- 로지스틱회귀는 본래 이진 분류기이지만 목적변수가 2개 이상인 데이터셋에 다중 분류기로 사용할 수 있다.

- 의사 결정 나무는 매우 유용한 도구로 분류와 회귀 작업 모두에 사용 가능하다. 본래 다중 분류 문제에 적용 가능하며, 개별 피처의 스케일에 영향을 받지 않는다.

머신러닝 모델 평가

5장에서 다루는 내용은 다음과 같다.

- 회귀 모델의 성능 평가 방법
- 분류 모델의 성능 평가 방법
- 그리드 서치로 모델에 적합한 하이퍼파라미터 찾는 방법

4장에서는 Scikit-learn으로 다양한 머신러닝 모델을 만들어봤다. 5장에서는 Scikit-learn을 활용해 훈련시킨 모델의 성능을 평가하는 방법을 알아보고 최적의 모델을 만드는 하이퍼파라미터 값을 찾는 방법을 배운다.

머신러닝 모델의 목적은 무엇인가를 정확하게 예측하는 것이기 때문에 모델의 예측 정확도가 프로덕션 환경에 배포할 수 있는 수준인지 확인해야 한다. 그래서 실제 데이터에 관해 모델이 어떤 성능을 보일지 정확한 그림을 그리기 위해 이전에 접해보지 못한 데이터에서 모델의 예측 성능을 평가하는 것은 중요하다. 4장에서 다룬 훈련-테스트 데이터셋 분리, k겹 교차 검증과 같은 기법을 이용하면 일부 데이터를 구분해 성능 평가에 사용할 수 있다.

> **노트** 5장을 학습하려면 부록 A에 설명한 Anaconda Navigator와 Jupyter Notebook이 설치돼 있어야 한다.
>
> 예제 소스 코드는 Wiley 출판사 홈페이지와 깃허브에서 다운로드할 수 있다.
>
> - 출판사: http://www.wiley.com/go/machinelearningawscloud
> - 깃허브: https://github.com/asmtechnology/awsmlbook-chapter4.git

회귀 모델 평가

선형회귀 모델의 목적은 주택 가격과 같은 연속 수치 데이터를 예측하는 것이다. 회귀 모델의 예측 정확도를 측정하는 방법에는 두 가지 방법이 있다. 실젯값과 예측값을 산점도로 표현하고 전체 테스트셋을 통해 모델의 예측 에러 합을 통계적으로 계산하는데, 2차원 산점도는 x축은 실젯값을 포함하고 y축은 예측값을 포함하고 있어 시각적으로 이해하기 쉽다. 산점도에서 원점에서 시작한 45°인 직선에 가까울수록 정확하게 예측된 것을 의미한다.

다음 코드는 Scikit-learn으로 보스턴 주택 가격 데이터셋을 불러와 선형회귀 모델과 의사 결정 나무 기반 모델로 학습시켜, 그림 5.1과 같이 두 모델로 생성한 실젯값 대 예측값 산점도를 나란히 생성한다.

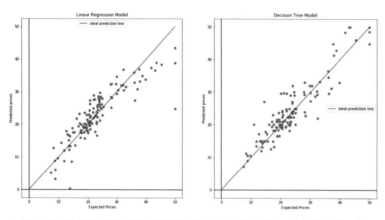

그림 5.1 보스턴 주택 가격에 관한 선형회귀 모델과 의사 결정 나무 모델의 예측 성능 비교

```
import numpy as np
import pandas as pd

# 보스턴 주택 가격 데이터셋 불러오기
from sklearn.datasets import load_boston
boston_dataset = load_boston()
df_boston_features = pd.DataFrame(data = boston_dataset.data, columns=boston_dataset.
feature_names)
df_boston_target = pd.DataFrame(data = boston_dataset.target, columns=['price'])

# 75/25로 훈련 데이터/테스트 테이터 나누기
```

```python
from sklearn.model_selection import train_test_split

boston_split = train_test_split(df_boston_features, df_boston_target,
                                test_size=0.25, random_state=17)
df_boston_features_train = boston_split[0]
df_boston_features_test = boston_split[1]
df_boston_target_train = boston_split[2]
df_boston_target_test = boston_split[3]

# 선형회귀 모델
from sklearn.linear_model import LinearRegression
linear_reg_model = LinearRegression(fit_intercept=True)
linear_reg_model.fit(df_boston_features_train, df_boston_target_train)

# 의사 결정 나무 기반 회귀 모델
from sklearn.tree import DecisionTreeRegressor
dtree_reg_model = DecisionTreeRegressor(max_depth=10)
dtree_reg_model.fit(df_boston_features_train, df_boston_target_train.values.ravel())

# 테스트 데이터셋에 예측
linear_reg_predictions = linear_reg_model.predict(df_boston_features_test)
dtree_reg_predictions = dtree_reg_model.predict(df_boston_features_test)

# 실제 값 vs 예측값 산점도 생성
%matplotlib inline
import matplotlib.pyplot as plt

fig, axes = plt.subplots(1, 2, figsize=(18,9))
axes[0].scatter(df_boston_target_test, linear_reg_predictions)
axes[0].set_xlabel("Expected Prices")
axes[0].set_ylabel("Predicted prices")
axes[0].set_title("Linear Regression Model")

axes[1].scatter(df_boston_target_test, dtree_reg_predictions)
axes[1].set_xlabel("Expected Prices")
axes[1].set_ylabel("Predicted prices")
axes[1].set_title("Decision Tree Model")

# 이상적인 예측을 나타내는 직선 표시
IdealPrices = np.linspace(0.0, df_boston_target_test.values.max(), 50)
IdealPredictions = IdealPrices
axes[0].plot(IdealPrices, IdealPredictions, color='#ff0000', label='ideal prediction
line')
```

```
axes[1].plot(IdealPrices, IdealPredictions, color='#ff0000', label='ideal prediction
line')

axes[0].legend()
axes[1].legend()
```

시각화를 통해 정확도를 측정하는 것과 더불어 통계적 기법으로 회귀 모델의 성능을 평가
할 수 있는데 일반적으로 사용되는 측정지표를 살펴보자.

RMSE 지표

평균 제곱근 오차$^{RMSE, Root Mean Squared Error}$는 회귀 모델의 성능을 평가하는 데 주로 사용되
는 지표로 이름 그대로 평균 제곱 오차$^{MSE, Mean Squared Error}$의 제곱근 값이다. 테스트 데이터
셋의 특정 데이터에 관한 예측 오차는 실젯값과 예측값의 차이로 음의 값이나 양의 값 모
두를 가질 수 있으며, 제곱은 오차값을 항상 양의 값이 되도록 보장한다. 평균 제곱 오차는
모든 데이터에서 계산한 예측 오차의 제곱값의 평균으로 그림 5.2와 같이 표현할 수 있다.

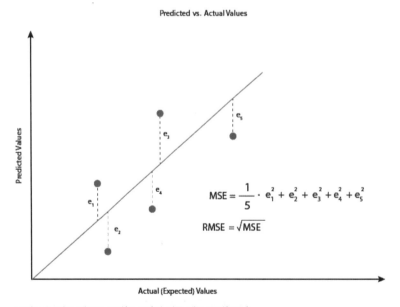

그림 5.2 평균 제곱근 오차(RMSE)와 평균 제곱 오차(MSE)

Scikit-learn의 sklearn.metrics.mean_squared_error() 함수로 평균 제곱근 오차를 계산할 수 있으며, 다음 코드는 sklearn.metrics.mean_squared_error() 함수로 보스턴 주택 가격 데이터셋에 선형회귀 모델과 의사 결정 나무 기반 회귀 모델로 예측 후 MSE와 RMSE를 계산한다.

```
# Scikit-learn으로 MSE, RMSE 계산

from sklearn.metrics import mean_squared_error
mse_linear_reg_model = mean_squared_error(df_boston_target_test, linear_reg_predictions)
mse_dtree_reg_model = mean_squared_error(df_boston_target_test, dtree_reg_predictions)

from math import sqrt
rmse_linear_reg_model = sqrt(mse_linear_reg_model)
rmse_dtree_reg_model = sqrt(mse_dtree_reg_model)
```

Python의 print() 함수로 RMSE 값을 확인할 수 있으며, 의사 결정 나무 기반 회귀 모델의 RMSE 값이 선형회귀 모델의 RMSE보다 낮은 것을 알 수 있다. 이는 두 모델 중 의사 결정 나무 기반 회귀 모델의 성능이 더 우수함을 의미한다.

```
print (rmse_linear_reg_model, rmse_dtree_reg_model)
4.256139223131222 3.502392685222358
```

RMSE의 장점은 오차와 예측하고자 하는 변숫값의 단위가 동일하다는 점이다. 예를 들어 보스턴 주택 가격 데이터셋의 경우 $1,000 단위로 표현돼 있어 RMSE가 3.502라는 것은 예측한 주택 가격이 평균적으로 실제 가격에서 $3,502 떨어져 있다는 의미이다. 이처럼 RMSE 값은 목적변수와 동일한 단위를 사용해 이해하기가 쉽다.

반면 RMSE는 목적변수의 단위에 민감하기 때문에 목적변수의 값이 큰 경우 RMSE도 큰 값을 갖기에 RMSE를 다른 데이터셋에서 학습한 모델과 비교하는 데 사용하기 어렵다.

R² 지표

R²은 모델의 성능을 측정하는 데 사용되는 또 다른 통계 지표다. RMSE와는 다르게 R²의 값은 항상 0.0과 1.0 사이의 값을 갖는다. R²은 결정계수coefficient of determination라고도 하며 회귀선과 예측값 사이의 거리를 측정하는 지표로 사용된다.

Scikit-learn의 sklearn.metrics.mean_r2_score() 함수로 결정계수를 계산할 수 있으며, 다음 코드는 sklearn.metrics.mean_r2_score() 함수로 보스턴 주택 가격 데이터셋에 선형회귀 모델과 의사 결정 나무 기반 회귀 모델로 예측 후 R² 값을 계산한다.

```
# 결정계수(r2 score) 계산

from sklearn.metrics import r2_score
r2_linear_reg_model = r2_score(df_boston_target_test, linear_reg_predictions)
r2_dtree_reg_model = r2_score(df_boston_target_test, dtree_reg_predictions)
```

Python의 print() 함수로 R²값을 확인할 수 있으며, 의사 결정 나무 기반 모델의 R²값이 선형회귀 모델의 R²값보다 커 다시 한 번 의사 결정 기반 모델이 더 우수함을 확인할 수 있다.

```
print (r2_linear_reg_model, r2_dtree_reg_model)

0.7663974484228384 0.8418112461085272
```

분류 모델 평가

분류 모델은 크게 이진 분류와 다중 분류 두 가지로 나뉜다. 이진 분류 모델은 목적변수가 두 개의 이산discrete값을 갖는 경우 사용되며, 다중 분류의 경우 두 개 이상의 이산값을 가질 때 사용된다. 이진 분류 모델을 먼저 살펴보자.

이진 분류 모델

모델의 성능을 가장 쉽게 측정하는 지표 중 하나는 단순히 모델이 정확하게 분류를 한 횟수를 세는 것이다. 이 값이 의미가 있는지 없는지는 각 범주에 속하는 표본의 비율과 범주자체의 중요도에 영향을 받는다. 예를 들어 테스트 데이터셋이 100개의 표본이 존재하며 50개는 A 범주에 속하고 50개는 B 범주에 속한다고 할 때, 둘 중 하나의 범주가 더 중요하지 않다고 하면 80%를 정확하게 분류한다는 것은 직관적으로 이해하기 쉽다. 하지만 95개의 표본이 A 범주에 속하고 5개만 B 범주에 속하는 경우 80%의 정확도를 가진 모델은 좋은 모델은 아니다. 만약 이 문제가 개인의 치명적인 질병 여부를 예측하는 것이었고 B 범주에 속한 5개 표본이 질병 감염을 나타낸 것이었다면 문제는 더욱 심각할 수 있다. 이러한 경우는 실제로 가능하며, 일반 대중으로부터 임의로 표본을 추출한 경우 특정 질병을 가진 개인이 발견되는 경우는 매우 드물다.

이진 분류 모델의 성능 평가에 관해 더 살펴보기 전에 먼저 간단한 지표를 계산해보자. 다음 코드는 피마 인디언 당뇨병 데이터셋에 로지스틱회귀, SVM, 의사 결정 트리 분류기를 적용해 정확한 예측의 비율을 계산한다.

```
import numpy as np
import pandas as pd
import os

# Pima Indians Diabetes dataset 불러오기
diabetes_dataset_file = './datasets/diabetes_dataset/diabetes.csv'
df_diabetes = pd.read_csv(diabetes_dataset_file)
df_diabetes_target = df_diabetes.loc[:,['Outcome']]
df_diabetes_features = df_diabetes.drop(['Outcome'], axis=1)

# 정규화
from sklearn.preprocessing import MinMaxScaler

diabetes_scaler = MinMaxScaler()
diabetes_scaler.fit(df_diabetes_features)
nd_diabetes_features = diabetes_scaler.transform(df_diabetes_features)
df_diabetes_features_normalized = pd.DataFrame(data=nd_diabetes_features, columns=df_
diabetes_features.columns)
```

```
# 75/25 비율로 트레이닝/테스트 데이터셋 나누기
from sklearn.model_selection import train_test_split

diabetes_split = train_test_split(df_diabetes_features_normalized, df_diabetes_target,
                                  test_size=0.25, random_state=17)
df_diabetes_features_train = diabetes_split[0]
df_diabetes_features_test = diabetes_split[1]
df_diabetes_target_train = diabetes_split[2]
df_diabetes_target_test = diabetes_split[3]


# RBF kernel을 사용한 SVM 학습
from sklearn.svm import SVC
svc_model = SVC(kernel='rbf', C=1, gamma='auto')
svc_model.fit(df_diabetes_features_train, df_diabetes_target_train.values.ravel())


# 로지스틱회귀 학습
from sklearn.linear_model import LogisticRegression
logit_model = LogisticRegression(penalty='l2', fit_intercept=True, solver='liblinear')
logit_model.fit(df_diabetes_features_train, df_diabetes_target_train.values.ravel())


# 의사 결정 나무 기반 이진 분류 학습
from sklearn.tree import DecisionTreeClassifier

dtree_model = DecisionTreeClassifier(max_depth=4)
dtree_model.fit(df_diabetes_features_train, df_diabetes_target_train.values.ravel())


# 테스트 데이터셋에 예측 수행
svc_predictions = svc_model.predict(df_diabetes_features_test)
logit_predictions = logit_model.predict(df_diabetes_features_test)
dtree_predictions = dtree_model.predict(df_diabetes_features_test)


# 정확하게 예측한 비율로 간단한 지표 계산
svc_correct = svc_predictions == df_diabetes_target_test.values.ravel()
svc_correct_percent = np.count_nonzero(svc_correct) / svc_predictions.size * 100

logit_correct = logit_predictions == df_diabetes_target_test.values.ravel()
logit_correct_percent = np.count_nonzero(logit_correct) / logit_predictions.size * 100

dtree_correct = dtree_predictions == df_diabetes_target_test.values.ravel()
dtree_correct_percent = np.count_nonzero(dtree_correct) / dtree_predictions.size * 100
```

Python의 print() 함수로 세 가지 모델의 결과를 확인할 수 있으며, 로지스틱회귀 모델이 가장 우수한 성능을 보인다.

```
print (svc_correct_percent, logit_correct_percent, dtree_correct_percent)

73.95833333333334 76.5625 75.52083333333334
```

이진 분류 문제에 사용할 수 있는 다른 성능 지표를 살펴보자. 단순히 정확히 예측한 횟수를 계산하는 방식은 5장 앞부분에서 다뤘다. 모델 성능에 관해 더욱 잘 표현하는 방식은 모델의 범주별 성능을 보여주는 행렬이다. 가장 널리 이진 분류에 사용되는 지표들을 설명할 것인데, 하나는 양성^{positive}, 다른 하나는 음성^{negative}을 나타낸다고 가정한다.

- **참양성**$^{TP, True\ Positive}$ **횟수**: 모델이 양성으로 예측하고 예측이 맞은 횟수
- **거짓양성**$^{FP, False\ Positive}$ **횟수**: 모델이 양성으로 예측하고 예측이 틀린 횟수
- **참음성**$^{TN, True\ Negative}$ **횟수**: 모델이 음성으로 예측하고 예측이 맞은 횟수
- **거짓음성**$^{FN, False\ Negative}$ **횟수**: 모델이 음성으로 예측하고 예측이 틀린 횟수

이 범주별 예측 정확도는 혼동 행렬$^{confusion\ matrix}$이라고도 하며, 2×2 행렬 안에 4개의 주요 지표를 갖는다. 그림 5.3은 혼동 행렬을 보여주고 각각의 수치가 의미하는 것을 설명한다.

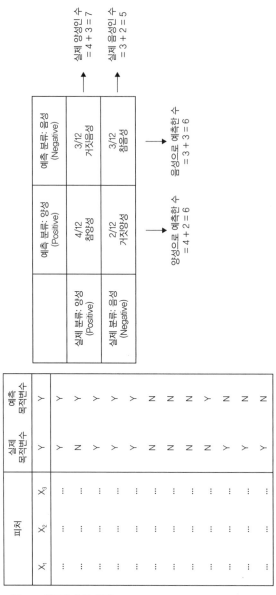

그림 5.3 범주별 혼동 행렬

Scikit-learn의 하위 모듈인 metrics 안에 confusion_matrix() 함수로 분류 모델의 혼동 행렬을 계산할 수 있다. confusion_matrix() 함수의 매개변수에 관한 정보는 다음 주소에서 확인할 수 있다.

https://scikit-learn.org/stable/modules/generated/sklearn.metrics.confusion_matrix.html

다음 코드는 confusion_matrix() 함수로 앞에서 만든 세 가지 이진 분류 모델에 관한 혼동 행렬을 계산하는 과정을 보여준다.

```
# 혼동 행렬 계산
from sklearn.metrics import confusion_matrix

cm_svc = confusion_matrix(df_diabetes_target_test.values.ravel(), svc_predictions)
cm_logit = confusion_matrix(df_diabetes_target_test.values.ravel(), logit_predictions)
cm_dtree = confusion_matrix(df_diabetes_target_test.values.ravel(), dtree_predictions)

# true negative, false positive, false negative, true positive 확인
#
# confusion_matrix() 함수로 다음 행렬 확인
#
#       TN     FP
#       FN     TP

tn_svc, fp_svc, fn_svc, tp_svc = cm_svc.ravel()
tn_logit, fp_logit, fn_logit, tp_logit = cm_logit.ravel()
tn_dtree, fp_dtree, fn_dtree, tp_dtree = cm_dtree.ravel()
```

세 가지 모델의 주요 지표를 Python의 print() 함수로 확인하면 다음과 같다.

```
print (tn_svc, fp_svc, fn_svc, tp_svc)
>> 113 8 42 29

print (tn_logit, fp_logit, fn_logit, tp_logit)
>> 113 8 37 34

print (tn_dtree, fp_dtree, fn_dtree, tp_dtree)
>> 103 18 29 42
```

이러한 주요 통계 지표와 더불어 데이터 과학자들은 다음과 같은 보조 지표를 사용하며 이 지표는 위에서 살펴본 주요 지표를 바탕으로 계산한다.

- **정확도**accuracy: (TP + TN) / (TP + TN + FP + FN), 모델이 정확하게 예측한 횟수를 세는 것과 같은 원리

- **정밀도**precision: TP / (TP + FP), 그림 5.3을 통해 분모가 모델이 양성으로 예측한 전체 수라는 것을 알 수 있다. 따라서 정밀도는 TP / (양성으로 예측한 수)로 나타낼 수 있으며 모델이 얼마나 정밀한지 측정할 수 있다. 정밀도는 거짓양성false positive 검출이 중요한 경우 유용한 지표로 1.0에 가까울수록 양성을 검출하는 능력이 우수하다.

- **재현율**recall: TP / (TP + FN), 그림 5.3을 통해 분모가 실제 양성인 표본의 수를 나타내는 것을 알 수 있다. 그러므로 재현율은 TP / (전체 양성 표본의 수)로 나타낼 수 있다. 재현율은 거짓음성false negative 검출이 중요한 경우 좋은 지표다.

다음 코드는 혼동 행렬의 정보를 이용해 세 가지 모델에 관한 정확도, 정밀도, 재현율을 계산해서 보여준다.

```
# 정확도, 정밀도, 재현율 계산

accuracy_svc = (tp_svc + tn_svc) / (tn_svc + fp_svc + fn_svc + tp_svc)
accuracy_logit = (tp_logit + tn_logit) / (tn_logit + fp_logit + fn_logit + tp_logit)
accuracy_dtree = (tp_dtree + tn_dtree) / (tn_dtree + fp_dtree + fn_dtree + tp_dtree)

precision_svc = tp_svc / (tp_svc + fp_svc)
precision_logit = tp_logit / (tp_logit + fp_logit)
precision_dtree = tp_dtree / (tp_dtree + fp_dtree)

recall_svc = tp_svc / (tp_svc + fn_svc)
recall_logit = tp_logit / (tp_svc + fn_logit)
recall_dtree = tp_dtree / (tp_dtree + fn_dtree)
```

다음과 같이 Python의 print() 함수로 정확도, 정밀도, 재현율을 확인할 수 있다.

```
print (accuracy_svc, accuracy_logit, accuracy_dtree)
>> 0.7395833333333334   0.765625   0.7552083333333334
```

```
print (precision_svc, precision_logit, precision_dtree)
>> 0.7837837837837838    0.8095238095238095    0.7

print (recall_svc, recall_logit, recall_dtree)
0.4084507042253521    0.5151515151515151    0.5915492957746479
```

로지스틱회귀 모델의 정확도가 80.95%로 가장 높은 반면 의사 결정 나무 모델의 재현율은 59.15%로 가장 높다. 모델은 문제의 유형에 따라 다르게 선택해야 한다. 더 중요한 지표는 정확도인가 아니면 재현율인가?

여기서 학습시킨 세 가지 분류 모델은 모두 범주별 예측 확률을 계산한 후 이진 분류 결과를 도출하기 위해 확률을 기반으로 임계치를 설정한다. Scikit-learn은 0.5를 임곗값으로 사용하며 이 임곗값을 변경하도록 허용하지는 않지만, 원한다면 스스로 임곗값을 구현할 수 있도록 확률에 관해 접근을 허용한다. 이는 여기서 다룬 성능 지표가 다른 임곗값을 위해 변경되는 것을 의미한다. 한 가지 방법은 0.0과 1.0 사이에 100개의 임곗값에 관한 혼동 행렬을 계산하고 정확도, 정밀도, 재현율 사이의 균형을 최적으로 하는 임곗값을 선택하는 것이다.

데이터 과학자들은 ROC^Receiver Operating Characteristics 곡선과 AUC^Area Under ROC Curve라 부르는 시각화 도구를 사용해 분류 모델의 성능을 평가한다. ROC 곡선은 0.0과 1.0 사이의 임곗값에 관해 계산한 여러 혼동 행렬 값들의 참양성 비율(true positive rate, sensitivity, recall)을 y축에 표현하고, 거짓양성 비율(false positive rate, 1-specificity)을 x축에 표현해 나타낸다.[1]

Scikit-learn은 다양한 임곗값의 참양성 비율과 거짓양성 비율^TPR and FPR 계산을 위해 metrics 하위 모듈의 roc_curve() 함수를 제공하며, roc_curve() 함수의 매개변수에 관한 자세한 정보는 다음 주소에서 확인할 수 있다.

https://scikit-learn.org/stable/modules/generated/sklearn.metrics.roc_curve.html

---

1   참양성 비율 = TP / (TP + FN), 거짓양성 비율 = FP / (FP + TN) – 옮긴이

다음 코드는 roc_curve() 함수로 이전에 생성한 세 가지 이진 분류 모델에 관한 참양성 비율과 거짓양성 비율을 계산하고 Matplotlib의 pyplot 모듈로 ROC 곡선을 생성하며, 그 결과는 그림 5.4와 같다.

```
# 세 가지 모델에 관한 ROC 곡선 생성

# 예측 수행
svc_probabilities = svc_model.predict_proba(df_diabetes_features_test)
logit_probabilities = logit_model.predict_proba(df_diabetes_features_test)
dtree_probabilities = dtree_model.predict_proba(df_diabetes_features_test)

# SVC 모델에 관한 모든 임계치 FPR, TPR 계산
import sklearn.metrics as metrics
svc_fpr, svc_tpr, svc_thresholds = metrics.roc_curve(df_diabetes_target_test.values.
ravel(),
                                         svc_probabilities[:,1],
                                         pos_label=1,
                                         drop_intermediate=False)

# 로지스틱회귀 모델에 관한 모든 임계치 FPR, TPR 계산
logit_fpr, logit_tpr, logit_thresholds = metrics.roc_curve(df_diabetes_target_test.
values.ravel(),

logit_probabilities[:,1],
                                         pos_label=1,
drop_intermediate=False)

# 의사 결정 나무 기반 모델에 관한 FPR, TPR 계산
dtree_fpr, dtree_tpr, dtree_thresholds = metrics.roc_curve(df_diabetes_target_test.
values.ravel(),

dtree_probabilities[:,1],
                                         pos_label=1,
drop_intermediate=False)


# ROC 곡선 그리기
%matplotlib inline
import matplotlib.pyplot as plt

fig, axes = plt.subplots(1, 3, figsize=(18,6))
```

```
axes[0].set_title('ROC curve: SVC model')
axes[0].set_ylabel("True Positive Rate")
axes[0].set_xlabel("False Positive Rate")
axes[0].plot(svc_fpr, svc_tpr)
axes[0].axhline(y=0, color='k')
axes[0].axvline(x=0, color='k')

axes[1].set_title('ROC curve: Logit model')
axes[1].set_ylabel("True Positive Rate")
axes[1].set_xlabel("False Positive Rate")
axes[1].plot(logit_fpr, logit_tpr)
axes[1].axhline(y=0, color='k')
axes[1].axvline(x=0, color='k')

axes[2].set_title('ROC curve: Tree model')
axes[2].set_ylabel("True Positive Rate")
axes[2].set_xlabel("False Positive Rate")
axes[2].plot(dtree_fpr, dtree_tpr)
axes[2].axhline(y=0, color='k')
axes[2].axvline(x=0, color='k')
```

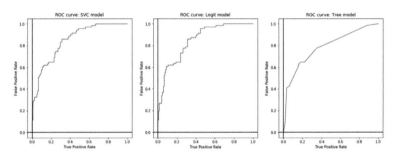

그림 5.4 세 가지 이진 분류 모델에 관한 ROC 곡선

Scikit-learn은 또한 roc_curve() 함수로 참양성 비율과 거짓양성 비율로 만든 ROC 곡선의 아래 면적을 계산할 수 있는 auc() 함수를 metrics 모듈에 제공한다.

```
# 세 모델에 관한 AUC 지표 계산
svc_auc = metrics.auc(svc_fpr, svc_tpr)
logit_auc = metrics.auc(logit_fpr, logit_tpr)
dtree_auc = metrics.auc(dtree_fpr, dtree_tpr)
```

Python의 print() 함수를 이용하면 세 모델에 관한 AUC 지표를 확인할 수 있으며, 로지스틱회귀 모델이 가장 큰 AUC 값을 갖는다.

```
print (svc_auc, logit_auc, dtree_auc)
0.845186823419858      0.8467000349202654      0.7846001629612384
```

다중 분류 모델

다중 분류 모델은 목적변수가 두 개 이상일 경우 사용되며, 다행히 이진 분류 모델의 성능을 평가하는 대부분의 기법을 다중 분류 분야에도 적용할 수 있다. 혼동 행렬의 개념은 쉽게 다중 분류로 확장될 수 있으며, n개의 분류를 가진 혼동 행렬은 n×n 행렬(행: 실제 분류, 열: 예측 분류)로 나타낼 수 있다. 그림 5.5는 5개 범주를 갖는 다중 분류 행렬을 보여준다.

Scikit-learn의 confusion_matrix() 함수는 다중 분류 모델의 혼동 행렬도 생성할 수 있다. 다음 코드는 소프트맥스 회귀와 의사 결정 나무 모델을 Iris 데이터셋에 학습시켜 예측을 수행하고 혼동 행렬을 계산한다.

```
# Iris 데이터셋 불러오기
from sklearn.datasets import load_iris
iris_dataset = load_iris()
df_iris_features = pd.DataFrame(data = iris_dataset.data, columns=iris_dataset.feature_
names)
df_iris_target = pd.DataFrame(data = iris_dataset.target, columns=['class'])

# 정규화
from sklearn.preprocessing import MinMaxScaler
iris_scaler = MinMaxScaler()
iris_scaler.fit(df_iris_features)
nd_iris_features = iris_scaler.transform(df_iris_features)
df_iris_features_normalized = pd.DataFrame(data=nd_iris_features, columns=df_iris_
features.columns)

# 75/25 비율로 훈련 데이터/학습 데이터 나누기
from sklearn.model_selection import train_test_split
iris_split = train_test_split(df_iris_features_normalized, df_iris_target,
                              test_size=0.25, random_state=17)
```

	Predicted class: Apple	Predicted class: Banana	Predicted class: Mango	Predicted class: Pineapple	Predicted class: Orange	
Actual class: Apple	4	2	1	1	1	→ Total number of Apples = 4+2+1+1+1 = 9
Actual class: Banana	2	3	1	2	2	→ Total number of Bananas = 2+3+1+2+2 = 10
Actual class: Mango	1	0	6	2	0	→ Total number of Mangoes = 1+0+6+2+0 = 9
Actual class: Pineapple	0	0	3	8	1	→ Total number of Pineapples = 0+0+3+8+1 = 12
Actual class: Orange	1	2	1	0	5	→ Total number of Oranges = 1+2+1+0+5 = 9
	↓ Total number of predicted Apples = 8	↓ Total number of predicted Bananas = 7	↓ Total number of predicted Mangoes = 12	↓ Total number of predicted Pineapples = 13	↓ Total number of predicted Oranges = 9	

그림 5.5 5개 분류를 갖는 다중 분류 혼동 행렬

```
df_iris_features_train = iris_split[0]
df_iris_features_test = iris_split[1]
df_iris_target_train = iris_split[2]
df_iris_target_test = iris_split[3]

# 소프트맥스(a.k.a 다항회귀) 분류기
from sklearn.linear_model import LogisticRegression
softmax_logit_model = LogisticRegression(penalty='l2', fit_intercept=True,
solver='lbfgs', multi_class='multinomial')
softmax_logit_model.fit(df_iris_features_train, df_iris_target_train.values.ravel())

# 의사 결정 나무 기반 다중 분류기
from sklearn.tree import DecisionTreeClassifier
mc_dtree_model = DecisionTreeClassifier(max_depth=4)
mc_dtree_model.fit(df_iris_features_train, df_iris_target_train.values.ravel())

# 테스트셋에 예측 수행
softmax_logit_predictions = softmax_logit_model.predict(df_iris_features_test)
mc_predictions = mc_dtree_model.predict(df_iris_features_test)

# 혼동 행렬 생성
from sklearn.metrics import confusion_matrix

cm_softmax = confusion_matrix(df_iris_target_test.values.ravel(), softmax_logit_
predictions)
cm_mc_dtree = confusion_matrix(df_iris_target_test.values.ravel(), mc_predictions)
```

Python의 print() 함수로 두 개의 모델에 관한 혼동 행렬의 내용을 확인할 수 있다.

```
print(cm_softmax)

[[10  0  0]
 [ 0 14  1]
 [ 0  1 12]]

print(cm_mc_dtree)

[[10  0  0]
 [ 0 15  0]
 [ 0  1 12]]
```

다중 분류 혼동 행렬은 열 지도heat map으로도 나타낼 수 있으며, 다음 코드는 두 개의 혼동 행렬을 열 지도로 나란히 보여준다. 코드 중 일부는 https://scikit-learn.org/stable/auto_examples/model_selection/plot_confusion_matrix.html에서 갖고 왔으며 실행 결과는 그림 5.6과 같다.

```python
# 혼동 행렬을 열 지도로 표현하기
%matplotlib inline
import matplotlib.pyplot as plt

# Matplotlib 함수로 혼동 행렬을 열 지도로 나타내기
#
# 코드 중 일부는 다음 주소를 참고함
# https://scikit-learn.org/stable/auto_examples/model_selection/plot_confusion_matrix.
html
def plot_confusion_matrix(cmatrix, class_labels, axes, title, cmap):

    heatmap_image = axes.imshow(cmatrix, interpolation='nearest', cmap=cmap)
    axes.figure.colorbar(heatmap_image, ax=axes)

    num_rows = cmatrix.shape[0]
    num_cols = cmatrix.shape[1]

    axes.set_title(title)
    axes.set_xlabel('Predicted')
    axes.set_ylabel('True')

    axes.set_xticks(np.arange(num_cols))
    axes.set_yticks(np.arange(num_rows))
    axes.set_xticklabels(class_labels)
    axes.set_yticklabels(class_labels)

    # Loop 돌며 주석 장성
    thresh = cmatrix.max() / 2.
    for y in range(num_rows):
        for x in range(num_cols):
            axes.text(x, y, format(cmatrix[y, x], '.0f'),
                    ha="center", va="center",
                    color="white" if cmatrix[y, x] > thresh else "black")

fig, axes = plt.subplots(1, 2, figsize=(18,6))
```

```
plot_confusion_matrix(cm_softmax,
                      iris_dataset.target_names, axes[0],
                      "Softmax Regression",
                      plt.cm.Greens)

plot_confusion_matrix(cm_mc_dtree,
                      iris_dataset.target_names, axes[1],
                      "Decision Tree Regression",
                      plt.cm.Greens)
```

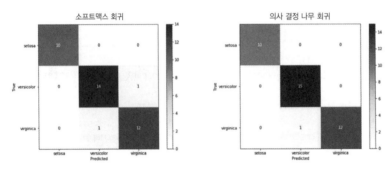

그림 5.6 Iris 데이터셋에서 학습한 두 모델의 다중 분류 혼동 행렬

다중 분류 모델의 경우도 전체 정확도, 범주별 정밀도, 재현율을 다음과 같이 구할 수 있다.

- **정확도**: 다중 분류 문제에서 전반적인 모델의 정확도는 모델이 정확하게 예측한 횟수로 나타낼 수 있다. 혼동 행렬을 사용하면 정확도 = (대각 요소의 합 / 전체 예측 수)로 표현할 수 있으며 그림 5.6의 의사 결정 나무 기반 모델의 혼동 행렬의 경우 정확도는 37/38이다.

- **정밀도**: 다중 분류 문제에서 주어진 분류에 관한 분류별 정밀도 = (모델이 분류를 정확하게 예측한 횟수 / 해당 분류에 관해 수행한 총 예측 수)로 나타낼 수 있다. 혼동 행렬을 이용해서 정밀도를 대각선 요소의 수와 열 전체 요소 수의 비율로 시각화할 수 있다. 그림 5.6의 의사 결정 나무 모델로 생성한 혼동 행렬의 경우 범주별 정확도는 Setosa가 10/10, Versicolor가 15/16, Virginica가 12/12이다.

- **재현율**: 다중 분류 문제에서 주어진 분류에 관한 분류별 재현율 = (모델이 분류를 정확하게 예측한 횟수 / 해당 분류의 총 요소 수)로 나타낼 수 있다. 혼동 행렬을 이용해 재

현율을 대각선 요소의 수와 행 전체 요소 수의 비율로 시각화할 수 있다. 그림 5.6의 범주별 재현율은 Setosa가 10/10, Versicolor가 15/15, Virginica가 12/13이다.

하이퍼파라미터 선택

머신러닝 프로젝트를 수행하는 동안 단일 모형을 만들고 평가하는 것은 충분하지 않다. 4장과 5장에서 배운 것과 같이 피처 엔지니어링부터 모델 선택, 모델 생성에 사용되는 하이퍼파라미터까지 모델의 성능에 영향을 미치는 다양한 요인이 있다. 데이터 과학자들은 최적의 모델을 찾는 과정을 자동화하기 위해 다양한 하이퍼파라미터의 조합을 시도해보고 가장 좋은 성능을 보이는 모델을 선택하는 그리드 서치grid search를 사용하곤 한다. Scikit-learn은 model_selection 모듈에 GridSearchCV 클래스를 통해 파라미터 집합을 완전 탐색exhaustive search[2]할 수 있도록 한다. GridSearchCV 클래스에 관한 자세한 정보는 다음 주소에서 확인할 수 있다. https://scikit-learn.org/stable/modules/generated/sklearn.model_selection.GridSearchCV.html

다음 코드는 GridSesrchCV 클래스를 사용해 Iris 데이터셋에서 다중 분류 의사 결정 나무 분류 모델을 위한 다양한 하이퍼파라미터 조합을 사용해보고 가장 좋은 정확도를 보이는 하이퍼파리미터를 선택하는 과정을 보여준다.

```
# Iris 데이터셋에서 그리드 탐색으로
# 의사 결정 나무 기반 모델이 최고의 정확도를 보이는 하이퍼파라미터 찾기
from sklearn.model_selection import GridSearchCV
from sklearn.tree import DecisionTreeClassifier

grid_params = {
    'criterion': ['gini', 'entropy'],
    'splitter': ['best', 'random'],
    'max_depth': [2, 3, 4, 5, 6, 7, 8, 9, 10, 11, 12],
    'min_samples_split': [2, 3, 4, 5, 6, 7, 8, 9, 10, 11, 12],
    'max_features': ['auto', 'sqrt', 'log2'],
```

---

2   알고리즘 분야의 탐색 기법으로 모든 경우의 수를 탐색해 답을 찾는 방법 – 옮긴이

```
        'presort': [True, False]
}

grid_search = GridSearchCV(estimator=DecisionTreeClassifier(),
                            param_grid=grid_params, scoring='accuracy',
                            cv=10, n_jobs=-1)

grid_search.fit(df_iris_features.values, df_iris_target)
```

코드에서 grid_params는 시도하고자 하는 하이퍼파라미터 집합^{dictionary}과 파라미터 값으로 구성된다. 집합의 원소들은 학습시키려는 모델에 따라 달라지는데, 위 예시에서는 의사 결정 나무 분류 모델과 DecisionTreeClassifier 클래스의 하이퍼파라미터의 일부인 6가지 파라미터 집합을 사용한다. 그리드 서치는 하이퍼파라미터를 각각 조합해 모델을 생성하며, 예제의 경우는 $2 \times 2 \times 11 \times 11 \times 3 \times 2 = 2,904$개의 모델이 생성된다.

GridSearchCV 클래스의 생성자 안에 cv=10 매개변수는 교차 검증에 사용되는 값으로 예제의 경우 2,904개의 모델의 하나하나를 cv=10인 교차 검증을 통해 학습한다. 컴퓨터의 성능에 따라 다르지만 이 코드를 실행하는 데에는 상당한 시간이 걸릴 수 있다. 그리드 서치가 끝난 후 다음 구문을 통해 모델의 정확도와 최적의 성능을 보이는 하이퍼파라미터의 값을 확인할 수 있다.

```
best_parameters = grid_search.best_params_
print(best_parameters)

{'criterion': 'entropy', 'max_depth': 7, 'max_features': 'sqrt', 'min_samples_
split': 12, 'presort': False, 'splitter': 'random'}

best_accuracy = grid_search.best_score_
print(best_accuracy)

0.98
```

노트 5장을 학습하려면 부록 A에 설명한 Anaconda Navigator와 Jupyter Notebook이 설치돼 있어야 한다.

예제 소스 코드는 Wiley 출판사 홈페이지와 깃허브에서 다운로드할 수 있다.

- 출판사: http://www.wiley.com/go/machinelearningawscloud

- 깃허브: https://github.com/asmtechnology/awsmlbook-chapter5.git

요약

- 회귀 모델의 예측 정확도를 평가하는 방법에는 실제 값과 예측값을 산점도로 표현하는 방법과 테스트 데이터셋에서 수행한 예측의 오류를 통계 지표를 계산하는 두 가지 방법이 있다.

- 평균 제곱근 오차^{RMSE}는 회귀 모델의 성능을 평가하는 데 유용하며, 이름에서 알 수 있듯이 평균 제곱 오차^{MSE}의 제곱근 값이다.

- R^2 지표는 모델의 성능을 평가할 수 있는 다른 통계적 지표이다.

- R^2 지표는 결정계수라고도 하며 회귀선에서 예측값까지의 거리를 나타낸다.

- 이진 분류 모델의 참양성$^{true\ positive}$ 수는 모델이 양성으로 예측하고 예측이 옳은 경우의 수이다.

- 이진 분류 모델의 거짓양성$^{false\ positive}$ 수는 모델이 양성으로 예측하고 예측이 틀린 경우의 수이다.

- 이진 분류 모델의 참음성$^{true\ negative}$ 수는 모델이 음성으로 예측하고 예측이 옳은 경우의 수이다.

- 이진 분류 모델의 거짓음성$^{false\ negative}$ 수는 모델이 음성으로 예측하고 예측이 틀린 경우의 수이다.

- 정확도, 정밀도, 재현율도 이진 분류 모델의 성능을 평가할 수 있는 지표이다.

2부

머신러닝과 AWS

6장

AWS 소개

6장에서 다루는 내용은 다음과 같다.

- 클라우드 컴퓨팅 기초 소개
- AWS 생태계와 머신러닝 솔루션 구축을 위한 주요 서비스 소개
- AWS 프리 티어 계정 생성

6장에서는 클라우드 컴퓨팅^{cloud computing}이 무엇인지 알아보고 클라우드 기반 서비스에 관해 이야기할 때 주로 사용되는 추상화 모델과 머신러닝 솔루션을 구축할 때 도움이 되는 서비스, 클라우드 컴퓨팅 공간에서 Amazon 서비스에 관한 개요를 살펴본다. 후반부에서는 AWS 계정을 생성하는 방법을 배워볼 것이다.

클라우드 컴퓨팅 소개

클라우드 컴퓨팅은 미국국립표준기술연구소^{NIST, U.S. National Institute of Standards and Technology}에서 "최소한의 관리 노력 혹은 서비스 공급자와의 상호작용으로 신속하게 프로비저닝하거나 해제할 수 있는 구성 가능한 컴퓨팅 자원(네트워크, 서버, 스토리지, 애플리케이션, 서비스 등)에 언제 어디서나 원하는 때에 편리하게 접속할 수 있게 해주는 모델"이라고 정의한다.

NIST가 정의한 클라우드 컴퓨팅 모델의 기본적인 5가지 특징은 다음과 같다.

- **광범위한 네트워크 접속**^{broad network access}: 사용자는 어디서나 서비스에 접속할 수 있어야 한다.

- **리소스 풀링**resource pooling: 서비스 공급자의 컴퓨팅 자원은 여러 사용자를 지원하기 위해 풀링된다.

- **온디맨드 셀프서비스**on-demand self-service: 사용자는 최소한의 인적 상호작용으로 가상서버와 같은 컴퓨팅 자원을 프로비저닝할 수 있어야 한다.

- **서비스 측정**measured service: 사용자는 사용한 만큼 지불하는 방식pay-as-you-use으로 컴퓨팅 자원을 사용할 수 있어야 한다.

- **탄력성**elasticity: 사용자는 추가적인 자원을 자동으로 혹은 필요에 따라 프로비저닝할 수 있어야 하며, 이를 위해 서비스 공급자는 컴퓨팅 자원을 풀링해서 사용자에게 수평적인 확장성horizontal scalability을 제공해야 한다.

클라우드 컴퓨팅 솔루션이 기업에 제공하는 주요한 두 가지 장점은 다음과 같다.

- **비용**cost: 클라우드 컴퓨팅 패러다임은 하드웨어 자원의 공유와 최적의 활용을 기반으로 한다. 기업은 자원을 이용하는 시간만큼만 비용을 지불하면 되며, 자원이 더 이상 필요하지 않은 경우 자원을 다른 사람이 사용할 수 있도록 사용을 멈추면 된다. 이러한 방식으로 기업은 초기 하드웨어 투자 비용과 지속적인 유지 보수 비용 모두를 절감할 수 있다. 기반이 되는 하드웨어의 유지 보수는 고객이 아닌 클라우드 서비스 공급자가 담당한다.

- **가용성**availability: 클라우드에 자원을 사용할 수 있도록 준비하는 데 걸리는 시간은 실제 장비를 설치하는 과정에 비해 매우 짧다. 예를 들면 클라우드 서비스의 가상서버 프로비저닝은 몇 초 안에 가능한 반면, 새로운 중간 규모 혹은 큰 규모의 조직에서 서버와 소프트웨어를 조달하는 과정은 수개월이 소요된다.

클라우드 서비스 모델

클라우드 컴퓨팅은 가상화 기술virtualization technology을 기반으로 한다. 기본적으로 가상화에는 두 가지가 방식이 존재한다.

- **애플리케이션 가상화**: 단일 머신이 인터넷을 통해 한 명 혹은 다수의 사용자에게 하나 혹은 그 이상의 애플리케이션을 호스팅한다.
- **하드웨어 가상화**: 서버 가상화라고도 부르는 모델로 하나의 물리적 머신이 여러 가상 머신을 호스팅한다. 각각의 가상머신은 물리적 기반 시스템의 운영체제와는 다른 자체 운영체제와 애플리케이션을 갖는다.

최종 사용자는 인터넷을 통해 클라우드 컴퓨팅 공급자의 서비스를 하나 이상 사용하게 될 것이다. 이러한 클라우드 컴퓨팅 서비스는 기본 운영체제만 갖춘 베어본bare-bones 가상머신에서 전체 애플리케이션 제품군에 이르기까지 다양하다. 클라우드 서비스의 일반적인 5가지 모델은 그림 6.1과 같으며, 하위 계층이 제공하는 서비스를 기반으로 상위 계층을 구축하는 계층 모델layered model 방식을 사용해 이 모델을 개념화할 수 있다.

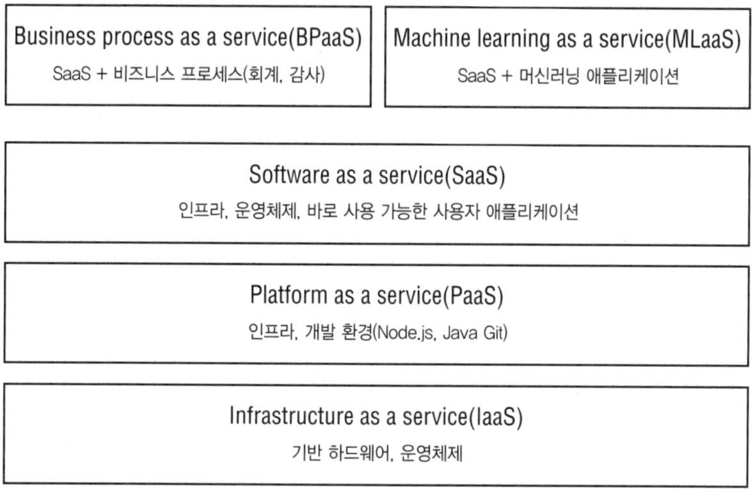

Business process as a service(BPaaS)	Machine learning as a service(MLaaS)
SaaS + 비즈니스 프로세스(회계, 감사)	SaaS + 머신러닝 애플리케이션

Software as a service(SaaS)
인프라, 운영체제, 바로 사용 가능한 사용자 애플리케이션

Platform as a service(PaaS)
인프라, 개발 환경(Node.js, Java Git)

Infrastructure as a service(IaaS)
기반 하드웨어, 운영체제

그림 6.1 일반적인 클라우드 서비스 모델

- **서비스로서의 인프라**IaaS, Infrastructure as a Service: 사용자가 CPU, RAM, 저장 공간, 네트워크 용량, 운영체제와 같은 가상 서버의 기초 요구 사항을 지정할 수 있다. 클라우드 공급자는 이러한 요구 사항에 맞는 가상머신을 제공한다. IaaS는 가성 서버 외에도 방화벽firewalls, 로드 밸런서load balancers, 스토리지와 같은 네트워크 주변 장치도 포함한

다. 따라서 클라우드 환경에 로드 밸런싱이 가능한 여러 자바 애플리케이션을 프로비저닝하거나 클라우드 기반 디스크에 파일을 저장하는 작업도 IaaS에 해당한다.

- **서비스로서의 플랫폼**PaaS, Platform as a Service: 사용자는 요구 사항에 가장 적합한 인프라와 사전에 구성된 소프트웨어 조합을 선택하고, 클라우드 공급자는 사용자의 필요에 맞는 사전에 구성된 애플리케이션을 포함하는 가상머신을 제공한다. PaaS 모델은 사용자가 하드웨어와 소프트웨어를 설정할 필요가 없어 사용하기 쉽지만 IaaS 모델에 비해 기반 시스템을 제어할 수 있는 수준이 상당히 제한된다. 클라우드 공급자에 따라 인프라와 사전에 구성된 소프트웨어는 다르며, 클라우드 공급자가 제공하지 않는 구성은 사용할 수 없다.

- **서비스로서의 소프트웨어**SaaS, Software as a Service: 사용자는 워드프로세서와 같이 원하는 소프트웨어 애플리케이션을 선택하며 클라우드 공급자는 사용자의 요구에 맞는 인프라, 운영체제, 응용프로그램을 프로비저닝한다. 대부분의 SaaS 모델에서는 애플리케이션이 작동되는 하드웨어를 제한적으로 선택할 수 있으며, 일반적으로 기반이 되는 하드웨어에 접근할 수 없도록 한다. 그리고 클라우드 공급자가 선택한 하드웨어와 소프트웨어만을 사용해야 하는 제약이 있다. 일례로 한 영화관이 SaaS 클라우드 기반 예약 시스템을 사용하는데 클라우드 공급자에 의한 내부 하드웨어 문제가 발생해 시스템을 사용할 수 없게 된다면 영화관은 클라우드 공급자가 문제를 수정할 때까지 기다리는 것 외에는 특별한 방법이 없다.

- **서비스로서의 비즈니스 프로세스**BPaaS, Business Process as a Service: 사용자는 클라우드 공급자에게 아웃소싱할 비즈니스 프로세스를 정하고 클라우드 서비스 공급자는 사용자의 요구에 맞는 하드웨어, 운영체제, 소프트웨어, 웹 애플리케이션을 프로비저닝한다. BPaaS의 좋은 예시는 분기별 부가가치세VAT를 계산하고 세무 당국에 제출하는 클라우드 기반 서비스다. 이러한 서비스는 웹 브라우저를 통해 사용자의 인보이스와 은행 거래 내역을 접수받고 접수된 문서에서 OCR과 같은 기술을 이용해 적절한 정보를 추출, 세무 양식을 작성한 후 사용자의 검토를 거쳐 세무 당국에 접수한다.

- **서비스로서의 머신러닝**MLaaS, Machine Learning as a Service: 클라우드 공급자는 데이터 모델링, 머신러닝 모델링, 데이터 시각화, 자연어 처리, 안면 인식, 예측, 딥러닝과 같은 다양

한 서비스를 제공한다. 이러한 서비스 자체를 소프트웨어/애플리케이션 수준 혹은 플랫폼 수준의 서비스로 분류할 수도 있으며, 이러한 분류는 최종 사용자가 얼마나 많은 제어권과 유연성을 갖는지에 따라 달라진다. 또한 MLaaS 모델에서 클라우드 공급자는 수용에 따라 충분한 기반 인프라를 자동으로 프로비저닝해야 한다.

클라우드 배포 모델

배포 모델은 다음과 같은 질문에 관한 답변이다.

- 컴퓨팅 자원에 누가 접속할 수 있는가?

- 사용자가 컴퓨팅 자원에 어떻게 접속할 수 있는가?

- 물리적인 하드웨어는 어디에 위치하는가?

클라우드 컴퓨팅 솔루션에는 다음과 같은 4가지 고유한 배포 모델이 있다.

- **퍼블릭 클라우드**public cloud: 퍼블릭 클라우드는 인터넷을 통해 전 세계에 있는 사용자에게 서비스를 제공하며, 서비스를 위해 공급자가 사용하는 물리적 자원도 전 세계 어느 곳에 존재할 수 있다. 따라서 은행과 같이 외부 시스템에 민감한 데이터를 저장하는 것을 제한받는 기관에게는 적합하지 않을 수 있다. 클라우드 공급자는 일반적으로 물리적 인프라의 구매, 설치, 물리적 보안과 유지 보수를 책임지며, 서비스 모델(IaaS/PaaS/SaaS)에 따라 애플리케이션과 데이터의 보안 영역까지도 책임져야 한다.

- **프라이빗 클라우드**private cloud: 프라이빗 클라우드는 단일 조직을 위한 서비스로 내부 보안 네트워크를 통해 제공되며 인터넷을 통한 외부 접속은 제한된다. 조직 자체적으로 서비스의 기반이 되는 물리적인 하드웨어를 소유하며, 인프라뿐만 아니라 인프라에서 실행되는 소프트웨어의 설치, 운영 및 보안을 책임지게 된다. 프라이빗 클라우드는 인프라와 관련된 많은 비용이 필요하기에 큰 조직에서만 프라이빗 클라우드를 운영할 수 있다. 프라이빗 클라우드는 일반적으로 온프레미스 클라우드on-premises cloud라고 하며, 조직에 맞는 다양한 IaaS/SaaS/PaaS 조합을 사용할 수 있다.

- **커뮤니티 클라우드**community cloud: 커뮤니티 클라우드는 보안 네트워크를 통해 소규모 조직(개인, 대학, 기업)에게 제공되는 서비스로, 기본 리소스는 커뮤니티 클라우드를 사용하는 조직이 소유하고 있다. 커뮤니티 클라우드는 퍼블릭 클라우드와 프라이빗 클라우드 사이의 어떤 것으로도 생각할 수 있으며, 일반 대중이 접근할 수 없고 특정 조직에만 재정적 부담을 주지는 않는다. 보통 커뮤니티 구성원은 공통의 목적을 공유하거나 같은 산업 분야에 속해 있다.

- **하이브리드 클라우드**hybrid cloud: 하이브리드 클라우드는 기본적으로 다른 형태의 클라우드 서비스들로 구성된다. 예를 들어 퍼블릭 클라우드와 프라이빗 클라우드로 구성될 수 있다. 퍼블릭 클라우드 서비스는 인터넷을 통해 모든 사용자가 사용할 수 있는 서비스를 제공하고, 프라이빗 클라우드 서비스는 사업과 관련된 민감한 서비스를 제공한다. 대부분의 대형 조직에서는 하이브리드 클라우드 모델을 사용하는데, 이를 통해 특정 비즈니스 프로세스를 위해 퍼블릭 클라우드 자원을 프로비저닝하는 동시에 프라이빗 클라우드가 기존의 모든 프로세스를 지속해서 관리, 감시할 수 있도록 한다.

AWS 생태계

아마존 웹 서비스AWS는 시장에서 가장 빠르게 진화하는 클라우드 컴퓨팅 서비스이다. 현재 전 세계에 1백여 개가 넘는 서비스를 제공하고 있으며 해마다 새로운 서비스를 추가하고 있다.

AWS의 새로운 기능들은 AWS의 연례 공식 콘퍼런스인 AWS re:Invent에서 발표된다. 자세한 내용은 AWS re:Invent 홈페이지(https://reinvent.awsevents.com/)에서 확인할 수 있다.

그림 6.2는 AWS의 간략한 연대기를 보여준다. AWS는 2003년 크리스 핑컴Chris Pinkham과 벤자민 블랙Benjamin Black이 제프 베조스Jeff Bezos에게 제출한 논문에서 시작됐다.

2003	크리스 핑컴과 벤자민 블랙의 아이디어 도출
2004	
2005	
2006	플랫폼 형태로 AWS 시작
2007	
2008	
2009	
2010	AWS로 Amazon.com 이전
2011	
2012	1회 AWS re:Invent 콘퍼런스 개최
2013	
2014	Amazon Aurora 발표
2015	AWS IoT와 Amazon Machine Learning 일반에 공개
2016	Amazon Lex, Polly, Rekognition 발표

그림 6.2 AWS의 간략한 연대기

이 논문은 Amazon 내부 인프라를 서비스로 전 세계에 판매해야 한다고 제안했으며, 2006년 AWS는 공식적으로 EC2와 S3를 포함한 서비스로서의 플랫폼을 출시했다.

2010년 11월에는 모든 Amazon.com을 AWS로 이전했으며, 2012년 11월 27~29일까지 라스베이거스 베네치안 호텔에서 첫 번째 AWS re:Invent 콘퍼런스를 개최했다. 2015년에는 Amazon Machine Learning이라는 독자적인 머신러닝 플랫폼을 출시했으며 2016년에는 Amazon Rekognition, Amazon Polly, Amazon Lex 세 가지의 머신러닝 애플리케이션을 위한 API 기반 서비스를 발표했다.

이 책을 쓰는 시점에는 AWS에는 다음과 같은 20여 개 분야의 130여 개 서비스가 존재한다.

- 컴퓨팅Compute
- 스토리지Storage
- 데이터베이스Database

- 마이그레이션Migration
- 네트워킹 및 콘텐츠 전송Networking & Content Delivery
- 개발자 도구Developer Tools
- 관리 도구Management Tools
- 미디어 서비스Media Services
- 머신러닝Machine Learning
- 분석Analytics
- 보안, 자격 증명 및 규정 준수Security, Identity & Compliance
- 모바일 서비스Mobile Services
- AR & VR
- 애플리케이션 통합Application Integration
- AWS 비용 관리AWS Cost Management
- 고객 참여Customer Engagement
- 비즈니스 애플리케이션Business Productivity
- 데스크톱 & 앱 스트리밍Desktop & App Streaming
- 사물인터넷Internet of Things
- 게임 개발Game Development

위 분야의 AWS 서비스에 관한 추가 정보는 다음 주소에서 확인할 수 있다.

https://aws.amazon.com/products

AWS가 제공하는 머신러닝 서비스는 애플리케이션 서비스와 플랫폼 서비스 두 가지로 나 뉜다.

머신러닝 애플리케이션 서비스

머신러닝 애플리케이션 서비스는 다음과 같은 서비스들로 특정 머신러닝 문제를 즉시 해결하고 사용자의 기존 애플리케이션에 API를 통해 통합할 수 있도록 설계됐다.

- **Amazon Comprehend**: 텍스트의 구조와 내용을 파악해야 하는 애플리케이션을 구축할 수 있게 해주는 서비스로, 자연어 처리 기술을 사용한다. 얻을 수 있는 정보insights는 개체(사람이나 장소), 주요 문구, 감정(긍정, 중립, 복합, 부정), 구문 등이며 다양한 사례에 적용할 수 있다. 이를테면 고객이 관심을 갖고 있는 주제를 파악하기 위해 포럼의 내용을 검토하는 애플리케이션을 만들 수 있다. 자세한 내용은 13장에서 다룬다.

- **Amazon Lex**: 텍스트와 음성 모두를 지원하는 대화 인터페이스(챗봇)을 구축할 수 있는 서비스로, 딥러닝을 통해 자연어 처리와 자동 음성 인식ASR, Auto Speech Recognition을 구현했으며 Amazon Alexa와 동일한 엔진이다. 자세한 내용은 14장에서 다룬다.

- **Amazon Polly**: 텍스트를 음성으로 표현해주는 서비스text-to-speech로 다국어와 다양한 목소리를 지원한다. 신문 읽어주는 서비스, 게임, e러닝 플랫폼과 같이 다양한 실생활 애플리케이션에 사용할 수 있다. 이 책에서는 Amazon Polly에 관해서는 다루지 않는다. 자세한 정보는 다음 주소에서 확인할 수 있다.

  https://aws.amazon.com/ko/polly/

- **Amazon Rekognition**: 이미지와 영상에서 사물을 검출하고 인식하는 딥러닝 기반 API 서비스로 콘텐츠 기반 이미지, 영상 조회, 안면 인식, 부적절한 콘텐츠 검색과 같은 다양한 실생활 예제에 사용할 수 있다. 자세한 내용은 18장에서 다룬다.

- **Amazon Translate**: 문서 번역 서비스로 비정형 텍스트를 번역하거나 다국어 애플리케이션을 구축하는 데 사용할 수 있다. 이 책에서는 다루지 않으며, 자세한 정보는 다음 주소에서 확인할 수 있다.

  https://aws.amazon.com/ko/translate/

- **Amazon Transcribe**: 음성을 텍스트로 변환해주는 서비스speech-to-text로 자동 생성 자막과 같은 서비스에 사용할 수 있다. 이 책에서는 다루지 않으며, 추가 정보는 다음 주소에서 확인할 수 있다. https://aws.amazon.com/ko/transcribe/

머신러닝 플랫폼 서비스

머신러닝 플랫폼 서비스는 머신러닝 모델을 생성, 학습, 평가할 수 있게 해주며, 특정 머신러닝 분야의 문제를 즉시 해결해주진 않는다. 대신 사용자가 서비스를 사용해서 해결하고자 하는 문제를 파악하고 기술해서 기초부터 직접 머신러닝 솔루션을 구축해야 한다. 머신러닝 플랫폼 서비스에는 다음과 같은 서비스가 있다.

- Amazon SageMaker: 머신러닝에 최적화된 전용 컴퓨팅 인프라에서 다양한 알고리즘과 프레임워크를 사용해 자체 머신러닝 모델을 생성, 학습, 배포할 수 있는 완전 관리형 서비스fully managed service다. 데이터 시각화, 탐색 및 분석에 사용할 수 있는 Jupyter Notebook 인스턴스를 생성할 수 있다. 이러한 노트북 인스턴스는 Jupyter Notebook 서버에 다양한 Python 머신러닝 라이브러리, 콘다 커널conda kernel과 함께 설치돼 있다. 자세한 내용은 15, 16장에서 다룬다.

- AWS DeepLens: 무선 비디오 카메라가 통합된 클라우드 기반 개발 플랫폼으로, 컨볼루션 인공 신경망CNN, Convolutional Neural Network을 학습시키고 무선 비디오 카메라에 배포할 수 있다. 이 책에서는 다루지 않으며, 자세한 정보는 다음 주소에서 확인할 수 있다.

  https://aws.amazon.com/deeplens/

지원 서비스

앞에서는 AWS 머신러닝 애플리케이션과 플랫폼 서비스에 관해 알아봤다. 이러한 서비스들은 독립적으로 운영될 수 없으며 머신러닝 애플리케이션을 구축하고 배포하는 단계에서 다른 수많은 AWS 서비스를 사용자 스스로 찾아야 할 수도 있다. 여기서는 머신러닝 솔루션을 구축하고 배포하는 중간에 접하게 될 수 있는 AWS 서비스 중 일부를 살펴본다.

- AWS IAM: Amazon Identity and Access Management(IAM)의 줄임말인 이 서비스는 누가 어떤 리소스에 접속해서 어떻게 사용할 수 있는지 안전하게 제어할 수 있게 한다. 8장에서 자세히 다룬다.

- **AWS Lambda**: 사용자가 인프라를 프로비저닝하지 않고 코드를 실행할 수 있게 해준다. 사용한 만큼 비용을 지불하는 방식으로 lambda 코드가 실행되는 시간만큼만 비용을 지불하게 되며, 코드가 실행되지 않는 동안은 비용이 청구되지 않는다. Lambda 코드는 다른 AWS 서비스에서 호출하거나 웹이나 모바일 앱이 호출할 수도 있다. AWS Lambda에 관해서는 12장에서 추가로 다룬다.

- **Amazon S3**: Amazon Simple Storage Service(S3)의 줄임말로, 안전하고 내구성이 뛰어나며 확장이 가능한 클라우드 기반 객체 저장소다. S3를 사용하면 파일도 클라우드에 저장할 수 있다. 자세한 내용은 9장에서 다룬다.

- **Amazon DynamoDB**: 고성능의 확장 가능한 클라우드 기반 NoSQL 데이터베이스 서비스다. 11장에서 자세히 다룬다.

- **Amazon Cognito**: 앱 사용자를 위한 자격 인증 프로필^{identity profiles}을 만들어 앱 사용자의 Amazon, Facebook, Twitter, Google 계정으로 로그인할 수 있게 해준다. 앱 사용자가 인증을 완료하면 앱은 토큰^{token}을 받게 되고 이를 통해 AWS 클라우드 자원에 안전하게 접근할 수 있다. Amazon Cognito는 앱 데이터를 다른 여러 서비스에 동기화할 수 있도록 사용자를 인증해주는 서비스도 제공한다.

AWS 프리 티어 계정 가입하기

AWS를 사용하기 위해서는 먼저 AWS 계정을 생성해야 하며, 아직 계정이 없는 경우 AWS 프리 티어로 새로 계정을 생성하면 된다. AWS 프리 티어 계정은 12개월 동안 특정 한도 내에서 AWS의 서비스를 사용해볼 수 있도록 디자인됐다. 다음 주소에서 자세한 내용을 확인할 수 있다.

https://aws.amazon.com/free/

AWS 프리 티어 계정을 생성하기 위해서는 다음과 같은 5단계를 거쳐야 하며, 일부 단계에서는 여러 하위 단계를 진행해야 한다.

1. 연락처 정보^{contact information}

2. 결제 정보^{payment information}

3. 자격 증명 확인^{identity verification}

4. 지원 플랜 선택^{support plan selection}

5. 등록 확인^{confirmation}

1단계: 연락처 정보

AWS 프리 티어 계정을 생성하기 위해 먼저 aws.amazon.com에 접속 후 오른쪽 상단 **AWS 계정 생성** 버튼을 누른다(그림 6.3).

그림 6.3 Amazon Web Services 홈페이지

Amazon은 새로운 사용자 경험을 자주 시도하기 때문에 여기서 보이는 페이지는 다를 수 있지만, 계정 생성과 관련된 메뉴는 쉽게 찾을 수 있을 것이다.

계정 생성 화면(그림 6.4)에서 이메일 주소, 비밀번호, 계정 이름을 입력 후 **동의하고 계정 만들기** 버튼을 누른다.

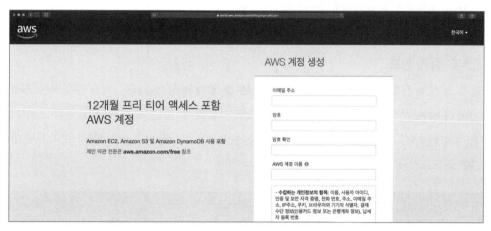

그림 6.4 AWS 계정 생성 화면

다음으로 개인 계정인지 프로페셔널 계정인지 선택하면 되는데 여기서는 개인 계정을 생성하는 것으로 한다(그림 6.5).

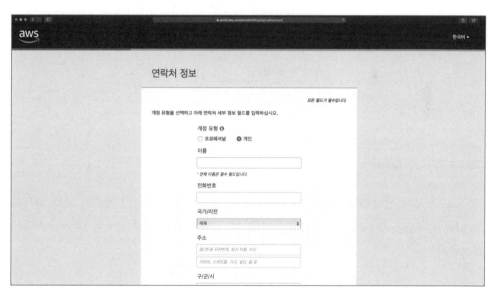

그림 6.5 연락처 정보 화면

연락처 정보 화면에서 전화번호를 포함한 연락처 정보를 입력해야 한다. 전화번호의 경우 바로 연락이 가능한 번호를 반드시 입력해야 한다. 필요한 경우 화면 아래 AWS 고객 동의를 읽고 계정을 만들고 **계속 진행** 버튼을 눌러 다음 단계로 이동한다.

2단계: 결제 정보

결제 정보 화면에서는 신용카드/직불카드 정보를 입력한다(그림 6.6). 지금 생성하는 계정이 프리 티어 계정이지만 모든 서비스를 무료로 사용할 수 있는 것은 아니다. 만약 프리 티어 계정에 포함되지 않은 유료 서비스를 사용하거나 무료 사용량을 초과할 경우 여기서 입력한 카드로 비용이 청구된다.

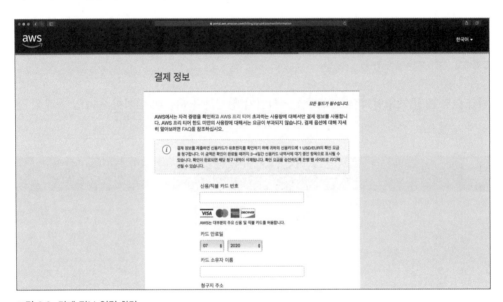

그림 6.6 결제 정보 입력 화면

AWS 프리 티어 서비스와 사양은 수시로 변경된다. 책에서 사용하는 예제가 프리 티어인지 아닌지 정보를 제공하도록 노력할 것이다. 프리 티어 관련 최신 정보는 다음 주소에서 확인하자.

https://aws.amazon.com/free/

신용카드/직불카드 정보를 입력 후 **검증 및 추가** 버튼을 눌러 자격 증명 확인 단계로 넘어가자.

3단계: 자격 증명 확인

자격 증명 확인은 자동 음성 통화 시스템을 통해 전화를 받고 화면에 나타난 4자리 PIN 번호를 전화기로 입력하는 과정을 거쳐 진행된다. 전화번호를 입력 후 다음 버튼을 누른다 (그림 6.7).[1]

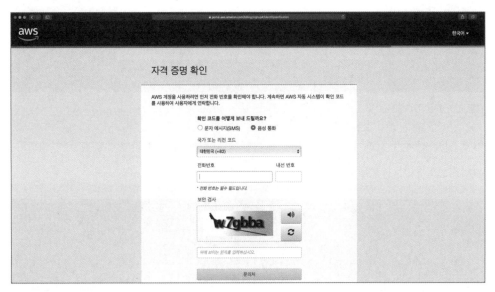

그림 6.7 자격 증명 화면

화면에 그림 6.8과 같이 4자리 PIN 번호가 화면에 나타나고, 입력한 전화번호로 전화가 걸려오면 PIN 번호를 전화기에 입력한다.

---

1   책이 번역 출간되는 시점에는 SMS를 통한 자격 증명도 가능하다. – 옮긴이

그림 6.8 4자리 PIN 번호

자격 인증 절차는 전화기에 4자리 PIN 번호를 입력하면 마치게 되고 자동으로 인증 완료 페이지로 넘어간다(그림 6.9).

그림 6.9 자격 인증 절차 완료 화면

4단계: 지원 플랜 선택

다음과 같은 플랜 중 원하는 플랜을 선택한다(그림 6.10).

- 기본
- 개발자
- 비즈니스
- 엔터프라이즈

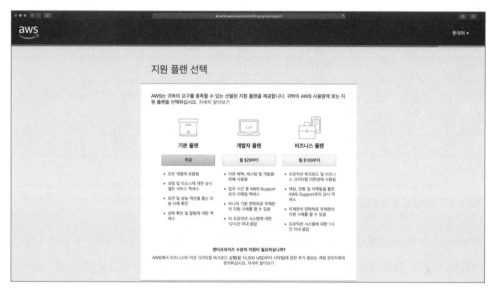

그림 6.10 지원 플랜 선택

단계별 지원 수준은 각기 다르며 상위 플랜은 하위 플랜의 기능을 포함한다. 비용을 지불하고 상위 옵션을 선택하면 Amazon 직원에게 문의하고 답변을 받을 수도 있다. 기본 플랜은 무료로 제공되며 이 책에서는 기본 플랜으로 충분하다. 기본 플랜을 선택하고 다음 단계로 넘어가자.

5단계: 등록 확인

그림 6.11과 같이 AWS 프리 티어 계정 생성이 완료됐다는 등록 확인 화면을 볼 수 있을 것이다.

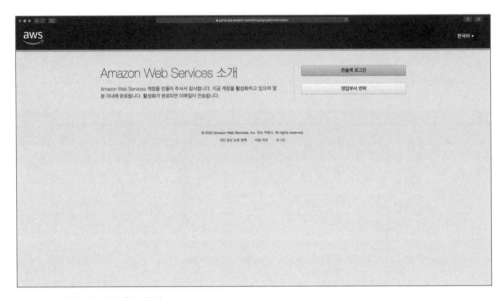

그림 6.11 계정 생성 절차 완료 화면

가입 절차 동안 입력했던 이메일 주소로도 등록 완료 안내를 받았을 것이다. 5장에서 방금 생성한 계정을 안전하게 사용하는 방법과 AWS에 접속하는 다양한 방법을 배워 볼 것이다.

요약

- 클라우드 컴퓨팅은 "최소한의 관리 노력 혹은 서비스 공급자와의 상호작용으로 신속하게 프로비저닝하거나 해제할 수 있는 구성 가능한 컴퓨팅 자원(네트워크, 서버, 스토리지, 애플리케이션, 서비스 등)에 언제 어디서나 원하는 때에 편리하게 접속할 수 있게 해주는 모델"이라고 미국 국립표준기술연구소(NIST)에서 정의한다.

- 클라우드 컴퓨팅은 기업에게 비용적 측면과 가용성 측면에서 효과적이다.

- 일반적인 클라우드 컴퓨팅 서비스 모델에는 IaaS, PaaS, SaaS, BPaaS, MLaaS가 있다.

- 클라우드 솔루션은 표준 배포 모델을 통해 배포된다. 배포 모델은 컴퓨팅 자원에 어떻게 접근하고, 누가 접근할 수 있으며, 어디에 물리적 자원이 위치하는지 정의한다.

- 클라우드 솔루션에 널리 사용되는 4가지 주요 배포 모델은 프라이빗 클라우드, 퍼블릭 클라우드, 커뮤니티 클라우드, 하이브리드 클라우드다.

- AWS는 20여 개 카테고리에 100개 이상의 클라우드 서비스를 제공하며 지속적으로 서비스를 추가하고 있다.

- AWS 프리 티어 계정은 특정 한도 안에서 12개월 동안 AWS의 일부 서비스를 사용해볼 수 있도록 설계됐다.

- Amazon 클라우드 기반 머신러닝 서비스는 애플리케이션 서비스와 플랫폼 서비스로 나뉜다.

AWS 글로벌 인프라

6장에서는 머신러닝 애플리케이션을 위주로 Amazon 클라우드 서비스에 관해 간략하게 살펴봤다. 7장에서는 AWS 글로벌 인프라에 관해 살펴본다. AWS의 물리적 인프라는 리전geographical regions, 가용 영역AZ, availability zones, 콘텐츠 배포를 위한 엣지 로케이션edge locations으로 구성되며, 모든 AWS 서비스가 모든 리전에서 사용 가능한 것은 아니다.

리전과 가용 영역

AWS 리전은 클라우드 기반 서비스를 제공하는 물리적 위치로, Amazon은 사용자에게 데이터가 물리적으로 위치하는 지역을 선택할 수 있도록 보장해 물리적 위치와 관련된 규제 요구 사항을 충족시켜준다.

AWS 리전은 그림 7.1과 같이 여러 개의 가용 영역으로 구성된다.

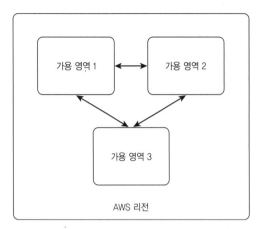

그림 7.1 한 리전 안의 여러 가용 영역

가용 영역 즉, AZ는 하나 이상의 데이터 센터로 구성되며, 별도의 시설에 각각 보조 전원을 갖추고 네트워크로 연결돼 있다. 데이터 센터는 상호간에 프라이빗 광섬유 네트워크로 연결돼 있어, 개별 데이터 센터에서는 불가능한 확장성과 내결함성$^{fault-tolerant}$을 갖는 애플리케이션을 구축하고 운영할 수 있도록 한다.

AZ를 활용하면 한 리전 안에서 중단 없이 자동 복구가 가능한 애플리케이션을 설계할 수 있다. 이 책을 쓰던 당시에는 19개의 리전이 전 세계에 걸쳐 존재하며 계속 확장되고 있었다. 리전 및 가용 영역 전체 목록은 https://aws.amazon.com/about-aws/global-infrastructure/에서 확인할 수 있다.

표 7.1은 현재의 AWS 리전과 각 리전 안의 AZ 개수를 보여준다.

표 7.1 AWS 리전과 가용 영역

리전	가용 영역	내용
미국 서부(오레곤)	3	2011년 시작
미국 서부(캘리포니아 북구)	3	2009년 시작
미국 동부(버지니아 북부)	6	2006년 시작
미국 동부(오하이오)	3	2016년 시작
AWS GovCloud	3	2011년 시작, 미국 정부만 접근 가능

리전	가용 영역	내용
캐나다(중앙)	2	2016년 시작
유럽(아일랜드)	3	2007년 시작
EU(프랑크푸르트)	3	2014년 시작
EU(런던)	3	2016년 시작
EU(파리)	3	2017년 시작
아시아 태평양(싱가포르)	2	2010년 시작
아시아 태평양(도쿄)	4	2011년 시작
아시아 태평양(오사카)	1	2018년 시작
아시아 태평양(시드니)	3	2012년 시작
아시아 태평양(서울)	2	2016년 시작
아시아 태평양(뭄바이)	2	2016년 시작
중국(베이징)	2	2014년 시작, 베이징 Sinnet Technology Co., Ltd.(Sinnet)와 파트너십
중국(닝샤)	3	2014년 시작, Ningxia Western Cloud Data Technology Co., Ltd.(NWCD)와 파트너십
남아메리카(상파울루)	3	2011년 시작
캐나다(중부)	2	2016년 시작

> **노트** 모든 클라우드 기반 서비스가 모든 리전에서 사용 가능한 것은 아니다. 각 리전별 사용 가능한 서비스는 다음 주소에서 확인할 수 있다.
>
> https://aws.amazon.com/about-aws/global-infrastructure/regional-product-services

AWS를 사용하기 시작하면 모든 클라우드 기반 애플리케이션을 단일 리전에 배치할 가능성이 높다. 미국과 영국에서 새로 생성한 계정은 기본적으로 미국 동부(버지니아 북부) 리전으로 설정된다.

향후 특정 시점에 고객에게 더욱 빠른 서비스를 제공하기 위해 클라우드 기반 서비스를 다른 리전으로 옮길 수도 있으나, 리전 간 복제는 자동으로 처리되지 않으며 일반적으로 추가적인 노력과 비용이 발생한다.

엣지 로케이션

엣지 로케이션은 CloudFront 서비스의 콘텐츠 배포 맨 끝단으로, CloudFront는 Amazon 의 S3와 결합해 사용자가 자주 사용하는 미디어 파일을 소비되는 지점에 가깝게 캐싱^{caching} 해주는 안전한 콘텐츠 전송 서비스다. 50개 이상의 엣지 로케이션이 전 세계에 존재하며 전체 목록은 다음 주소에서 확인할 수 있다.

https://aws.amazon.com/about-aws/global-infrastructure/

엣지 로케이션의 작동 방식을 예시를 통해 설명해보자. 사용자가 보고 싶은 비디오 파일이 아시아 태평양(도쿄) 리전의 S3 버킷^{bucket}에 저장돼 있고, 사용자는 비디오 파일의 다운로드 URL을 알고 있다고 해보자.

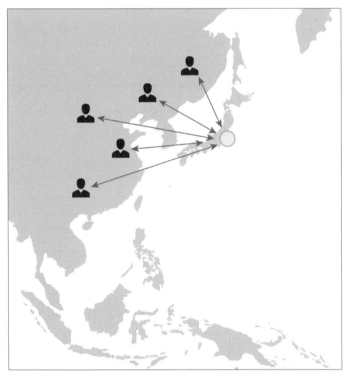

그림 7.2 지리적으로 떨어져 있는 사용자들이 도쿄의 비디오 파일에 접속한다.

이러한 경우 사용자의 위치에 상관없이 사용자가 비디오 파일을 다운로드할 때마다 인터넷을 통해 도쿄의 데이터 센터에 접속하게 될 것이다. 이러한 경우 그림 7.2와 같이 사용자와 데이터 센터의 물리적 거리에 따라 상당한 지연이 발생할 수 있다.

비디오 파일의 복사본을 베이징, 싱가포르 등 추가적인 리전의 S3 버킷에 저장하는 방식으로 문제를 어느 정도 해결할 수 있다.

만약 CloudFront를 통해 비디오 파일을 배포한다면, 사용자에게 원본 S3 URL이 아닌 새로운 CloudFront 비디오 파일 URL을 전달하게 된다. 처음 사용자는 여전히 도쿄의 데이터 센터로 접속하게 되지만, CloudFront가 처음으로 요청을 받을 때 다음 번 접속을 위해 자동으로 이 비디오 파일을 사용자와 가까운 엣지 로케이션에 캐싱한다. 만약 처음 사용자와 지리적으로 같은 지역의 다른 사용자가 동일한 비디오 파일을 요청하면, CloudFront는 엣지 로케이션에 캐싱된 복사본 파일을 제공해 다른 사용자의 대기 시간을 크게 단축시킬 수 있다(그림 7.3).

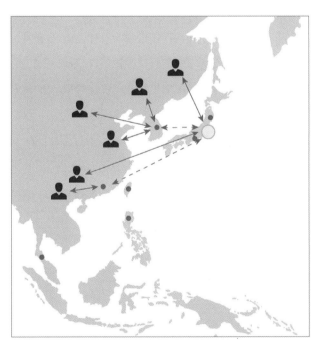

그림 7.3 엣지 로케이션은 자주 사용되는 콘텐츠를 캐싱한다.

S3와 CloudFront를 함께 사용하면 추가적인 설정과 비용이 들지만 사용자가 대용량의 파일을 빈번하게 다운로드해야 하는 애플리케이션의 경우 우수한 사용자 경험을 제공할 수 있다.

AWS 접속

여기서는 사용자(또는 애플리케이션)가 AWS에 접속하는 다양한 방법에 관해 설명한다. 일반적으로 개인 혹은 애플리케이션이 AWS에 접속하는 방법은 다음과 같이 4가지가 있다.

- AWS 관리 콘솔(AWS management console)
- 명령줄 인터페이스(command-line interface)
- 플랫폼별 개발자 SDK(software development kit)
- RESTful 웹 서비스

AWS의 이름에서 알 수 있는 것과 같이 AWS는 RESTful 웹 서비스의 집합으로, 사용자는 AWS가 제공하는 모든 서비스를 RESTful 웹 서비스를 통해 접근할 수 있다. 관리 콘솔, 명령줄 인터페이스, 개발자 SDK 또한 RESTful 웹 서비스 API를 기반으로 구축됐으며 구현하고자 하는 기능에 따라 AWS에 접근하는 방식을 선택하게 된다.

서비스를 운영하거나 관리할 때에는 사용자 친화적으로 설계된 웹 기반 인터페이스인 관리 콘솔을 선호할 것이다. 반면 특정 스크립트를 자주 실행하는 DevOps 팀 사용자인 경우에는 명령줄 인터페이스를 주로 이용할 것이며, 앱 개발자의 경우에는 플랫폼에서 제공하는 SDK를 사용하는 것이 편리할 것이다.

이 글을 쓰는 지금 기준으로, 개발자 SDK는 다음 플랫폼에서 사용할 수 있다.

- Python
- Ruby
- C++

- iOS

- Android

- Java

- .NET

- Node.js

- PHP

- Go

최신 플랫폼별 개발자 SDK 목록과 설치 방법, SDK 문서는 https://aws.amazon.com/ko/tools/에서 확인할 수 있다. 책의 실습에서는 주로 AWS 관리 콘솔을 사용하고 때때로 Python SDK도 사용한다.

AWS 관리 콘솔

AWS 관리 콘솔은 웹 기반 애플리케이션으로 AWS 계정을 관리하고 클라우드 기반 서비스를 설정할 수 있는 기능을 제공하며, 다음 주소로 로그인할 수 있다.

https://aws.amazon.com

웹 페이지의 오른쪽 상단(그림 7.4)에 위치한 콘솔에 로그인 링크를 누르면 AWS 사용자 이름과 비밀번호를 입력하는 화면이 나타난다.

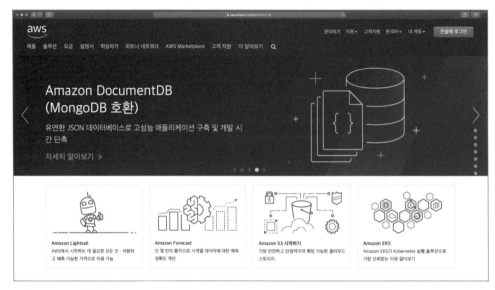

그림 7.4 AWS 홈페이지

AWS 관리 콘솔 시작 화면은 다양한 AWS 서비스와 실습 비디오(그림 7.5)를 제공한다. 관리 콘솔의 구성과 기능은 지속적으로 업데이트되기에 책과 실제 화면이 조금 다를 수 있다.

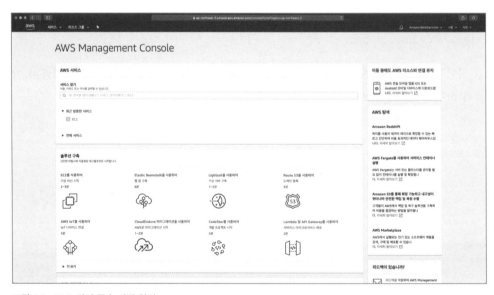

그림 7.5 AWS 관리 콘솔 시작 화면

관리 콘솔의 상단 메뉴 바는 다양한 기능을 제공한다. 이 네비게이션 메뉴는 관리 콘솔 내
다른 화면으로 이동하더라도 변경되지 않는다(그림 7.6).

그림 7.6 AWS 관리 콘솔 메뉴 바

홈 메뉴

메뉴 바의 왼쪽 상단 아이콘은 **홈** 버튼으로 관리 콘솔의 어느 화면에서나 이 버튼을 통해
첫 화면으로 돌아올 수 있다.

서비스 메뉴

그림 7.7의 서비스 메뉴는 모든 AWS 서비스의 링크를 포함하고 있으며 이를 통해 관리 콘
솔의 하위 메뉴로 빠르게 이동할 수 있다.

그림 7.7 AWS 관리 콘솔의 서비스 메뉴 접속

리소스 그룹 메뉴

리소스 그룹 메뉴를 사용하면 사용자가 태그해놓은 AWS 자원(EC2 인스턴스, 로드밸런서, 데이터베이스 등)에 접속할 수 있다. 신규로 생성한 AWS 계정에는 리소스 그룹이 생성돼 있지 않고, 그림 7.8과 같은 화면이 나타날 것이다.

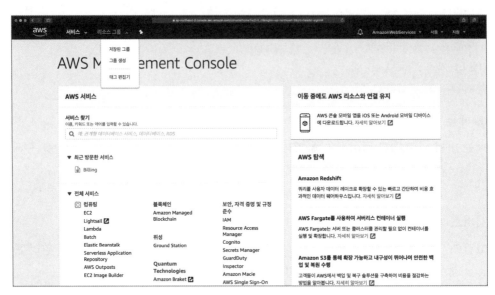

그림 7.8 리소스 그룹 메뉴

사용자가 CustomerAPI라는 자바 기반의 애플리케이션을 만들었고, AWS 유럽(런던) 리전에 이 애플리케이션을 지원하는 여러 개의 EC2 인스턴스를 사용하고 있다고 가정해보자. 만약 애플리케이션을 지원하는 모든 EC2 인스턴스가 Name 태그에 CustomerAPI라는 값을 갖고 있다면 사용자는 모든 EC2 인스턴스를 논리적인 리소스 그룹으로 만들 수 있고, 이 그룹은 한 화면에서 확인할 수 있다(그림 7.9).

그림 7.9 리소스 그룹 생성

이미 존재하는 그룹은 리소스 그룹 하부의 저장된 그룹 메뉴를 통해 접속할 수 있다(그림 7.10).

그림 7.10 태그된 자원은 리소스 그룹 메뉴에서 확인할 수 있다.

CustomerAPI-Infrastructure 리소스 그룹을 누르면 이 그룹에 포함된 모든 AWS 서비스를 확인할 수 있다(그림 7.11).

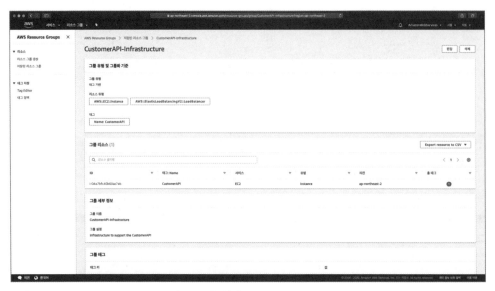

그림 7.11 CustomerAPI-Infrastructure 리소스 그룹 화면

리소스 그룹 메뉴를 통하면 해당 리소스에 쉽고 빠르게 접근할 수 있다. 리소스 그룹의 구성원은 태그 값, 리소스의 종류, 리소스의 리전을 기반으로 하며, 구성원이 자동으로 가상 네트워크에 포함되거나 제한된 IP주소를 갖거나 보안 권한을 할당받는 것은 아니다.

계정 메뉴

계정 메뉴를 통해 계정 정보, 연락처 정보, 결제 정보, 보안 자격 증명 등을 변경할 수 있다.
지금까지 살펴본 다른 메뉴와 달리 계정 이름이 아닌 AWS 계정을 생성할 때 사용한 이름
이 표시된다(그림 7.12).

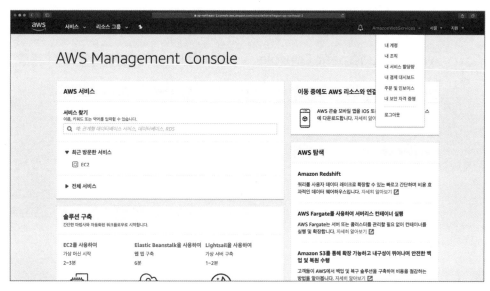

그림 7.12 계정 메뉴

리전 메뉴

관리 콘솔의 리전 메뉴를 통해 AWS 리전을 선택할 수 있다. 기본적으로 관리 콘솔은 미국 동부(버지니아 북부)로 설정돼 있으며, 할당한 리소스는 모두 이곳에 배치된다. 리전 메뉴를 눌러서 다른 리전으로 간단히 변경할 수 있다(그림 7.13).

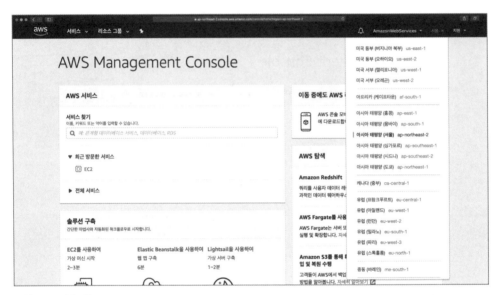

그림 7.13 리전 메뉴

지원 메뉴

지원 메뉴는 메뉴 바의 가장 오른쪽에 위치해 있다. 이 메뉴를 통해 AWS 고객 지원 팀에 연락하거나 각종 문서에 접근할 수 있다.

요약

- Amazon은 지리적 리전 시스템을 이용해 클라우드 기반 서비스를 사용자에게 제공한다. 모든 리전에서 AWS 서비스를 사용할 수 있는 것은 아니다.

- AWS 리전은 전 세계에 존재하는 물리적인 위치로 클라우드 기반 서비스를 제공한다.

- 리전은 여러 개의 가용 영역으로 구성되며, 하나의 가용 영역은 하나 이상의 데이터 센터로 구성된다.

- 엣지 로케이션은 CloudFront를 위한 콘텐츠 배포 끝단으로 Amazon의 S3와 통합돼 자주 사용하는 미디어 파일을 사용자와 가까운 지점에 캐싱해주는 안전한 콘텐츠 전송 서비스다.

- AWS 관리 콘솔, 명령줄 인터페이스, 플랫폼별 개발자 SDK, RESTful 웹 서비스를 통해 AWS 서비스에 접속할 수 있다.

8장

자격 증명 및 접속 관리

IAM$^{Identity\ and\ Access\ Management}$은 안전한 사용자 관리, 보안 자격 증명$^{security\ credentials}$ 구성, 암호 만료 기간 정책, MFA 설정, AWS 리소스에 관한 사용자 제어를 지원하는 웹 서비스다. IAM을 사용하면 AWS 리소스에 접근 가능한 사용자와 리소스를 지정해 리소스로 무엇을 할 수 있는지 제어할 수 있다.

IAM은 일반적으로 AWS 관리 콘솔을 사용해 접속하거나 AWS 명령줄 도구로 접속한다. 이 책에서는 관리 콘솔을 사용해 사용자, 그룹, 역할, 정책을 설정하고 루트 계정을 보호하는 법을 배운다.

IAM 주요 개념

여기서는 IAM을 사용해 작업하면서 만나게 될 주요 개념에 관해 살펴본다.

루트 계정

AWS에 가입하는 과정에서 이메일 주소와 비밀번호를 입력하게 된다. 회원 가입 마지막 절차에서 입력한 이메일 주소와 비밀번호로 루트 자격 증명root identity을 만든다. 이 루트 계정은 결제와 비밀번호 변경을 포함한 AWS 계정과 관련된 모든 리소스에 제약 없이 접근할 수 있다.

회원 가입 절차에 사용한 이메일 주소와 비밀번호로 AWS 관리 콘솔에 로그인하는 것이 루트 계정으로 로그인하는 것으로, Amazon은 일상적인 접속에 루트 계정을 사용하는 것을 권장하지 않으며, 다른 누구와도 루트 계정 자격 증명을 공유하지 않고 루트 계정에 멀티 팩터 인증MFA, multifactor authentication을 활성화하기를 강력하게 권장한다.

일상적인 용도를 위해 IAM을 사용해 별도의 사용자를 만들고 사용자에게 적절한 수준의 권한을 부여하기 위한 그룹과 정책을 설정하길 권장한다. 'MFA로 루트 계정 보안 설정하기'에서는 MFA 설정 방법을 배워보고, 8장 후반의 '사용자 생성'에서 실제로 사용자를 생성해볼 것이다.

IAM 사용자

IAM 사용자user는 조직의 개인이나 애플리케이션에 대응하는 개념으로 각각의 IAM 사용자 계정은 독자적인 로그인 주소, 비밀번호, 액세스 키를 갖는다. 그러나 IAM 사용자 계정은 별도의 AWS 계정은 아니며 루트 AWS 계정 내에 존재하는 개념이다(그림 8.1).

IAM 사용자 계정은 AWS 관리 콘솔에 접속할 수 있는 전용 로그인 주소와 비밀번호를 제공받고, AWS 서비스에 프로그램적으로 접속할 수 있는 액세스 키도 제공받는다. IAM 사용자 계정과 관련된 권한은 IAM 사용자가 AWS 관리 콘솔의 어떤 부분에 접속할 수 있는지와 관련된다.

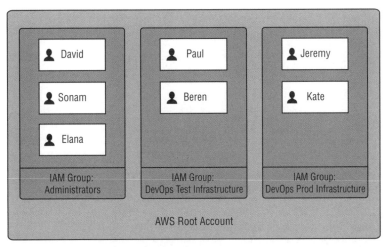

그림 8.1 IAM 사용자는 AWS 루트 계정 내에 존재한다.

IAM 사용자 계정은 독자적인 액세스 키를 보유하고 있기 때문에 AWS에 프로그램적으로 접속할 수 있는 애플리케이션을 위한 IAM 사용자 계정을 생성할 수도 있다. 따라서 IAM 사용자는 항상 실제 개인을 의미하는 것은 아니다.

Amazon은 관리자 권한을 가진 IAM 사용자 계정을 먼저 만들고, 그 사용자로 개인이나 다른 애플리케이션을 위한 다른 IAM 사용자 계정을 만드는 것을 권장한다.

자격 증명 페더레이션

자격 증명 페더레이션Identity Federation은 개인이나 애플리케이션이 액티브 디렉터리, SAML Security Assertion Markup Language 토큰, 페이스북과 같은 방법으로 인증을 받아 임시의 IAM 사용자 계정으로 AWS 서비스에 프로그램적으로 접근할 수 있게 한다. 자격 증명 페더레이션은 사용자가 먼저 외부 자격 증명 공급자에 로그인해 공급자로부터 토큰을 부여받고, 이 토큰을 IAM 에 다시 제출해 AWS 리소스에 접근할 수 있는 임시 자격 증명을 얻는다(그림 8.2).

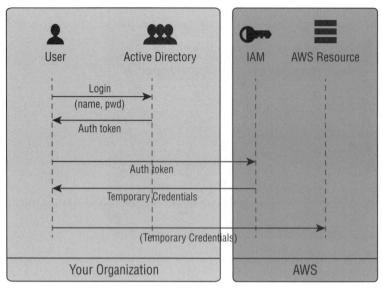

그림 8.2 임시 자격 증명 획득 과정

기업 자격 증명 페더레이션

기업 자격 증명 페더레이션Enterprise Identity Federation에서 자격 증명은 AWS 외부인 기업의 저장소에 보관되며, 기업의 네트워크를 통해 이미 인증을 받은 사용자는 AWS에 접속하기위해 새로운 자격 증명으로 로그인할 필요가 없다.

마이크로소프트 액티브 디렉터리AD, Microsoft Active Directory 자격 증명을 보유한 사용자는 AWS 디렉터리 서비스를 이용해 AD 계정과 AWS 계정 사이에 신뢰 관계를 설정할 수 있다.

SAML 2.0과 호환되는 기업 디렉터리에 자격 증명을 가진 사용자는 SSOsingle sign-on 접속 권한을 AWS 관리 콘솔에 제공하도록 디렉터리를 설정한다.

웹 자격 증명 페더레이션

웹 자격 증명 페더레이션Web Identity Federation에서 자격 증명은 Facebook, Google, Amazon과 같은 잘 알려진 다른 기관에 저장된다. 사용자가 이미 갖고 있는 Facebook, Amazon, Google 계정으로 로그인할 수 있는 웹이나 모바일 앱을 개발하는 경우에 적합한 방식이다. 웹이나 모바일 앱에서 웹 자격 증명 페더레이션을 사용하면 장기간 자격 증명을 배포하거나, 애플리케이션 안에 자격 증명 관리와 로그인 관련 코드를 만들 필요가 없다. Amazon은 자격 증명 페더레이션 관리를 위해 Amazon Cognito를 권장한다.

> **노트** 자격 증명 페더레이션에 관한 추가 정보는 다음 주소에서 확인할 수 있다.
>
> http://docs.aws.amazon.com/IAM/latest/UserGuide/introduction_identity-management.html

IAM 그룹

IAM 그룹은 IAM 사용자로 구성되는 개념으로 그룹의 모든 구성원에게 동일한 정책을 적용할 수 있어 IAM 그룹은 조직의 모든 사용자 개개인의 권한을 설정하는 대신 간단하게 권한을 관리할 수 있다. 즉, IAM 사용자를 IAM 그룹에 할당하고 그룹 수준의 권한을 관리한다(그림 8.3).

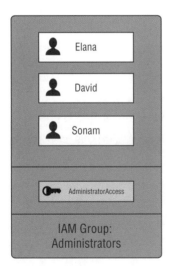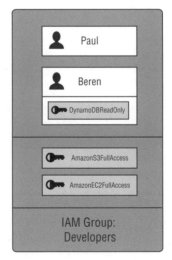

그림 8.3 사용자와 권한을 포함하는 IAM 그룹

큰 조직의 경우 조직 내 부서와 직무에 맞게 그룹을 설정하는 것은 매우 일반적이다.

IAM 정책

IAM 정책은 JSON 문서 형태로 사용자, 그룹, 역할과 관련된 권한을 부여하며, IAM 정책 문서에는 수행할 작업 목록과 리소스가 나열돼 있다. 사용자 관리를 위해 그룹을 활용할 경우 사용자와 그룹 모두에 정책을 적용할 수 있으며, 이러한 경우 사용자의 권한은 사용자에게 적용된 정책과 그룹의 구성원으로 상속받은 정책의 조합으로 결정된다.

정책에는 크게 다음과 같은 두 가지 유형이 있다.

- **사용자 기반 정책**User-based policy: 사용자 기반 정책은 사용자에 적용되는 정책으로 사용자가 수행할 수 있는 작업과 사용자가 접근할 수 있는 리소스를 정의한다.
- **리소스 기반 정책**Resource-based policy: 리소스 기반 정책은 리소스에 적용되는 정책으로 리소스에 어떤 사용자가 접근할 수 있고, 리소스에서 어떤 작업을 수행할 수 있는지 정의한다. 모든 AWS 서비스가 리소스 기반 정책을 지원하는 것은 아니며 리소스 기반 정책의 주된 목적은 AWS 리소스에 계정 간 접속cross-account access을 허용하기 위함이다. 계정 간 접속은 AWS 계정의 IAM 사용자가 다른 AWS 계정의 리소스에 접근할 때 발생한다.

IAM 역할

IAM 역할role은 사용자user와 유사한 자격 인증 객체identity object이지만 사용자와 달리 역할은 자체적인 자격 증명을 갖고 있지 않고 특정 개인과 고유하게 연관돼 있지도 않다. 다만 역할은 개인 혹은 서비스에 의해 결정된다.

IAM 역할은 EC2 인스턴스가 S3 버킷에 접근할 수 있도록 허용하는 것과 같이 특정 계정의 AWS 서비스에 다른 계정의 AWS 서비스가 접근할 수 있게 하며, 다른 조직의 AWS 계정에 생성된 IAM 사용자 혹은 다른 자격 증명 공급자로부터 인증받은 IAM 사용자가 AWS 서비스에 접근하는 경우에도 사용된다.

IAM 사용자가 IAM 역할을 할 때 일시적으로 IAM 사용자의 권한은 IAM 역할의 권한으로 대체되며, IAM 사용자가 IAM 역할을 중지하면 IAM 사용자의 원래 권한으로 복원된다.

EC2와 같은 서비스가 IAM 역할을 대신할 때 서비스가 임시로 접근 자격 증명을 부여받는다. 그러므로 만약 EC2 인스턴스가 DynamoDB 데이터베이스에 접근하도록 하려면 EC2 인스턴스용 계정과 비밀번호를 생성하는 대신 적절한 권한을 갖는 IAM 역할을 생성해 EC2 인스턴스에 할당하면 된다.

IAM 역할에는 다음과 같은 두 가지 정책이 존재한다.

- 신뢰 정책^{trust policy}: 누가 역할을 맡을지를 지정한다.

- 권한 정책^{permissions policy}: 역할을 할당받은 애플리케이션/서비스가 사용할 수 있는 리소스나 작업을 지정한다.

일반적인 작업

여기서는 IAM과 AWS 관리 콘솔을 이용해 사용자, 그룹, 역할, 권한을 관리하는 방법을 배운다. 실습을 위해 AWS 관리 콘솔에 접속할 수 있어야 하며, 루트 계정 아래 사용자 계정을 생성하지 않았다면 AWS 관리 콘솔에 루트 계정 자격 증명으로 로그인한다(그림 8.4).

그림 8.4 루트 계정 로그인 화면

일상적인 관리 작업 용도로 IAM 사용자 계정을 이미 생성한 경우에는 전용 로그인 주소를 통해 AWS 관리 콘솔에 접속할 수 있다(그림 8.5).

그림 8.5 IAM 사용자 전용 로그인 화면

루트 계정 자격 증명으로는 사용자 전용 로그인 주소로 로그인할 수 없음에 유의하자. IAM 사용자 계정의 작업 영역은 현재 설정된 관리 콘솔의 리전 영역으로 제한되지 않고, AWS 의 모든 리전으로 변경 가능하다(그림 8.6). 그리고 AWS 관리 콘솔로 IAM을 구성하는 경 우에는 물리적으로 가장 가까운 리전을 선택해야 관리 콘솔을 사용할 때 지연 시간을 최소 화할 수 있다.

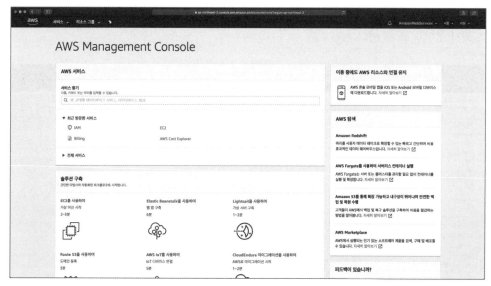

그림 8.6 AWS 관리 콘솔 리전 변경

AWS 관리 콘솔에 로그인 후 서비스 드롭다운 메뉴에서 IAM 링크를 선택한다(그림 8.7).

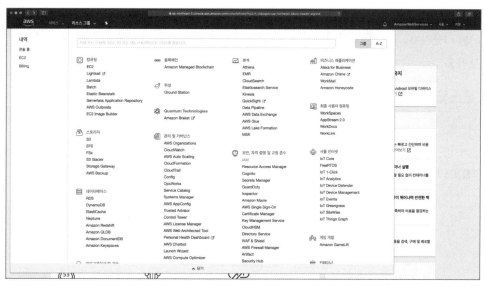

그림 8.7 IAM 관리 콘솔 접속하기

대시보드 상단에서 IAM 사용자 로그인 주소를 확인할 수 있다. 사용자는 이 전용 주소를
통해서 로그인할 수 있다(그림 8.8).

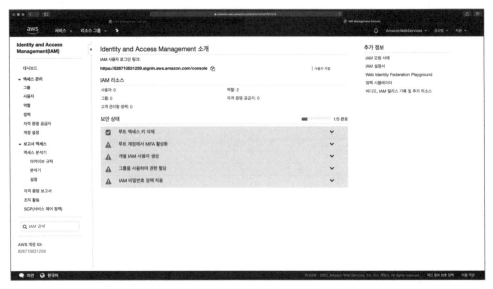

그림 8.8 전용 IAM 로그인 주소

IAM 사용자 로그인 주소 아래에서 이미 생성된 IAM 리소스에 관한 요약 내용과 IAM 계정
보안을 위해 수행해야 하는 작업 내용을 확인할 수 있다(그림 8.9).

그림 8.9 IAM 리소스 대시보드

IAM 사용자 생성

다음 절차를 통해 IAM 사용자를 생성할 수 있다.

1. IAM 대시보드에서 왼쪽 메뉴 중 **사용자**를 눌러 사용자 관리 화면으로 넘어간다. 다음으로 **사용자 추가** 버튼을 눌러 루트 계정 아래 사용자 계정을 생성한다(그림 8.10).

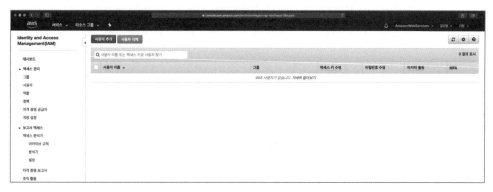

그림 8.10 IAM 사용자 추가

2. 새로 만들 사용자 계정의 사용자 이름과 액세스 유형을 선택한다(그림 8.11).

그림 8.11 사용자 세부 정보 설정

AWS 액세스 유형에는 다음과 같이 두 가지가 있으며 둘 중 하나를 선택할 수 있다.

- **프로그래밍 방식 액세스**Programmatic Access: AWS API, CLI, SDK 및 기타 개발 도구가 AWS 서비스에 접근할 수 있도록 액세스 키 ID access key ID 및 비밀 액세스 키 secret access key를 생성한다.

- **AWS 관리 콘솔 액세스**Management Console Access: 사용자가 전용 사용자 로그인 주소를 통해 AWS 관리 콘솔에 접근할 수 있는 비밀번호를 생성한다.

AWS 관리 콘솔 액세스 방식을 선택할 경우 비밀번호를 직접 입력하거나 자동 생성할 수 있으며 사용자가 첫 로그인할 때 비밀번호를 변경해야 하도록 설정할 수도 있다. 원하는 옵션을 선택한 후 다음 버튼을 누른다.

3. 사용자 이름과 액세스 유형을 선택 후 사용자 권한을 설정해야 한다(그림 8.12).

그림 8.12 사용자 권한 설정

권한은 JSON 문서 내 정책에 의해 정의되며 다음과 같은 세 가지 방식으로 할당할 수 있다.

- 그룹에 사용자 추가^{add user to a group}: 사용자를 그룹에 추가하고 그룹에 권한을 부여하는 방식으로 그룹에 적용한 권한이 그룹 내 사용자에게 적용된다.

- 기존 사용자에서 권한 복사^{copy permissions from existing user}: 기존 사용자에 연결된 정책을 복사해 적용한다.

- 기존 정책 직접 연결^{attach existing policies directly}: 사용자에게 직접 하나 이상의 정책을 선택해 적용한다.

그룹에 사용자를 추가하는 방식을 권장하며 **그룹에 사용자 추가**를 선택 후 **그룹 생성**을 누른다.

4. 그룹 이름을 입력 후 그룹에 적용할 정책을 하나 이상 선택한 후 **그룹 생성**을 눌러 그룹을 생성한다. 이번 예제에서는 그룹 이름을 'DevOps_Engineers'로 입력하고 EC2FullAccess 권한을 부여한다(그림 8.13).

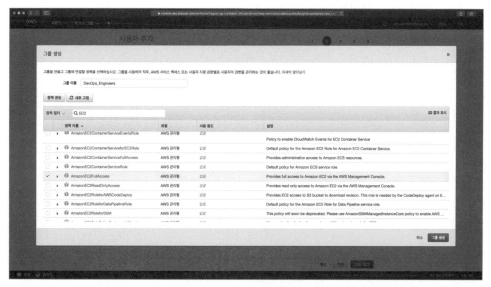

그림 8.13 새로운 그룹 생성

5. **그룹 생성** 버튼을 눌러 그룹이 생성되면 다시 이전 화면으로 돌아와 기존 그룹에 새로운 그룹이 추가된 것을 확인할 수 있다(그림 8.14).

그림 8.14 기존 그룹에 새 그룹이 추가된 화면

그룹 목록에서 여러 개의 그룹을 선택해 다양한 정책을 사용자에게 적용할 수 있다.
그룹 목록에서는 각각의 그룹에 연결된 정책을 확인할 수 있으며, 정책 이름을 눌
러 요약 화면으로 이동 후 {}JSON 탭을 눌러 정책 편집기 창을 불러올 수 있다(그림
8.15).

그림 8.15 에디터로 불러온 EC2FullAccess 정책 내용

정책은 IAM 정책 규칙에 따라 JSON 문서로 표현돼 있다. IAM 정책에 관한 자세한
내용은 다음에서 확인할 수 있다.

http://docs.aws.amazon.com/IAM/latest/UserGuide/reference_policies.html
EC2FullAccess.

정책의 JSON 문서 내용은 다음과 같다.

```
{
    "Version": "2012-10-17",
    "Statement": [
        {
            "Action": "ec2:*",
            "Effect": "Allow",
            "Resource": "*"
```

```
        },
        {
            "Effect": "Allow",
            "Action": "elasticloadbalancing:*",
            "Resource": "*"
        },
        {

            "Effect": "Allow",
            "Action": "cloudwatch:*",
            "Resource": "*"
        },
        {

            "Effect": "Allow",
            "Action": "autoscaling:*",
            "Resource": "*"
        },
        {

            "Effect": "Allow",
            "Action": "iam:CreateServiceLinkedRole",
            "Resource": "*",
            "Condition": {
                "StringEquals": {
                    "iam:AWSServiceName": [
                        "autoscaling.amazonaws.com",
                        "ec2scheduled.amazonaws.com",
                        "elasticloadbalancing.amazonaws.com",
                        "spot.amazonaws.com",
                        "spotfleet.amazonaws.com"
                    ]
                }
            }
        }
    ]
}
```

정책 문서는 'Version'이라는 문자열 키-값$^{string\ key}$으로 시작하며, 이 문서의 경우 AWS가 정책을 생성한 날짜다.

정책 문서에는 여러 구문이 배열 형태로 포함돼 있는데, 이 배열의 원소들은 리소스에서 작업의 수행 가능 여부를 설명한다. EC2FullAccess 정책 구문에서 ELB^{Elastic} $^{Load\ Balancer}$ 리소스에 관한 모든 접근을 허용함을 볼 수 있다.

6. 사용자가 속할 그룹을 선택한 후 **다음** 버튼을 누르면 새 사용자에 관한 설정을 검토하는 화면을 볼 수 있다(그림 8.16).

그림 8.16 사용자 세부 정보 검토 화면

7. **사용자 만들기** 버튼을 눌러 사용자 생성을 마무리한다.

   방금 생성한 사용자 이름을 포함한 자격 인증 정보를 확인하는 화면을 볼 수 있는데, 지금 화면에서만 자격 인증 접속 정보를 확인할 수 있으므로 별도로 안전한 장소에 저장 후 사용자에게 공유한다(그림 8.17).

그림 8.17 생성 확인 화면

8. **.csv 다운로드** 버튼으로 전체 자격 증명 내용을 저장 후 **닫기** 버튼을 눌러 IAM 첫 화면으로 돌아온다.

기존 그룹 권한 수정

기존 그룹에 적용된 권한을 수정하면 IAM 첫 화면의 왼쪽 메뉴에서 **그룹**을 선택한 후 기존 그룹 목록에서 그룹 이름 선택한다(그림 8.18).

그림 8.18 그룹 목록

그룹 이름을 선택하면 그룹의 권한을 수정할 수 있는 화면으로 이동한다(그림 8.19).

그림 8.19 그룹 권한 요약

IAM 역할 생성

다음과 같은 절차에 따라 IAM 역할을 생성할 수 있다.

1. IAM 첫 화면의 왼쪽 메뉴에서 **역할**을 선택하고 **역할 만들기** 버튼을 누른다(그림 8.20).

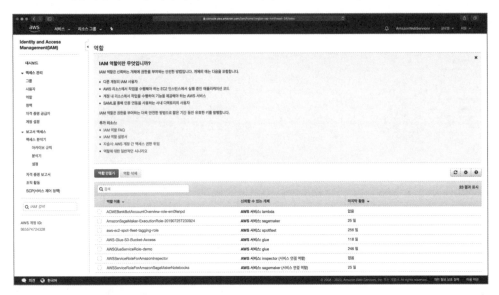

그림 8.20 IAM 콘솔을 사용한 새로운 역할 생성

2. 역할은 신뢰 정책과 권한 정책 두 가지를 가질 수 있는 점을 다시 한 번 확인하고 새로 생성할 역할의 유형을 선택한다. 신뢰 정책은 누가 역할을 담당하는지를 정의하며, IAM에서는 네 가지 개체^{entity} 중 하나를 선택할 수 있다.

   □ **AWS 서비스**: 역할이 Amazon EC2와 같은 AWS 서비스일 경우 선택한다. 생성된 역할은 서비스 역할^{service roles}이라는 이름으로 AWS 서비스가 사용한다.

   □ **다른 AWS 계정**: 다른 AWS 계정에 포함된 IAM 사용자를 위한 역할일 경우 선택한다.

   □ **웹 ID**: OIDC^{Open ID Connection} 공급자에 의해 인증받은 사용자를 위한 역할일 경우 선택한다.

□ **SAML 2.0 연동**: SAML 2.0에 의해 인증받은 사용자를 위한 역할인 경우 선택한다.

여기서는 EC2 인스턴스를 위한 AWS 서비스 역할을 생성하고, 동일한 계정 내의 Amazon DynamoDB 리소스에 접근할 수 있도록 한다. **AW 서비스**를 선택 후 사용 사례 선택에서 **EC2**를 선택한 후 **다음** 버튼을 누른다(그림 8.21).

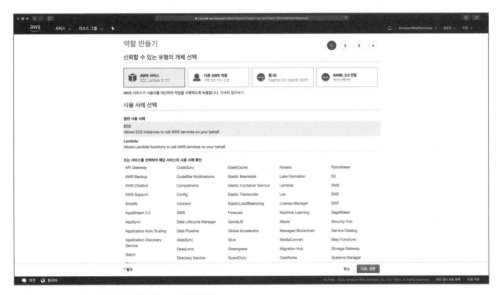

그림 8.21 EC2 인스턴스를 위한 서비스 역할 생성

3. 여기서는 역할의 권한 정책을 설정할 수 있는데, 권한 정책은 사용자 혹은 서비스가 역할을 할당받았을 때 수행할 수 있는 작업을 의미한다. 하나의 역할에 최대 10개의 권한을 설정할 수 있다.

검색창에 'Dynamo'를 입력하고 검색 결과 중 AmazonDynamoDBFullAccess 정책을 선택한 후 **다음** 버튼을 누른다(그림 8.22).

그림 8.22 역할에 권한 부여

4. 다음 화면에서는 역할과 관련된 태그를 추가할 수 있다(그림 8.23). 태그는 키-값^{key-}_{value pairs}으로 구성돼 역할에 지정할 수 있으며, 최대 50개의 태그를 추가할 수 있다. 여기서는 별도의 태그를 입력하지 않았지만 원하는 태그가 있다면 추가할 수 있다. **다음**을 눌러 다음 화면으로 넘어간다.

그림 8.23 역할에 최대 50개의 태그를 입력할 수 있다.

5. 검토 화면에서는 새로운 역할에 관한 간단한 정보를 보여주고 역할의 이름을 입력 받는다. 역할 이름은 영숫자 및 '+=, .@-_' 문자를 사용해 최대 64글자까지 입력할 수 있으며 생성 후에는 수정할 수 없다(그림 8.24).

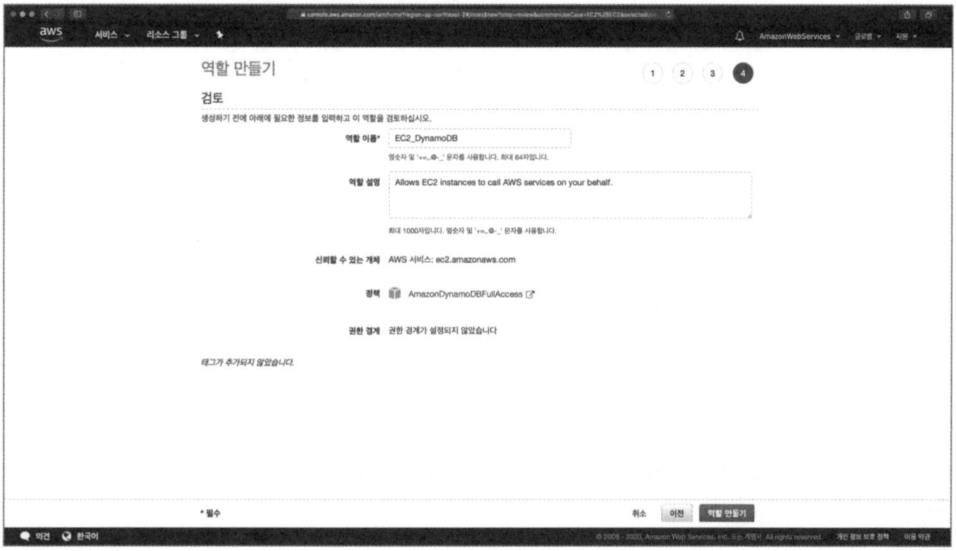

그림 8.24 역할 만들기 검토

루트 계정에 MFA 적용

여기서는 보안을 위해 AWS 계정에 MFA를 적용하는 방법을 알아본다. MFA는 사용자 인증에 최소 두 가지 이상의 인증을 거치는 개념으로 다음과 같은 요소의 인증을 활용한다.

- 비밀번호와 같이 알고 있는 어떤 것^{something you know}

- 하드웨어 토큰 혹은 스마트폰 앱과 같이 갖고 있는 어떤 것^{something you have}

- 지문, 목소리와 같은 나에 관한 어떤 것^{something you are}

MFA는 민감한 정보를 보호하기 위해 사용하거나 인터넷 뱅킹과 같은 일상생활에도 많이 적용되고 있으며 가능한 MFA를 활성화하는 것이 바람직하다. MFA가 활성화되면 누군가 AWS 관리 콘솔에 루트 계정으로 로그인을 시도할 때 인증 기기가 생성한 임의의 고유한 6자리 숫자를 입력하는 추가적인 보안 절차를 거쳐야 한다.

1. 루트 계정에 MFA를 설정하기 위해서는 루트 계정의 자격 증명으로 AWS 관리 콘솔에 로그인하고 IAM 대시보드로 이동한 후 보안 상태의 **루트 계정에서 MFA 활성화**를 선택한다(그림 8.25).

그림 8.25 MFA 설정 화면

루트 계정에서 MFA 활성화를 누르면 MFA 관리 버튼을 볼 수 있다. 이 버튼을 누르면 루트 계정 대신 관리자 권한을 갖고 있는 전용 IAM 사용자 계정을 사용하기를 권하는 대화상자가 나타난다(그림 8.26).

그림 8.26 보안 자격 증명 구성 경고

2. 보안 자격 증명 페이지로 이동 후 **멀티 팩터 인증(MFA)**을 선택해 **MFA 활성화** 버튼을 누른다(그림 8.27).

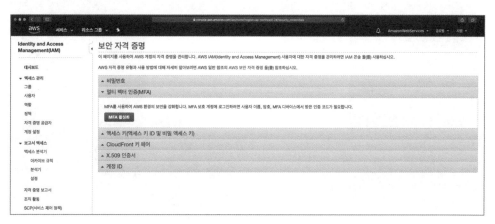

그림 8.27 MFA 활성화

3. **MFA 활성화** 버튼을 누르면 활성화할 대상을 묻는 대화상자가 나타나고 그중 하나를 선택한다.

   □ **가상 MFA 디바이스**^Virtual MFA Device: 구글 OTP(Google Authenticator)와 같이 스마트폰에서 작동하는 소프트웨어로, iOS와 안드로이드 모두 사용 가능하다.

   □ **U2F 보안키**^U2F Key: FIDO 연합에서 정한 공개 표준 보안키로, 코드를 키보드로 입력하는 대신 컴퓨터에 물리적인 USB를 꽂아 암호를 입력하는 방식이다.

   □ **다른 하드웨어 MFA 디바이스**^Hardware MFA Device: 구매해서 사용하는 물리적인 인증 디바이스로, 책을 집필한 시점에 AWS MFA와 호환되는 장비는 Gemalto가 공급한다.

노트 구글 OTP는 스마트폰에 설치해 매일 지니고 다니기 때문에 스마트폰을 분실하거나 MFA가 변조될 가능성이 있다. 반면 별도로 보관하는 하드웨어 MFA 장치나 U2F 키는 매일 지니고 다니는 가상 MFA 장비보다 더 안전할 것이다. 하드웨어 MFA나 다른 호환되는 가상 MFA 앱은 다음 주소에서 확인할 수 있다.

https://aws.amazon.com/iam/features/mfa/

예제에서는 구글 OTP 앱을 사용하 것이므로, **가상 MFA 디바이스**를 선택 후 **계속** 버튼을 누른다(그림 8.28).

그림 8.28 MFA 디바이스 유형 선택

4. 다음 화면에서는 QR 코드와 두 개의 입력창이 나타난다. 스마트폰에서 구글 OTP 앱을 실행하고 QR 코드를 스캔한다. 만약 QR 코드가 보이지 않으면 **QR 코드 표시**를 누른다(그림 8.29).

5. 구글 OTP 앱에 6자리 코드가 나타나면 QR 코드 아래 'MFA 코드 1'에 입력하고 잠시 기다린 후 앱에 새로운 코드가 생성 나타나면 'MFA 코드 2'에 다시 입력한 후 **MFA 할당** 버튼을 눌러 루트 계정에 MFA 활성화 작업을 마무리한다.

그림 8.29 가상 MFA 디바이스 설정

MFA는 루트 계정에서만 사용할 수 있지 않다. 어느 IAM 사용자 계정에서나 사용할 수 있다. 그리고 루트 계정에서 MFA를 활성화한다고 해서 루트 계정 아래에 있는 IAM 계정에서도 자동으로 활성화되는 것은 아니다.

이제는 루트 계정에 MFA가 활성화됐기 때문에 AWS 관리 콘솔에 로그아웃 후 다시 로그인을 시도할 때 루트 계정 자격 증명을 입력 후 인증 코드를 입력하라는 요청이 있을 것이다. 이때 스마트폰에서 구글 OTP를 실행해 6자리 인증 코드를 확인해 로그인 창에 입력하면 된다.

IAM 비밀번호 정책

다음 절차에 따라 IAM 사용자의 비밀번호 정책을 설정할 수 있다.

1. 루트 계정 자격 증명으로 AWS 관리 콘솔에 로그인 후 IAM 대시보드에서 **IAM 비밀번호 적용 정책**을 선택 후 **비밀번호 정책 관리** 버튼을 누른다.

2. **암호 정책 설정** 버튼을 눌러 요구 사항을 선택 후 **변경 내용을 저장합니다** 버튼을 눌러 저장한다.

그림 8.30 IAM 비밀번호 정책 설정

요약

- 자격 증명 및 접속 관리^{IAM, Identity and Access Management}는 사용자와 리소스를 관리할 수 있는 서비스다.

- IAM 서비스는 보통 AWS 관리 콘솔을 통해 접속한다.

- 이메일과 비밀번호로 AWS에 가입해 루트 계정 자격을 받을 수 있다.

- AWS 루트 계정은 계정 내 모든 서비스에 접근이 가능하므로 일상적인 작업에는 사용하지 않는다.

- 일상적인 사용에는 IAM 사용자, 그룹, 정책을 설정해 사용자에 맞게 부여해 사용한다.

- IAM 사용자는 개인 혹은 애플리케이션이 될 수 있다.

- 자격 증명 페더레이션은 개인 혹은 애플리케이션이 Aactive Directory나 Facebook과 같은 방식으로 인증을 받고 임시 IAM 사용자 자격으로 AWS 서비스에 프로그램적으로 접근할 수 있도록 한다.

- IAM 그룹은 논리적 개념으로 IAM 사용자로 구성되며 그룹의 구성원에게 적용된 모든 정책을 가질 수 있다.

- IAM 정책은 JSON 문서 형식으로 사용자, 그룹, 역할에 권한을 부여한다.

- IAM 역할은 사용자와 유사한 객체이지만 아이디, 비밀번호와 같은 자격 증명은 갖지 않는다. 다만 역할은 관련된 여러 권한을 부여받는다.

- IAM 역할은 AWS 서비스가 사용자 계정의 다른 AWS 서비스에 접근할 수 있게 해주는 일을 주로 한다.

Amazon S3

9장에서 다루는 내용은 다음과 같다.

- Amazon S3 기본 개념 소개

- Amazon S3 버킷 생성

- Amazon S3 버킷으로 객체 업로드

- Amazon S3 버킷에서 객체 다운로드

- AWS CLI 도구를 이용한 Amazon S3 작업

> **노트** Amazon은 수시로 Amazon S3 관리 콘솔의 사용자 화면을 업데이트하기 때문에 일부 책의 화면과 실제 예제를 진행하면서 보게 되는 화면이 다를 수 있으나 일반적인 개념은 동일하므로 예제를 따라 하는 데 무리가 없을 것이다.

Amazon S3^{Simple Storage Service}는 AWS 클라우드에 오브젝트 데이터를 안전하게 저장하고 불러올 수 있게 해주는 신뢰성 높은 웹 서비스로, Amazon EC2와 함께 가장 널리 사용되는 서비스 중 하나다. Amazon S3에 저장된 데이터는 한 리전 안에서 자동으로 여러 가용 영역과 장비에 분산돼 저장된다.

Amazon S3는 블록 기반^{block-based}이 아닌 객체 기반^{object-based} 저장 서비스로 파일 데이터를 저장하는 데 이상적이다. 하지만 운영체제를 설치하거나 EC2 인스턴스의 저장 공간으로는 사용할 수 없다.

Amazon S3에 저장된 데이터는 키-값 형식이다. 키-값은 전역 수준에서 유일한 값^{globally unique}이어야 한다. Amazon S3에 저장할 수 있는 데이터 용량의 한계는 없지만 단일 파일의 크기는 5TB를 넘을 수 없다.

Amazon S3 주요 개념

여기서는 Amazon S3를 사용해 작업하면서 만나게 될 주요 개념을 살펴본다.

버킷

버킷bucket은 Amazon S3에 파일이 저장되는 폴더 같은 개념이다. 버킷 이름도 전역 수준에서 유일해야 하므로 다른 사용자도 동일한 이름의 버킷을 생성할 수 없다. Amazon S3는 운영체제의 계층적 파일 시스템을 내부적으로 구현하지 않으며, 모든 파일은 글로벌 플랫 파일 시스템global flat file system 내에 저장된다. 그러나 버킷 이름에는 구분자(/)가 포함될 수 있으므로 계층적 폴더 구조처럼 버킷의 이름을 생성할 수 있다.

생성된 버킷에는 접근 가능한 사용자와 가능한 작업 권한을 설정할 수 있으며, Amazon S3 버킷에 저장된 각각의 객체는 객체 키와 메타데이터를 갖고 있다.

객체 키

객체 키object key는 Amazon S3 버킷 안의 객체를 구분하는 UTF-8 문자열로, 버킷에 파일이 최초로 업로드될 때 할당되며 최대 1024bytes의 길이를 가질 수 있다.

기본적으로 키 이름은 버킷에 업로드한 파일의 이름이다. Amazon S3는 내부적으로 데이터를 알파벳 순서로 저장하는데, 이는 비슷한 이름의 파일은 실제 물리적 디스크에서 비슷한 위치에 저장됨을 의미한다. 이 점을 고려해 Amazon S3에 파일을 저장할 때 파일이름을 순차적으로 지을지 동일한 접두어로 시작할지 결정한다. Amazon S3에서 데이터를 읽어올 때 병목현상이 발생하는 경우에는 파일 이름을 다르게 변경하거나 타임스탬프timestamp를 파일 앞에 추가해볼 수 있다.

객체 값

객체 값object value은 저장하는 데이터로 최대 5TB 길이의 연속적인 바이트 값sequence of bytes이다.

버전 ID

버전 ID$^{version\ ID}$는 객체의 버전을 구분하는 문자열 값으로 Amazon S3는 객체를 버킷에 업로드할 때 버전 ID를 할당한다. 객체 버전 관리를 활성화하면 매 업데이트마다 새로운 버전 ID가 생성되며, 객체 키와 버전 ID를 통해 객체를 고유한 값으로 식별할 수 있다.

스토리지 클래스

Amazon S3에 저장된 객체는 읽는 빈도에 따라 각각 연관된 스토리지 클래스를 갖고 있다. 스토리지 클래스는 Amazon S3가 객체를 어떻게 저장하는지 결정하고 저장 방식에 따라 데이터를 읽을 때 추가 비용이 발생할 수도 있다.

- Standard: 객체가 Amazon S3에 업로드될 때 기본으로 지정되는 스토리지 클래스로 높은 신뢰성, 내구성 및 빠른 액세스 시간이 필요한 파일의 경우 이상적이다. Standard 스토리지 클래스는 99.99%의 가용성과 99.999999999%의 내구성을 목표로 설계됐으며, 여러 기기와 시설 전반에 걸쳐 데이터를 중복 저장해 동시에 두 곳의 가용 영역에서 문제가 발생해도 손실이 없도록 만들어졌다.

- Standard-IA: IA는 infrequently accessed의 약자로 Standard-IA 스토리지 클래스는 Standard 스토리지 클래스보다 낮은 빈도로 접속하는 객체를 위해 설계돼 스토리지 비용은 저렴하지만 동일한 수준의 가용성과 내구성을 제공한다. 대신 실시간으로 객체에 접근하기 위해서는 추가 비용을 지불해야 한다.

- Reduced Redundancy Storage(RRS): RRS 스토리지 클래스는 중요하지 않고 재생산이 가능한 객체를 위해 설계됐으며, Standard 스토리지 클래스보다 저장 비용이 낮은 대신 낮은 수준의 중복성^{redundancy}으로 저장된다. RRS 스토리지 클래스는 99.99%의 가용성과 99.99%의 내구성을 갖는다.

- Glacier: Amazon Glacier는 독립적인 저비용 클라우드 기반 아카이브 솔루션이다. Glacier 스토리지 클래스는 Amazon Glacier을 사용해 객체를 저장하며 데이터 아카이브 작업에 적합하다. 스토리지 비용은 매우 낮지만 데이터를 읽어오는 데 최대 5시간이 소요된다.

비용

Amazon은 다음 요소들을 고려해 비용을 청구하며 리전에 따라 가격이 다를 수 있다.

- **스토리지**storage: Amazon S3 버킷에 객체를 저장하는 비용이 청구된다.

- **요청**request: Amazon S3 버킷 객체를 요청하는 횟수에 관한 비용이 청구된다.

- **스토리지 관리 비용**storage management pricing: 2016년 11월 Amazon은 'Amazon S3 객체 태깅object tagging'이라는 새로운 기능을 발표했다. 객체 기반 태그는 언제든 생성, 업데이트, 삭제가 가능하며 객체에 접속하는 빈도를 분석하는 데 사용할 수 있다. 태그마다 약간의 비용이 발생한다. Amazon S3 객체 태깅에 관한 자세한 정보는 다음 주소에서 확인할 수 있다.

  https://aws.amazon.com/about-aws/whats-new/2016/11/revolutionizing-s3-storage-management-with-4-new-features/

- **데이터 전송 비용**data transfer pricing: Amazon S3 버킷을 동일 리전에서 복제할 경우 무료이지만, 다른 리전으로 복제할 경우 추가적인 비용을 지불해야 한다.

- **전송 가속화**transfer acceleration: Amazon S3 Transfer Acceleration은 사용자가 Amazon CloudFront의 CDN 엔드포인트를 사용해 Amazon S3 버킷의 내용에 빠르게 접근할 수 있게 하는 기능이다. 예를 들어 Amazon S3 버킷이 도쿄에 있을 때 Transfer Acceleration이 없다면 모든 사용자들은 데이터를 도쿄의 Amazon S3 버킷에 요청해야 한다. 하지만 Transfer Acceleration을 활용하면 가장 가까운 CloudFront CDN 엔드포인트에 데이터를 요청하면 되며, 보통 엔드포인트는 Amazon S3 버킷보다 가까운 지역에 위치한다. 다음 주소를 통해 Amazon S3 Transfer Acceleration 사용 여부에 따른 데이터 접근 시간 차이를 확인할 수 있다.

  http://s3-accelerate-speedtest.s3-accelerate.amazonaws.com/en/accelerate-speed-comparsion.html

Amazon S3에 관한 비용에 관한 최신 정보는 https://aws.amazon.com/s3/pricing에서 확인할 수 있다.

객체 하위 리소스

Amazon S3의 모든 버킷과 객체는 각각의 하위 리소스 객체를 가지며 이를 객체 하위 리소스subresources of the object라고 한다. 하위 리소스 자체만으로 존재할 수 없으며 항상 버킷이나 객체와 함께 존재한다. 책이 집필된 시점에서 Amazon S3 객체의 하위 리소스는 다음 두 가지가 존재한다.

- ACLaccess control list: ACL은 리소스에 접근 가능한 명단과 리소스로 수행할 수 있는 작업 목록이다.
- torrent: .torrent 파일과 관련된 리소스를 얻을 수 있다.

객체 메타데이터

Amazon S3 객체와 관련된 메타데이터는 시스템 정의 객체 메타데이터와 사용자 정의 객체 메타데이터 두 가지 종류가 있다.

시스템 정의 메타데이터

시스템 정의 메타데이터System-Defined Metadata는 이름에서 알 수 있듯이 Amazon S3에 의해 자동으로 관리되고 객체 생성 날짜, 객체 사이즈 등의 정보를 포함한다. 사용자는 어떠한 시스템 정의 메타데이터도 수정할 없으며 표 9.1을 통해 시스템 정의 메타데이터의 종류와 특성을 확인할 수 있다.

표 9.1 Amazon S3 시스템 정의 메타데이터

이름	설명	수정 가능 여부
Date	객체 생성 일자	불가
Content-Length	객체 크기(bytes)	불가
Last-Modified	객체 수정 일자(수정된 이력이 없을 경우 생성 일자)	불가
Content-MD5	객체의 MD5 해시	불가
x-amz-server-side-encryption	객체에 관한 서버 측 암호화 활성화 여부 및 해당 암호화의 AWS Key Management Service(AWS KMS) 또는 Amazon S3 관리형 암호화(SSE-S3) 여부	불가

이름	설명	수정 가능 여부
x-amz-version-id	객체 버전. 버전 관리를 사용하는 버킷의 경우 Amazon S3는 버킷에 추가된 객체에 버전 번호를 지정	불가
x-amz-delete-marker	버전 관리를 사용하는 버킷의 경우 이 마커는 객체가 삭제 마커인지 여부를 나타냄	불가
x-amz-storage-class	객체 저장에 사용된 스토리지 클래스	가능
x-amz-website-redirect-location	관련 객체에 관한 요청을 동일한 버킷의 다른 객체 또는 외부 URL로 리디렉션	가능
x-amz-server-side-encryption-aws-kms-key-id	x-amz-server-side-encryption이 표시되고 aws:kms 값이 지정된 경우 이 값은 객체에 사용된 AWS KMS 대칭 고객 마스터 키(CMK)의 ID를 나타냄	가능
x-amz-server-side-encryption-customer-algorithm	고객 제공 암호화 키(SSE-C)를 사용하는 서버 측 암호화의 활성화 여부를 나타냄	가능

사용자 정의 메타데이터

사용자 정의 메타데이터User-Defined Metadata는 객체가 생성될 때 사용자가 추가로 정의한 키-값 메타데이터다.

일반적인 작업

여기서는 AWS 관리 콘솔을 사용해 Amazon S3 버킷을 생성하고 콘텐츠를 관리하는 방법을 배운다. 실습을 위해 개발 IAM 사용자 계정 전용 주소로 로그인 후 Amazon S3 서비스 첫 화면으로 이동하자(그림 9.1).

그림 9.1 Amazon S3 관리 콘솔 접속

버킷 생성

Amazon S3 버킷을 생성하려면 다음 절차를 따라 진행한다.

1. 생성을 위해 **버킷 만들기** 버튼을 누른다. Amazon S3 서비스는 모든 리전에서 사용 가능하므로 관리 콘솔에서 특정 리전을 선택할 필요는 없다. 지금까지 한 번도 Amazon S3 버킷을 생성한 적이 없다면 시작 화면이 나타날 것이다(그림 9.2).

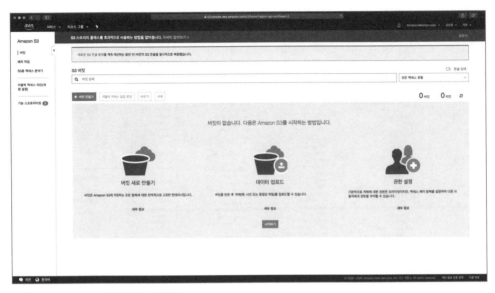

그림 9.2 Amazon S3 관리 콘솔 시작 화면

Amazon S3 계정에 이미 다른 버킷이 존재하는 경우에는 버킷 목록이 나타난다(그림 9.3).

그림 9.3 Amazon S3 버킷 목록

2. 버킷을 생성할 리전을 선택하고 고유한 이름을 지정한다(그림 9.4). 리전과 이름을 입력 후 **다음** 버튼을 눌러 다음 단계로 넘어간다.

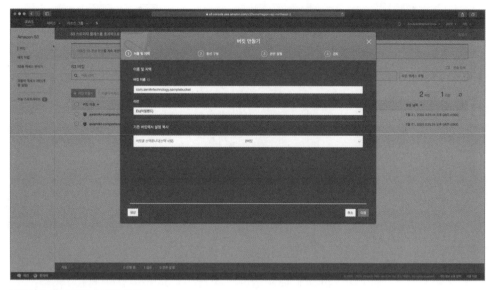

그림 9.4 버킷 이름과 리전 지정

여기서는 버킷 이름을 com.asmtechnology.samplebucket이라 입력하고 EU(아일랜드) 리전을 선택했다. 버킷 이름은 전역적으로 고유해야 하며, 도메인 이름을 반대로 입력하는 것은 고유한 이름을 생성하는 관행이다.[1]

3. 다음으로 버킷 버전 관리, 로깅, 비용 할당 태그를 구성할 수 있는 화면이 나타난다 (그림 9.5). 여기서는 옵션을 설정하지 않고 다음으로 넘어간다.

---

1 책에 나온 버킷 이름은 이미 다른 누군가가 사용한 이름이므로 자신만의 도메인을 사용해 이름을 지어보자. – 옮긴이

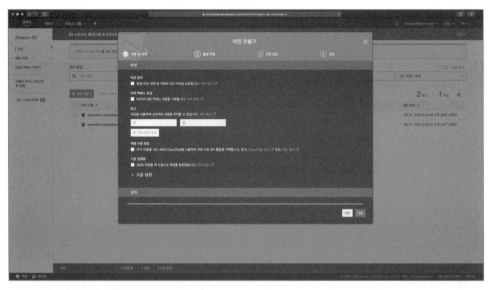

그림 9.5 버저닝, 로깅, 비용 할당 태그 설정

4. 다음으로 새로 생성한 버킷에 관한 권한을 설정하는 화면이 나타난다(그림 9.6). 기본적으로 새로 생성된 버킷은 퍼블릭public에서 접근이 불가능하며 오직 AWS CLI나 AWS 관리 콘솔을 통해서만 접근 가능하다.

그림 9.6 버킷 권한 설정

Amazon S3 리소스에 관한 접근은 리소스 기반 IAM 정책에 의해 결정된다. 리소스 기반 IAM 정책이란 JSON 문서로 IAM 사용자가 어떤 리소스에 접근 가능하고 리소스로 어떤 작업이 가능한지 나타낸다. Amazon S3 버킷과 객체는 각각 독립적으로 리소스 기반 정책을 갖고 있으며, 객체는 버킷으로부터 권한을 상속받지 않는다.

또한 각각의 버킷은 ACL^Access Control List라는 XML 문서와 관련이 있는데, ACL은 퍼블릭이나 다른 AWS 계정에서 버킷에 접근하는 것을 설정한다.

여기서는 기본적으로 설정된 값을 그대로 두고 필요한 시점에 변경할 것을 추천한다. **다음** 버튼을 눌러 계속 진행하자.

5. 다음으로 검토를 위해 새로 생성할 버킷에 관한 옵션과 구성 등을 요약한 화면을 볼 수 있다(그림 9.7). **버킷 만들기** 버튼을 눌러 버킷을 생성한다.

그림 9.7 버킷 설정 요약 화면

6. 버킷 생성이 완료된 후 Amazon S3 버킷 전체 목록 화면으로 이동한다. 전체 목록에서 **버킷 이름 옆 아이콘**을 클릭하면 화면 오른쪽에 새로운 창이 나타나 버킷 정보를 설정할 수 있다(그림 9.8).

그림 9.8 계정에 생성된 Amazon S3 버킷 목록

객체 업로드

이미 생성된 버킷에 객체를 업로드하는 절차는 다음과 같다.

1. 버킷 목록에서 버킷의 이름을 클릭해 버킷 개요 화면으로 이동한다(그림 9.9).

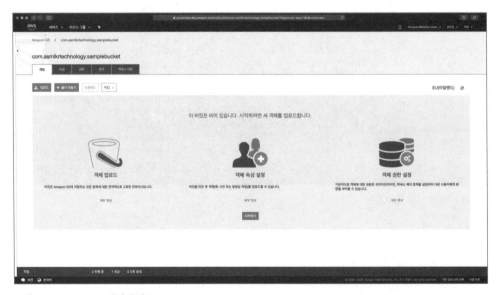

그림 9.9 Amazon S3 버킷 콘텐츠

2. **업로드** 버튼을 누르면 파일 업로드 대화상자가 나타난다(그림 9.10). 파일 업로드 대화상자에서 파일 선택 후 **다음** 버튼을 누른다.

그림 9.10 파일 업로드 대화상자

3. 새로 업로드한 객체에 관한 권한을 설정할 수 있는 화면이 나타난다(그림 9.11). 기본적으로 새로운 객체는 객체를 생성한 사용자만이 AWS CLI나 AWS 관리 콘솔을 통해 접근할 수 있다. 만약 다른 AWS 계정에서 객체에 접근해야 한다면 버킷 ACL에 계정을 추가한다. 또한 URL을 통해 퍼블릭에서 객체에 접근해야 한다면 **퍼블릭 권한 관리**에서 옵션을 **이 객체에 퍼블릭 읽기 액세스 권한을 부여하지 말 것(권장사항)**을 **이 객체에 퍼블릭 읽기 액세스 권한을 부여함**으로 변경하면 된다.[2]

---

2 현재는 버킷이 퍼블릭 접속을 허용하지 않아 바로 변경이 불가능하다. 객체 접근 부분에서 변경 방법을 설명한다. – 옮긴이

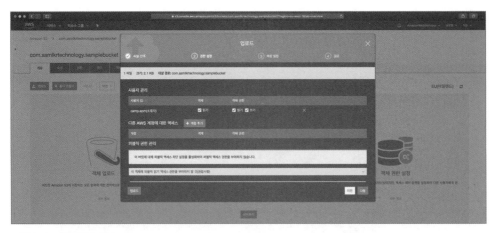

그림 9.11 객체 권한 설정

4. 다음으로 스토리지 클래스와 암호화 설정, 새로운 객체를 위한 사용자 정의 메타데이터 설정 화면이 나타난다(그림 9.12). 기본적으로 새로운 파일은 Standard 스토리지 클래스를 사용하며 암호화하지 않는다. 사용자 정의 메타데이터는 객체 생성 시에만 입력할 수 있는 키-값 형식이다. 기본 설정 값으로 **다음** 버튼을 눌러 계속 진행한다.

그림 9.12 스토리지 클래스와 암호화 설정

5. 업로드한 파일에 관한 설정 정보를 요약한 화면이 나타난다(그림 9.13). **업로드** 버튼
   을 눌러 버킷에 파일을 업로드한다. 업로드가 완료되면 버킷에서 파일을 확인할 수
   있다(그림 9.14).

그림 9.13 파일 설정 요약 정보

그림 9.14 Amazon S3 버킷에 저장된 파일

객체 접근

Amazon S3 버킷에서 사용자의 컴퓨터로 객체를 다운로드하는 절차는 다음과 같다.

1. Amazon S3 관리 콘솔에서 객체 이름 왼쪽 체크 박스를 선택한 후 **다운로드** 버튼을 누른다(그림 9.15).

그림 9.15 Amazon S3 버킷에서 파일 다운로드

관리 콘솔을 사용하지 않고 URL을 통해서도 객체에 접근이 가능하다.

2. Amazon S3 버킷 안에 객체의 URL을 확인하기 위해 관리 콘솔에서 버킷으로 이동 후 버킷에 존재하는 객체를 선택한다. 오른쪽 대화상자에서 객체 URL 값을 복사한다(그림 9.16).

그림 9.16 Amazon S3 버킷에 저장된 객체 URL

객체 URL 값은 전통적인 URL 형식으로 다음 규칙을 따른다.

https://s3.〈region name〉.amazonaws.com/〈bucket name〉/〈file name〉

예를 들어 eu-west-2 리전의 com.asmtechnology.awsbook.testbucket1 버킷에
존재하는 sunset.jpt 파일의 경우 다음 URL로 접근할 수 있다.

https://s3.eu-west-2.amazonaws.com/com.asmtechnology.awsbook.testbu
cket1/sunset.jpg

만약 버킷과 파일 모두 퍼블릭에서 접근이 불가능하다면 브라우저를 통해 URL로 접
근했을 때 접속 거부 에러 화면이 나타난다(그림 9.17).

This XML file does not appear to have any style information associated with it. The document tree is shown below.

```
▼<Error>
   <Code>AccessDenied</Code>
   <Message>Access Denied</Message>
   <RequestId>D89EBC0DEC493D97</RequestId>
 ▼<HostId>
     5Wt2F9G87+6sk2MWmx61YtfulLdShWqoDmiF494gX+UHMzS9rMjWjWIl45kGp8Tvl7Ad6oJsrjE=
   </HostId>
 </Error>
```

그림 9.17 퍼블릭 접근이 불가능한 버킷과 파일은 URL을 통해 접속이 불가능하다.

3. 객체를 퍼블릭에서 접근이 가능하도록 설정하기 전 버킷을 퍼블릭에서 접근할 수 있
   도록 변경해야 한다. 변경을 위해 버킷을 선택한 후 **권한**을 선택한다(그림 9.18).

그림 9.18 Amazon S3 버킷 권한 설정

4. **편집** 버튼을 누른 후 모든 모든 옵션을 해제한다(그림 9.19).

그림 9.19 Amazon S3 버킷 권한 변경

5. **저장** 버튼을 누른다.

6. **개요** 탭으로 이동 후 Amazon S3 버킷에 객체를 선택한다. **작업** 드롭다운 메뉴에 **퍼블릭으로 설정**을 선택한다(그림 9.20).

그림 9.20 퍼블릭으로 설정 화면

7. **퍼블릭으로 설정** 대화상자가 나타나면 **퍼블릭으로 설정** 버튼을 누른다(그림 9.21).

그림 9.21 퍼블릭에서 접근 가능하도록 권한 변경

다시 URL을 통해 파일에 접근하면 접근할 수 있다. 참고로 접근 권한은 객체별로 변경하거나 버킷 수준에서 변경할 수도 있다.

객체의 스토리지 클래스 변경

Amazon S3 객체의 기본 스토리지 클래스는 Standard이며, 스토리지 클래스를 변경하기 위한 절차는 다음과 같다.

1. Amazon S3 관리 콘솔을 통해 버킷 개요 화면으로 이동한 후 버킷의 객체를 선택한다.

2. **작업** 드롭다운 메뉴에서 **스토리지 클래스 변경**을 선택한다(그림 9.22).

그림 9.22 객체의 스토리지 클래스 변경

3. 대화상자 화면에서 변경하고자 하는 스토리지 클래스를 선택 후 **저장** 버튼을 누른다.

객체 삭제

Amazon S3 버킷을 삭제하려면 다음 절차를 따른다.

1. Amazon S3 관리 콘솔을 이용해 버킷 개요 화면으로 이동한 후 버킷의 객체를 선택한다.

2. **작업** 드롭다운 메뉴에서 **삭제**를 선택한다(그림 9.23).

그림 9.23 Amazon S3 버킷에서 객체 삭제

객체가 삭제되면 Amazon S3에서 영구적으로 사라지게 되며, 버킷의 버저닝 규칙을 적용한 경우 버킷에서 삭제한 객체를 복구할 수 있다.

Amazon S3 버킷 버저닝

버저닝versioning은 버킷 수준의 개념으로 버킷 버저닝이 활성화되면 객체의 모든 버전이 저장된다. 객체의 예전 버전을 다운로드할 수 있는 것은 물론이고 객체가 삭제되더라도 복구할 수 있다. 버저닝이 활성화되면 삭제는 불가능하며 임시로 중지할 수는 있다.

버킷 버저닝 활성화 절차는 다음과 같다.

1. 관리 콘솔로 버킷 개요로 이동 후 **속성** 탭을 선택한다.

2. **버전 관리**를 선택 후 **버전 관리 가능** 옵션을 선택한 후 **저장** 버튼을 누른다(그림 9.24).

그림 9.24 버킷 버저닝 활성화

버저닝이 어떻게 작동하는지 다음 절차를 통해 확인해보자.

1. 다음 내용으로 자신의 컴퓨터에 welcome_letter.txt 라는 문서 파일을 생성한다.

   Welcome to the world of Amazon Web Services.

2. 파일을 저장한 후 버저닝이 활성화된 버킷에 업로드한다. 업로드 시 문서 파일에 퍼블릭 접근이 가능하도록 **퍼블릭 권한 관리**의 드롭다운 메뉴를 **이 객체에 퍼블릭 읽기 액세스 권한을 부여함**으로 변경한다(그림 9.25). 이를 통해 웹 브라우저로 문서에 접근할 수 있을 것이다.

그림 9.25 객체 업로드 중 퍼블릭 액세스 권한 설정

3. 문서 URL을 통해 웹 브라우저에서 문서 내용을 확인한다. 웹 브라우저를 통해 문서의 내용을 확인할 수 있을 것이다.

4. 다시 welcome_letter.txt 파일을 열어 다음과 같이 내용을 수정한다.

   Welcome to the world of Amazon Web Services.
   Amazon S3 versioning allows you to access older versions of documents.

5. 파일을 저장한 후 동일한 버킷에 다시 업로드한다.

6. 업로드 완료 후 welcome_letter.txt 객체 체크 박스를 선택해 대화상자를 표시한다.
   대화상자의 **최신 버전** 드롭다운 링크를 선택해 문서의 여러 버전을 확인할 수 있다
   (그림 9.26).

그림 9.26 여러 문서 버전 확인

최신의 문서가 항상 목록의 위에 표시되며, 모든 버전의 문서를 저장하는 데 사용되
는 공간에 관한 비용이 청구됨에 유의하자.

7. 필요 없는 버전의 문서를 삭제하려면 버전 드롭다운 링크를 선택 후 휴지통 아이콘
   을 선택한다. 문서 전체가 아닌 문서의 일부 버전을 삭제할 경우 해당 버전은 영구적
   으로 삭제됨을 유의하자.

8. 문서 전체를 삭제할 경우 문서를 선택하고 **작업** 메뉴의 **삭제**를 선택한다.
   버킷에 버저닝이 활성화된 경우 버킷의 모든 객체 버전을 확인할 수 있는 추가적인
   버튼이 나타난다(그림 9.27).

그림 9.27 버전 선택 스위치 버튼

버저닝된 객체를 보이도록 선택 스위치를 활성화하면 객체의 버전뿐 아니라 객체의 삭제 여부를 나타내는 표시(삭제 마커)도 볼 수 있다.

AWS CLI로 Amazon S3 접속

AWS CLI를 이용해 Amazon S3를 명령 줄로 작업이 가능하다. Mac OS X와 Windows에서 CLI를 설치하고 구성하는 방법은 부록 C에서 설명한다.

일반적인 aws 명령어는 다음과 같은 문법으로 구성돼 있다.

```
$ aws <서비스 구분자> <서비스 명령어>
```

서비스 구분자는 사용하고자 하는 AWS 서비스를 나타내는 문자열이며, Amazon S3의 경우 소문자 s3로 나타낸다. 각각의 서비스는 개별 명령어를 갖고 있으며, CLI상에서 사용 가능한 s3의 전체 명령어는 다음 문서에서 확인할 수 있다. http://docs.aws.amazon.com/cli/latest/userguide/using-s3-commands.html

예를 들어 ls 명령어의 경우 CLI를 설정한 사용자 계정의 모든 버킷 목록을 반환한다. 명령 프롬프트에 다음과 같이 명령어를 입력한다.

```
$ aws s3 ls
```

그러면 다음과 같이 버킷 리스트를 확인할 수 있다.

```
Abhisheks-MacBook:~ abhishekmishra$ aws s3 ls
2019-01-15 16:52:59 com.asmtechnology.awsbook.testbucket1
Abhisheks-MacBook:~ abhishekmishra$
```

s3 서비스 구분자를 사용한 고수준의 작업과 더불어 s3api 서비스 구분자를 이용한 저수준의 작업도 가능하다. s3api 서비스 구분자로 Amazon S3 버킷에 수행할 수 있는 api 수준 작업에 관한 자세한 내용은 다음 문서에서 확인할 수 있다.

http://docs.aws.amazon.com/cli/latest/userguide/using-s3api-commands.html

요약

- Amazon S3는 키-값 형식의 객체 기반 스토리지 서비스다.
- Amazon S3는 버킷에 객체를 저장하며, 버킷의 이름은 전역적으로 고유해야 한다.
- AWS 관리 콘솔이나 AWS CLI를 사용해 객체를 Amazon S3 버킷에 업로드할 수 있다.
- 버킷 수준 및 객체 수준 모두에서 접근을 설정할 수 있다.
- Amazon S3의 객체는 각각의 스토리지 클래스를 갖는다. 스토리지 클래스는 Amazon S3가 어떻게 객체 데이터를 저장하는지에 따라 결정되며, 데이터를 읽을 때 추가적인 비용이 발생한다.
- Amazon S3 버저닝은 객체의 여러 버전을 저장하며 모든 버전을 저장하는 데 필요한 공간에 관한 비용을 지불해야 한다.

10장

Amazon Cognito

10장에서 다루는 내용은 다음과 같다.

- Amazon Cognito 기본 개념 소개
- 사용자 풀 생성
- 자격 증명 풀 생성
- 사용자 풀과 자격 증명 풀 활용

Amazon Cognito는 클라우드 기반 OAuth 2.0을 준수하는 인증 관리 솔루션으로, 사용자 데이터베이스를 관리하고 이를 통해 외부 웹/앱 애플리케이션에 인증을 제공하며 외부 API나 AWS 리소스에 접근할 수 있도록 인증을 제공한다.

Amazon Cognito는 다음과 같은 두 가지 요소로 구성돼 있다.

- Amazon Cognito 사용자 풀^{user pools}
- Amazon Cognito 자격 증명 풀^{identity pools}

10장에서는 이에 관해 살펴보고 AWS 리소스에 안전하게 접근하기 위해 구성 요소를 어떻게 사용하는지 알아본다.

Amazon Cognito 주요 개념

여기서는 Amazon Cognito를 사용해 작업하면서 만나게 될 주요 개념에 관해 살펴본다.

인증

인증authentication은 사용자가 누구인지를 결정하는 개념이다. 인증은 다양한 방식으로 실행될 수 있지만 가장 널리 사용되는 방법은 사용자에게 사용자 이름과 비밀번호를 묻고 이를 사용자 데이터베이스 값과 비교하는 것이다. 사용자 데이터베이스에는 사용자 이름과 비밀번호뿐만 아니라 전화번호, 이메일 주소와 같은 다양한 정보를 저장하고 있다.

권한 부여

권한 부여authorization은 인증받은 사용자가 어떤 시스템에 접근할 수 있고, 시스템에서 어떤 작업을 수행할 수 있는지 결정하는 개념이다.

자격 증명 공급자

자격 증명 공급자identity provider는 OAuth 2.0, OIDCOpenID Connect, SAMLSecurity Assertion Markup Language과 같은 자격 증명 표준을 준수하는 RESTful API 서비스로, 사용자 데이터베이스를 포함하거나 외부 사용자 데이터베이스와 통합돼 있다. 자격 증명 공급자는 사용자가 사용자 이름과 비밀번호 같은 자격 증명 정보를 공급하면, 이 정보를 데이터베이스와 비교하고 인증 완료의 의미로 토큰token을 발행한다.

클라이언트

인증 절차라는 맥락에서 클라이언트client는 사용자가 자신의 정보에 접근하기 위해 사용하는 외부third-party 애플리케이션이다. 사용자 자신의 애플리케이션이 클라이언트 애플리케이션이 될 수 있으며 이러한 경우 인증 절차는 단순해진다.

OAuth 2.0

OAuth 2.0은 사용자가 자격 증명 정보를 클라이언트 애플리케이션에 제공하지 않고 외부 클라이언트 애플리케이션이 사용자를 대신해 사용자의 리소스에 제한적으로 접근할 수 있게 해주는 권한 부여 프레임워크authorization framework이다. OAuth 2.0에 관한 IETFInternet Engineering Task Force의 공식적인 정의를 RFC 6749(https://tools.ietf.org/html/rfc6749)에서 확인할 수 있다.

> "OAuth 2.0 권한 부여 프레임워크는 리소스 소유자를 대신해 리소스 소유자와 HTTP 서비스 사이의 상호작용을 조율하거나 외부 애플리케이션이 스스로 접근할 수 있게 하는 방식으로 외부 애플리케이션이 HTTP 서비스에 제한적으로 접근할 수 있도록 한다."

클라이언트 애플리케이션의 능력과 사용자의 신뢰 수준에 따라 OAuth 2.0은 4가지 유형의 허용 절차grant type를 정의한다.

- 권한 있는 코드 허용Authorization Code Grant
- 암시적 허용Implicit Grant
- 리소스 소유자 비밀번호 자격 증명 허용Resource Owner Password Credentials Grant
- 클라이언트 자격 증명 허용Client Credentials Grant

OpenID Connect

OpenID Connect는 OAuth 2.0 위에 설계된 인증 프로토콜이다. OAuth 2.0은 간략하게 정의한 권한 부여 프레임워크로 액세스 토큰의 기술적 형태나 서버에서 액세스 토큰 인증을 인증하는 방법과 같은 자세한 부분에 관해서는 정의하지 않는다. OIDC는 이러한 단점에 JWTJSON Web Token 기반 자격 증명 토큰 개념을 추가했으며, 이 자격 증명 토큰은 클레임이라 하며 RFC 7519에 정의돼 있다.

Amazon Cognito 사용자 풀

Amazon Cognito 사용자 풀user pool은 사용자 정보를 데이터베이스에 저장하고(회원 가입) 저장된 정보를 이용해 사용자를 인증하는 사용자 데이터베이스와 서비스다. IAM 사용자와 다르게 사용자는 Amazon Cognito 사용자 풀은 AWS 관리 콘솔에 로그인하거나 AWS S3나 AWS Lambda와 같은 AWS 서비스에 접근할 수는 없다.

사용자 풀의 사용자는 이름, 이메일, 전화번호, 기타 사용자 정보를 수정할 수 있으며 정보들 중 일부는 선택 사항이다. Amazon Cognito 사용자 풀은 사용자 풀에 사용자를 생성하고 MFA 또는 이메일을 통한 인증과 같은 보안 기능 제공하며 AWS Lambda를 통해 사용자 등록과 인증 절차를 다양한 방식으로 수행할 수 있도록 한다.

Amazon Cognito 사용자 풀은 인증 코드Auth Code, 암시적 허가Implicit grant와 사용자 보안 증명 허가Client Credentials grant 절차를 지원하고 OAuth 2.0과 완벽하게 호환된다. Amazon Cognito 사용자 풀을 통한 인증 결과는 액세스 토큰과 서명된 JWT 자격 증명 토큰signed JWT identity으로 액세스 토큰은 베어러 액세스 토큰bearer access tokens을 허용하도록 설계된 REST API와 함께 사용할 수 있으며, 자격 증명 토큰identity token은 REST API를 통해 인증된 사용자의 주소, 전화번호와 같은 추가 정보를 얻을 수 있다. 사용자에 관한 추가 정보는 자격 증명 토큰에 JWT 형태로 표현된다.

또한 자격 증명 토큰을 Amazon Cognito 자격 증명 풀과 함께 사용하면 S3나 DynamoDB와 같은 AWS 서비스에 접근할 수 있는 임시 자격 증명을 얻을 수도 있다. Amazon Cognito가 자격 증명 토큰에 서명하고 자격 증명 서명은 인터넷상에서 Amazon이 배포한 인증서와 비교해 유효성을 검증할 수 있다.

자격 증명 풀

자격 증명 풀identity pool은 Amazon Cognito와 연동해서federated 인증받은 사용자 자격 증명 객체의 집합이다. 연동 자격 증명 객체는 Amazon S3나 Amazon DynamoDB와 같은 서비스에 접근할 때 사용되는 자격 증명 정보로 구성되며 수명이 짧고 유효한 OIDC를 준수하는 자격 증명 토큰이나 SAML 토큰을 발생할 수 있는 경우에만 발급된다. 각각의 연동 자격 증명 객체는 어떤 AWS 리소스에 접근할 수 있는지를 설정하는 IAM 정책 문서를 갖는다.

Amazon Cognito 연동 자격 증명

Amazon Cognito 연동 자격 증명Amazon Cognito Federated Identities은 연동 자격 증명 객체를 위해 유효한 OIDC를 준수하는 자격 증명 토큰이나 SAML 토큰을 교환하는 방법을 제공하는 서비스다. Amazon Cognito 사용자 풀을 OAuth 2.0 자격 증명 공급자로 사용하는 경우 사용자 풀을 자격 증명 풀과 쉽게 연동해 사용자 풀에서 받은 연동 자격 증명 객체를 교환할 수 있다.

사용자 풀과 자격 증명 풀을 사용하면 웹이나 모바일 앱을 사용하는 비IAM 사용자non-IAM users가 AWS 리소스에 접근할 수 있게 해주는 인증 및 권한 부여 솔루션을 완벽하게 구축할 수 있다.

자격 증명 풀은 Amazon Cognito 사용자 풀을 이외에 다음과 같은 방법으로 인증받은 임시 사용자 AWS 자격 증명을 제공할 수 있다.

- Facebook 로그인
- Google 로그인
- Amazon 로그인
- 기타 Auth0, Ping 등의 OIDC 공급자
- SAML 공급자

일반적인 작업

여기서는 Amazon Cognito 관리 콘솔을 이용해 S3 사용자 풀과 자격 증명 풀을 만들고, Amazon Cognito 사용자 풀에서 발급한 유효한 액세스 토큰을 제공하는 사용자에게 연동 자격 증명을 발급하는 자격 증명 풀을 구성하는 방법을 배운다. 먼저 IAM 콘솔에 개발용 IAM 사용자 계정 전용 주소로 로그인 후 Amazon Cognito 서비스 첫 페이지로 이동한다 (그림 10.1).

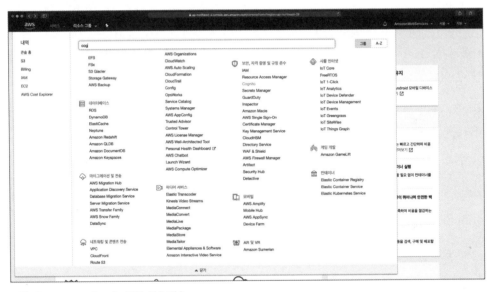

그림 10.1 Amazon Cognito 관리 콘솔 접속

사용자 풀 생성

다음과 같은 절차로 새로운 Amazon Cognito 사용자 풀을 생성할 수 있다.

1. Amazon Cognito 화면에서 **사용자 관리 풀** 버튼을 클릭해 사용자 풀 목록 화면으로 이동한다(그림 10.2).

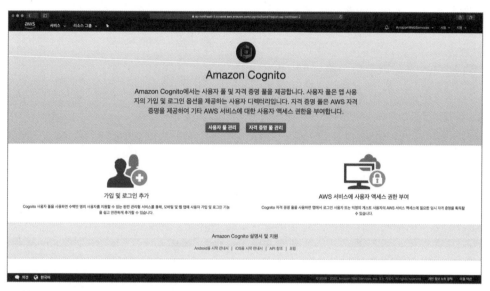

그림 10.2 Amazon Cognito 스플래시 화면

2. 화면 오른쪽 윗부분의 **사용자 풀 생성** 버튼을 눌러 새로운 사용자 풀을 생성한다(그림 10.3). 사용자 풀은 설정한 AWS 리전에만 적용되므로 사용자 풀을 생성하기 전 AWS 관리 콘솔에서 리전이 올바르게 설정했는지 확인하자.

그림 10.3 새로운 사용자 풀 생성

3. 새로운 사용자 풀 이름을 입력하고 **설정을 순서대로 진행**을 선택한다(그림 10.4). 사용자 풀 이름은 1~128글자로 대문자 및 소문자(a-z, A-Z), 숫자(0-9) 및 특수 문자(+=,.@-)를 포함할 수 있다. 생성한 후 사용자 풀 이름은 변경할 수 없음에 유의하자.

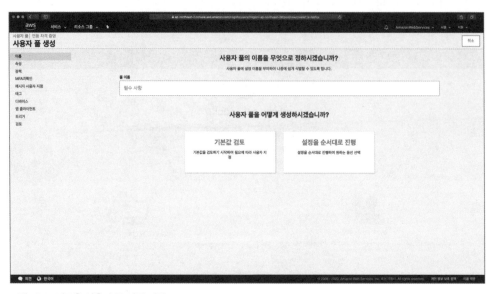

그림 10.4 새로운 사용자 풀 이름 지정

4. '속성' 화면에서는 사용자가 어떻게 로그인하고 회원 가입 절차에 어떤 정보를 제공하는지를 설정할 수 있다. 또한 사용자 풀에서 사용자가 자신들의 자격 증명을 위해 이메일 주소와는 다른 고유한 사용자 계정을 설정하거나 이메일 주소 혹은 전화번호를 사용자 계정으로 사용할 수 있도록 설정할 수 있다.

    회원 가입 절차에서 사용자 프로필이 생성되며, 사용자 프로필은 사용자 계정과 비밀번호가 필수이며 추가로 생일, 주소 등의 정보를 포함할 수도 있다. 모바일 앱/웹에 사용자가 가입할 때 입력받을 속성 정보를 선택한다(그림 10.5).

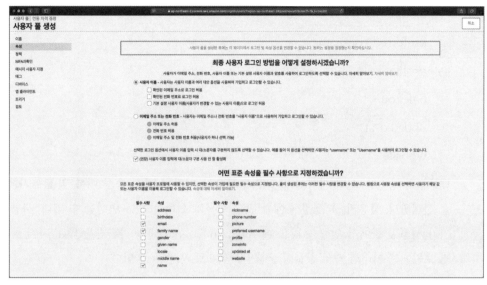

그림 10.5 사용자 풀 속성

속성은 등록된 사용자 정보 테이블의 열이라고 이해할 수 있다. 모든 사용자는 다음 표준 속성에서 하나 이상의 값을 갖는다.

- address

- birthdate

- email_address

- family_name

- gender

- given_name

- locale

- middle_name

- name

- nickname

- phone_number

- picture
- preferred_username
- profile
- timezone
- updated_at
- website

대부분의 속성은 선택 사항이며 필수 항목으로 지정할 경우 속성 이름 옆 **필수 사항**을 선택한다. 사용자 풀 생성 후에는 필수 항목과 선택 항목을 변경할 수 없다. 사용자가 사용자 풀에서 인증을 받을 때 Amazon Cognito에서 반환받은 JWT 자격 증명 토큰에는 이러한 속성 값들이 클레임^{claims}으로 포함될 수 있다.

사용자 이름을 생성 때 선택할 수 있는 속성은 OpenID Connect 사양에 정의된 표준 속성으로 다음 주소에서 확인할 수 있다.

https://openid.net/specs/openid-connect-core-1_0.html#StandardClaims

그림 10.6 사용자 풀에 사용자 지정 속성 추가

표준 항목 외에 추가로 필요한 속성이 있는 경우 동일한 화면에서 **사용자 지정 속성 추가**로 생성할 수 있다(그림 10.6).

준비가 되면 **다음 단계** 버튼을 눌러 계속 진행한다.

5. '정책' 화면에서는 비밀번호 정책을 설정하거나 관리자만 사용자를 생성하도록 하거나 사용자의 직접 가입을 허용하도록 선택할 수 있다. 그리고 관리자가 생성한 계정을 포함해 관리자가 설정한 임시 비밀번호가 얼마 동안 유효한지 설정할 수 있다. 비밀번호에 적용할 보안 요구 사항 항목을 선택한다(그림 10.7).

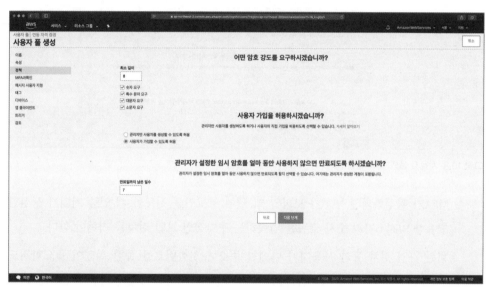

그림 10.7 사용자 풀 정책 설정

사용자가 가입할 수 있도록 허용을 반드시 선택한다. 그렇지 않으면 Amazon Cognito 관리 콘솔을 이용해 사용자 계정을 사용자 풀에 수동으로 생성해줘야 한다. 또한 관리 콘솔에서 생성한 계정 중 사용하지 않는 계정이 만료되는 기간도 설정할 수 있으며 기본값은 7일이다. **다음 단계**를 눌러 계속 진행하자.

6. '화인와 확인' 화면에서는 사용자 계정에 관한 MFA와 이메일/전화번호를 통한 확
   인 기능을 설정할 수 있다(그림 10.8).

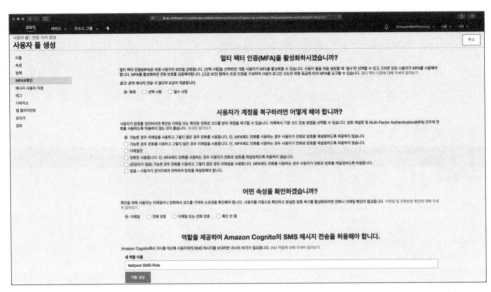

그림 10.8 사용자 풀의 MFA 설정 화면

MFA가 활성화되면 누군가 모바일 앱/웹에 로그인을 시도할 때 인증 기기가 생성한
고유한 임시 6자리 숫자 코드를 입력하는 추가적인 보안 절차를 거쳐야 한다.

회원 가입 절차 동안 사용자가 이메일 주소나 전화번호를 통한 확인이 필요한지도
설정할 수 있다. 이메일과 전화번호 확인 기능을 사용하지 않는다면 사용자는 비밀
번호 복구를 진행할 수 없다.

전화번호를 통한 확인 기능을 선택한 경우 Amazon Cognito는 Amazon SNS 서
비스를 이용해 SMS 메시지를 사용자에게 전송한다. Amazon Cognito가 Amazon
SNS 서비스에 접속할 수 있도록 IAM 역할을 생성해야 한다.

7. '메시지 사용자 지정' 화면에서는 이메일과 SMS 확인 메시지 내용을 사용자가 설정할 수 있다(그림 10.9).

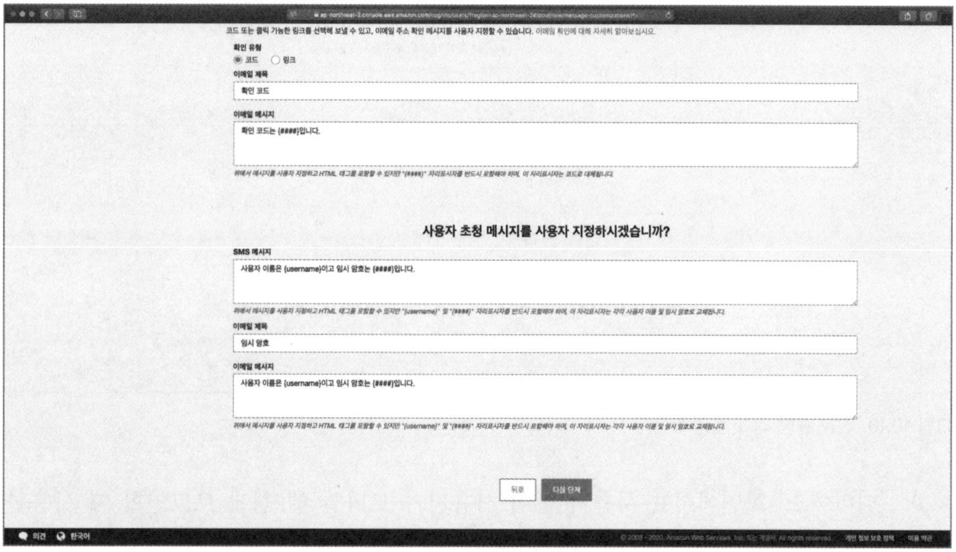

그림 10.9 이메일/SMS 확인 메시지 수정

기본 메시지를 변경할 필요는 없지만 만약 변경하게 되면 메시지를 사용자 지정하고 HTML 태그를 포함할 수 있지만 "{username}" 및 "{####}" 자리 표시자를 반드시 포함해야 하며, 이 자리 표시자는 회원 가입 시 입력해야 하는 사용자 이름 및 4자리 숫자 임시 암호로 교체된다.

다음 단계 버튼을 눌러 계속 진행한다.

8. '태그' 화면에서는 AWS 비용을 추적할 수 있는 태그를 추가할 수 있다(그림 10.10).

사용자 풀에 비용 할당 태그^{cost allocation tags}를 추가하면 AWS 비용 할당 리포트를 통해 확인할 수 있으며, AWS 리소스에 적용한 비용 할당 태그에 관한 자세한 정보는 다음 주소에서 확인할 수 있다.

https://docs.aws.amazon.com/ko_kr/awsaccountbilling/latest/aboutv2/cost-alloc-tags.html

다음 단계 버튼을 눌러 계속 진행한다.

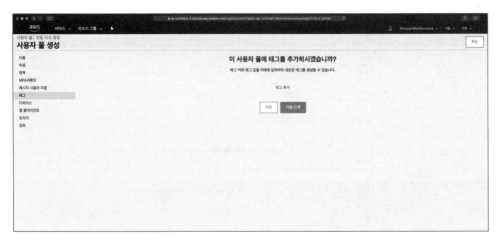

그림 10.10 비용 할당 태그 설정 화면

9. '디바이스' 화면에서는 사용자 풀이 사용자가 모바일 앱/웹에 로그인할 때 사용한 장치를 기억하게 할지 여부를 설정할 수 있다(그림 10.11).

그림 10.11 사용자 풀의 사용자 장치 기억 여부 설정

장치 기억 여부를 다음 3가지 중 하나를 선택할 수 있다.

- □ **아니요**: 기본 설정으로 사용자의 장치를 기억하지 않는다.
- □ **항상**: 모바일 앱/웹 사용자가 사용하는 모든 장치를 기억한다.
- □ **사용자 옵트인**: 모바일 앱/웹 사용자가 장치마다 기억 여부를 선택하며, 이를 위해 모바일 앱/웹에 사용자 화면을 생성해야 한다.

Amazon Cognito가 사용자의 장치를 기억하도록 설정하면 장치 구분자$^{key\ and\ secret}$가 매 장치에 첫 로그인 시 할당된다. 이 키-값은 장치를 구분하는 것 외에는 사용되지 않으며, Amazon Cognito가 이를 추적한다. Amazon Cognito가 추적하는 장비는 MFA를 제한하도록 설정도 가능하다.

다음 단계 버튼을 눌러 계속 진행한다.

10. '앱 클라이언트' 화면에서는 외부 애플리케이션이 사용자 인증을 위해 사용자 풀에 연결할 수 있도록 설정할 수 있다(그림 10.12). 여기 등록된 각각의 애플리케이션은 클라이언트 ID$^{client\ ID}$ 혹은 클라이언트 보안키$^{client\ secret}$을 발급받으며, 이 값은 개발자가 애플리케이션 개발에 활용한다. 클라이언트 시크릿을 공개해서는 안 되며 안전하게 저장할 수 있는 방법을 고안해야 한다.

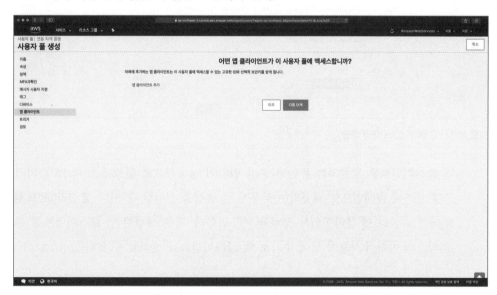

그림 10.12 사용자 인증용 사용자 풀에 사용할 앱 클라이언트 설정

모바일 앱/웹 애플리케이션이 신뢰할 수 있는 서버에 접근할 수 있는 경우, 애플리케이션이 사용자 인증을 위해 Amazon Cognito로 접근하기 전 자신의 신뢰할 수 있는 서버에서 클라이언트 보안키를 검색하도록 하는 것이 일반적인 방법이다. JavaScript 애플리케이션과 같이 클라이언트 보안키를 안전하게 저장할 수 없는 경우, 사용자 풀에서 앱 접근 시 클라이언트 보안키를 생성하지 않도록 설정해야 한다.

앱 클라이언트를 생성한 후 사용자 풀에 추가할 수도 있으며, 이 경우에는 **다음 단계** 버튼을 눌러 다음으로 이동한다. 여기에서 앱 클라이언트를 추가하는 경우 **앱 클라이언트 추가**를 눌러 추가하고, 모바일 앱/웹이 클라이언트 보안키를 안전하게 저장할 수 없다면 반드시 **클라이언트 보안키 생성**을 해제한다(그림 10.13).

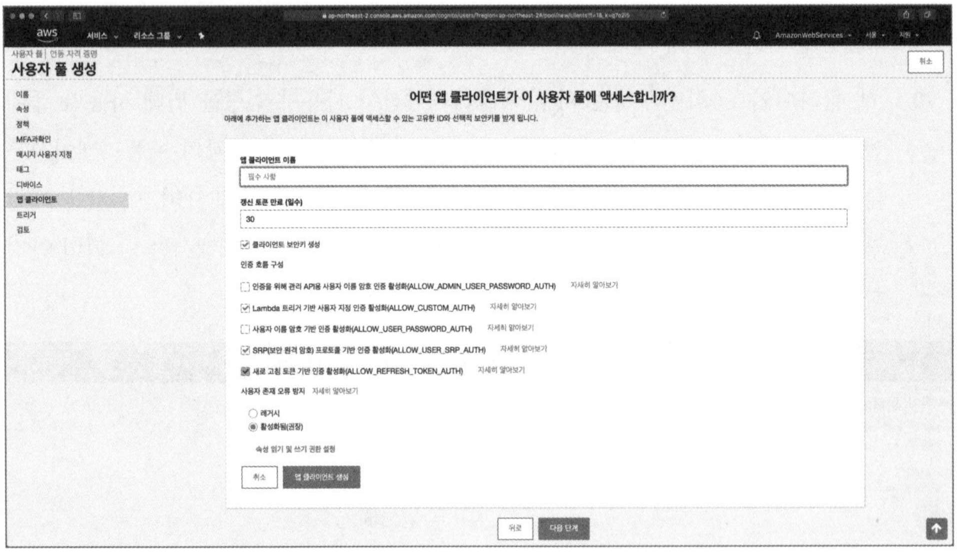

그림 10.13 앱 클라이언트 생성 화면

앱 클라이언트를 생성하는 동안 사용자 인증이 성공적으로 완료됐을 때 JWT 자격 증명 토큰에 클레임으로 제공되는 사용자 풀 속성을 선택할 수 있다. **앱 클라이언트 생성** 버튼을 눌러 앱 클라이언트 생성을 마무리한다. 새로 생성된 앱 클라이언트를 볼 수 있으며 여기서 사용자 풀에 추가로 앱 클라이언트를 생성할 수 있다(그림 10.14).

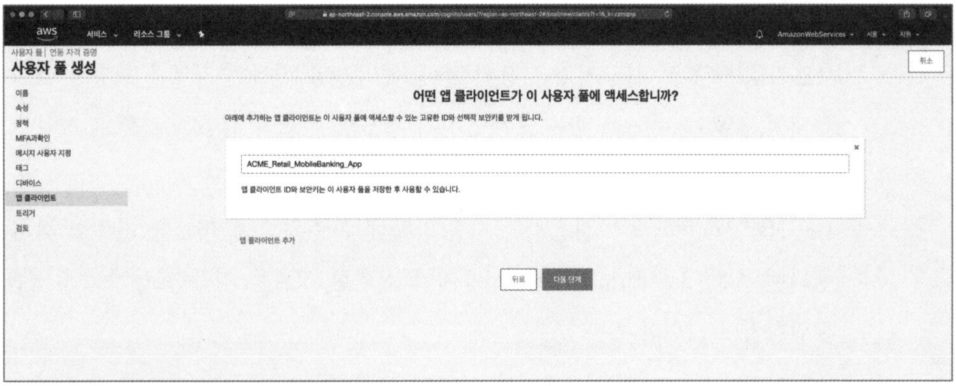

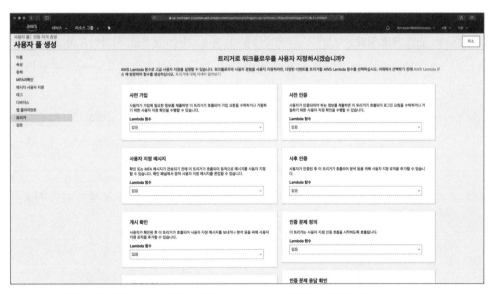

그림 10.14 사용자 풀에 있는 앱 클라이언트 목록

사용자 풀을 생성하는 동안 앱 클라이언트를 생성하는 경우, 클라이언트 ID와 클라이언트 보안키는 풀을 생성한 후 확인할 수 있다.

왼쪽 메뉴의 **트리거**를 선택해 다음 단계로 이동하자.

11. '트리거' 화면에서는 특정 사용자 풀 트리거에 AWS Lambda 함수를 설정할 수 있다 (그림 10.15).

그림 10.15 사용자 인증 절차 중 특정 시점에 AWS Lambda 함수를 호출하는 트리거 설정

책이 집필된 시점을 기준으로 다음과 같은 트리거를 설정할 수 있다.

- **사전 가입**^{Pre Sign-up}: 사용자가 사용자 풀에 새 계정을 만들며 정보를 전송할 때 수행되며, AWS Lambda 함수는 사용자가 접수한 정보를 검증하고 회원 가입 요청을 승인하거나 거절한다.

- **사전 인증**^{Pre Authentication}: 사용자가 사용자 풀에 인증을 위해 정보를 전송할 때 수행되며, AWS Lambda 함수는 사용자가 접수한 정보를 검증하고 인증 요청을 승인하거나 거절한다.

- **사후 인증**^{Post Authentication}: 사용자가 인증됐을 때 수행되며, AWS Lambda 함수는 적절한 분석 로직을 추가하거나 이메일 메시지를 사용자 계정으로 발송한다.

- **사용자 지정 메시지**^{Custom Message}: 이메일/SMS 확인 메시지와 MFA 메시지가 발송되기 전 실행되며, AWS Lambda 함수는 적절한 분석 로직을 추가하거나 이메일 메시지를 사용자 계정에 발송한다.

- **게시 확인**^{Post Confirmation}: 사용자가 이메일/SMS 확인 절차를 성공적으로 끝냈을 때 수행되며, AWS Lambda 함수는 적절한 분석 로직을 추가하거나 사용자 계정에 이메일을 전송한다.

- **인증 문제 정의**^{Define Auth Challenge}: 사용자 지정 인증 절차를 시작하도록 수행되며, AWS Lambda 함수는 사용자 지정 인증 절차 중 사용자의 요구 사항에 맞는 인증 문제를 정의한다.

- **인증 문제 생성**^{Create Auth Challenge}: 사용자 지정 인증 절차가 실행된 후 수행되며, AWS Lambda 함수는 "인증 문제 정의" 트리거를 실행시키는 AWS Lambda 함수에 정의된 문제를 실행하도록 호출된다.

- **인증 문제 응답 확인**^{Verify Auth Challenge Response}: 사용자 정의 인증 문제에 관한 사용자 응답의 유효성을 검증하기 위해 수행된다.

- **사전 토큰 생성**^{Pre Token Generation}: JWT 자격 증명 토큰 생성 전 수행되며, AWS Lambda 함수는 JWT 토큰 내 클레임을 사용자 요구에 맞게 정의할 수 있다.

□ **사용자 마이그레이션**User Migration: 사용자가 기존 디렉터리 서비스에서 사용자 풀로 이전될 때 수행된다.

12. '검토' 화면에서는 지금까지 선택한 정보들을 검토할 수 있다(그림 10.16).

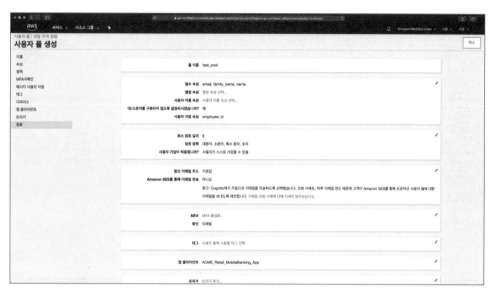

그림 10.16 사용자 풀 검토 화면

사용자 풀 설정에 관한 검토가 끝난 후 **풀 생성** 버튼을 눌러 사용자 풀을 생성한다.

앱 클라이언트 보안키 확인

사용자 풀에서 인증되지 않은 API에 접근할 수 있는 앱 클라이언트를 설정할 때 동안 앱 클라이언트 IDapp client ID와 앱 클라이언트 보안키app client secret를 생성할 수 있도록 설정할 수 있다. 앱 클라이언트 보안키는 사용자 풀을 생성한 후에만 확인할 수 있다.

사용자 풀 생성이 완료되면 새로 생성된 사용자 풀이 Amazon Cognito 관리 콘솔에 기존 사용자 풀과 함께 표시된다.

사용자 풀 이름을 클릭하고 왼쪽 메뉴에서 **앱 클라이언트**를 선택해 앱 클라이언트 목록을 확인한다. **세부 정보 표시** 버튼을 눌러 앱 클라이언트 ID와 앱 클라이언트 보안키를 확인한다 (그림 10.17).

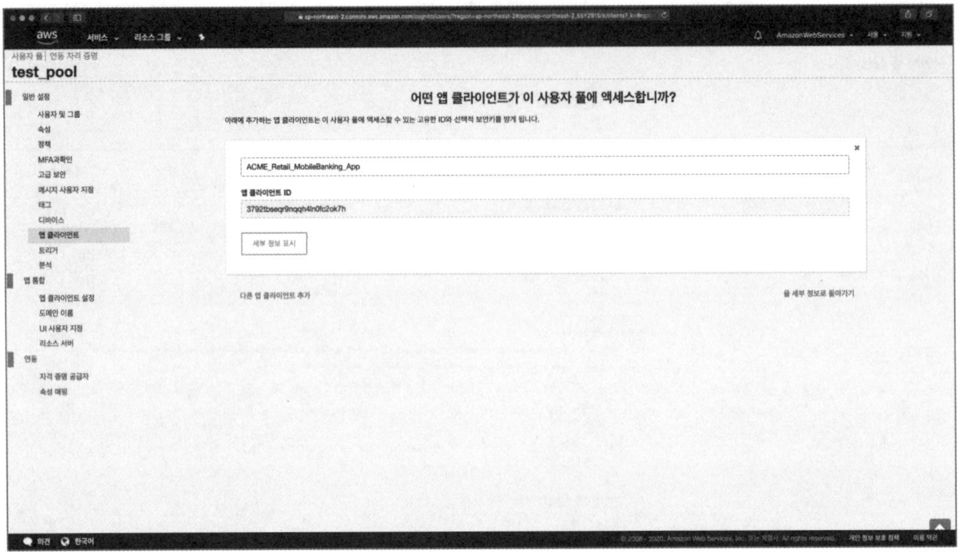

그림 10.17 사용자 풀 검토 화면

사용자는 앱 클라이언트 보안키를 안전하게 저장하고 배포할 수 있게 해야 한다.

자격 증명 풀 생성

자격 증명 풀은 S3나 DynamoDB와 같은 다른 AWS 서비스에 접근할 수 있는 임시 자격 증명을 얻는 데 사용할 수 있는 연동 자격 증명 데이터베이스다. 연동 자격 증명은 자격 증명 풀 내에서 유일하며 Amazon Congnito 사용자 풀, Facebook, Google, Amazon.com과 같은 자격 증명 공급자의 자격 증명과 연동된다.

자격 증명 풀은 AWS 리전을 설정해줘야 하며, AWS 관리 콘솔에서 자격 증명 풀을 생성하기 전 리전을 설정해야 한다. 다음 절차에 따라 Amazon Cognito 자격 증명 풀을 생성할 수 있다.

1. Amazon Cognito 화면에서 **자격 증명 풀 관리** 버튼을 선택한다(그림 10.18).

그림 10.18 Amazon Cognito 스플래시 화면

2. AWS 리전에 이미 생성한 자격 증명 풀이 없다면 바로 **새 자격 증명 풀 만들기** 마법사 화면으로 넘어갈 것이다(그림 10.19).

그림 10.19 새로운 자격 증명 풀 생성

만약 기존에 AWS 리전에 생성한 자격 증명 풀이 있다면 자격 증명 풀 목록 화면으로 넘어가게 되고, **새 자격 증명 풀 만들기** 버튼은 왼쪽 윗부분에 있다(그림 10.20).

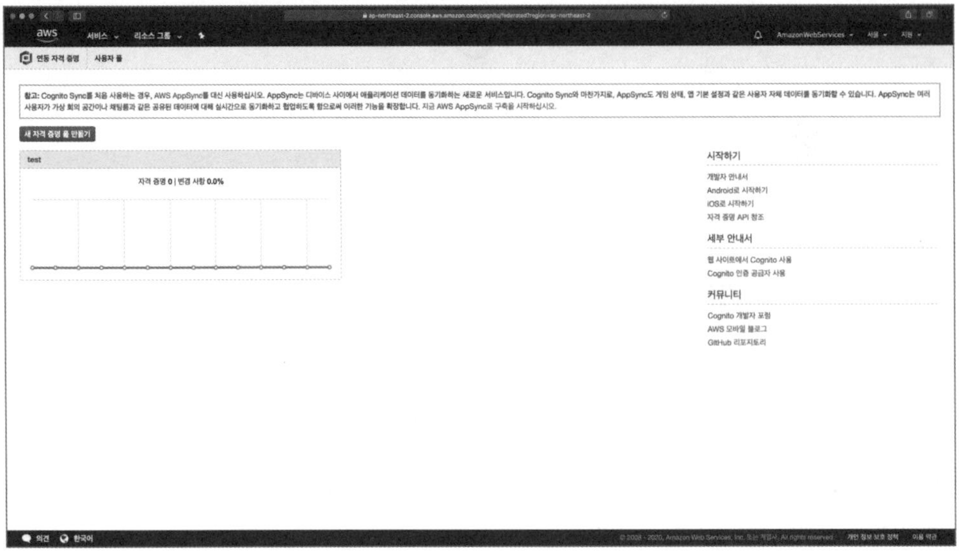

그림 10.20 자격 증명 풀 목록

3. 먼저 자격 증명 풀 이름을 지정한다. **인증되지 않은 자격 증명에 관한 액세스 활성화**는 선택하지 않는 것을 추천한다. 이 옵션을 선택하면 자격 증명 공급 공급자로부터 인증받지 않은 사용자를 위한 AWS 자격 증명을 생성하게 된다.

'인증되지 않은 자격 증명에 관한 액세스 활성화'가 필요한 경우 중 하나는 외부 애플리케이션이 자신의 애플리케이션이고 첫 사용자 화면에서 인증을 받을 필요가 없도록 설계된 경우이다. 이러한 경우 애플리케이션은 사용자의 인증 여부와 상관없는 일부 AWS 리소스에 접근해야 할 수도 있다. 예를 들어 애플리케이션의 최신 공지 사항은 AWS 계정의 Amazon DynamoDB 테이블에 저장된 데이터를 읽어와야 하는데, 애플리케이션이 Amazon DynamoDB 테이블에서 데이터를 읽기 위해서는 인증되지 않은 자격 증명이 있어야 한다.

4. '인증 공급자' 영역을 확장한 후 승인하려는 자격 증명 토큰을 발행하는 자격 증명 공급자에 관한 정보를 설정한다. 자격 증명 공급자로 Amazon Cognito 사용자 풀을 사용한다면 풀 ID와 앱 클라이언트 ID를 입력한다(그림 10.21).

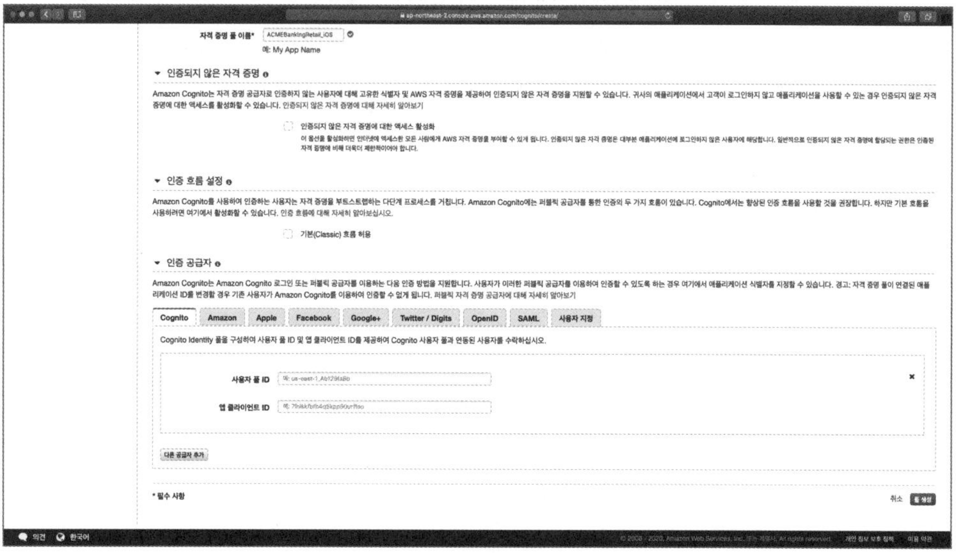

그림 10.21 Amazon Cognito 사용자 풀 ID와 앱 클라이언트 ID 입력

자격 증명 풀은 사용자 풀의 오직 하나의 앱 클라이언트와 연동될 수 있기 때문에 사용자 풀에 여러 앱 클라이언트가 정의돼 있다면 자격 증명 풀을 여러 개 생성해야 한다.

화면 아래 **풀 생성** 버튼을 눌러 풀을 생성한다.

5. 다음 화면에서는 인증받은 자격 증명과 인증받지 않은 자격 증명을 위한 새로운 사용
   자 역할을 생성할 수 있으며 기존에 생성한 역할을 선택할 수도 있다(그림 10.22).

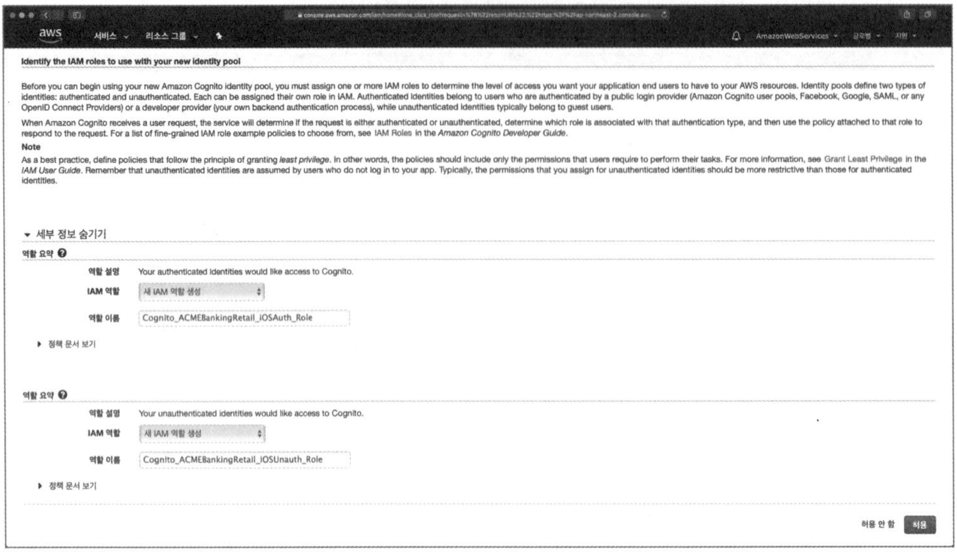

그림 10.22 Amazon Cognito는 기본적으로 인증받은 자격 증명과 인증받지 않은 자격 증명을 위해 새로운 역할을 생성한다.

인증받은 자격 증명을 위한 역할은 자격 증명 공급자로부터 인증받은 외부 애플리
케이션이 어떤 서비스에 접근할 수 있는지를 결정한다. 인증받지 않은 자격 증명을
위한 역할은 외부 애플리케이션이 사용자 인증 없이 어떤 서비스에 접근할 수 있는
지를 설정한다. 애플리케이션을 사용하는 사용자가 인증되지 않았다 하더라도 애플
리케이션은 자신이 신뢰할 수 있는 애플리케이션이라는 것을 증명하기 위해 자격
증명 정보를 제공해야 한다.

AWS 리소스를 정교하게 관리하기 위해 IAM 관리 콘솔을 사용해 정책을 변경할 수
있다.

6. 화면 아래 **허용** 버튼을 눌러 새로운 자격 증명 풀 생성을 마무리한다.

사용자 풀과 자격 증명 풀 선택하기

Amazon Cognito나 API 인증에 관해 전반적으로 익숙하지 않다면 사용자 풀과 자격 증명 풀의 차이를 이해하고 적절하게 사용하는 것은 어려울 것이다.

크게 보면 AWS는 REST 웹 서비스의 집합이지만 모든 웹 서비스가 OIDC 액세스와 자격 증명 토큰을 허용하진 않는다. OIDC 토큰을 직접적으로 지원하는 유일한 웹 서비스는 Amazon API Gateway뿐이다. 즉, Amazon API Gateway를 통해 Amazon S3 리소스를 외부로 노출하지 않는 한 OIDC 토큰을 이용해 Amazon S3 리소스에 접근할 수 없다.

Amazon S3, Amazon DynamoDB, AWS Lambda와 같은 서비스를 제공하는 기본 AWS REST API는 모두 액세스 키 ID와 비밀 액세스 키로 구성된 자격 증명을 사용해 작동하며, IAM 사용자를 생성할 때 이러한 키를 생성할 수 있는 옵션을 설정할 수 있다(그림 10.23).

그림 10.23 AWS 서비스에 접근하기 위해 필요한 자격 증명 확인

AWS CLI를 설정할 때 이 자격 증명 정보를 입력해야 한다.

```
Microsoft Windows [Version 10.0.16299.785]
(c) 2017 Microsoft Corporation. All rights reserved.

C:\Users\mishr>aws configure
AWS Access Key ID [None]: AKIAIR...VCOFA
AWS Secret Access Key [None]: dpk52etGa....U9H0f5ouPcqG
Default region name [None]:
Default output format [None]:
```

IAM는 사용자당 하나의 액세스 키 ID와 비밀 액세스 키를 발행하는데, IAM 관리 콘솔을 이용해 IAM 사용자를 수동으로 생성하고 이 액세스 키 ID와 비밀 액세스 키를 사용자와 공유할 수 있다. 단, 사용자와 공유할 때 반드시 보안에 유의해야 한다. 이 액세스 키 ID와 비밀 액세스 키는 베어러 자격 증명$^{bearer\ credentials}$으로 AWS CLI는 자격 증명 정보를 입력하는 사용자가 키를 생성한 사용자인지 확인할 수 있는 방법이 없다. 이러한 이유로 IAM 사용자는 자격 증명 정보를 안전하게 보관해야 하고 절대 애플리케이션에 포함해서는 안 된다.

Amazon Cognito 자격 증명 풀은 임시 액세스 키 ID와 액세스 키를 발행하므로, 자격 증명 풀은 AWS API Gateway를 사용하지 않고 AWS 리소스에 접근해야 할 때에만 사용해야 한다. 하지만 문제는 자격 증명 풀이 누구에게 이 키 정보를 발행하는가인데, 답은 자격 증명 풀과 자격 증명 공급자가 연결되는 지점이다. 자격 증명 풀이 자격 증명 공급자와 연결되면, 자격 증명 풀이 자격 증명 공급자에 의해 서명된 자격 증명 토큰을 제시한 요청자에게 임시 AWS 자격 증명을 발행한다.

Amazon Cognito 사용자 풀은 Auth0 혹은 Ping과 같은 자격 증명 공급자다. 사용자 풀은 사용자가 스스로를 인증하고 액세스 토큰과 자격 증명 토큰을 받을 수 있게 해준다. 이 토큰은 OIDC 토큰을 허용하는 모든 REST API에서 사용할 수 있으므로, OIDC 토큰을 허용하는 비AWS, REST API에 접근할 때에는 반드시 Amazon Cognito 사용자 풀을 사용해야 한다.

요약

- Amazon Cognito는 Amazon의 클라우드 기반의 OAuth 2.0 호환 자격 증명 관리 솔루션이다.

- Amazon Cognito 사용자 풀은 사용자 데이터베이스와 서비스의 집합으로 사용자 정보를 데이터베이스에 기록(회원 가입)하고 사용자를 이 데이터베이스를 통해 인증한다.

- Amazon Cognito 사용자 풀은 완벽하게 OAuth 2.0과 호환되며 인증 코드Auth Code, 암시적 허가Implicit grant와 사용자 보안 증명 허가Client Credentials grant 절차를 지원한다.

- 자격 증명 풀은 인증된 사용자와 연관된 Amazon Cognito 연동 자격 증명 객체의 모음이다.

- 연동 자격 증명 객체는 Amazon S3나 Amazon DynamoDB와 같은 AWS 서비스에 접근할 때 사용되는 자격 증명 정보로 구성된다.

- 사용자 풀과 자격 증명 풀을 함께 사용하면 비IAM 사용자가 모바일 앱/앱을 통해 AWS 리소스에 접근할 수 있게 하는 인증 및 권한 부여 솔루션을 완벽하게 구축할 수 있다.

11장

Amazon DynamoDB

11장에서 다루는 내용은 다음과 같다.

- Amazon의 NoSQL 데이터베이스 – DynamoDB 소개
- DynamoDB 테이블 생성
- Amazon Comprehend 관리 콘솔로 텍스트 분석
- DynamoDB 테이블에 데이터 저장
- DynamoDB 테이블 스캔 및 쿼리

> **노트** Amazon은 수시로 Amazon S3 관리 콘솔의 사용자 화면을 업데이트하기 때문에 일부 책의 화면과 실제 예제를 진행하면서 보이는 화면이 다를 수 있다. 일반적인 개념은 동일하므로 예제를 따라 하는데 무리가 없을 것이다.

Amazon DynamoDB[1]는 클라우드 기반의 확장성이 높고 이중화된 NoSQL 데이터베이스 서비스다. Amazon은 하드웨어 구매, 설정, 복제, 확장과 같은 관리 업무를 사용자 대신 처리해 이중화된 확장성 높은 데이터베이스 서비스를 구축하고 유지하는 데 따르는 번거로운 과정을 없앴다.

Amazon DynamoDB를 사용하면 AWS 클라우드에 데이터베이스 테이블을 생성하고 웹 기반 관리 콘솔, AWS CLI, AWS SDK 프로젝트를 통해 이 테이블에 읽기/쓰기 작업을 수행할 수 있다. Amazon DynamoDB는 데이터를 고속의 SSD^Solid State Disk 스토리지에 저장하고, 테이블의 데이터를 여러 서버에 걸쳐 분산 저장해 빠르고 일관된 접근 시간을 보장한다. 또한 테이블의 모든 데이터는 사용자가 선택한 리전의 모든 가용 영역^AZ, Availability Zone

---

1   2023년 5월 기준, 기능은 동일하나 화면 대부분 달라졌다. – 옮긴이

에 자동으로 복제 저장된다.

Amazon은 클라우드 기반 DynamoDB 서비스뿐만 아니라 로컬 컴퓨터에서 실행할 수 있는 다운로드 버전의 DynamoDB도 제공한다. 다운로드 버전의 DynamoDB에 관한 정보는 다음 주소에서 확인할 수 있다.

https://docs.aws.amazon.com/amazondynamodb/latest/developerguide/DynamoDBLocal.html

Amazon DynamoDB 주요 개념

여기서는 Amazon DynamoDB를 사용해 작업하면서 만나게 될 주요 개념을 살펴본다.

테이블

Amazon DynamoDB는 데이터를 데이터에 모음인 테이블table에 저장하는데, 테이블 개념은 모든 데이터베이스 관리 시스템에 존재한다.

DynamoDB는 전통적인 관계형 데이터베이스 시스템RDBMS, Relational DataBase Management System 과는 다르게 미리 정의된 스키마schema 또는 어떠한 형태의 테이블 간의 사전 정의된 관계도 필요 없다. DynamoDB 테이블의 데이터가 JSON 파일에 저장되기 때문이다.

DynamoDB는 리전을 기반으로 하는 서비스이며, 데이터는 자동으로 해당 리전의 모든 가용 영역에 복제된다.

전역 테이블

전역 테이블global table은 다른 리전에 분산된 하나 이상의 동일한 복제 테이블의 집합이다. 각각의 복제 테이블은 동일한 데이터를 저장하며 전역 테이블은 변동 사항을 자동으로 다른 리전의 복제 테이블에 전파한다.

항목

DynamoDB 테이블은 항목^items이라는 객체의 집합으로, 항목은 속성^attribute으로 구성되며 테이블의 행이라고 생각하면 된다. 예를 들어 BankAccounts라는 테이블의 각 항목은 은행 계좌에 해당하며, 테이블 안에 존재할 수 있는 항목의 수는 제한이 없다.

속성

속성^attribute은 항목을 이루는 데이터 기본 단위로 더 이상 나눌 수 없으며, 테이블의 열이라고 생각할 수 있다. 예를 들어 BankAccounts라는 테이블은 AccountNumber, AccountType, CurrentBalance라는 속성을 가질 수 있다.

항목이 가질 수 있는 속성의 수는 제한이 없으며 동일한 테이블 내의 항목이 다른 속성을 가질 수 있다. 이 점이 테이블의 스키마가 사전에 정의되고 테이블 내 행이 같은 수의 열을 갖는 전통적인 관계형 데이터베이스와 가장 큰 차이점이다.

속성은 다음 데이터 형식 중 하나를 가질 수 있다.

- 스칼라 형식^Scalar types: 숫자^number, 문자열^string, 바이너리^binary, 부울^boolean
- 도큐먼트 형식^Document types: 리스트^list 혹은 배열^array, 맵^map 혹은 딕셔너리^dictionary
- 집합 형식^Set types: 문자열 집합^string set, 숫자 집합^number set, 바이너리 집합^binary set

데이터 형식의 속성에 관한 추가 정보는 다음 주소에서 확인할 수 있다.

http://docs.aws.amazon.com/amazondynamodb/latest/developerguide/HowIt Works.NamingRulesDataTypes.html

기본 키

DynamoDB의 모든 테이블에는 항목을 구분하는 기본 키^primary key가 존재한다. 기본 키는 테이블을 생성할 때 정의하는 속성으로 항목(행)은 고유한 기본 키-값을 가지며, 기본 키는 반드시 스칼라 형식의 숫자, 문자열, 바이너리 값이어야 한다. DynamoDB 테이블에는 다음과 같이 2가지 유형의 기본 키가 있다.

- **파티션 키**partition key: 단순한 형태의 기본 키로 테이블의 모든 항목에 걸쳐 고유해야 하는 단일 속성이다. DynamoDB는 이 키-값으로 데이터를 저장할 때 물리적 저장 공간physical storage volume을 결정한다.

- **파티션 키 및 정렬 키**partition key and sort key: 두 가지 속성으로 구성된 복합 기본 키로 첫 속성은 데이터의 물리적 저장 공간을 결정하는 파티션 키이며, 두 번째 속성은 정렬 키로 동일한 스토리지에 저장된 값을 정렬한다. 테이블의 아이템은 동일한 저장 공간에 저장될 수 있기에 동일한 파티션 키-값을 가질 수 있지만, 파티션 키와 정렬 키의 조합은 테이블의 모든 항목이 항상 고유한 값을 가져야 한다. 파티션 키는 항목이 저장되는 스토리지 공간을 결정하는 해시함수의 입력값으로 사용되기 때문에 해시 키hash key라고 하며, 정렬 키는 범위 키range key라고도 한다.

보조 인덱스

DynamoDB에 테이블을 생성할 때 단순 기본 키나 복합 기본 키를 입력해야 하며, 기본 키 속성을 통해 테이블의 데이터를 읽어올 수 있다.

만약 키가 아닌 속성을 사용해 데이터를 읽어와야 할 경우 테이블에 보조 인덱스secondary index를 생성해야 한다. 보조 인덱스는 두 개의 속성을 조합해 생성하고, 첫 속성은 파티션 키이며, 두 번째 속성은 정렬 키다.

- **전역 보조 인덱스**global secondary index: 인덱스의 파티션 키와 정렬 키는 기본 키를 구성하는 속성과 다르게 테이블의 속성 중 어느 것이든 상관없이 두 개의 속성이 기본 키가 될 수 있다.

- **로컬 보조 인덱스**local secondary index: 인덱스의 파티션 키는 테이블의 파티션 키와 동일하며, 인덱스의 정렬 키는 테이블의 어느 속성이든 가능하다.

테이블에 보조 인덱스 생성이 완료되면 쿼리와 스캔 작업에 인덱스를 사용할 수 있다.

쿼리

쿼리는 기본 키 속성의 값을 기준으로 DynamoDB 테이블에서 데이터를 검색하는 작업을 말한다. 쿼리 작업을 위해서는 반드시 파티션 키, 정렬 키(복합 기본 키를 사용하는 경우), 비교 연산자 값을 제공해야 한다. 쿼리 작업은 쿼리와 일치하는 테이블의 모든 항목이 포함된 결과를 반환하며, 기본적으로 결괏값은 각 항목의 모든 속성을 포함한다. 프로젝션projection이라는 표현expression을 쿼리에 추가해 항목의 일부 속성만 반환되게 할 수도 있다.

프로젝션 표현은 조회 결과가 사용자에게 전달되기 전 쿼리 결과를 필터링하는 데 사용된다. Amazon은 DynamoDB로부터 조회한 데이터의 양에 따라 요금을 부과하며, 프로젝션 표현이 적용되기 전에 요금을 계산한다. 그리고 기본 키의 일부 속성이나 테이블의 보조 인덱스 중 하나에 관해서만 쿼리를 작성할 수 있다.

스캔

스캔scan은 테이블의 모든 항목을 반환하는 작업이다. 쿼리와 다르게 키나 인덱스 값을 기반으로 특정 항목을 불러오지 않고 테이블의 모든 데이터를 제공한다.

스캔 과정에 프로젝션이라는 추가적인 표현을 통해 항목의 일부 속성만 반환할 수 있으며, 프로젝션 표현은 조회 결과를 사용자에게 전달하기 전 스캔 결과에 적용되는 필터 역할을 한다.

Amazon은 DynamoDB에서 데이터를 읽어오는 양에 관해 요금을 부과하는데, 스캔 과정은 테이블의 모든 데이터를 읽어오기 때문에 테이블 전체 데이터 양에 관한 요금이 부과되게 된다. 대용량 테이블의 경우 매우 비싼 요금을 지불해야 할 수 있으므로 가능하다면 스캔 대신 쿼리를 사용하는 것이 좋다.

읽기 일관성

DynamoDB 테이블은 리전 수준에서 범위가 제한되기 때문에 다른 두 리전에 동일한 이름을 가진 테이블이 존재할 수 있지만 이 동일한 이름의 테이블은 아무런 관계가 없다. 테이블을 생성할 때 관리 콘솔에서 생성하고자 하는 리전을 올바르게 설정해야 한다.

AWS는 한 리전 안에 AWS 내의 여러 가용 영역에 걸쳐 DynamoDB 테이블을 복제해 중복 저장한다. 그래서 DynamoDB 테이블에 새로운 데이터를 기록하면 AWS는 모든 복제본 데이터를 업데이트한다. 하지만 전체 복제 데이터를 모두 업데이트하는 데는 약간의 시간이 소모될 수 있다.

DynamoDB 테이블에서 자료를 읽어올 때 다음 2가지 일관성 모델 중 하나를 선택할 수 있다.

- **최종적 일관된 읽기**eventually consistent reads: 응답response 결과에 최신 쓰기 작업 내용이 반영되지 않을 수도 있으며 일부 부실 데이터stale data가 포함될 수 있다. 리전 내 여러 가용 영역의 테이블 복제본을 모두 업데이트하는데 약 1초 정도의 시간이 소요되지만, 전역 테이블global table을 사용하는 경우 좀 더 큰 지연이 발생할 수 있다.
- **강력한 일관된 읽기**strongly consistent reads: 응답 결과에는 성공한 모든 쓰기 작업 결과를 포함하며, DynamoDB가 이전 업데이트 작업이 완료되는 것을 기다려야 하기 때문에 약간의 시간이 더 소요될 수 있다.

DynamoDB의 기본 읽기 일관성 모델은 "최종적 일관된 읽기" 모델로 "읽기 작업은 결국 일관성이 있을 것이다"라는 의미로 해석할 수 있다. DynamoDB 쿼리와 스캔은 추가 매개변수를 선택적으로 입력해 원하는 읽기 일관성 모델을 지정할 수 있다.

읽기/쓰기 용량 모드

Amazon은 DynamoDB에 데이터를 읽고 쓰는 작업에 관해 비용을 청구하는데, 다음 2가지 방법 중 하나의 요금 계산 방법을 선택할 수 있다.

- **온디맨드 모드**on demand mode: 읽기/쓰기 작업에 관한 요청당 지불pay-per-request하는 유연한 방식으로 실제 사용한 부분에 관해서만 지불하게 된다. 애플리케이션의 데이터베이스 사용 패턴을 예측하기 어려운 경우 적합한 모델이며, 청구 금액은 실제 소비한 읽기/쓰기 요청 단위의 수에 따라 달라진다.

읽기 용량 단위^{RCU, Read Capacity Unit}는 1번의 "강력한 일관된 읽기" 요청을 의미하거나 항목 1개의 크기가 4KB 이내인 경우 2번의 "최종적 일관된 읽기"를 의미한다. 만약 읽어들이는 항목의 크기가 4KB보다 큰 경우 추가적인 읽기 요청 단위가 필요하다. 예를 들어 애플리케이션이 크기가 5KB인 항목을 "강력한 일관된 읽기"로 읽어온다면 2개의 읽기 요청 단위가 필요하다.

쓰기 용량 단위^{WCU, Write Capacity Unit}는 크기가 1KB인 항목의 1회 쓰기 작업을 의미한다. 항목의 크기가 1KB보다 크다면 쓰기 요청 단위기 추가로 필요하다.

- **프로비저닝된 모드**^{provisioned mode}: 프로비저닝된 모드에서는 사전에 테이블의 I/O^{input output} 용량을 지정할 수 있다. 애플리케이션의 사용량이 이 제한 용량을 넘게 되면 요청 조정^{throttling}이 발생하고 HTTP 400 에러를 발생시킨다. DynamoDB에서 프로비저닝된 모드를 사용하면 오토스케일링 규칙을 설정할 수 있는데, DynamoDB 테이블에 오토스케일링을 적용하면 요청 조정이 발생하기 전 프로비저닝된 I/O 용량을 증가시킬 수 있도록 여분^{margin}의 능력을 제공한다. 프로비저닝된 처리량^{throughput}은 쓰기 용량 단위와 읽기 용량 단위로 나타낼 수 있다.

읽기 용량 단위는 1초당 1번의 "강력한 일관된 읽기" 혹은 항목의 크기가 4KB 이내인 경우 1초당 2번의 "최종적 일관된 읽기"를 의미하며, 항목의 크기가 4KB 이상인 경우 추가적인 읽기 용량 단위가 필요하다. 예를 들어 애플리케이션이 1초당 각 항목의 크기가 2KB인 100개의 항목을 "강력한 일관된 읽기"로 읽어온다면 100개의 읽기 용량 단위를 프로비저닝해야 한다. 각 항목의 크기가 2KB라고 할지라도 Amazon은 읽기 처리 용량을 계산할 때 항목의 크기를 4KB로 반올림한다. 즉, 항목의 크기가 5KB라면 2배인 200개의 읽기 용량 단위를 프로비저닝해야 한다.

쓰기 용량 단위는 최대 1KB 크기의 항목을 1초당 1번 쓰기 작업하는 것을 의미한다. 예를 들어 애플리케이션에서 초당 100개의 2KB인 항목의 쓰기 작업이 필요하다면, 200개의 쓰기 용량 단위를 프로비저닝해야 한다.

예약하거나 실제로 사용한 I/O 단위에 대해 비용이 청구될 뿐만 아니라 데이터 스토리지 정액 비용도 청구된다. DynamoDB와 관련된 비용에 관한 소개는 다음 주소를 참고하자.

https://aws.amazon.com/dynamodb/pricing

테이블 생성 시 읽기/쓰기 용량 모드를 선택하라는 메시지가 나타날 것이며, 테이블을 생성 후에는 24시간마다 모드를 변경할 수 있다.

일반적인 작업

여기서는 AWS 관리 콘솔을 이용해 DynamoDB 테이블을 생성하고 관리하는 방법을 배운다.

먼저 IAM 콘솔에 개발용 IAM 사용자 계정 전용 주소로 AWS 관리 콘솔에 로그인 후 Amazon DynamoDB 서비스를 제공할 리전을 선택한다. **서비스** 메뉴에서 **DynamoDB**를 선택한다(그림 11.1).

그림 11.1 Amazon DynamoDB 서비스 접속

DynamoDB 테이블은 리전 수준에서 서비스되기 때문에 관리 콘솔에서 적절한 리전을 선택한다. 여기서는 유럽(아일랜드)으로 설정한 것으로 가정한다.

테이블 생성

기존에 DynamoDB를 사용한 적이 없다면 스플래시 화면이 나타날 것이다(그림 11.2).

그림 11.2 Amazon DynamoDB 스플래시 화면

기존에 DynamoDB를 사용한 이력이 있다면 대시보드로 연결된다(그림 11.3). 계속해서 다음 절차에 따라 테이블을 생성한다.

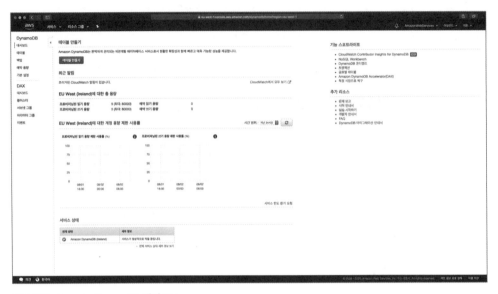

그림 11.3 Amazon DynamoDB 대시보드

1. 접속한 화면에 상관없이 **테이블 만들기** 버튼을 눌러 DynamoDB 테이블을 생성을 시작한다. 'DynamoDB 테이블 만들기' 화면(그림 11.4)에서 3~255글자의 테이블 이름을 입력한다. S3 버킷과는 다르게 DynamoDB 테이블 이름은 전역적으로 고유하지 않아도 된다. 선택한 리전의 계정 내에서만 고유한 이름을 갖도록 설정하면 된다.

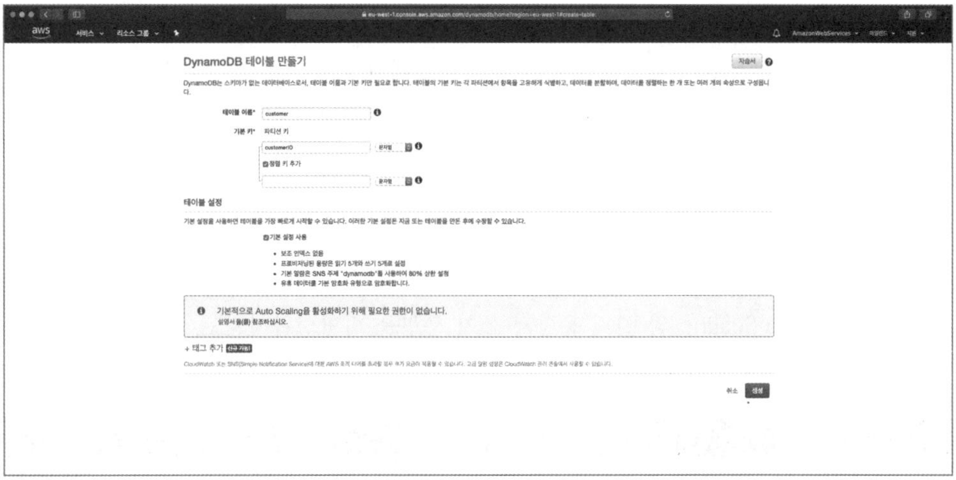

그림 11.4 테이블 이름 설정

2. 예제에서는 테이블 이름을 customer로 하고, 기본 키 속성은 customerID로 지정한다.
테이블 만들기 화면에서는 기본적으로 기본 키가 파티션 키로 설정돼 있으며, 파티
션 키와 정렬 키를 사용하려면 **정렬 키 추가**를 선택한다(그림 11.5).

그림 11.5 파티션 키와 정렬 키 지정

3. 테이블 만들기 화면에서는 기본 설정 값은 보조 인덱스를 생성하지 않으며, 프로비
   저닝된 처리 용량은 읽기 5개와 쓰기 5개로 예약되고, 오토스케일링을 활성화할 수
   있도록 설정돼 있다. 여기서는 테이블에 아무런 데이터가 없기 때문에 보조 인덱스가
   없어도 문제되지 않는다. 하지만 프로비저닝된 처리 용량 예약에 관해서는 비용이 청
   구되므로 적은 수의 읽기/쓰기 단위로 시작 후 추후 필요한 경우 늘리도록 한다.

4. '기본 설정 사용'을 선택 해제하고 화면 아랫부분의 '프로비저닝된 용량'으로 이동
   한다. 'Auto Scaling'의 읽기 용량과 쓰기 용량을 비활성화시키고, '프로비저닝된 용
   량'의 읽기/쓰기 용량 유닛을 각각 1로 변경한다(그림 11.6).

그림 11.6 프로비저닝된 I/O 용량 변경

5. **생성** 버튼을 눌러 테이블을 생성한다. 테이블 생성은 약간의 시간이 소요되며 생성이
   완료되면 그림 11.7과 같은 화면을 볼 수 있다.

그림 11.7 Amazon DynamoDB 테이블 개요

테이블에 항목 추가

여기서는 '테이블 생성'에 설명된 대로 customer 테이블을 만들었다고 가정한다.

1. DynamoDB 대시보드에서 customer 테이블을 선택하고 **항목** 탭으로 이동 후 **항목 만들기** 버튼을 누른다(그림 11.8).

그림 11.8 customer 테이블에 새로운 항목 추가

새 항목에 관한 속성을 설정할 수 있는 대화상자가 나타난다. 기본적으로 사용 가능한 유일한 속성은 테이블의 기본 키 속성이다(그림 11.9).

그림 11.9 항목 속성 대화 상자에 표시된 기본 키 속성

기존 속성 옆에 있는 **추가**(+) 버튼을 클릭하거나 메뉴에서 Append나 Insert를 선택해 새로운 속성을 추가할 수 있다. 'Append'는 선택한 속성 뒤에 새로운 속성을 추가하며, 'Insert'는 선택한 속성 앞에 새로운 속성을 추가한다(그림 11.10).

그림 11.10 항목 속성 추가

2. customerID값을 1로 설정하고 **추가**(+) 버튼으로 다음의 String 속성을 추가한다(그림 11.11).

   □ firstName: John

   □ lastName: Woods

   □ address: 17 Hollow Road, Bromley

   □ postcode: BR34 980

   □ country: United Kingdom

그림 11.11 여러 속성 설정

3. JSON 형식으로 직접 항목을 작업하려면 창의 드롭다운 메뉴에서 'Text'를 선택한다(그림 11.12).

그림 11.12 JSON 형식으로 항목 속성 확인

4. **저장** 버튼을 눌러 테이블에 새 항목을 추가하면 테이블 목록에서 새로 추가된 항목을 볼 수 있다(그림 11.13).

그림 11.13 항목이 추가된 DynamoDB 테이블

5. 다음 속성을 갖는 새로운 항목을 테이블에 추가한다.

   ▫ customerID: 2

   ▫ firstName: Sonam

   ▫ lastNAme: Mishra

   ▫ isHomeOwner: True

그림 11.14와 같이 테이블의 항목은 다른 형태 속성들을 갖는데, 이 점이 모든 행이 동일한 열을 갖는 전통적인 RDBMS의 테이블과 다른 점이다.

그림 11.14 Amazon DynamoDB 테이블의 각 항목은 다른 속성을 가질 수 있다.

인덱스 생성

여기서는 '테이블 생성'에 설명된 대로 customer 테이블을 만들었다고 가정한다.

1. DynamoDB 대시보드에서 customer 테이블을 선택한 후 '인덱스' 탭으로 이동해서 **인덱스 생성** 버튼을 누른다(그림 11.15).

그림 11.15 인덱스 생성

새로운 인덱스의 속성을 설정할 수 있는 대화상자가 나타난다(그림 11.16).

그림 11.16 인덱스 속성 대화상자

2. 다음 속성을 사용해 인덱스를 생성한다.

   ▫ 파티션 키: firstName

   ▫ 정렬 키: lastName

   ▫ 인덱스 이름: Use default settings

   ▫ 프로젝션 속성: 모두

   ▫ 읽기 용량 유닛: 1

   ▫ 쓰기 용량 유닛: 1

3. **인덱스 생성** 버튼을 눌러 인덱스 생성을 마무리한다. 인덱스를 생성하는 데는 몇 분이 걸릴 수 있으며, 생성이 완료되면 '인덱스' 탭에서 확인할 수 있다(그림 11.17).

그림 11.17 DynamoDB 테이블의 인덱스 목록

인덱스가 생성된 후 테이블에 새로 추가되는 항목은 반드시 customerID, firstName, lastName 필드에 값을 입력해야 한다(그림 11.18).

그림 11.18 새 항목의 필수 항목

firstName과 lastName에 인덱스를 생성했지만 firstName과 lastName에 이미 존재하는 동일한 값을 갖는 항목을 추가할 수 있다. 하지만 customerID 속성의 값은 기본 키-값으로 반드시 고유한 값이어야 한다.

4. 다음 속성을 갖는 새로운 항목을 테이블에 추가한다.

  ◻ customerID: 3

  ◻ firstName: Sonam

  ◻ lastName: Mishra

그림 11.19와 같이 테이블의 항목 목록을 나타날 것이며, firstName과 lastName 속성에 동일한 값을 갖는 항목이 존재하는 것을 볼 수 있다.

그림 11.19 DynamoDB 테이블의 항목 목록

스캔 실행

여기서는 '테이블 생성'에 설명된 대로 customer 테이블을 만들었다고 가정한다.

1. DynamoDB 대시보드에서 customer 테이블을 선택 후 **항목** 탭으로 이동한다. 테이블의 모든 항목을 볼 수 있는 기본 화면은 기본 키 customerID에 스캔을 실행한 결과다. 테이블의 첫 항목 위에 있는 어두운 회색 영역을 보면 스캔 설정 내용을 확인할 수 있다(그림 11.20).

그림 11.20 스캔 작업 결과로 반환된 항목 목록

2. **필터 추가** 버튼으로 결과를 간결하게 표현할 수 있도록 필터를 추가할 수 있다. 그림 11.21은 firstName 속성에 필터를 추가한 후 스캔한 결과를 보여준다.

그림 11.21 스캔 작업에 필터 추가

3. 테이블에 인덱스가 정의돼 있으면 드롭다운 메뉴에서 선택할 수 있다(그림 11.22). 인덱스를 선택 후 **검색 시작** 버튼을 눌러 인덱스 기반 스캔을 수행할 수 있다.

그림 11.22 인덱스 기반 스캔 실행

기본 키 스캔의 경우 모든 항목이 기본적으로 기본 키 속성 값을 갖기 때문에 기본 키 스캔을 실행하면 전체 항목을 결과로 반환한다. 반면 인덱스 스캔의 경우 선택한 속성에만 인덱스가 정의되기 때문에 인덱스 스캔을 실행하면 인덱스가 정의된 속성에 값이 있는 테이블의 항목만 결과로 반환하게 된다.

기본 키 혹은 인덱스 키를 기반으로 모든 항목을 반환한 후 필터를 추가해 결과를 간결하게 정렬하는 작업은 매우 중요하다. 대용량 테이블의 경우 필터를 추가해 결과를 한 행으로 축소했다 하더라도 전체 스캔을 수행하면 프로비저닝된 읽기 용량을 쉽게 초과할 수 있다.

쿼리 실행

여기서는 '테이블 생성'에 설명된 대로 customer 테이블을 만들었다고 가정한다.

DynamoDB 대시보드에서 customer 테이블을 선택한 후 **항목** 탭으로 이동한다. 그다음 드롭다운 메뉴의 **스캔**을 **쿼리**로 변경한다.

그림 11.23 스캔 모드에서 쿼리 모드로 변경

한 가지 중요한 차이점을 제외하곤 여러 면에서 쿼리는 스캔과 비슷하다. 스캔과 다르게 쿼리는 쿼리문에 지정된 범주에 맞는 항목만을 결과로 반환한다. 그림 11.24는 customerID = 1인 항목을 쿼리 결과로 보여준다.

그림 11.24 파티션 키를 기반으로 한 DynamoDB 쿼리

테이블에 정의된 기본 키나 인덱스 키에 쿼리를 실행할 수 있으며, 쿼리 결과에 필터를 적용할 수도 있다.

요약

- DynamoDB는 Amazon의 클라우드 기반의 확장성이 뛰어나고 이중화된 NoSQL 데이터베이스 서비스다.

- DynamoDB는 여러 서버의 고속의 SSD 스토리지에 데이터를 분산 저장해 빠르고 일관성 있는 액세스 시간을 보장한다.

- 테이블의 모든 데이터는 자동으로 선택한 리전 내 모든 가용 영역에 자동으로 복제된다.

- 전역 테이블은 여러 AWS 리전에 분산된 하나 이상의 동일한 복제 테이블이다. 각 복제 테이블은 동일한 항목을 저장하고 있으며, 전역 테이블을 사용하면 변경 내용이 자동으로 다른 리전의 복제 테이블로 전파된다.

- Amazon은 클라우드 기반 서비스 외에 로컬 컴퓨터에서 실행이 가능한 다운로드 버전인 DynamoDB도 제공한다.

- DynamoDB는 사전에 정의된 테이블 스키마나 테이블 간 관계를 필요로 하지 않는다.

- DynamoDB의 테이블 데이터는 JSON 형식의 파일로 저장된다.

- 파티션 키는 항목을 저장하는 물리적 스토리지 볼륨의 파티션을 정하는 데 사용된다.

- 파티션 키와 정렬 키로 구성되는 복합 기본 키에서 정렬 키는 동일한 스토리지 볼륨에 저장되는 값의 정렬 순서를 정하는 데 사용한다.

- 보조 인덱스는 추가적인 복합 기본 키로 생각할 수 있다.

- 쿼리는 기본 키 속성값을 기반으로 DynamoDB 테이블의 데이터를 조회하는 작업이다.

- 스캔은 테이블의 모든 데이터를 반환하는 작업으로 쿼리와는 다르게 키나 인덱스 값을 기반으로 하지 않고 테이블의 모든 데이터를 반환한다.

- DynamoDB 스트림은 테이블이 수정됐을 때 테이블이 이벤트를 생성하도록 한다.

12장

AWS Lambda

12장에서 다루는 내용은 다음과 같다.

- AWS Lambda 소개
- Python Lambda 함수 생성
- AWS Lambda 함수 테스트
- 실행 로그 확인
- AWS Lambda 함수와 CloudWatch 로그 그룹 삭제

AWS Lambda는 서버를 프로비저닝하지 않고 Amazon 클라우드에서 코드를 실행할 수 있게 해주는 서비스다. Amazon이 코드 실행을 위한 인프라를 관리해주며 실제 코드 실행에 관한 비용을 청구한다.

AWS Lambda 코드는 Amazon S3 버킷에 파일 업로드, Amazon DynamoDB 테이블 변경, Amazon Kinesis 스트림에 데이터 도달과 같은 다양한 이벤트에 관한 응답으로 트리거될 수 있다. AWS Lambda를 이용하면 위와 같은 이벤트가 발생했을 때 매우 적은 코드로 매우 짧은 응답 시간^{millisecond} 안에 트리거할 수 있다.

AWS Lambda는 확장성이 뛰어나고 백그라운드에서 리소스 프로비저닝을 관리하는 Amazon의 웹 서비스와 동시 이벤트에 대응해 코드를 병렬 인스턴스로 처리할 수 있다. 또한 Amazon API Gateway로 RESTful API를 만들어 HTTP 이벤트에 관한 응답으로 AWS Lambda 코드를 실행할 수도 있다. 이러한 방식으로 AWS Lambda를 이용해 서버를 한 대도 구축하지 않고 전체 애플리케이션 백엔드 시스템$^{backend\ system}$을 구축할 수 있다.

Amazon Lambda 사용 사례

AWS Lambda는 매우 강력하지만 모든 프로그래밍 언어를 지원하는 것은 아니며 코드가 실행되는 기반 하드웨어를 접근해야 할 때는 효과적이지 않다. AWS Lambda의 일반적인 사용 사례는 다음과 같다.

- **서버리스 백엔드**serverless backend: Amazon API Gateway와 Lambda를 사용하면 서버를 프로비저닝하지 않고도 외부 애플리케이션을 지원하는 확장성이 뛰어난 OAuth 2.0 호환 RESTful API를 만들 수 있다.

- **트리거**trigger: AWS Lambda를 사용하면 Amazon S3 버킷이나 DynamoDB 테이블의 변경에 관한 응답으로 코드를 실행할 수 있다. 이때 실행되는 Lambda 코드는 데이터 무결성 검사integrity checks, 이메일 발송firing emails, 대기열 쓰기writing to queues, Amazon Machine Learning이나 AWS Rekognition과 같은 AWS 서비스와 상호작용과 같은 다양한 작업을 수행할 수 있다.

- **유지보수**maintenance: AWS Lambda 코드는 예정된 이벤트에 관한 응답으로 실행될 수 있으며, 이때 코드는 기초 유지보수 작업, 데이터베이스의 내용 정리와 같은 작업을 수행한다.

- **스트림**stream: Kinesis 스트림에 새로운 데이터가 도착한 이벤트에 관한 응답으로 AWS Lambda 코드가 실행되도록 설정할 수 있다. Amazon Kinesis 스트림은 소셜 미디어 스트림, 금융 거래, IoT 하드웨어와 같은 다양한 스트리밍 데이터를 처리하는 애플리케이션을 구축할 수 있게 해주는 Amazon 웹 서비스다.

AWS Lambda 주요 개념

여기서는 AWS Lambda를 사용해 작업하면서 만나게 될 주요 개념을 살펴본다.

지원 프로그래밍 언어

AWS Lambda는 다음과 같은 프로그래밍 언어를 지원한다.

- Node.js
- Ruby
- Java
- C#
- Python
- Go

Eclipse나 Visual Studio와 같은 다양한 IDE로 Lambda 코드를 작성할 수 있으며, Amazon에서는 AWS Lambda 콘솔로 웹 기반 IDE를 제공한다. 웹 기반 Lambda 콘솔은 Eclipse나 Visual Studio에 비교하면 기능이 제한적이지만 Node.js나 Python 함수를 빠르게 구현할 때 유용하다. Lambda 코드를 위한 전체 IDE와 도구에 관한 설명은 다음 주소에서 확인할 수 있다.

https://docs.aws.amazon.com/lambda/latest/dg/gettingstarted-tools.html

12장에서는 Python을 이용하며, Lambda가 지원하는 다른 언어에 관한 정보는 https://docs.aws.amazon.com/lambda/latest/dg/lambda-functions.html에서 확인할 수 있다.

Lambda 함수

Lambda 함수를 생성하려면 먼저 의존성이 있는 실행 코드를 포함한 배포 패키지를 생성해야 한다. AWS Lambda 콘솔을 이용해 함수를 생성하면 배포 패키지가 생성되며, 만약 별도의 IDE를 사용하는 경우 직접 배포 패키지를 생성한 다음 생성된 배포 패키지와 설정 정보를 AWS Lambda에 업로드 후 함수를 생성한다.

대부분의 경우 배포 패키지는 .zip 파일로 명령줄 도구나 AWS Lambda 관리 콘솔을 사용해 AWS Lambda에 업로드한다. 배포 패키지는 수동으로 생성할 필요 없이 Jenkins나 Maven과 같은 도구를 사용하면 되며, 지원 언어별 배포 패키지 생성에 관한 정보는 다음 주소에서 확인할 수 있다.

http://docs.aws.amazon.com/lambda/latest/dg/deployment-package-v2.html

배포 패키지에 포함된 주요 설정 정보는 다음과 같다.

- **연산 요구 사항**compute requirement: 사용자가 Lambda 함수에 할당할 메모리 용량을 정의하며, AWS Lambda는 메모리 용량에 비례해 CPU 리소스를 할당한다. CPU 대 메모리 할당 비율은 M3 EC2 인스턴스의 비율과 동일하며, 특정 인스턴스에 정확한 하드웨어 성능은 다음 주소에서 확인할 수 있다.

  https://aws.amazon.com/ec2/instance-types

- **실행 타임아웃**execution timeout: 함수 실행을 허용하는 최대 시간으로 초 단위로 나타내며, 이 제한 시간에 도달하면 Lambda 함수는 종료된다.

- **실행 역할**execution role: AWS Lambda가 함수를 실행할 때의 IAM 역할을 의미한다.

- **핸들러 이름**handler name: AWS Lambda가 실행을 시작하는 코드의 메서드 이름을 의미한다.

프로그래밍 모델

Lambda 함수를 작성하는 프로그래밍 언어에 상관없이 모든 Lambda 함수는 핸들러handler, 이벤트event, 콘텍스트context, 로깅logging, 예외exception의 5가지의 핵심 개념을 갖는다.

핸들러

핸들러handler는 함수의 진입점으로 AWS Lambda가 함수 실행을 요청하는 메서드다. 함수 실행 후 핸들러 메서드 Lambda 함수를 구성하는 코드 내 다른 메서드를 호출할 수 있다.

핸들러 메서드가 호출되면 AWS Lambda가 트리거된 Lambda 함수와 콘텍스트 객체에 데이터를 전달한다. 핸들러 메서드의 첫 번째 매개변수를 통해 이 이벤트 데이터에 접근할 수 있다.

핸들러 메서드의 이름은 Lambda 함수 생성 시 설정값에 정의되며, Python으로 구현한 Lambda 함수 메서드 핸들러는 다음과 같다.

```python
def lambda_handler(event, context):
    return a_value
```

핸들러는 값을 반환할 수 있으며, Lambda 함수가 동기적으로^{synchronously} 호출되면 호출자 ^{caller}는 JSON 객체 형식의 직렬화^{serialized}된 결괏값을 반환받는다. return 구문 예시는 다음 과 같다.

```python
def lambda_handler(event, context):

    # 계좌 정보 반환
    return {
      'bankAccountNumber': '57478289274' ,
      'accountName': 'Mr. Chris Woods'
    }
```


이벤트

이벤트^{event}는 핸들러 메서드의 첫 번째 매개변수로, 다음과 같은 표준 JSON 딕셔너리다.

```json
{
    "key3": "value3",
    "key2": "value2",
    "key1": "value1"
}
```

이벤트는 AWS 서비스 혹은 이벤트를 발생시키도록 구성된 애플리케이션에서 발생하는 이벤트 소스^{event source}에 의해 생성된다. 표 12.1은 일반적인 이벤트 소스와 이벤트 소스가 생성하는 이벤트를 보여준다.

표 12.1 AWS Lambda의 일반적인 이벤트 소스

서비스	이벤트	설명
Amazon S3	S3 Put, S3 Delete	S3 Put, S3 Delete 이벤트는 S3 버킷에 새로운 객체가 생성되거나 삭제됐을 때 발생한다.
Amazon DynamoDB	DynamoDB Update	DynamoDB Update 이벤트는 DynamoDB 테이블에 업데이트가 발생했을 때 일어난다. DynamoDB와 Lambda를 사용할 때 테이블에 DynamoDB 스트림을 활성화해야 하며, DynamoDB는 매 업데이트의 항목을 스트림에 기록한다. Lambda는 이 스트림을 폴링[1]하며 함수를 실행한다.

이벤트 소스로 사용할 수 있는 AWS 서비스 전체 목록은 다음 주소에서 확인할 수 있다. https://docs.aws.amazon.com/lambda/latest/dg/lambda-services.html

각 이벤트는 JSON 딕셔너리로 구성돼 있고, 딕셔너리 내 특정 항목이 실제 이벤트를 나타낸다.

다음은 S3 PUT 이벤트의 페이로드[payload]이다.

```
{
    "Records": [
    {
    "eventVersion": "2.0",
    "eventTime": "1970-01-01T00:00:00.000Z",
    "requestParameters": {
        "sourceIPAddress": "127.0.0.1"
    },
    "s3": {
        "configurationId": "testConfigRule",
        "object": {
            "eTag": "0123456789abcdef0123456789abcdef",
            "sequencer": "0A1B2C3D4E5F678901",
            "key": "HappyFace.jpg",
            "size": 1024
        },
        "bucket": {
            "arn": bucketarn,
            "name": "sourcebucket",
            "ownerIdentity": {
```

---

1 프로세스 간의 충돌을 피하거나 동기화 처리를 위해 다른 프로세스의 상태를 주기적으로 살피며 특정 조건을 만족할 경우 실행하는 방식 – 옮긴이

```
                    "principalId": "EXAMPLE"
                }
            },
            "s3SchemaVersion": "1.0"
        },
        "responseElements": {
            "x-amz-id-2": "EXAMPLE123/5678abcdee/mnopFGH",
            "x-amz-request-id": "EXAMPLE123456789"
        },
        "awsRegion": "us-east-1",
        "eventName": "ObjectCreated:Put",
        "userIdentity": {
            "principalId": "EXAMPLE"
        },
        "eventSource": "aws:s3"
    }]
}
```

DynamoDB UPDATE 이벤트의 페이로드는 다음과 같다.

```
{
    "Records": [
    {
    "eventID": "1",
    "eventVersion": "1.0",
    "dynamodb": {
        "Keys": {
            "Id": {
                "N": "101"
            }
        },
        "NewImage": {
            "Message": {
                "S": "New item!"
            },
            "Id": {
                "N": "101"
            }
        },
        "StreamViewType": "NEW_AND_OLD_IMAGES",
        "SequenceNumber": "111",
        "SizeBytes": 26
    },
```

```
    "awsRegion": "us-west-2",
    "eventName": "INSERT",
    "eventSourceARN": eventsourcearn,
    "eventSource": "aws:dynamodb"
    }]
}
```

콘텍스트

콘텍스트context는 핸들러 메서드의 두 번째 매개변수로, 콘텍스트 객체를 사용하면 AWS Lambda가 실행 환경과 관련된 유용한 정보를 얻을 수 있다. 콘텍스트 객체에서 얻을 수 있는 정보는 다음과 같다.

- Lambda가 함수를 종료할 때까지 남은 시간(초)

- CloudWatch 로그 그룹 스트림log group stream과 관련된 함수

- 함수가 실행될 때 클라이언트에게 반환된 AWS 요청 IDrequest ID. 이 ID는 AWS 고객 지원에 사용할 수 있음

- AWS 모바일 SDK가 함수를 호출한 경우, 함수를 호출한 모바일 앱과 디바이스 이름

로깅

Lambda 함수의 로그는 CloudWatch 로그에 기록되며, 프로그래밍 언어에 따라 로그 생성 코드는 다를 수 있다. Python을 이용해 함수를 생성하는 경우 다음 구문으로 로그를 생성할 수 있다.

- `print()`

- `logging.Logger.info()`

- `logging.Logger.error()`

예외

Lambda 함수는 코드가 실행되는 동안 에러가 발생하면 AWS Lambda에게 전달할 목적으로 예외^{exception}를 발생시키며, 프로그래밍 언어에 따라 예외 처리 방식은 다르다.

Python으로 Lambda 함수를 작성하는 경우 다음 핸들러와 같이 raise 구문으로 예외를 발생시킬 수 있다.

```
def lambda_handler(event, context):
raise AnException('Something went wrong!')
```

이 핸들러가 호출되면 AWS Lambda는 다음 에러 메시지를 반환한다.

```
{
    "errorMessage": "Something went wrong!",
    "stackTrace": [
     [
        "/var/task/some_function.py",
        3,
        "lambda_handler",
        "raise AnException('Something went wrong!')"
     ]
    ],
    "errorType": "AnException"
}
```

클라이언트가 AWS Lambda 함수를 동기적으로^{synchronously} 호출한 경우 클라이언트는 에러 메시지를 받게 되고 AWS Lambda는 에러 메시지의 사본을 Amazon CloudWatch 로그에 기록한다. 반면 클라이언트가 AWS Lambda 함수를 비동기적으로^{asynchronously} 호출한 경우 에러 메시지는 Amazon CloudWatch 로그에만 기록된다.

실행 환경

이벤트에 관한 응답으로 AWS Lambda 함수가 호출된 경우 AWS Lambda는 함수가 생성될 때 설정된 값을 기초로 실행 환경^{container}을 시작한다. 컨테이너의 기반 운영체제는 Amazon Linux로 각 컨테이너에는 다양한 라이브러리가 사전에 설치돼 있으며 /tmp 디렉터리에 일부 공간을 제공한다.

컨테이너에 포함된 표준 라이브러리에 관한 정보는 다음 주소에서 확인할 수 있다.

https://docs.aws.amazon.com/lambda/latest/dg/lambda-runtimes.html

Lambda는 핸들러 메서드에 제어권을 넘기기 전 새로운 컨테이너를 생성하고 시작하는 데 약간의 시간이 필요하다. 효율적인 작업을 위해 함수 실행 종료 후에도 Lambda는 잠시 동안 컨테이너를 유지하며, 만약 컨테이너가 대기하는 동안 동일 함수가 다시 호출되면 이 컨테이너를 재사용한다.

사용자는 컨테이너 재사용에 관한 부분을 고려하지 않아도 되며 이는 전적으로 AWS Lambda가 담당하게 된다. 하지만 실행 컨테이너가 재사용된다면 코드는 다음과 같은 의미를 갖는다.

- Lambda 코드 중 핸들러 메서드 밖에 선언된 변수는 초기화initialized 상태를 유지한다. 따라서 데이터베이스와 연결을 맺고 이 연결을 변수에 저장하는 방식으로 유용하게 사용할 수 있다. 코드에 데이터베이스 연결을 확인하는 로직을 추가해 변수가 초기화되지 않은 경우에만 새로운 연결을 생성하면 된다.
- 컨터네이너의 /tmp 디렉터리의 내용은 지워지지 않았다.
- 함수의 이전 인스턴스가 종료될 때 종료되지 않는 백그라운드 프로세스(Node.js의 경우 콜백)는 재개되기 때문에, 컨터이너가 재사용되는 경우 이러한 프로세스가 완료됐는지 확인해야 한다.

서비스 제한

AWS Lambda의 함수와 실행 환경 사용 용량에는 제한이 있다. 최대 동시 실행 가능한 수는 1,000개이며 Lambda 함수와 구성 요소가 사용할 수 있는 저장 공간은 최대 75GB이다. 필요에 따라 추가적인 사용량을 요청할 수 있다.

하지만 다음과 같이 상향 요청을 할 수 없는 일부 제한 항목이 있다.

- 함수 실행에 할당되는 메모리는 128~3008MB로 64MB씩 증가할 수 있다.

- 함수의 최대 타임아웃 시간은 900초다.
- 동기식 호출의 경우에 요청과 응답 페이로드의 사이즈는 6MB를 넘을 수 없다.
- 비동기식 호출의 경우에 요청과 응답 페이로드 사이즈는 256KB를 넘을 수 없다.

파일 사이즈 및 동시 실행 수를 상향 요청하는 방법을 포함한 서비스 용량 제한에 관한 자세한 내용은 다음 주소에서 확인할 수 있다.

https://docs.aws.amazon.com/lambda/latest/dg/limits.html

가격과 가용성

AWS Lambda는 사용한 만큼만 비용을 지불하는 방식pay-per-use이 가능해 함수가 실행이 지속되는 시간과 함수를 요청하는 수에 따라 비용이 청구된다. 지속 시간은 100ms를 경계로 올림된다. Lambda는 AWS 프리 티어가 포함된 서비스이며 자세한 가격 정책은 다음 주소에서 확인할 수 있다.

https://aws.amazon.com/lambda/pricing

일반적인 작업

여기서는 AWS Lambda 콘솔과 AWS CLI 도구를 사용해 Python AWS Lambda 함수를 생성하고 테스트한다.

AWS Lambda 함수를 구성하고 생성하기 위해서는 적절한 IAM 사용자 권한이 필요하다. AWS 관리 콘솔에 개발용 IAM 사용자 계정 전용 주소로 로그인한다. 여기서는 유럽(아일랜드) 리전에 접속해 작업하는 것을 가정하며, 로그인 후 서비스 메뉴에서 AWS Lambda를 선택한다(그림 12.1).

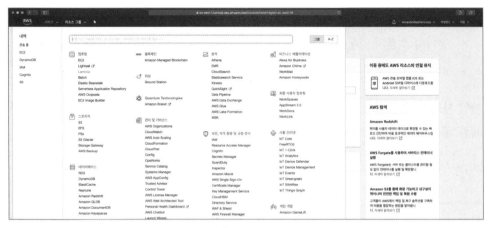

그림 12.1 AWS Lambda 접속하기

AWS 관리 콘솔로 Python Lambda 함수 생성하기

기존에 Lambda 함수를 생성한 적이 없다면 AWS Lambda 스플래시 화면으로 연결될 것
이다(그림 12.2).

그림 12.2 AWS Lambda 스플래시 화면

다음은 Python 3.6 버전으로 Lambda 함수를 생성하는 방법을 소개한다.

1. 화면의 왼쪽 메뉴에서 **대시보드**를 선택해 AWS Lambda 대시보드에 접속한다. 기존에 Lambda를 이용한 적이 있다면 바로 AWS Lambda 대시보드로 연결된다(그림 12.3).

그림 12.3 AWS Lambda 대시보드

2. 대시보드 화면에서 **함수 생성** 버튼을 눌러 새로운 Lambda 함수 생성을 시작한다.

3. 화면 왼쪽의 **함수** 메뉴를 선택하면 기존에 생성한 Lambda 함수 목록을 확인할 수 있으며, 이 화면의 **함수 생성** 버튼을 통해서도 함수를 만들 수 있다(그림 12.4).

그림 12.4 기존에 생성한 AWS Lambda 함수 목록

함수 생성 버튼을 눌러 **함수 생성** 화면으로 이동하면 다음과 같은 3가지 함수 생성 방법을 선택할 수 있다(그림 12.5).

- □ **새로 작성**: 처음부터 새로운 함수 작성
- □ **블루프린트 사용**: 기본 틀에서 시작해 함수 작성
- □ **서버리스 앱 리포지터리 찾아보기**: 다른 사람이 작성해놓은 함수를 리포지터리에서 검색 후 활용해 함수 작성

그림 12.5 AWS Lambda 함수 생성 화면

블루프린트blueprint는 Lambda 함수 생성을 위한 템플릿으로 AWS Lambda는 다양한 Node.js와 Python용 Lambda 함수 템플릿을 제공한다. 블루프린트를 활용하면 Lambda 함수 코드에 이벤트 소스를 간편하게 구현할 수 있다.

4. 여기서는 처음부터 새로 함수를 생성할 것이므로 **새로 작성**을 선택한다.

5. **함수 이름**에 TestFunction을 입력 후 **런타임**^{runtime} 환경을 Python 3.6으로 선택한 다음 권한에서 **기본 Lambda 권한을 가진 새 역할 생성**을 선택한다(그림 12.6).

그림 12.6 AWS Lambda 함수 이름 및 런타임 설정

6. 오른쪽 아래 **함수 생성** 버튼을 눌러 함수 생성을 마무리한다. 함수를 생성하는 동안 AWS Lambda는 Amazon CloudWatch 로그에 접근할 수 있는 새로운 역할을 생성하며, 역할의 이름은 TestFunction-role-xxx와 같이 함수의 이름으로 시작한다.

여기서 생성하는 함수의 경우 추가로 AWS 리소스에 접근할 필요가 없으므로 역할과 관련된 정책 문서를 업데이트할 필요가 없다. 만약 Lambda 함수가 Amazon CloudWatch 외의 다른 AWS 리소스에 추가적으로 접근해야 할 필요가 있는 경우에는 IAM 관리 콘솔을 이용해 역할과 관련된 정책 문서의 권한을 수정한다(그림 12.7).

그림 12.7 AWS Lambda가 생성한 IAM 역할과 관련된 권한 정책 문서 확인

7. Lambda 함수가 생성된 후 함수 설정 화면으로 이동해 트리거, 함수 코드 등을 설정할 수 있다(그림 12.8).

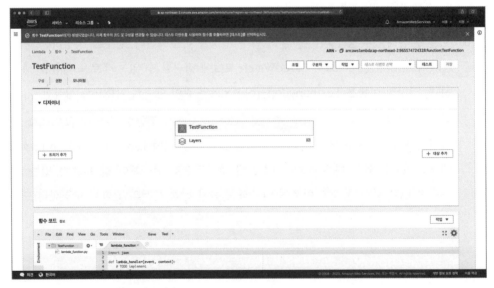

그림 12.8 AWS Lambda 함수 설정 화면

Lambda 함수 설정 화면은 AWS Lambda 관리 콘솔 왼쪽 '함수' 메뉴를 선택 후 함수 목록에서 함수를 선택해서도 접근할 수 있다(그림 12.9).

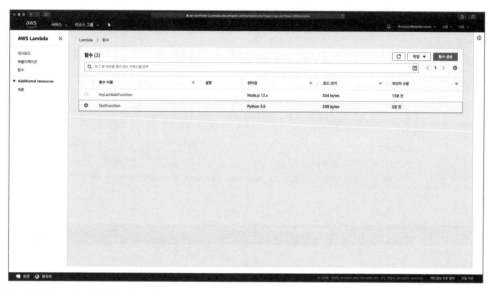

그림 12.9 AWS Lambda 함수 목록

13장과 18장에서는 S3 버킷에 데이터가 업로드 이벤트가 발생하면 트거리돼 AWS Comprehend와 Rekognition으로 업로드된 데이터의 내용을 검출하고 처리하는 Lambda 함수를 생성해본다.

8. **함수 코드** 화면으로 이동해 기존의 코드를 다음 코드로 변경한다(그림 12.10).

```python
import json
import logging

def lambda_handler(event, context):

    logger = logging.getLogger()
    logger.setLevel(logging.INFO)

    logger.info('Found event{}'.format(event))

    accountName = event['accountName']
    accountNumber = event['accountNumber']
```

```
sortCode = event['sortCode']

logger.info('AccountName:' + accountName)
logger.info('AccountNumber:' + accountNumber)
logger.info('Sort Code:' + sortCode)

if accountNumber == '1234' and sortCode == '5678':
    return {
    'statusCode': 200,
    'body': json.dumps('This is the correct account!')
    }
else:
    return {
    'statusCode': 200,
    'body': json.dumps('This is not the correct account!')
    }
```

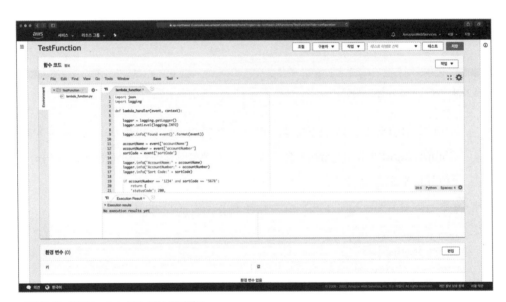

그림 12.10 AWS Lambda 함수 코드 업데이트

9. **저장** 버튼을 눌러 변경 사항을 저장한다.

AWS 관리 콘솔로 Lambda 함수 테스트하기

앞에서 생성한 Lambda 함수를 관리 콘솔에서 더미^{dummy} 이벤트를 사용해 테스트한다.

1. Lambda 대시보드에서 **함수** 메뉴를 선택해 함수 목록 화면으로 이동한다(그림 12.11).

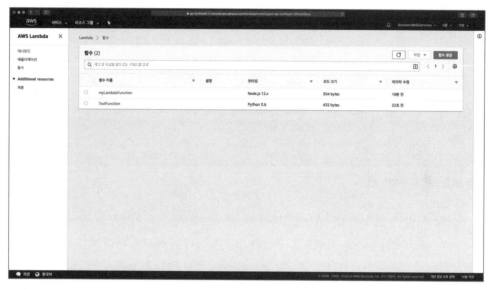

그림 12.11 AWS Lambda 함수 목록

2. 목록에서 TestFunction을 선택해 함수 코드 및 설정 화면으로 이동한다.

3. 오른쪽 위 **테스트** 버튼을 누르면 JSON 형식의 테스트 이벤트를 입력할 수 있는 대화 상자가 나타난다. '이벤트 이름'에 TestJSONEvent라 입력하고 기본 JSON 내용을 다음 JSON 코드로 변경 후 **생성** 버튼을 눌러 저장한다(그림 12.12).

```
{
    "accountName": "Abhishek Mishra",
    "accountNumber": "1234",
    "sortCode": "5678"
}
```

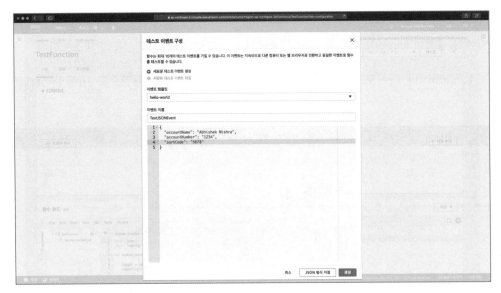

그림 12.12 테스트 이벤트 생성

테스트 버튼 왼쪽 드롭다운 메뉴에서 방금 생성한 테스트 이벤트를 확인할 수 있으며, 여러 개의 테스트 이벤트를 생성한 경우 드롭다운 메뉴에 여러 개의 테스트 이벤트를 볼 수 있다. 드롭다운 메뉴의 **테스트 이벤트 구성** 메뉴를 통해 기존 테스트 이벤트를 수정하거나 새로운 테스트 이벤트를 생성할 수 있다(그림 12.13).

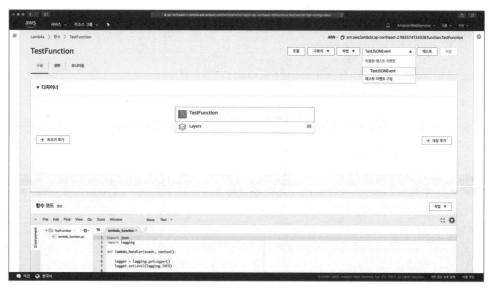

그림 12.13 테스트 이벤트 설정

4. 저장된 테스트 이벤트 목록에서 방금 생성한 TestJSONEvent를 선택 후 **테스트** 버튼
을 눌러 AWS Lambda 함수를 실행한다. 함수 코드가 실행된 후 화면에 결과가 표시
된다(그림 12.14).

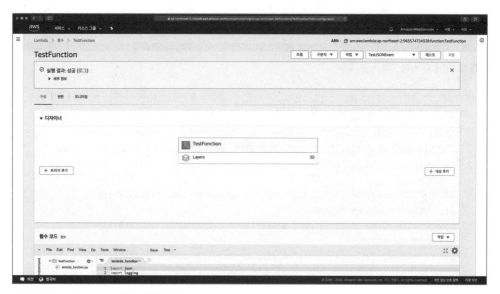

그림 12.14 AWS Lambda 함수 실행 결과

함수가 정상적으로 실행되면 다음과 같이 함수 실행 결과 메시지가 나타난다.

```
{
    "statusCode": 200,
    "body": "\"This is the correct account!\""
}
```

5. **실행 결과** 아래에 있는 **세부 정보**를 통해 함수 실행 시간, 실행 자원, 로그 등 자세한 정보를 확인할 수 있다(그림 12.15).

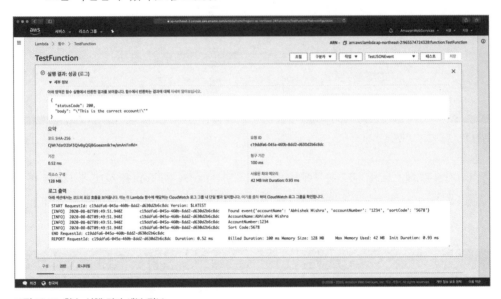

그림 12.15 함수 실행 결과 세부 정보

콘솔 로그는 다음과 같은 형식이다.

```
START RequestId: 92019371-ceca-429b-ad82-979254f5ff1b Version: $LATEST
[INFO]. 2019-02-09T16:55:33.241Z. 92019371-ceca-429b-ad82-979254f5ff1b Found
event{'accountName': 'Abhishek Mishra', 'accountNumber': '1234', 'sortCode':
'5678'}
[INFO] 2019-02-09T16:55:33.241Z 92019371-ceca-429b-ad82-979254f5ff1b
AccountName:Abhishek Mishra
[INFO] 2019-02-09T16:55:33.241Z 92019371-ceca-429b-ad82-979254f5ff1b
AccountNumber:1234
[INFO] 2019-02-09T16:55:33.241Z 92019371-ceca-429b-ad82-979254f5ff1b Sort
Code:5678
```

```
END RequestId: 92019371-ceca-429b-ad82-979254f5ff1b
REPORT RequestId: 92019371-ceca-429b-ad82-979254f5ff1b Duration: 0.46 ms Billed
Duration: 100 ms Memory Size: 128 MB Max Memory Used: 54 MB
```

함수가 생성한 로그는 START와 END 사이에 생성되며, 실행 시간, 메모리 정보, 청구되는 실행 시간 등을 담은 REPORT 객체를 포함한다.

AWS 관리 콘솔로 Lambda 함수 삭제하기

AWS 관리 콘솔을 이용해 Lambda 함수를 삭제할 수 있으며, 함수를 삭제해도 실행 역할이나 Amazon CloudWatch 로그가 자동으로 삭제되진 않는다.

1. AWS Lambda 함수를 삭제하기 위해 AWS Lambda 대시보드의 **함수** 메뉴를 선택 후 함수 목록으로 이동한다. 삭제할 함수를 선택한 후 오른쪽 위 **작업** 드롭다운 메뉴에서 **삭제**를 선택한다(그림 12.16).

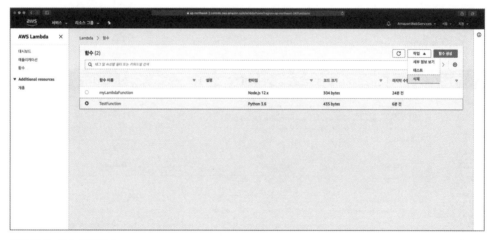

그림 12.16 함수 삭제하기

다른 함수가 실행 역할을 사용할 예정이라면 역할은 삭제하지 않아도 되며, 서비스 드롭다운 메뉴에서 Amazon CloudWatch에 접속 후 로그를 삭제할 수 있다(그림 12.17).

그림 12.17 Amazon CloudWatch 대시보드 접속

2. CloudWatch 대시보드 화면에서 **로그** 메뉴의 **로그 그룹**을 선택해 로그 그룹 화면으로
이동한다(그림 12.18).

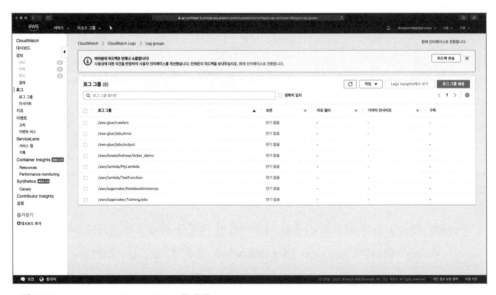

그림 12.18 Amazon CloudWatch 로그 그룹 목록

3. Lambda 함수에 해당하는 로그를 선택 후 **작업** 드롭다운 메뉴에서 **로그 그룹 삭제**를
   선택한다(그림 12.19).

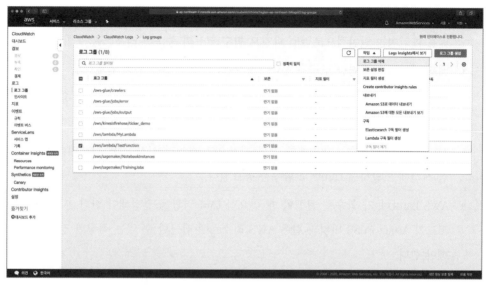

그림 12.19 Amazon CloudWatch 로그 그룹 삭제

요약

- AWS Lambda는 서버를 프로비저닝하지 않고 Amazon 클라우드에서 코드를 실행
  할 수 있게 해주는 서비스다.

- AWS Lambda는 이벤트에 관한 응답으로 트리거된다.

- AWS Lambda는 확장성이 우수하며 이벤트에 관한 응답으로 수백만 개의 병렬 인
  스턴스를 실행할 수 있다.

- Amazon API Gateway를 이용해 RESTful API를 생성, HTTP 이벤트에 관한 응답으
  로 AWS Lambda 코드를 실행한다.

- AWS Lambda는 Amazon S3 버킷, Amazon DynamoDB 테이블 외 다른 AWS 리소스의 변동 사항에 관한 응답으로 코드를 실행한다.

- AWS Lambda는 Node.js, Java, C#, Ruby, Go, Python을 지원한다.

- 배포 패키지는 일반적으로 .zip 파일로 함수 코드와 종속된 리소스를 포함한다.

- 배포 패키지는 명령줄 도구나 AWS Lambda 관리 콘솔을 통해 업로드할 수 있다.

- AWS Lambda 함수에 메모리 용량을 설정하면 AWS Lambda가 메모리 용량에 비례한 CPU 리소스를 할당한다.

- AWS Lambda 함수는 900초를 제한 시간으로 정해진 시간 내에 실행돼야 하며, 제한 시간에 도달하면 Lambda 함수는 종료된다.

- AWS Lambda가 함수를 실행할 때 필요한 IAM 역할을 설정해야 한다. 이 역할에는 코드가 Amazon S3 버킷과 같은 AWS 리소스에 접근할 수 있는 적절한 정책을 포함해야 한다.

13장

Amazon Comprehend

Amazon Comprehend는 프로비저닝이 필요 없는 웹 서비스로 텍스트 문서의 내용을 분석하고 주제 기반 분류topic-based classification, 콘텐츠 기반 검색content-based search, 고객 감성 분석customer sentiment analysis와 같은 기능을 구현하는 딥러닝 기반deep-learning-based 자연어 처리와 주제 모델링topic-modeling 엔진을 제공한다.

Amazon은 Amazon 상품 후기와 같은 다양한 실생활 데이터를 사용해 Amazon Comprehend의 머신러닝 모델을 사전에 학습pre-trained시키고 지속적으로 성능을 향상시킨다. 딥러닝 모델을 학습시키는 것은 상당히 복잡하고 오랜 시간을 필요로 하는 작업이다. Amazon Comprehend는 NLP 작업에 있어 복잡한 머신러닝 모델의 생성, 배포, 유지 보수에 관한 걱정 없이 비즈니스 문제를 해결하는 것에만 집중할 수 있도록 한다.

Amazon Comprehend 주요 개념

여기서는 Amazon Comprehend를 사용해 작업하면서 만나게 될 주요 개념을 살펴본다.

자연어 처리

자연어 처리^{NLP, Natural Language Processing}는 인공지능의 한 분야로 컴퓨터가 텍스트를 분석하고 이해해 의미를 도출하는 알고리즘을 생성하는 데 초점을 둔다. NLP 알고리즘은 텍스트에서 다음과 같은 의미 있고 유용한 정보를 도출할 수 있다.

- **엔티티**^{entities}: Amazon Comprehend는 텍스트를 분석하고 인물, 장소와 같은 엔티티 목록을 신뢰도 점수^{confidence score}와 함께 반환한다. Amazon Comprehend는 다음과 같은 엔티티 종류를 제공한다.

    COMMERCIAL_PRODUCT
    DATE
    EVENT
    LOCATION
    ORGANIZATION
    PERSON
    QUANTITY
    TITLE
    OTHER

- **주요 문구**^{key phrases}: Amazon Comprehend는 텍스트를 분석해 주요 문구(혹은 대화 화제)와 신뢰도 점수를 반환한다. 주요 문구는 "나의 새 카메라"와 같이 특정 사물에 관한 명사구^{noun phrase}로, 블로그를 분석하거나 사람들이 이야기하고자 하는 정보를 파악할 때 유용하다.

- **감성**^{sentiment}: Amazon Comprehend는 텍스트를 분석하고 거기서 느껴지는 전반적인 감성을 감성별 신뢰도 점수와 함께 반환한다. 고객 의견이나 상품 리뷰를 분석할 때 유용하다.

- **구문**^{syntax}: Amazon Comprehend는 텍스트를 분석하고 명사^{nouns}, 대명사^{pronouns}, 형용사^{adjectives}, 동사^{verbs}와 같은 단어 간의 경계를 파악하는 데 사용할 수 있다. 다음과 같은 구문 요소를 식별할 수 있다.

명사nouns

동사verbs

숫자numerals

접사particles

대명사pronouns

고유명사proper nouns

구두점punctuation

부호symbols

종속 접속사subordinating conjunctions

형용사adjectives

동격appositions

부사adverbs

조사auxiliaries

등위 접속사coordinating conjunctions

한정사determiners

감탄사interjections

- **주요 언어**dominant language: Amazon Comprehend는 문서의 주요 언어를 식별하는 데 사용할 수 있으며, 식별된 언어는 RFC 5646에 기술된 코드로 표현된다. 그리고 분석에 관한 신뢰도 점수를 제공하는데, 이 점수가 문서를 구성하는 언어의 비율을 의미하지는 않는다.

토픽 모델링

토픽 모델링topic modeling은 NLP 알고리즘으로 텍스트 문서의 내용을 검토하고 연예, 스포츠, 정치 등 문서를 가장 잘 설명하는 주제를 결정한다. 토픽 모델링의 초기 시도는 순전히 각각의 주제와 관련해 미리 정의된 딕셔너리를 기반으로 했다. 토픽 모델링은 일반적으로 문서 모임을 구성하는 데 사용되며, 토픽 모델링의 결과는 데이터베이스 테이블로 표현되고 애플리케이션이 문서를 검색할 때 사용할 수 있다.

Amazon Comprehend는 LDA^{Latent Dirichlet Allocation} 기반 모델을 사용해 키워드가 표현된 배경의 맥락을 추론할 수 있다. LDA는 통계적 토픽 모델링 접근 방법으로 문서는 작은 주제들이 섞여 있는 집합이며 각 주제는 주제와 관련된 여러 키워드를 포함한다고 가정한다.

동일한 키워드라 하더라도 문서에 따라 다른 주제를 의미할 수 있다. 예를 들어 치과^{dentistry}에 관해 이야기하는 문서에 "드릴^{drill}"이라는 단어가 사용되면 "치과^{dentistry}" 혹은 "의학^{medicine}"과 연관되지만, 동일한 단어가 연안 원유 굴착 장비에 관한 문서에서는 "에너지^{energy}", "석유^{petroleum}"와 연관된다.

지원 언어

이 책이 번역되는 시점에서 Amazon Comprehend의 텍스트 분석은 다음 12가지 언어를 지원한다.

- 독일어^{German}
- 영어^{English}
- 스페인어^{Spanish}
- 이탈리아어^{Italian}
- 포르투갈어^{Portuguese}
- 프랑스어^{French}
- 일본어^{Japanese}
- 한국어^{Korean}
- 힌디어^{Hindi}
- 아랍어^{Arabic}
- 중국어(간체)
- 중국어(번체)

책이 번역되는 시점에 Amazon Comprehend의 텍스트 분석은 12개 언어만 지원하지만 언어 검출 기능은 1백여 개 언어를 지원한다. 언어 검출 API가 지원하는 언어에 관한 최신 정보는 다음 주소에서 확인할 수 있다.

https://docs.aws.amazon.com/comprehend/latest/dg/how-languages.html

가격 정책 및 가용성

Amazon Comprehend는 사용한 만큼 비용을 지불할 수 있다. 월간 분석한 텍스트의 양에 따라 요금이 청구되며, AWS 프리 티어 서비스에 포함된다. 가격 정책에 관한 자세한 정보는 다음 주소에서 확인할 수 있다.

https://aws.amazon.com/comprehend/pricing/

Amazon Comprehend는 일부 리전에서만 서비스가 가능하며, 서비스 리전에 관한 최신 정보는 다음 주소에서 확인 가능하다.

https://aws.amazon.com/about-aws/global-infrastructure/regional-product-services

Amazon Comprehend 관리 콘솔로 텍스트 분석하기

여기서는 Amazon Comprehend 관리 콘솔을 이용해 간단한 문서에 관한 엔티티entity, 주요 문구key phrase, 문구syntax, 감성 분석sentiment analysis을 실행한다.

Amazon Comprehend는 대화형 모드interactive mode와 비동기 모드asynchronous mode 모두를 지원한다. 대화형 모드에서는 웹 페이지에 소량의 텍스트를 붙여넣고 실행 버튼을 통해 분석을 시작하면 몇 초 안에 분석 결과를 확인할 수 있다.

비동기 모드는 분석 작업을 생성하고 비동기로 실행하는 작업, S3 버킷에서 문서를 읽어오는 작업, 텍스트 파일 분석 결과를 다른 버킷에 기록하는 작업을 통해 분석한다. 이 책에서는 비동기 모드를 다루지 않으며, Amazon Comprehend의 비동기 모드에 관한 자세한 정보는 다음 주소에서 확인할 수 있다.

https://docs.aws.amazon.com/comprehend/latest/dg/how-async.html

개발용 IAM 사용자 계정의 전용 로그인 주소로 AWS 관리 콘솔에 로그인 후 Amazon Comprehend 서비스가 가능한 리전을 선택한다. 이 책에서는 유럽(아일랜드) 리전을 선택하고 진행한다고 가정한다. **서비스** 메뉴에서 Amazon Comprehend 서비스를 선택한다(그림 13.1)

그림 13.1 Amazon Comprehend 서비스 첫 페이지 접속

화면 오른쪽 Launch Amazon Comprehend 메뉴를 선택한다(그림 13.2)[1]

---

1   책이 번역 출간되는 시점에 Amazon Comprehend는 사용자 화면을 한국어로 지원하지 않아 영문 메뉴 그대로 표기했다. – 옮긴이

그림 13.2 Amazon Comprehend 시작하기

'Input text'의 내용에 다음 문장을 입력하고 **Analyze** 버튼을 눌러 분석을 시작한다.

Machine Learning is a discipline within Artificial Intelligence that deals with creating algorithms that learn from data. Machine learning traces its roots to a computer program created in 1959 by a computer scientist Arthur Samuel while working for IBM. Samuel's program could play a game of checkers and was based on assigning each position on the board a score that indicated the likelihood of leading towards winning the game. The positional scores were refined by having the program play against itself, and with each iteration the performance of the program improved. The program was in effect, learning from experience, and the field of machine learning was born.

Machine learning specifically deals with the problem of creating computer programs that can generalize and predict information reliably, quickly, and with accuracy resembling what a human would do with similar information. Machine learning algorithms require a lot of processing and storage space, and until recently were only possible to deploy in very large companies, or in academic institutions. Recent advances in storage, processor, GPU technology and the ability to rapidly create new virtual computing resources in the cloud have finally provided the processing power required to build and deploy machine learning systems at scale, and get results in real-time.

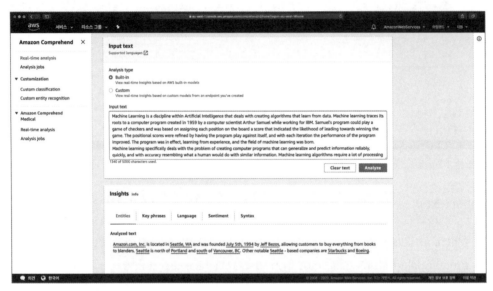

그림 13.3 Amazon Comprehend로 텍스트 분석하기

Amazon Comprehend는 텍스트 분석을 마친 후 입력한 원본 텍스트 아래 'Insights'에 분석 결과를 보여준다. Insights 영역을 확인하면 엔티티^{entity}, 주요 문구^{key phrase}, 언어^{language}, 감성^{sentiment}, 구문^{syntax} 분석 결과를 볼 수 있다(그림 13.4).

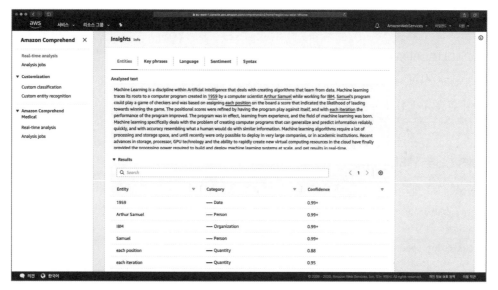

그림 13.4 Amazon Comprehend 텍스트 분석 결과

사용자 친화적인 웹 기반 관리 콘솔의 배경에는 분석 작업 용도로 AWS API가 사용되며, 다음 API를 통해 'Insights' 영역에 분석 결과를 제공한다.

- 엔티티 검출: DetectEntities API

- 주요 문구 검출: DetectKeyPhrases

- 언어 검출: DetectDominantLanguage

- 감성 분석: DetectSentiment

- 구문 분석: DetectSyntax

API에 대한 자세한 정보는 다음 주소에서 확인할 수 있다.

https://docs.aws.amazon.com/comprehend/latest/dg/API_Operations.html

AWS CLI로 대화형 텍스트 분석하기

AWS CLI를 이용해 Amazon Comprehend API에 접속 후 명령줄을 통해 텍스트 분석이 가능하다. 이번 예제를 따라하기 위해서는 IAM 자격 증명을 사용해 AWS CLI 설치 및 설정이 완료돼야 한다.

AWS CLI로 엔티티 검출

AWS CLI로 엔티티를 검출하기 위해 Mac의 경우 터미널^{terminal}, Windows의 경우 명령 프롬프트$^{command\ prompt}$를 실행 후 다음 명령어를 입력한다.

```
$ aws comprehend detect-entities \
    --region "eu-west-1" \
    --language-code "en" \
    --text "Machine learning traces its roots to a computer program created in 1959 by
a computer scientist Arthur Samuel while working for IBM"
```

분석을 위해 명령어에 DetectEntities API(detect-entities 식별자 부분), AWS 리전, 분석할 텍스트를 입력 후 키보드의 엔터^{Enter} 키를 눌러 명령어를 실행한다. 잠시 후 다음과 같은 분석 결과 화면이 표시될 것이다.

```json
{
    "Entities": [
        {
            "Score": 0.9976276755332947,
            "Type": "DATE",
            "Text": "1959",
            "BeginOffset": 67,
            "EndOffset": 71
        },
        {
            "Score": 0.9960350394248962,
            "Type": "PERSON",
            "Text": "Arthur Samuel",
            "BeginOffset": 96,
            "EndOffset": 109
        },
```

```
    {
        "Score": 0.9668458700180054,
        "Type": "ORGANIZATION",
        "Text": "IBM",
        "BeginOffset": 128,
        "EndOffset": 131
    }
    ]
}
```

Amazon Comprehend가 DetecEntities API를 통해 텍스트에서 3개의 엔티티를 찾아 JSON 문서로 결과를 보여준다. 분석 결과에는 엔티티 유형^{type}, 엔티티 값^{value}, 엔티티 단어가 처음으로 발견된 시작 및 끝 위치, 신뢰도 점수^{score}가 포함된다. 신뢰도 점수는 0.0과 1.0 사이로 높은 점수가 Amazon Comprehend의 분석 결과를 신뢰할 수 있음을 의미한다.

엔티티를 찾지 못한 경우 DetectEntities API는 빈 Entities 배열을 JSON 객체로 반환한다. Mac 터미널이나 Windows 명령 프롬프트에 다음 명령어를 입력 후 **엔터** 키를 눌러 이를 확인할 수 있다.

```
$ aws comprehend detect-entities \
    --region "eu-west-1" \
    --language-code "en" \
    --text "Machine learning specifically deals with the problem of creating computer
programs that can generalize and predict information reliably, quickly, and with
accuracy resembling what a human would do with similar information."
```

Amazon Comprehend가 입력된 문장에서 아무런 엔티티를 찾지 못했기 때문에 명령어 실행 결과는 비어 있는 Entities 배열을 결과로 반환한다.

```
{
    "Entities": []
}
```

AWS CLI로 주요 문구 검출

DetectKeyPhrases API를 이용하면 텍스트에서 주요 문구 검출이 가능하다. 검출을 위해 터미널이나 명령 프롬프트에 다음 명령어를 입력한다.

```
$ aws comprehend detect-key-phrases \
--region "eu-west-1" \
--language-code "en" \
--text "Machine learning traces its roots to a computer program created in 1959 by a
computer scientist Arthur Samuel while working for IBM"
```

분석을 위해 명령어에 DetectKeyPhrases API(detect-key-phrases 식별자 부분), AWS 리전, 분석할 텍스트를 입력 후 키보드의 **엔터** 키를 눌러 명령어를 실행한다. 잠시 후 다음과 같은 분석 결과 화면이 표시될 것이다.

```
{
    "KeyPhrases": [
        {
            "Score": 0.5423930883407593,
            "Text": "Machine",
            "BeginOffset": 0,
            "EndOffset": 7
        },
        {
            "Score": 0.6729782819747925,
            "Text": "traces",
            "BeginOffset": 17,
            "EndOffset": 23
        },
        {
            "Score": 0.9950423836708069,
            "Text": "its roots",
            "BeginOffset": 24,
            "EndOffset": 33
        },
        {
            "Score": 0.9978877902030945,
            "Text": "a computer program",
            "BeginOffset": 37,
            "EndOffset": 55
        },
```

```
        {
            "Score": 0.9986926913261414,
            "Text": "1959",
            "BeginOffset": 67,
            "EndOffset": 71
        },
        {
            "Score": 0.9789828062057495,
            "Text": "a computer scientist Arthur Samuel",
            "BeginOffset": 75,
            "EndOffset": 109
        }
    ]
}
```

AWS CLI로 감성 분석

DetectSentiment API를 이용하면 텍스트에서 느껴지는 전반적인 감성을 분석할 수 있다. 감성 분석을 위해 다음 명령어를 터미널이나 명령 프롬프트에 입력한다.

```
$ aws comprehend detect-sentiment \
    --region "eu-west-1" \
    --language-code "en" \
    --text "Machine learning traces its roots to a computer program created in
1959 by a computer scientist Arthur Samuel while working for IBM"
```

분석을 위해 명령어에 DetectSentiment API(detect-sentiment 식별자 부분), AWS 리전, 분석할 텍스트를 입력 후 **엔터** 키를 눌러 명령어를 실행한다. 잠시 후 다음과 같은 분석 결과 화면이 표시될 것이다.

```
{
    "Sentiment": "NEUTRAL",
    "SentimentScore": {
        "Positive": 0.0015290803276002407,
        "Negative": 0.0024455683305859566,
        "Neutral": 0.9954049587249756,
        "Mixed": 0.0006204072269611061
    }
}
```

Amazon Comprehend를 위한 AWS Lambda 함수 생성

지금까지 관리 콘솔과 AWS CLI로 Amazon Comprehend 사용하는 방법을 살펴봤다. API 대화형 방식으로도 정확한 결과를 얻을 수 있지만, 이러한 방식으로는 AWS Comprehend 와 개별 프로젝트를 연결할 수 없다.

AWS와 실제 프로젝트를 연동하기 위해서는 다음 두 가지 접근 방식 중 하나를 선택해야 한다.

- 프로그래밍 언어 AWS SDK를 이용해 코드에서 Amazon Comprehend API를 직접 호출
- AWS Lambda 함수 생성 후 트리거됐을 때 Amazon Comprehend API 호출

여기서는 문서가 S3 버킷에 업로드됐을 때 트리거 되는 AWS Lambda 함수를 생성한다. AWS Lambda 함수가 트리거되면 S3에 업로드된 문서를 읽어와 Amazon Comprehend 의 엔티티 검출 API로 문서에서 엔티티를 검색하고 결과를 다른 S3 버킷에 파일로 저장한다.

실제 프로젝트에서는 AWS SNS 토픽^{topic}에 메시지가 등록되거나 API Gateway가 HTTP 요청을 받는 것과 같은 다양한 이벤트가 AWS Lambda 함수를 트리거할 수 있으나 이 책 에서는 다루지 않는다.

> **노트** 13장을 학습하려면 부록 B에 설명한 S3 버킷을 생성해야 한다.
>
> 예제 소스 코드는 Wiley 출판사 홈페이지와 깃허브에서 다운로드할 수 있다.
>
> - 출판사: http://www.wiley.com/go/machinelearningawscloud
> - 깃허브: https://github.com/asmtechnology/awsmlbook-chapter13.git

개발용 IAM 사용자 계정의 전용 로그인 주소로 AWS 관리 콘솔에 로그인 후 Amazon Comprehend 서비스가 가능한 리전을 선택한다. 이 책에서는 유럽(아일랜드) 리전을 선택 하고 진행한다고 가정한다. **서비스** 메뉴에서 Amazon Lambda 서비스를 선택한다.

Lambda를 처음 사용한다면 AWS Lambda 스플래시 화면(그림 13.5)으로 접속하게 된다. 왼쪽 메뉴에서 **대시보드**를 선택해 AWS Lambda 대시보드로 이동한다.

그림 13.5 Amazon Lambda 스플래시 화면

이전에 Lambda를 사용한 적이 있다면 AWS Lambda 대시보드(그림 13.6)로 접속하게 된다. **함수 생성** 버튼을 눌러 새로운 AWS Lambda 함수 생성을 시작한다.

그림 13.6 Amazon Lambda 대시보드

함수 생성 버튼을 누른 후 함수 생성 방식을 선택하게 된다(그림 13.7) 처음부터 새로 작성하거나 미리 정의된 블루프린트라는 템플릿을 사용할 수도 있으며 AWS 서버리스 애플리케이션 리포지터리에서 바로 사용 가능한 함수를 찾아 선택할 수도 있다. 여기서는 **새로 작성**을 선택한다.

그림 13.7 AWS Lambda 함수 새로 작성

'함수 이름'에 DetectEntities를 입력하고 '런타임'에서 Python 3.6을 선택한 뒤 '실행 역할 선택/생성'에서 '기본 Lambda 권한을 가진 새 역할 생성'을 선택한다(그림 13.8).

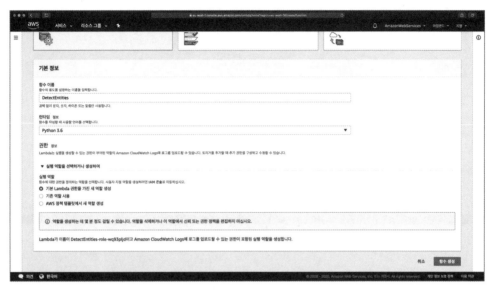

그림 13.8 AWS Lambda 함수 이름과 런타임 설정

AWS는 Lambda 함수가 AWS CloudWatch에 로그를 기록할 수 있도록 최소한의 권한을 가진 새로운 IAM 역할을 생성하며, '실행 역할' 아래 IAM 역할 이름이 DetectEntities-role-xxxxx와 같은 형식으로 나타난다. Amazon S3와 Amazon Comprehend에 접속할 수 있도록 IAM 역할을 수정해야 하므로 역할 이름을 기억해둔다.

AWS Lambda 함수가 생성되고 난 후 '서비스' 메뉴를 통해 IAM 관리 콘솔로 이동한다. Lambda 함수를 생성할 때 새로 만든 IAM 역할을 선택해 요약 화면으로 이동한 후 '권한' 탭의 '정책 편집'을 선택한다(그림 13.9).

그림 13.9 AWS Lambda가 생성한 IAM 역할의 기본 정책 문서

'정책 편집' 화면에서 'JSON' 탭을 선택해 정책 문서를 JSON 형식으로 확인한다(그림 13.10).

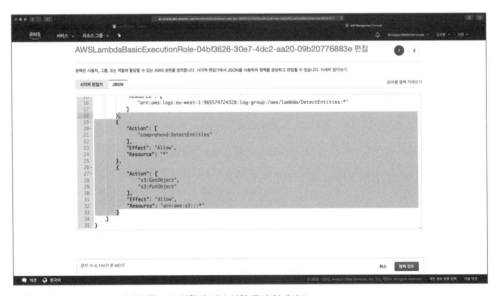

그림 13.10 AWS Lambda가 생성한 IAM 역할의 기본 정책 문서 업데이트

다음 객체를 Statement 배열에 추가한다.

```
{
    "Action": [
        "comprehend:DetectEntities"
    ],
    "Effect": "Allow",
    "Resource": "*"
},
{
    "Action": [
        "s3:GetObject",
        "s3:PutObject"
    ],
    "Effect": "Allow",
    "Resource": "arn:aws:s3:::*"
}
```

최종 정책 파일은 다음과 유사하다.

```
{
    "Version": "2012-10-17",
    "Statement": [
        {
            "Effect": "Allow",
            "Action": "logs:CreateLogGroup",
            "Resource": "arn:aws:logs:eu-west-1:5083XXXX:*"
        },
        {
            "Effect": "Allow",
            "Action": [
                "logs:CreateLogStream",
                "logs:PutLogEvents"
            ],
            "Resource": [
                "arn:aws:logs:eu-west-1:508XXXX13:log-group:/aws/lambda/
DetectEntities:*"
            ]
        },
        {
            "Action": [
                "comprehend:DetectEntities"
            ],
```

```
        "Effect": "Allow",
        "Resource": "*"
    },
    {
        "Action": [
            "s3:GetObject",
            "s3:PutObject"
        ],
        "Effect": "Allow",
        "Resource": "arn:aws:s3:::*"
    }
    ]
}
```

이 정책 문서는 AWS Lambda가 CloudWatch에 로그를 기록하고, AWS Comprehend DetectEntities API를 호출하며, 계정 내 S3 버킷에 읽고 쓸 수 있도록 한다. `"comprehend: DetectEntities"` 다음 부분에 적절한 코드를 추가해 다른 Amazon Comprehend API에 접근을 허용할 수 있으며, Amazon Comprehend API 권한에 관한 추가 정보는 다음 주소에서 확인할 수 있다.

그림 13.11 정책 검토 화면

https://docs.aws.amazon.com/comprehend/latest/dg/comprehend-api-permi
ssions-ref.html

화면 아래의 **정책 검토** 버튼을 눌러 **정책 검토** 화면으로 이동한다(그림 13.11).

내용 변경을 저장합니다 버튼을 눌러 IAM 정책 업데이트를 마무리한다. 변경한 정책을 저장한 후 **서비스** 메뉴를 통해 AWS Lambda 관리 콘솔로 다시 이동해 DetectEntities Lambda 함수로 화면으로 이동한다(그림 13.12) 함수의 **권한** 탭의 **리소스 요약** 영역에 Amazon CloudWatch Logs, Amazon S3, Amazon Comprehend가 함수가 접근할 수 있는 리소스로 등록됐다.

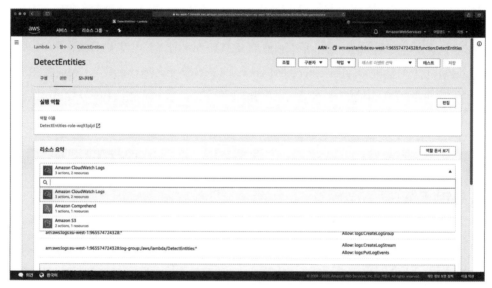

그림 13.12 AWS Lambda 함수의 권한 〉 리소스 요약

함수 디자이너 영역에서 Amazon S3 트리거를 함수에 추가한다(그림 13.13)

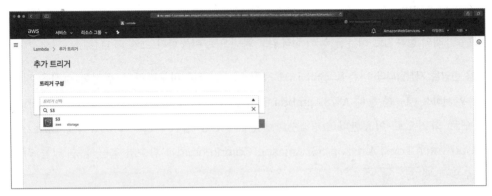

그림 13.13 AWS Lambda 함수에 Amazon S3 트리거 추가

'트리거 구성'의 드롭 다운 메뉴에서 이벤트 소스로 사용할 S3 버킷을 선택한다. 예제에서 소스 버킷 이름은 awsmlkr-comprehend-entitydetection-test-source이다. '이벤트 유형'은 '모든 객체 생성 이벤트'로 설정 후 저장해 S3 이벤트 트리거 설정을 마무리한다(그림 13.14).

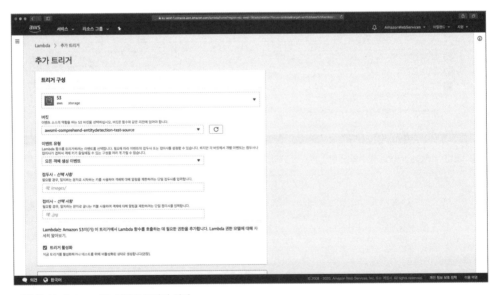

그림 13.14 Amazon S3 이벤트 트리거 설정

페이지 오른쪽 아래의 **추가** 버튼을 눌러 변경 사항을 저장한다. 새로운 파일이 소스 S3 버킷에 업로드될 때마다 Lambda 함수가 실행되도록 트리거를 생성한다.

'디자이너' 영역 아래 '함수 코드'의 코드 에디터로 이동한다(그림 13.15)

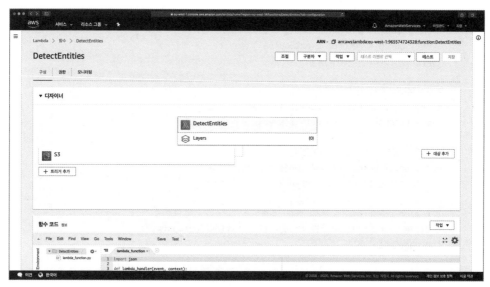

그림 13.15 함수 코드 에디터 화면

코드 에디터의 기본 코드를 목록 13.1의 내용으로 변경한다.

목록 13.1 Amazon Comprehend 엔티티 분석을 수행하는 Python 3.6 AWS Lambda 함수 코드

```python
import json
import boto3
import os
import sys
import uuid
import logging

def lambda_handler(event, context):

    logger = logging.getLogger()
    logger.setLevel(logging.INFO)
```

```python
comprehend_client = boto3.client('comprehend')

logger.info('Found event{}'.format(event))

for record in event['Records']:
    # eventSource 값 불러오기
    #
    # 동일한 lambda 함수의 다른 트리거를 조건부로 사용 가능
    event_source = record['eventSource']
    logger.info(event_source)

    # S3 버킷과 객체 키 읽어오기
    bucket = record['s3']['bucket']['name']
    key = record['s3']['object']['key']

    # S3에 업로드된 문서 내용 읽어오기
    obj = boto3.resource('s3').Object(bucket, key)
    data = obj.get()['Body'].read().decode('utf-8')

    # Amazon comprehend로 문서 엔티티 검출
    entities = comprehend_client.detect_entities(Text=data,
    LanguageCode='en')

    # 엔티티 검출 결과 저장
    output_bucket = 'awsml-comprehend-entitydetection-test-result'
    output_key = 'entityanalysis-' + key
    output_obj = boto3.resource('s3').Object(output_bucket,output_key)
    output_obj.put(Body=json.dumps(entities))

# 결과 반환
return {
'statusCode': 200,
'outputBucket': output_bucket
}
```

변경 사항을 저장해 Lambda 함수 생성을 마무리한다. 함수 테스트를 위해 '서비스' 메뉴를 통해 Amazon S3로 이동 후 AWS Lambda 함수 트리거와 관련 있는 소스 버킷으로 이동한다. 버킷에 UTF-8 형식의 파일을 업로드하면 몇 초 후 엔티티 분석 결과가 결과 (output) 버킷에 생성된 것을 확인할 수 있다.

결과 버킷은 목록 13.1에 선언돼 있으며 다르게 버킷을 생성한 경우 적절하게 변경한다. 예제에서 사용한 버킷과 파일 이름은 다음과 같다.

- **소스 버킷**: awsml-comprehend-entitydetection-test-source
- **아웃풋 버킷**: awsml-comprehend-entitydetection-test-result
- **입력 파일**: comprehend_entitydetection_input1.txt
- **결과 파일**: entityresult-comprehend_entitydetection_input1.txt

> **노트** 13장을 학습하려면 부록 B에 설명한 S3 버킷을 생성해야 한다.
>
> 예제 소스 코드는 Wiley 출판사 홈페이지와 깃허브에서 다운로드할 수 있다.
>
> - 출판사: http://www.wiley.com/go/machinelearningawscloud
> - 깃허브: https://github.com/asmtechnology/awsmlbook-chapter13.git

요약

- AWS Comprehend는 딥러닝 기반 자연어 처리와 토픽 모델링 엔진에 접근할 수 있는 웹 서비스다.

- Amazon Comprehend는 문서에서 엔티티, 주요 문구, 구문, 주요 언어를 검출할 수 있다.

- Amazon Comprehend는 문서 집합을 분석하고 각 문서와 관련된 주제로 목록을 생성할 수 있다.

- Amazon Comprehend는 관리 콘솔과 AWS CLI를 통해 사용할 수 있다.

- Amazon Comprehend API는 다양한 프로그래밍 언어 SDK에서 사용할 수 있다.

- Amazon Comprehend API를 사용하는 AWS Lambda 함수를 생성하고 다양한 이벤트를 통해 AWS Lambda 함수를 트리거할 수 있다.

14장

Amazon Lex

14장에서 다루는 내용은 다음과 같다.

- Amazon Lex 서비스 소개
- Amazon Lex 관리 콘솔로 챗봇 구축하기
- Amazon Lex 관리 콘솔로 챗봇 테스트하기
- 챗봇에 Amazon DynamoDB 테이블과 AWS Lambda 함수 활용하기

Amazon Lex는 음성과 문자 모두 가능한 대화형 인터페이스를 지원하는 웹 서비스로 Amazon Lex를 사용하면 애플리케이션 내에 Amazon Alexa의 대화형 엔진을 사용해 챗봇을 구축할 수 있다.

모바일 애플리케이션에는 AWS 모바일 SDK를 이용해 챗봇 구축이 가능하며, 웹 애플리케이션 혹은 Facebook 메신저, Slack, Twilio와 같은 메시징 플랫폼에도 AWS JavaScript SDK를 이용해 챗봇을 구축할 수 있다. Amazon Lex를 사용하면 챗봇을 위한 별도의 프로비저닝이나 인프라 유지보수는 걱정하지 않아도 된다.

> **노트** 예제 소스 코드는 Wiley 출판사 홈페이지와 깃허브에서 다운로드할 수 있다.
> - 출판사: http://www.wiley.com/go/machinelearningawscloud
> - 깃허브: https://github.com/asmtechnology/awsmlbook-chapter14.git

Amazon Comprehend 주요 개념

여기서는 Amazon Lex를 사용해 작업하면서 만나게 될 주요 개념을 살펴본다.

봇

봇(또는 챗봇, chatbot)은 자연어를 입력받고 인간의 대화를 흉내내는 프로그램이다. 챗봇은 보통 인터넷을 통해 접속할 수 있으며 주문, 기술 지원과 같은 상용 서비스에 사용된다. 데스크톱, 모바일, 웹 애플리케이션 내 대화형 인터페이스로 챗봇을 제대로 사용하면 대규모 고객 센터 인력 비용을 절감할 수 있다. 또한 챗봇은 NLP 기술을 통합해 사용자의 요청을 이해하고 적절한 행동을 파악할 수 있다. 챗봇을 실제 비즈니스에 제공하기 위해서는 주문 처리, 고객 관리와 같은 백엔드 시스템과 통합이 필요하다.

클라이언트 애플리케이션

Amazon Lex 챗봇은 서버단$^{server\ side}$ 애플리케이션 REST API로 음성과 텍스트 모두를 지원하지만 프런트엔드$^{front-end}$ 인터페이스는 포함하지 않는다. 프런트엔드 사용자 인터페이스는 사용자와 직접 상호작용하는 부분을 말하며, 텍스트 전용 챗봇의 경우 사용자가 내용을 입력할 수 있는 채팅 창을 의미한다. Amazon Lex 챗봇 API를 사용해 독자적인 데스크톱 혹은 웹/앱 애플리케이션을 구축할 수 있으며, Slack, Facebook 메신저, Twilio와 같은 기존 메시징 플랫폼을 프런트엔드 인터페이스로 사용해 Amazon Lex 챗봇을 구현할 수 있다.

인텐트

인텐트^{intent}(의도)는 챗봇 사용자가 수행할 수 있는 행위를 나타내는 객체로, 인텐트를 생성하기 위해서는 다음 정보가 필요하다.

- 의미를 잘 설명할 수 있는 이름
- 인텐트 기능을 실행시키는 예시 구문

- 추가적인 사용자 입력 정보. 인텐트의 기능에 따라 다를 수 있는데, 예를 들어 사용자가 신발을 주문하는 인텐트인 경우 사용자는 신발 사이즈, 색상, 재질과 같은 정보를 제공해야 한다.
- Amazon Lex가 사용의 요청 사항을 수행할 수 있는 방법. 추천하는 방법은 AWS Lambda 함수이지만 JSON 객체를 프런트엔드 애플리케이션에 반환해 클라이언트가 원하는 방식으로 사용자의 요청 사항을 처리할 수도 있다.

Amazon Lex 챗봇에 다수의 인텐트를 사용할 수 있으며, 사용자가 입력한 음성이나 텍스트에 따라 다른 인텐트가 호출된다. 예를 들어 챗봇에서 사용자가 신발을 구매할 때 신발 주문과 배송 조회 2개의 인텐트를 가질 수 있다. 첫 번째 인텐트는 사용자가 신발을 주문하는 상황에 "안녕하세요, 신발을 주문하고 싶어요^{Hi, I would like to order a pair of shoes}"와 같이 말하거나 텍스트를 입력했을 때 호출될 수 있으며, 두 번째 인텐트는 사용자가 배송 조회를 원하는 상황에서 "배송이 시작됐나요?^{Where is my order?}"와 같은 사용자의 질문에 호출될 수 있다.

슬롯

슬롯^{slot}은 인텐트의 매개변수로 사용자가 반드시 입력해야 하는 값이다. 사용자가 신발을 주문하는 인텐트의 경우 색상, 사이즈, 재질과 같은 매개변수가 필요하다. 챗봇은 대화형 인터페이스를 제공하는 것을 목표로 하기 때문에 입력 내용이 약간 다르더라도 의도대로 잘 작동해야 한다. 예를 들어 날짜를 처리해야 하는 챗봇의 경우 사용자가 "오늘", "내일", "다음 주 금요일"과 같은 형식으로 입력하거나 표기 방식을 다르게 입력하더라도 처리할 수 있어야 한다.

Amazon Lex를 견고하게 만들기 위해서는 슬롯에 맞는 슬롯 형식을 지정해야 한다. 슬롯 형식^{slot type}은 열거형 데이터 형식^{enumerated data type}과 유사한 개념으로 Amazon Lex는 열거형 데이터를 사용해 슬롯 형식 입력값의 작은 변화에도 견고하게 작동할 수 있도록 머신러닝 모델을 학습시킨다. 슬롯 형식은 다음과 같이 2가지 종류가 있다.

- **내장 슬롯 형식**^{built-in slot types}: Amazon Lex는 Amazon Alexa Skills kit의 슬롯 형식 중 일부를 지원할 뿐만 아니라 Amazon Alexa Skills kit에 포함되지 않은 추가적인 슬롯 형식도 지원한다. 내장 슬롯 형식은 이메일 주소, 날짜, 시간, 위치와 같은 일반적인 입력값을 처리할 수 있으며, 자세한 내용은 다음 주소에서 확인할 수 있다.

  https://docs.aws.amazon.com/lex/latest/dg/howitworks-builtins-slots.html

- **사용자 정의 슬롯 형식**^{custom slot types}: 사용자 정의 슬롯 형식은 사용자가 직접 정의하는 열거형 값이다. 열거형 데이터의 각 원소에 여러 동의어를 정의할 수도 있으며, 사용자 입력 데이터를 Amazon Lex가 어떻게 처리해야 하는지 정의할 수도 있다. 사용자 입력 데이터와 열거형 데이터 혹은 동의어와 정확하게 일치할 때만 허용하도록 슬롯 형식을 설정할 수 있으며, 이렇게 설정한 경우 사용자 입력에 관한 처리 결과는 단일 값^{single value}이 된다.

또는 슬롯 형식이 자유로운 형식의 입력 데이터를 허용하도록 설정하고 열거형 데이터 혹은 동의어와 가장 유사한 경우로 처리할 수 있다. 이러한 방식으로 설정한 경우 머신러닝 모델이 사용자 입력값을 학습해 지속적으로 성능을 향상시킨다. 이때 입력에 관한 처리 결과는 열거형 데이터 원소에 관한 확률값이다.

어터런스

어터런스^{utterance}는 인텐트와 관련된 문구^{phrase}로 사용자가 챗봇에 말하거나 입력하면 Amazon Lex가 사전에 설정된 인텐트를 실행해 어터런스를 처리한다. 인텐트를 생성할 때 어터런스 목록을 지정해야 하며, Amazon Lex는 머신러닝 모델에 어터런스 목록을 학습시켜 비슷한 문구를 처리하는 데 사용한다. 머신러닝 모델 학습을 통해 사용자가 개발자가 챗봇을 구축할 때 정의한 단어와 동일한 단어만 입력해야 작동되는 것이 아니라 입력값의 변화에도 견고하게 작동할 수 있도록 한다.

프로그래밍 모델

Amazon Lex는 모델 구축 API^{model-building API}와 런타임 API^{runtime API} 이 2가지 API를 제공한다. 모델 구축 API는 AWS 클라우드에 챗봇 애플리케이션을 구축하고 배포하는 데 사용할 수 있으며, 런타임 API는 배포된 챗봇 애플리케이션을 이용하는 데 사용할 수 있다.

Amazon Lex는 챗봇을 구축, 배포 및 테스트할 수 있는 웹 기반 관리 콘솔도 제공한다. 웹 기반 관리 콘솔에는 모델 구축 API와 런타임 API를 사용해 만든 채팅창 형태의 챗봇 테스트 기능이 포함돼 있다. 런타임 API를 직접 사용해서 챗봇과 클라이언트 애플리케이션을 통합할 수 없으며, 프로그래밍 언어 AWS SDK를 통해 런타임 API가 서버단 챗봇과 작동하도록 해야 한다.

Amazon Lex API의 입출력 데이터는 JSON 객체 형식이며, 웹 기반 관리 콘솔은 API 요청을 테스트할 수 있는 도구를 제공한다.

각 인텐트는 초기화^{initialization}, 슬롯 검증^{slot validation}, 수행^{fulfillment}에 사용되는 AWS Lambda 함수를 가질 수 있다. 수행의 경우 AWS Lambda 함수가 처리하지 않아도 되며, 챗봇이 인텐트를 실행하는 데 필요한 정보를 담은 JSON 객체를 클라이언트에 반환하도록 설정한다. Amazon Lex 모델 구축/런타임 API에 관한 정보는 다음 주소에서 확인할 수 있다.

https://docs.aws.amazon.com/lex/latest/dg/programming-model.html

가격 정책 및 가용성

Amazon Lex는 사용한 만큼 비용을 지불할 수 있으며, 매월 말 챗봇이 요청한 텍스트 혹은 음성 수에 따라 비용이 청구된다. Amazon Lex는 AWS 프리 티어에 포함되지 않지만, 1년 동안 한 달에 텍스트 최대 10,000건, 음성 최대 5,000건을 무료로 사용할 수 있다. 가격 정책에 관한 자세한 정보는 다음 주소에서 확인할 수 있다.

https://aws.amazon.com/lex/pricing/

Amazon Lex는 일부 리전에서만 서비스가 가능하며 서비스 리전에 관한 최신 정보는 다음 주소에서 확인할 수 있다.

https://aws.amazon.com/about-aws/global-infrastructure/regional-product-services

Amazon Lex 챗봇 구축하기

여기서는 Amazon Lex 관리 콘솔을 이용해 ACMEBank라는 가상 은행의 고객이 간단한 계좌 업무를 할 수 있는 ACMEBankBot이라는 대화형 챗봇을 구축한다. 이 챗봇은 텍스트 전용으로 아래 2가지 인텐트를 통해 다음 작업을 수행한다.

- **계좌 조회**account overview: 고객 계좌와 계좌 잔고 정보를 JSON 객체로 반환한다. 고객은 4자리 고객 번호를 입력해야 하고 이 번호는 챗봇이 데이터베이스에서 고객 계좌 정보를 조회할 때 사용된다.

- **거래 조회**view recent transactions: 고객 계좌의 최근 5건 거래 정보를 JSON 객체로 반환한다. 고객은 고객 번호와 계좌번호를 입력해야 하며, 이 번호는 데이터베이스에서 거래 정보를 조회할 때 사용된다.

가상 은행의 고객 정보와 계좌 정보는 DynamoDB 테이블에 저장된다. 먼저 계좌 정보와 거래 정보를 저장하는 DynamoDB 테이블을 생성하고, 위 2가지 인텐트가 사용할 AWS Lambda 함수를 생성한다. DynamoDB 테이블과 AWS Lambda 함수 작업을 마친 후 웹 기반 관리 콘솔을 이용해 챗봇의 구축, 배포, 테스트를 진행한다.

Amazon DynamoDB 테이블 생성

개발용 IAM 사용자 계정 전용 로그인 주소로 AWS 관리 콘솔에 로그인 후 Amazon DynamoDB 서비스와 Amazon Lex를 사용할 리전을 선택한 후 **서비스** 메뉴에서 Amazon DynamoDB 서비스를 선택한다(그림 14.1).

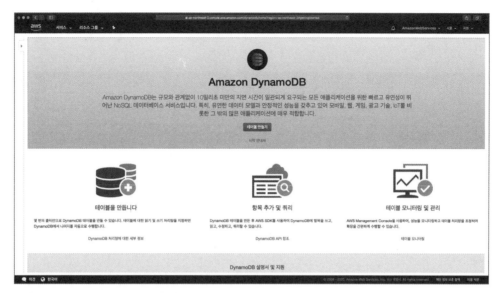

그림 14.1 Amazon DynamoDB 서비스 첫 페이지 접속

여기서는 유럽(아일랜드) 리전을 선택한 것으로 가정하며, 이전에 DynamoDB를 사용한
적이 없다면 다음과 같은 스플래시 화면이 나타난다(그림 14.2).

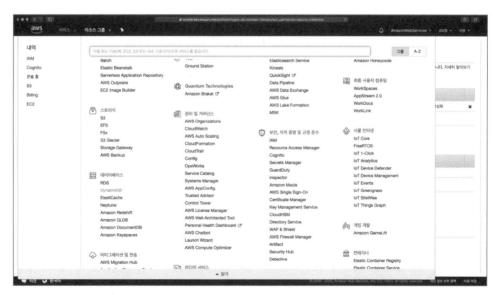

그림 14.2 Amazon DynamoDB 스플래시 화면

만약 이전에 DynamoDB를 사용한 적이 있다면, DynamoDB 대시보드 화면으로 연결된다(그림 14.3).

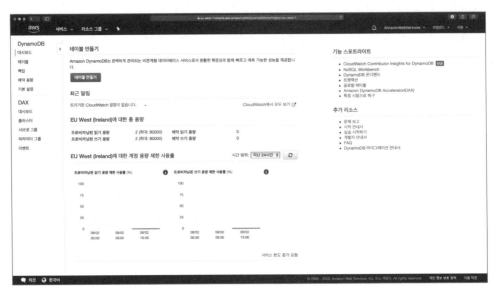

그림 14.3 Amazon DynamoDB 대시보드 화면

화면과 상관없이 **테이블 만들기** 버튼을 눌러 DynamoDB 테이블을 만든다. 'DynamoDB 테이블 만들기' 화면(그림 14.4)에서 '테이블 이름'을 `ACMEBankAccount`로 입력하고, '파티션 키'에 `CustomerIdentifier`를 입력한 다음 '문자열' 형식을 선택한다. '정렬 키'에는 `Account Identifier`를 입력하고 마찬가지로 '문자열' 형식을 선택한다.

그림 14.4 테이블 이름, 파티션 키, 정렬 키 지정

'기본 설정 사용'을 해제한 후 '프로비저닝된 용량' 영역으로 이동해 '오토스케일링'의 읽기와 쓰기 체크박스를 해제한다. 그리고 '읽기 용량 유닛'과 '쓰기 용량 유닛'에 1을 입력한다(그림 14.5).

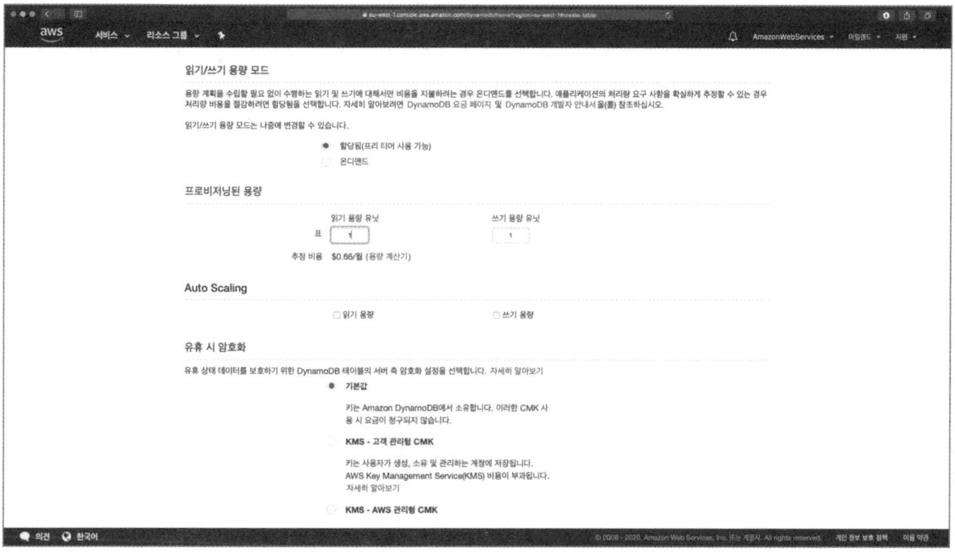

그림 14.5 프로비저닝된 I/O 용량 변경

화면 아래 **생성** 버튼을 눌러 테이블을 생성한다. 테이블 생성에는 약간의 시간이 소요되며, 생성이 완료되면 다음과 유사한 화면이 나타난다(그림 14.6).

그림 14.6 Amazon DynamoDB 테이블 개요

다음 정보를 이용해 이전과 같이 새로운 테이블을 생성한다(그림 14.7).

- **테이블 이름**: ACMEAccountTransaction

- **파티션 키**: AccountIdentifier

- **정렬 키**: TransactionIdentifier

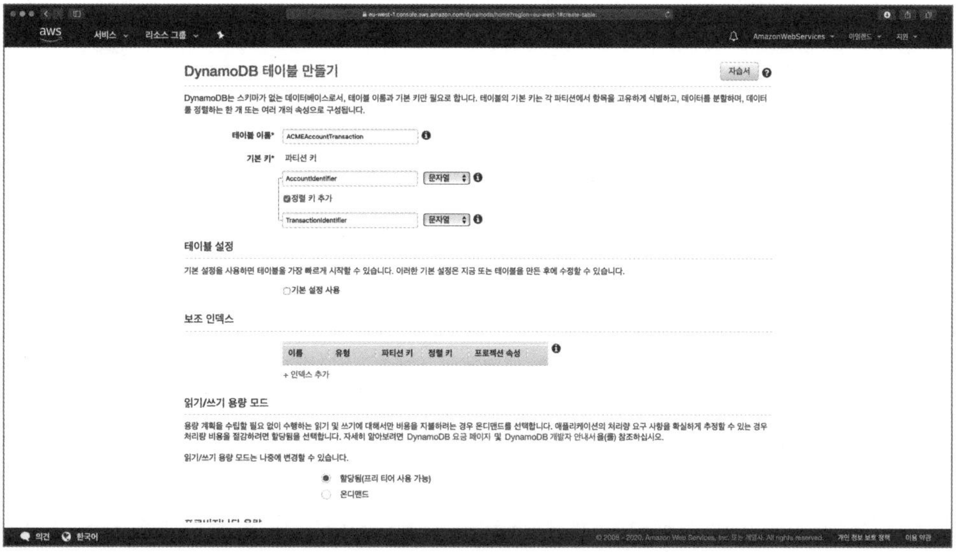

그림 14.7 ACMEAccountTransaction 테이블 설정

반드시 '기본 설정 사용'을 해제하고 '오토스케일링' 영역의 '읽기 용량'과 '쓰기 용량'도 체크박스를 해제한 다음 '읽기 용량 유닛'과 '쓰기 용량 유닛'을 1로 지정한다.

다음 정보를 이용해 고객 정보 테이블을 생성한다.

- **테이블 이름**: ACMEBankCustomer

- **파티션 키**: CustomerIdentifier

ACMEAccountTransaction, ACMEBankCustomer, ACMEBankAccount 테이블을 모두 생성하고 나면 Amazon DynamoDB 대시보드 목록에서 3개의 테이블을 볼 수 있다(그림 14.8).

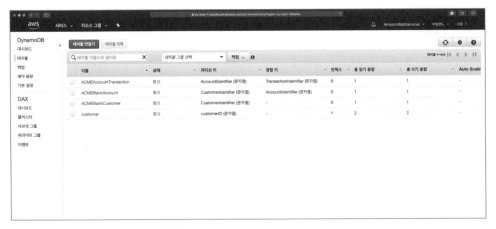

그림 14.8 Amazon DynamoDB 테이블 목록

챗봇이 작동할 수 있도록 테이블 생성 후 테이블에 데이터를 입력해야 한다. ACMEBankCus
tomer 테이블에는 은행 고객 정보가 저장되며, 챗봇 테스트를 위해서 2건의 데이터를 입력
한다. Amazon DynamoDB 대시보드에서 ACMEBankCustomer 테이블을 선택한 후 **항목** 탭으
로 이동해 **항목 만들기**를 선택한다(그림 14.9).

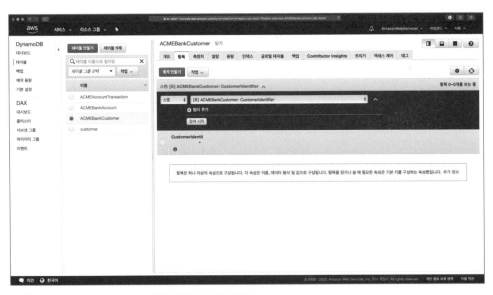

그림 14.9 ACMEBankCustomer 테이블에 새로운 항목 추가

'항목 만들기' 대화상자가 나타나면 다음 정보로 새로운 항목을 생성한다.

- CustomerIdentifier: 1000
- FirstName: John
- LastName: Woods

다음 정보로 2번째 항목을 추가한다.

- CustomerIdentifier: 2000
- FirstName: Sonam
- LastName: Mishra

2개의 항목을 생성하면 다음과 유사한 화면을 볼 수 있다(그림 14.10).

그림 14.10 2개의 항목이 추가된 ACMEBankCustomer 테이블

ACMEBankCustomer 테이블에 고객 정보를 입력이 끝난 후 고객의 계좌 정보 입력이 필요하다. 챗봇 테스트를 위해 표 14.1의 5건의 계좌 정보를 ACMEBankAccount 테이블에 추가한다.[1]

표 14.1 ACMEBankAccount 테이블 항목

CustomerIdentifier	AccountIdentifier	AccountType	AccountBalance
1000	1001	Saving	5000
1000	1002	Current	10000
2000	2001	Saving	50000
2000	2002	HighInterestSaver	275000
2000	2003	Current	10000

2개 계좌의 Customer Identifier가 1000이며, 3개의 계좌의 Customer Identifier가 2000인 것을 확인할 있으며, Customer Identifier로 앞서 생성한 ACMEBankCustomer 테이블에서 고객 이름을 얻을 수 있다. ACMEBankAccount 테이블에 5개 항목을 입력하면 다음과 유사한 화면을 볼 수 있다(그림 14.11).

그림 14.11 5개의 항목이 추가된 ACMEBankAccount 테이블

---

1   Python 3.6 에서는 지원하지 않는다. – 옮긴이

ACMEBankAccount 테이블에 5개의 계좌를 추가한 다음 이 계좌들의 거래 데이터를 추가해야 한다. ACMEAccountTransaction 테이블에 표 14.2 정보를 이용해 항목을 생성한다.

표 14.2 ACMEAccountTransaction 테이블 항목

AccountIdentifier	TransactionIdentifier	Date	Type	Amount
1001	1	02.28.2020	CR	5500
1001	2	03.01.2020	CW	200
1001	3	03.01.2020	TFR	300
1002	1	02.28.2020	CR	10000
2001	1	02.28.2020	CR	52000
2001	2	03.06.2020	TFR	2000
2002	1	02.28.2020	CR	275000
2003	1	02.28.2020	CR	10000

ACMEAccountTransaction 테이블은 전체 계좌의 거래 데이터를 저장하고 있으며, 각 속성은 다음과 같다.

- AccountIdentifier: 고객이 보유한 계좌 식별자

- TransactionIdentifier: 거래 식별자

- Date: mm.dd.yyyy 형식의 거래 일자. 단순하게 표현하기 위해 시간은 포함하지 않음

- Type: 거래 유형, 복잡성을 줄이기 위해 3가지 경우 중 1가지 값만 지정(CR-Credit, CW-Cash Withdrawal, TFR-Account Transfer)

- Amount: 거래 금액

지금까지 ACMEBank 고객, 계좌, 거래 데이터를 저장하기 위한 테이블을 설계하고 일부 테스트를 위한 항목을 추가했으며 앞으로 생성할 챗봇이 AWS Lambda 함수로 이 테이블에 접속해 데이터를 사용하게 된다.

AWS Lambda 함수 생성

여기서는 챗봇에서 사용할 2개의 AWS Lambda 함수를 생성한다. 챗봇은 2개의 인텐트로 구성되며, 인텐트를 생성하는 동안 Amazon Lex에 검증 함수^{validation function}와 수행 함수^{fulfillment function}를 설정할 수 있다. 검증 함수는 사용자의 입력 데이터를 검증하는 데 사용되며, 수행 함수는 챗봇에 의해 호출돼 인텐트를 실행하게 된다. AWS Lambda 함수를 검증 함수와 수행 함수로 나눠 사용할 수 있으나, 14장에서는 하나의 함수로 검증과 수행 작업을 1개의 함수가 처리한다. 따라서 2개의 인텐트를 위해 총 4개가 아닌 2개의 Lambda 함수를 생성한다.

챗봇의 인텐트에 적용되는 AWS Lambda 함수의 작동 방식을 이해하기 위해 고객의 피자 주문을 돕는 챗봇을 예로 들어보자. 이 챗봇은 OrderPizza라는 인텐트를 가질 수 있으며, 사용자가 "피자를 주문하고 싶어요^{I want to order a pizza}"와 유사한 문구를 입력하거나 말할 때 OrderPizza 인텐트가 호출된다. 그 후 인텐트는 다시 사용자에게 토핑, 크러스트, 사이즈에 관해 묻는다. 검증 함수는 맨 처음 인텐트가 호출될 때 실행되며, 결과적으로 검증 함수는 사용자가 인텐트 슬롯 하나하나에 정보를 제공할 때마다 호출된다. 사용자가 모든 슬롯에 관해 정보를 제공하고나면 수행 함수가 호출돼 피자 가게에 주문을 넣는 기능을 실행하게 된다.

여기서는 다음과 같은 AWS Lambda 함수를 생성하게 된다.

- ACMEBankBotAccountOverview: 4자리 숫자 고객 식별자 슬롯을 검증하고 고객의 계좌 정보를 조회하는 데 사용된다.
- ACMEBankBotTransactionList: 4자리 숫자 고객 식별자와 4자리 숫자 계좌 식별자를 검증하고, 해당 계좌의 거래 목록을 조회하는 데 사용된다.

ACMEBankBotAccountOverview AWS Lambda 함수 생성

'서비스' 메뉴를 통해 AWS Lambda 서비스 첫 화면으로 이동한 후 관리 콘솔에서 Amazon DynamoDB 테이블을 생성한 리전과 동일한 리전인지 확인한다. **함수 생성** 버튼을 눌러 AWS Lambda 함수 생성을 시작한다. 다음으로 넘어가기 전에 AWS Lambda 함수가 처음이거나 예전 배운 내용을 다시 확인하려면 12장을 참고하자.

함수 생성 화면(그림 14.12)에서 **새로 작성**을 선택한다.

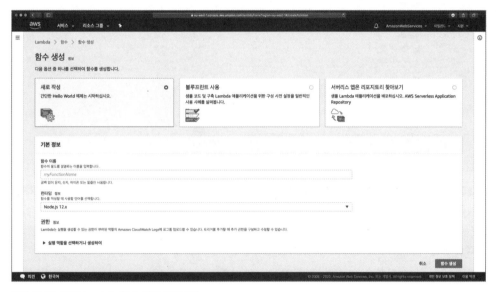

그림 14.12 AWS Lambda 함수 새로 작성하기

'함수 이름'에 ACMEBankBotAccountOverview를 입력하고 'Runtime'을 Python 3.6으로 선택한 다음 '실행 역할 선택/생성' 영역에서 '기본 Lambda 권한을 가진 새 역할 생성'을 선택한다(그림 14.13).

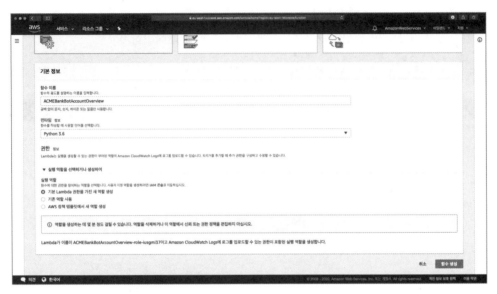

그림 14.13 AWS Lambda 함수 이름 및 런타임 설정

AWS가 함수가 AWS CloudWatch에 로그를 기록할 수 있도록 최소한의 권한을 갖는 새로운 IAM 역할을 생성하게 되며, 이 역할의 이름은 그림 14.13과 같이 화면 아래 ACMEBankBotAccountOverview-role-xxxxx 형식으로 표시된다. 뒤에서 Amazon DynamoDB에 접속할 수 있도록 역할을 수정해야 하므로 이 역할 이름을 기록한 후 **함수 생성** 버튼을 눌러 AWS Lambda 함수와 IAM 역할을 생성한다.

AWS Lambda 함수가 생성된 뒤 '서비스' 메뉴로 IAM 관리 콘솔로 이동 한 다음 Lambda 함수를 생성할 때 만들어진 IAM 역할의 요약 화면으로 이동한다. 권한 정책 문서 이름을 선택한 후 **정책 편집** 버튼을 누른다(그림 14.14).

그림 14.14 AWS Lambda 함수가 생성한 IAM 역할의 기본 정책 문서 확인

정책 편집기 화면에서 'JSON' 탭을 눌러 정책 문서를 JSON 형식으로 확인한다(그림 14.15).

그림 14.15 AWS Lambda 함수가 생성한 IAM 역할의 기본 정책 문서 업데이트

다음 객체를 Statement 배열에 추가한다.

```
{
    "Effect": "Allow",
    "Action": "dynamodb:*",
    "Resource": "*"
},
```

수정한 최종 정책 문서는 다음과 유사하다.

```
{
    "Version": "2012-10-17",
    "Statement": [
        {
            "Effect": "Allow",
            "Action": [
                "logs:CreateLogStream",
                "logs:PutLogEvents"
            ],
            "Resource": "arn:aws:logs:eu-west-1:xxxxx:log-group:/aws/lambda/
ACMEBankBotAccountOverview:*"
        },
        {
            "Effect": "Allow",
            "Action": "dynamodb:*",
            "Resource": "*"
        },
        {
            "Effect": "Allow",
            "Action": "logs:CreateLogGroup",
            "Resource": "arn:aws:logs:eu-west-1:xxxx:*"
        }
    ]
}
```

이 정책 문서는 AWS Lambda가 CloudWatch에 로그를 기록하고, Amazon DynamoDB 테이블에 모든 작업을 수행할 수 있도록 권한을 부여한다.

그림 14.16 정책 검토 화면

변경 내용을 저장합니다 버튼을 눌러 IAM 정책 업데이트를 마무리한다. 변경 내용을 저장한 후 '서비스' 메뉴로 AWS Lambda 관리 콘솔에 이동해 ACMEBotAccountOverview Lambda 함수로 이동한다(그림 14.17) '권한' 탭의 '리소스 요약' 영역에서 Lambda 함수가 접근할 수 있는 리소스로 CloudWatch Logs와 Amazon DynamoDB가 등록된 것을 확인할 수 있다.[2]

---

2 책이 집필된 시점에서는 '구성' 탭의 'Designer 영역'에서 접근 가능한 리소스를 확인할 수 있었으나, 번역 시점에서는 '권한' 탭의 '리소스 요약' 영역에서 확인할 수 있었다. – 옮긴이

그림 14.17 AWS Lambda 함수가 접근할 수 있는 리소스

지금 시점에 Lambda 함수는 아직 함수 코드를 입력하거나 트리거를 지정하지 않아 특별한 기능은 없다. 함수 코드 에디터 내용을 목록 14.1의 코드로 대체한다.

목록 14.1 ACMEBankBotAccountOverview 함수 코드

```python
import json
import boto3
import logging
import os
import sys
from boto3.dynamodb.conditions import Key, Attr

# logger object 생성 및 설정
logger = logging.getLogger()
logger.setLevel(logging.DEBUG)

# AWS Lambda 함수와 동일한 리전의 Amazon DynamoDB 테이블에 접근할 수 있는 객체 생성
dynamodb_resource = boto3.resource('dynamodb')

# Amazon Lex로 전달돼 챗봇 사용자에게
# 'slot_to_elicit'에 정의된 슬롯의 값 요청하는 JSON 객체 반환
def elicit_slot(slot_to_elicit, session_attributes, intent_name, slots):
```

```python
    return {
        'sessionAttributes': session_attributes,
        'dialogAction': {
            'type': 'ElicitSlot',
            'intentName': intent_name,
            'slots': slots,
            'slotToElicit': slot_to_elicit
        }
    }


# Amazon Lex로 전달돼 챗봇의 다음 작업을 결정하는 JSON 객체 반환
def defer_next_action_to_chatbot(session_attributes, slots):
    return {
        'sessionAttributes': session_attributes,
        'dialogAction': {
            'type': 'Delegate',
            'slots': slots
        }
    }


# customer_identifier 값이 ACMEBankCustomer 테이블에 존재하면 True 반환
def validate_customer_identifier(customer_identifier):

    customer_table = dynamodb_resource.Table('ACMEBankCustomer')

    dynamodb_response = customer_table.query(
        KeyConditionExpression = Key('CustomerIdentifier').eq(customer_identifier)
    )

    if dynamodb_response['Count'] == 0:
        return False

    return True


# 고객 계좌와 잔액 관련 정보 반환
def get_account_overview(customer_identifier):

    account_table = dynamodb_resource.Table('ACMEBankAccount')

    dynamodb_response = account_table.query(
        KeyConditionExpression = Key('CustomerIdentifier').eq(customer_identifier)
    )
```

```python
        num_accounts = dynamodb_response['Count']
    if num_accounts == 0:
        return 'I could not find any accounts for you on our systems. Is there anything
else I can help you with?'

    response_string = ''
    account_array = dynamodb_response['Items']
    for i in range(num_accounts):
        account_object = account_array[i]
        account_description = 'The balance in account number {0} is ? {1}'.
format(account_object['AccountIdentifier'], account_object['AccountBalance'])
        response_string = response_string + account_description

        if i == num_accounts - 1:
            response_string = response_string + ". Is there anything else I can help you
with?"
        else:
            response_string = response_string + ", "

    return response_string


def lambda_handler(event, context):

    # CloudWatch log group에 AWS Lambda 함수 로그 기록
    logger.debug(event)

    # 함수 실행하는 챗봇 이름
    bot_name = event['bot']['name']

    # 함수 실행하는 인텐트 이름
    intent_name = event['currentIntent']['name']

    # 설정한 챗봇이나 인텐트가 함수를 호출했는지 확인
    if bot_name != 'ACMEBankBot':
        raise Exception('This function can only be used with the ACMEBankBot')

    if intent_name != 'AccountOverview':
        raise Exception('This function can only be used with the AccountOverview
intent')

    # get session
    # 예제에서는 사용되지 않으나 필요에 따라 설정 가능
```

```python
session_attributes = event['sessionAttributes']

# CustomerIdentifier 슬롯 내용 가져오기
intent_slots = event['currentIntent']['slots']
customer_identifier = intent_slots["CustomerIdentifier"]

# 함수 유형 확인을 위해 이벤트 가져오기(검증 함수/수행 함수)
invocation_source = event['invocationSource']

# 초기화 및 검증
if invocation_source == 'DialogCodeHook':

    # 사용자가 CustomerIdentifier 슬롯에 값을 입력하지 않은 경우
    # 챗봇이 사용자에게 슬롯에 값을 제공하도록 요청하는 응답 반환
    if customer_identifier is None:
        return elicit_slot('CustomerIdentifier',
                           session_attributes,
                           intent_name,
                           intent_slots)


    # CustomerIdentifier 슬롯 검증
    # 만약 유효하지 않으면 사용자에 값 입력 요청
    if not validate_customer_identifier(customer_identifier):

        # 유효하지 않은 인텐트를 None으로 설정해
        # 챗봇에 인텐트 값이 없음 전달
        intent_slots['CustomerIdentifier'] = None

        return defer_next_action_to_chatbot(session_attributes,
                           intent_slots)


# DynamoDB의 ACMEBankAccounts 테이블에서 고객 계좌 조회 후 JSON 객체로 반환

account_overview = get_account_overview(customer_identifier)

return {
    'sessionAttributes': session_attributes,
    'dialogAction': {
        'type': 'Close',
        'fulfillmentState' : 'Fulfilled',
        'message': {
```

```
                'contentType': 'PlainText',
                'content': account_overview
            }
        }
    }
```

오른쪽 위 **저장** 버튼을 눌러 코드 변경 사항을 저장한다.

목록 14.1의 코드를 이해하려면 먼저 Amazon Lex와 AWS Lambda 사이의 이벤트 순서를 이해해야 한다. 이 함수는 사용자가 프런트엔드 클라이언트 애플리케이션과 상호작용을 하는 과정에서 호출되며, Amazon Lex 런타임 API 중 하나로 챗봇과 통신한다. 함수는 AccountOverview 인텐트가 초기화될 때 맨 처음 호출되며, 초기화는 사용자가 AccountOverview 인텐트에 적합한 어터런스를 입력했을 때 발생한다. 초기화 시점에서 사용자는 아직 CustomerIdentifier 슬롯 값을 입력하라는 요청을 받지 않았다. AWS Lambda 함수에 관한 입력 이벤트는 다음과 유사하다.

```
{
    'messageVersion': '1.0',
    'invocationSource': 'DialogCodeHook',
    'userId': '32p0rg8zzgoqhABCDEFG',
    'sessionAttributes': {},
    'requestAttributes': None,
    'bot': {
        'name': 'ACMEBankBot',
        'alias': '$LATEST',
        'version': '$LATEST'
    },
    'outputDialogMode': 'Text',
    'currentIntent': {
        'name': 'AccountOverview',
        'slots': {
            'CustomerIdentifier': None
        },
        'slotDetails': {
            'CustomerIdentifier': {
                'resolutions': [],
                'originalValue': None
            }
```

```
        },
        'confirmationStatus': 'None',
        'sourceLexNLUIntentInterpretation': None
    },
    'inputTranscript': 'view accounts'
}
```

이벤트에 관한 전체적인 설명은 다음 주소에서 확인할 수 있으며, 예제에서 중요한 항목은 다음과 같다.

https://docs.aws.amazon.com/lex/latest/dg/lambda-input-response-format.html

- invocationSource: DiallogCodeHook은 이 함수가 초기화와 검증(수행 아님)에 사용되는 것을 의미
- bot: 이벤트를 생성한 챗봇에 관한 정보 포함
- currentIntent: 이벤트를 생성한 챗봇에 관한 인텐트 정보 포함. slots 객체는 슬롯 목록과 현재 값을 포함하며, CustomerIdentifier 슬롯이 None으로 설정됨
- inputTranscript: 챗봇 클라이언트 창에 사용자가 입력한 텍스트 내용 포함

AWS Lambda 함수의 lambda_handler() 메서드는 챗봇 이름, 현재 인텐트를 가져와 함수가 요청한 값과 같은지 비교한다.

```
# 함수를 실행하는 챗봇 이름
bot_name = event['bot']['name']

# 함수를 실행하는 인텐트 이름
intent_name = event['currentIntent']['name']

# 설정한 챗봇이나 인텐트가 함수를 호출했는지 확인
if bot_name != 'ACMEBankBot':
    raise Exception('This function can only be used with the ACMEBankBot')

if intent_name != 'AccountOverview':
    raise Exception('This function can only be used with the AccountOverview
intent')
```

이어서 CustomerIdentifier 슬롯과 invocationSource 값을 가져온다.

```
# CustomerIdentifier 슬롯 내용 가져오기
intent_slots = event['currentIntent']['slots']
customer_identifier = intent_slots["CustomerIdentifier"]

# 함수 유형 확인을 위해 이벤트 가져오기(검증 함수/수행 함수)
invocation_source = event['invocationSource']
```

invocation_source의 값이 문자열 DialogCodeHook인 것은 함수가 초기화와 슬롯 검증을 수행한다는 의미로 CustomerIdentifier 슬롯의 현재 값을 확인한다.

```
# 초기화 및 검증
if invocation_source == 'DialogCodeHook':

    # 사용자가 CustomerIdentifier 슬롯에 값을 입력하지 않은 경우
    # 챗봇이 사용자에게 슬롯에 값을 제공하도록 요청하는 응답 반환
    if customer_identifier is None:
        return elicit_slot('CustomerIdentifier',
                            session_attributes,
                            intent_name,
                            intent_slots)
```

elicit_slot 함수는 코드 내 다른 곳에 정의돼 있으며, 다음과 같이 JSON 응답 객체를 생성해 챗봇에 전달한다.

```
# Amazon Lex로 전달돼 챗봇 사용자에게 'slot_to_elicit'에 정의된 슬롯의 값을 요청하는 JSON 객체 반환
def elicit_slot(slot_to_elicit, session_attributes, intent_name, slots):
    return {
        'sessionAttributes': session_attributes,
        'dialogAction': {
            'type': 'ElicitSlot',
            'intentName': intent_name,
            'slots': slots,
            'slotToElicit': slot_to_elicit
        }
    }
```

챗봇이 dialogAction 객체를 읽어오고 AWS Lambda 함수가 CustomerIdentifier 슬롯의 값을 요청하는지 확인하고, 다음 JSON 객체를 생성 후 클라이언트 애플리케이션에 전달한다.

```
{
  "dialogState": "ElicitSlot",
  "intentName": "AccountOverview",
  "message": "What is your 4 digit customer number?",
  "messageFormat": "PlainText",
  "responseCard": null,
  "sessionAttributes": {},
  "slotToElicit": "CustomerIdentifier",
  "slots": {
    "CustomerIdentifier": null
  }
}
```

챗봇은 서버단 API로, 사용자는 웹 페이지의 채팅창과 같은 클라이언트 애플리케이션을 통해 프런트엔드 클라이언트 애플리케이션의 도메인에만 존재하는 프레젠테이션 로직 presentation logic을 통해 챗봇과 상호작용한다. 클라이언트 애플리케이션은 챗봇의 응답을 해석하고 사용자에게 CustomerIdentifier 슬롯에 값을 입력하도록 요청한다.

사용자가 값을 입력하면 클라이언트 애플리케이션은 Amazon Lex 런타임 API 메서드 중하나를 이용해 사용자의 입력값을 받는다. 다시 챗봇이 AWS Lambda 함수를 실행하게 되며, 이번 이벤트 입력 객체는 전과 약간 다른 형태를 갖는다.

```
{
    'messageVersion': '1.0',
    'invocationSource': 'DialogCodeHook',
    'userId': zqw0yk3qeiw,
    'sessionAttributes': {},
    'requestAttributes': None,
    'bot': {
        'name': 'ACMEBankBot',
        'alias': '$LATEST',
        'version': '$LATEST'
    },
    'outputDialogMode': 'Text',
    'currentIntent': {
        'name': 'AccountOverview',
```

```
        'slots': {
            'CustomerIdentifier': '1000'
        },
        'slotDetails': {
            'CustomerIdentifier': {
                'resolutions': [],
                'originalValue': '1000'
            }
        },
        'confirmationStatus': 'None',
        'sourceLexNLUIntentInterpretation': None
    },
    'inputTranscript': '1000'
}
```

이번 이벤트의 가장 큰 차이점은 CustomerIdentifier 슬롯이 더 이상 None이 아니며, 고객이 채팅창에 입력한 1000이란 값을 갖는다는 점이다. 슬롯에 값이 있는 것을 제외하면 처음 호출될 때와 비슷한 코드다. 다음 코드는 사용자의 입력값을 검증한다.

```
# CustomerIdentifier 슬롯 검증
# 만약 유효하지 않으면 사용자에 값 입력 요청
if not validate_customer_identifier(customer_identifier):

    # 유효하지 않은 인텐트를 None으로 설정해
    # 챗봇에 인텐트 값이 없음 전달
    intent_slots['CustomerIdentifier'] = None

    return defer_next_action_to_chatbot(session_attributes,
                        intent_slots)
```

코드 내 validate_customer_identifier() 함수는 CustomerIdentifier 슬롯에 입력된 값이 ACMEBankCustomer 테이블의 CustomerIdentifier 열의 값과 일치하는 경우 True를 반환하게 되며, 다음과 같이 다시 사용된다.

```
# customer_identifier 값이 ACMEBankCustomer 테이블에 존재하면 True 반환
def validate_customer_identifier(customer_identifier):

    customer_table = dynamodb_resource.Table('ACMEBankCustomer')

    dynamodb_response = customer_table.query(
```

```
        KeyConditionExpression = Key('CustomerIdentifier').eq(customer_identifier)
    )

    if dynamodb_response['Count'] == 0:
        return False

    return True
```

validate_customer_identifier() 함수가 True를 반환하게 되면 AWS Lambda 함수는 고객의 계좌번호 목록을 가져와 챗봇에 JSON 객체 형식의 문자열로 반환한다.

```
# DynamoDB의 ACMEBankAccounts 테이블에서 고객 계좌 조회 후 JSON 객체로 반환

account_overview = get_account_overview(customer_identifier)

return {
    'sessionAttributes': session_attributes,
    'dialogAction': {
        'type': 'Close',
        'fulfillmentState' : 'Fulfilled',
        'message': {
            'contentType': 'PlainText',
            'content': account_overview
        }
    }
}
```

이때 클라이언트 애플리케이션은 다음과 유사한 형식의 응답을 받는다.

```
{
    "dialogState": "Fulfilled",
    "intentName": "AccountOverview",
    "message": "The balance in account number 1001 is ?5000, The balance in account
number 1002 is ?10000. Is there anything else I can help you with?",
    "messageFormat": "PlainText",
    "responseCard": null,
    "sessionAttributes": {},
    "slotToElicit": null,
    "slots": {
        "CustomerIdentifier": "1000"
    }
}
```

클라이언트에 전달된 JSON 객체의 dialogState 변숫값이 Fulfilled로 AWS Lambda 함수가 사용자의 요청을 수행했음을 나타낸다. 필요한 경우 message 속성의 값을 문자열이 아닌 JSON 객체로 전달할 수도 있으며, JSON 객체로 전달하는 경우 채팅 클라이언트가 이 JSON 객체를 처리해 채팅창으로 전달할 수 있어야 한다. AWS Lex 관리 콘솔을 이용해 채팅을 테스트하는 이번 예제의 경우 문자열 메시지 전송으로 충분하다.

ACMEBankBotTransactonList AWS Lambda 함수 생성

AWS Lambda 대시보드로 이동 후 **함수 생성** 버튼을 눌러 새로운 AWS Lambda 함수 생성을 시작한다. 함수 생성 유형 중 **새로 작성**을 선택하고 다음 내용을 '기본 정보'에 입력한다.

- **함수 이름**: ACMEBankBotTransactionList

- **Runtime**: Python 3.6

- **역할**: 기존 역할 사용

- **기존 역할**: ACMEBankBotAccountOverview 함수 생성 시 만든 역할 이름

함수 생성 버튼을 누른 후 생성이 완료되면 Lambda 함수 구성 화면으로 넘어가게 된다.

'함수 코드' 내용을 아래 목록 14.2의 내용으로 변경한다.

목록 14.2 ACMEBankBotTransactionList 함수 코드

```
import json
import boto3
import logging
import os
import sys
from boto3.dynamodb.conditions import Key, Attr

# logger object 생성 및 설정
logger = logging.getLogger()
logger.setLevel(logging.DEBUG)

# AWS Lambda 함수와 동일한 리전의 Amazon DynamoDB 테이블에 접근할 수 있는 객체 생성
dynamodb_resource = boto3.resource('dynamodb')
```

```python
# Amazon Lex로 전달되 챗봇 사용자에게
# 'slot_to_elicit'에 정의된 슬롯 값 요청하는 JSON 객체 반환
def elicit_slot(slot_to_elicit, session_attributes, intent_name, slots):
    return {
        'sessionAttributes': session_attributes,
        'dialogAction': {
            'type': 'ElicitSlot',
            'intentName': intent_name,
            'slots': slots,
            'slotToElicit': slot_to_elicit
        }
    }


# Amazon Lex로 전달돼 챗봇의 다음 작업을 결정하는 JSON 객체 반환
def defer_next_action_to_chatbot(session_attributes, slots):
    return {
        'sessionAttributes': session_attributes,
        'dialogAction': {
            'type': 'Delegate',
            'slots': slots
        }
    }

# customer_identifier 값이 ACMEBankCustomer 테이블에 존재하면 True 반환
def validate_customer_identifier(customer_identifier):

    customer_table = dynamodb_resource.Table('ACMEBankCustomer')

    dynamodb_response = customer_table.query(
        KeyConditionExpression = Key('CustomerIdentifier').eq(customer_identifier)
    )

    if dynamodb_response['Count'] == 0:
        return False

    return True

# customer_identifier와 account_identifier의 조합이
# ACMEBankAccount 테이블에 존재하면 True 반환
def validate_account_identifier(customer_identifier, account_identifier):

    account_table = dynamodb_resource.Table('ACMEBankAccount')
```

```
        dynamodb_response = account_table.query(
            KeyConditionExpression = Key('CustomerIdentifier').eq(customer_identifier) &
Key('AccountIdentifier').eq(account_identifier)
        )

        if dynamodb_response['Count'] == 0:
            return False

        return True

# 요청한 계좌의 거래 내역 정보를 문자열로 반환
def get_transaction_summary(account_identifier):

    transaction_table = dynamodb_resource.Table('ACMEAccountTransaction')

    dynamodb_response = transaction_table.query(
        KeyConditionExpression = Key('AccountIdentifier').eq(account_identifier)
    )

    num_transactions = dynamodb_response['Count']
    if num_transactions == 0:
        return 'I could not find any transactions for this account on our systems. Is
there anything else I can help you with?'

    response_string = ''
    transaction_array = dynamodb_response['Items']
    for i in range(num_transactions):
        transaction_object = transaction_array[i]

        transaction_number = transaction_object['TransactionIdentifier']
        transaction_amount = transaction_object['Amount']
        transaction_date = transaction_object['Date']
        transaction_type_code = transaction_object['Type']

        transaction_type_description = 'credit'
        if transaction_type_code == 'CW':
            transaction_type_description = 'cash withdrawal'
        elif transaction_type_code == 'TFR':
            transaction_type_description = 'outbound transfer'

        transaction_description = 'Transaction #{0}: {1} of ?{2} on {3}'.
format(transaction_number,
                                                transaction_type_description,
```

```python
                            transaction_amount,
                            transaction_date)

        response_string = response_string + transaction_description

        if i == num_transactions - 1:
            response_string = response_string + ". Is there anything else I can help you
with?"
        else:
            response_string = response_string + ", "

    return response_string


def lambda_handler(event, context):

    # CloudWatch log group에 AWSLambda 함수 로그 기록
    logger.debug(event)

    # 함수 실행하는 챗봇 이름
    bot_name = event['bot']['name']

    # 함수 실행하는 인텐트 이름
    intent_name = event['currentIntent']['name']

    # 설정한 챗봇이나 인텐트가 함수를 호출했는지 확인
    if bot_name != 'ACMEBankBot':
        raise Exception('This function can only be used with the ACMEBankBot')

    if intent_name != 'ViewTransactionList':
        raise Exception('This function can only be used with the ViewTransactionList
intent')

    # get session
    # 예제에서는 사용되지 않으나 필요에 따라 설정 가능
    session_attributes = event['sessionAttributes']

    # CustomerIdentifier,account_identifier 슬롯 내용 가져오기
    intent_slots = event['currentIntent']['slots']
    customer_identifier = intent_slots["CustomerIdentifier"]
    account_identifier = intent_slots["AccountIdentifier"]

    # 함수 유형 확인을 위해 이벤트 가져오기(검증 함수/수행 함수)
    invocation_source = event['invocationSource']
```

```
# 초기화 및 검증
if invocation_source == 'DialogCodeHook':

    # 사용자가 CustomerIdentifier 슬롯에 값을 입력하지 않은 경우
    # 챗봇이 사용자에게 슬롯에 값을 제공하도록 요청하는 응답 반환
    if customer_identifier is None:
        return elicit_slot('CustomerIdentifier',
                            session_attributes,
                            intent_name,
                            intent_slots)

    # 사용자가 AccountIdentifier 슬롯에 값을 입력하지 않은 경우
    # 챗봇이 사용자에게 슬롯에 값을 제공하도록 요청하는 응답 반환
    if account_identifier is None:
        return elicit_slot('AccountIdentifier',
                            session_attributes,
                            intent_name,
                            intent_slots)

    # CustomerIdentifier 슬롯 검증
    # 만약 유효하지 않으면 사용자에 값 입력 요청
    if not validate_customer_identifier(customer_identifier):

        # 유효하지 않은 인텐트를 None으로 설정해
        # 챗봇에 인텐트 값이 없음 전달
        intent_slots['CustomerIdentifier'] = None

        return defer_next_action_to_chatbot(session_attributes,
                            intent_slots)

    # AccountIdentifier 슬롯 검증
    # 만약 유효하지 않으면 사용자에 값 입력 요청
    if not validate_account_identifier(customer_identifier, account_identifier):

        # 유효하지 않은 인텐트를 None으로 설정해
        # 챗봇에 인텐트 값이 없음 전달
        intent_slots['AccountIdentifier'] = None

        return defer_next_action_to_chatbot(session_attributes,
                            intent_slots)

# DynamoDB의 ACMEAccountTransaction 테이블에서 거래내역 조회 후 JSON 객체로 반환
```

```
    transaction_summary = get_transaction_summary(account_identifier)

    return {
        'sessionAttributes': session_attributes,
        'dialogAction': {
            'type': 'Close',
            'fulfillmentState' : 'Fulfilled',
            'message': {
                'contentType': 'PlainText',
                'content': transaction_summary
            }
        }
    }
```

함수 코드의 변경 내용을 저장한다. ACMEBankBotTransactionList 함수는 목록 14.1의 ACMEBotAccountOverview 함수와 유사하게 작동하기에 다시 설명하지 않는다.

지금까지 Amazon Lex 챗봇을 만들기 위해 Amazon DynamoDB 테이블과 AWS Lambda 함수를 생성했다. 왜 챗봇을 만들기 전에 AWS Lambda 함수를 생성하는지 궁금할 수도 있다. 이는 Amazon Lex 관리 콘솔에서는 AWS Lambda 함수를 인라인^inline 형식으로 생성할 수 없기 때문이다.

챗봇 생성

여기서는 Amazon Lex 관리 콘솔을 이용해서 챗봇을 만들어본다. Amazon Lex 관리 콘솔은 Amazon Lex 모델 구축 API를 이용해 Amazon Lex 서비스와 상호작용하는 방식으로 AWS CLI에서 모델 구축 API를 직접 사용할 수 있다는 점을 다시 한 번 기억하자. Amazon Lex 챗봇을 만들기 위해 '서비스' 메뉴를 통해 Amazon Lex 서비스 첫 화면으로 이동한다 (그림 14.18).

그림 14.18 Amazon Lex 서비스 접속

현재 생성한 챗봇이 없는 경우 Amazon Lex 스플래시 화면으로 연결된다(그림 14.19). Get
Started 버튼을 눌러 챗봇 구축을 시작한다.

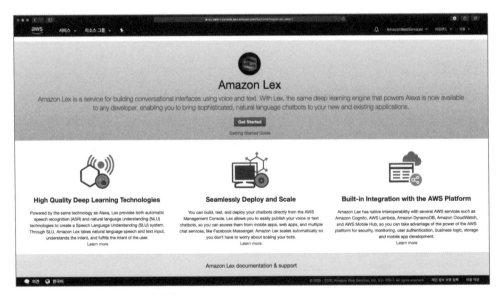

그림 14.19 Amazon Lex 스플래시 화면

이미 생성한 Amazon Lex 챗봇이 있다면 Amazon Lex 대시보드로 연결되며, 이 경우 대시보드에서 Create 버튼을 누른다(그림 14.20).

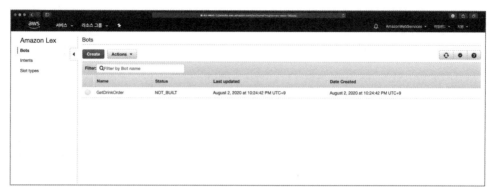

그림 14.20 Amazon Lex 대시보드

"Create your bot" 마법사가 시작되고 챗봇을 처음부터 생성할 것인지^{create your own} 기존 샘플을 이용해 생성할 것인지^{try a sample} 선택하게 되는데, 예제에서는 'Custom bot'을 선택해 맨 처음부터 챗봇을 생성한다(그림 14.21).

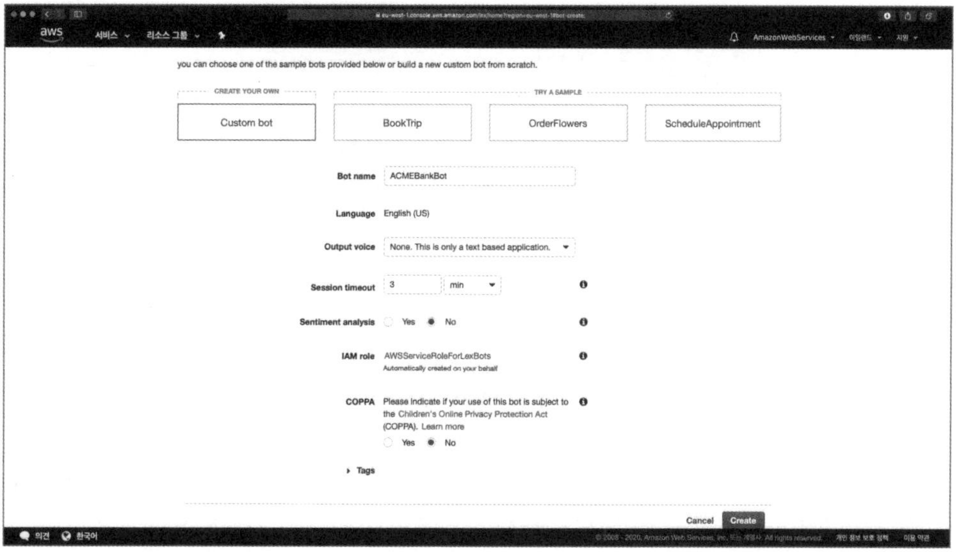

그림 14.21 Custom bot 만들기

챗봇 기본정보 입력란에 다음 정보를 입력 후 Create 버튼을 눌러 계속 진행한다.

- Bot name: ACMEBankBot
- Output voice: None
- Session timeout: 3 minutes
- COPPA: No

계속해서 챗봇의 다양한 부분을 설정할 수 있는 'Editor' 화면으로 연결된다(그림 14.22)

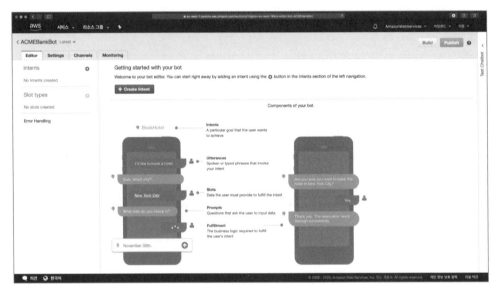

그림 14.22 Amazon Lex 봇 에디터

지금 생성한 봇은 아직 인텐트를 생성하지 않아 아직 챗봇 기능을 하지 못한다. 인텐트는 테이크 아웃 주문, 구매, 반품과 같이 사용자가 봇을 사용해 이룰 수 있는 무언가라고 생각할 수 있다. 이번 예제에서는 은행 고객이 계좌 정보와 최근 거래 내역을 조회할 수 있는 챗봇을 만든다. 그래서 이 봇은 다음과 같은 2가지 인텐트를 갖는다.

- **계좌 조회**^{account overview}: 계좌의 계좌와 잔고를 제공
- **거래 조회**^{view recent transactions}: 계좌 내 최근 5건의 거래 정보 제공

'Intents' 탭에서 **+** 버튼을 눌러 'Add intent' 대화상자가 나타나면 Create intent를 선택한
다(그림 14.23).

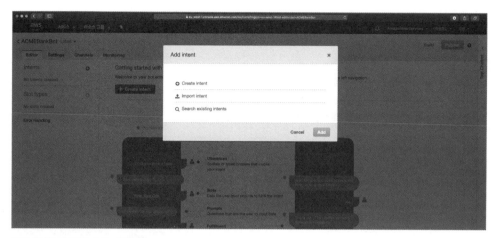

그림 14.23 인텐트 추가 대화상자

인텐트 이름에 AccountOverview를 입력하고 **Add** 버튼을 누른다(그림 14.24).

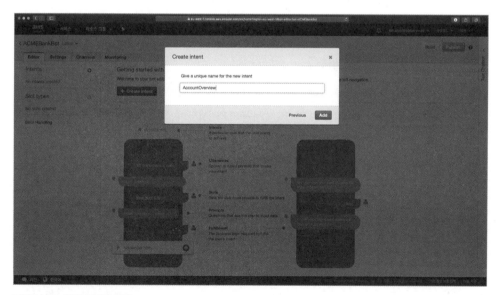

그림 14.24 인텐트 이름 지정

동일한 방식으로 `ViewTransactionList`라는 인텐트를 하나 더 추가하고, 2개의 인텐트를 모두 생성하고 나면 다음과 유사한 화면을 볼 수 있다(그림 14.25).

그림 14.25 Amazon Lex 봇에 인텐트 2개 추가

AccountOverview 인텐트 설정

'Editor'의 인텐트 목록에서 `AccountOverview` 인텐트를 선택하고 'Sample Utterance' 영역을 찾는다(그림 14.26). 어터런스utterance는 사용자가 챗봇에 입력하는 구절phrase로 관련된 인텐트를 호출하게 되며, 챗봇이 음성을 지원하는 경우 사용자는 구절을 키보드로 입력하는 대신 말하는 것으로 어터런스를 입력할 수도 있다. Amazon Lex는 사용자가 'Sample Utterances' 영역에 입력한 정보를 머신러닝 모델로 학습해, 사용자가 입력한 음성 혹은 키보드 입력값이 조금 다르더라도 의도한 인텐트를 호출할 수 있도록 한다. 따라서 인텐트를 호출할 수 있는 여러 형태의 충분한 어터런스를 입력하면 머신러닝 모델의 성능이 높아지게 된다.

그림 14.26 Editor의 Sample Utterances 영역

예제에서는 `AccountOverview` 인텐트에 6개의 어터런스를 입력할 것이며, 원한다면 더 많이 입력해도 좋다. 'Sample Utterances'에 다음 구절을 입력한다.

- View accounts

- Account summary

- Account list

- I would like a summary of my accounts

- I would like to view my accounts

- Show me my accounts

어터런스를 모두 입력하고 나면 다음과 유사한 화면을 볼 수 있다(그림 14.27).

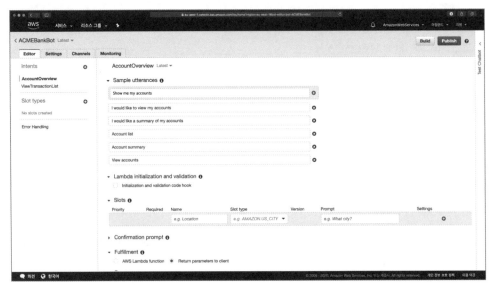

그림 14.27 AccountOverview 인텐트와 관련된 어터런스 항목

다음으로 'Lambda initialization and validation' 영역을 확장해 'Initialization and validation code hook'을 선택한다. Lambda function 목록 드롭다운 메뉴에서 ACMEBank BotAccountOverview를 선택한다(그림 14.28).

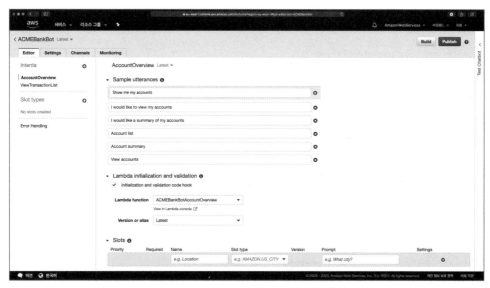

그림 14.28 AccountOverview 인텐트의 검증 함수 지정

AccountOverview 인텐트는 사용자로부터 고객 식별자customer identifier 4자리 숫자를 입력받아 봇이 ACMEBankAccount 테이블에서 고객의 계좌를 검색하는 데 사용한다. 인텐트는 사용자에게 입력을 요청하기 위해 슬롯slots이라는 개념을 사용하는데, 슬롯은 함수가 인텐트를 실행하는데 필요한 사용자 입력 매개변수라 생각할 수 있다. 슬롯에는 하나 이상의 프롬프트prompt가 연결돼 있는데, 이러한 프롬프트는 챗봇이 사용자에게 슬롯에 관한 값을 요청할 때 화면에 표시되거나 음성으로 전달된다. 슬롯의 데이터 형식을 슬롯 타입slot type이라고 하며, 내장 슬롯 형식built-in slot types과 사용자 정의 슬롯 형식custom slot types 2가지가 있다. 예제에서는 고객 식별자에 AMAZON.FOUR_DIGIT_NUMBER라는 내장 슬롯 형식을 사용한다.

'Slots' 영역으로 이동해 다음 정보로 슬롯을 생성한다.

- Name: CustomerIdentifier

- Slot type: AMAZON.FOUR_DIGIT_NUMBER

- Prompt: What is your customer identifier?

슬롯을 생성하고 나면 'Slots' 영역에 새로운 슬롯이 등록된 화면을 볼 수 있다(그림 14.29).

그림 14.29 AccountOverview 인텐트를 위한 슬롯

'settings' 아이콘을 누르면 환경 설정 대화상자가 나타난다. 슬롯 'Prompts' 목록에 "What is your 4-digit customer number?"를 추가로 입력하고, 'Maximum number of retries' 를 3으로 변경한다(그림 14.30). Save 버튼을 눌러 변경 내용을 저장한다.

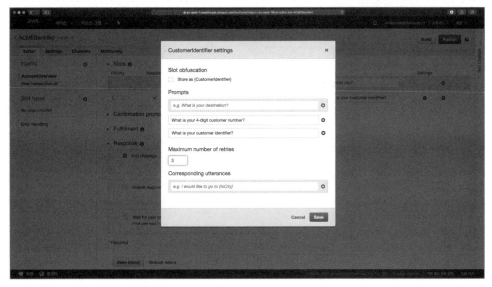

그림 14.30 CustomerIdentifier 슬롯 설정

프롬프트는 봇이 사용자에게 슬롯 값을 요청할 때 화면에 표시되거나 음성으로 전달되는 문자열을 말한다. 예제에서는 CustomerIdentifier 슬롯에 2개의 프롬프트를 설정한다.

- What is your customer identifier?
- What is your 4-digit customer number?

봇이 사용자에게 CustomerIdentifier 슬롯 값을 요청할 때 위 2가지 문장을 사용하게 된다. "Maximum number of retries"는 고객이 봇에 유효한 값을 제공하기 위해 입력을 시도할 수 있는 최대 횟수다.

다음 'Fulfillment' 영역으로 이동해 'Lambda Function' 목록에서 ACMEBankBot
AccountOverview를 선택한다(그림 14.31).

그림 14.31 AccountOverview 인텐트의 수행 함수 지정

화면 맨 아래로 이동해 Save Intent 버튼을 눌러 변경 내용을 저장한다.

ViewTransactionList 인텐트 설정

앞에서는 AccountOverview 인텐트를 생성했고, 비슷한 방식으로 ViewTransactionList 인
텐트를 생성할 것이다. 'Editor' 탭의 인텐트 목록에서 ViewTransactionList를 선택하고
'Sample utterances' 영역으로 이동한 후 다음 구절로 어터런스를 생성한다.

- I want to view a list of transactions.

- Show me the last few transactions.

- Show me a list of recent transactions.

- Recent account activity

- Transaction list

아래로 이동한 다음 'Lambda initialization and validation' 영역을 확장하고 그런 뒤 'Initialization and validation code hook' 체크박스를 선택, 함수 목록에서 'ACMEBank BotTransactionList'를 선택한다(그림 14.32).

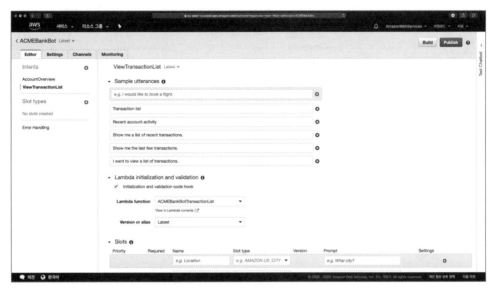

그림 14.32 ViewTransactionList 인텐트의 검증 함수 지정

다음으로 'Slots' 영역으로 이동 후 표 14.3의 내용으로 2개의 슬롯을 생성한 후 슬롯 이름 앞 'required' 체크박스를 선택한다.

표 14.3 ViewTransactionList 인텐트 슬롯

Name	Slot Type	Prompts
CustomerIdentifier	AMAZON.FOUR_DIGIT_NUMBER	What is your customer identifier? What is your 4-digit customer number?
AccountIdentifier	AMAZON.FOUR_DIGIT_NUMBER	What is your account number? What is your 4-digit account number?

슬롯을 생성한 후 'Fulfillment' 영역으로 이동해 'AWS Lambda function' 옵션을 선택하고 함수 목록에서 'ACMEBankBotTransactionList'를 선택한다(그림 14.33).

그림 14.33 ViewTransactionList 인텐트의 실행 함수 지정

화면 맨 아래로 이동해 Save Intent 버튼을 눌러 변경 내용을 저장한다.

챗봇 테스트

지금까지 챗봇 구축을 위한 준비 작업을 마쳤다. 실제 챗봇을 구축한 뒤 다음과 같은 다양한 방법으로 테스트를 진행할 수 있다.

- AWS Lex 관리 콘솔에 포함된 채팅 클라이언트를 이용한 테스트

- Facebook 메신저, Slack, Twilio를 사용한 테스트

- AWS CLI를 이용한 테스트

- 자체 데스크톱 혹은 모바일 애플리케이션을 이용한 테스트

예제에서는 AWS Lex 관리 콘솔에 포함된 채팅 클라이언트를 이용해 테스트를 진행할 것이며, 타사 메시징 플랫폼과 통합하는 방법에 관한 자세한 설명은 다음 주소에서 확인할 수 있다.

https://docs.aws.amazon.com/lex/latest/dg/example1.html

실제 챗봇을 테스트하기 전 먼저 관리 콘솔 화면 오른쪽 위의 Build 버튼을 통해 챗봇 구축 작업이 필요하다(그림 14.34).

그림 14.34 챗봇 구축

챗봇을 생성하는 데 약간의 시간이 소요된다. 생성이 완료된 후 화면 오른쪽 통합 채팅 클라이언트에 어터런스를 입력해 인텐트를 호출할 수 있다. 그림 14.35는 고객이 계좌 정보를 요청해 AccountSummary 인텐트가 호출된 채팅창 화면을 보여준다.

그림 14.35 통합 채팅 클라이언트로 챗봇 테스트

사용자가 채팅창에 사전에 설정하지 않은 어터런스인 "Show me accounts"를 입력했음에도 Amazon Lex가 AccountSummary 인텐트를 호출한 것을 알 수 있다.

노트 예제 소스 코드는 Wiley 출판사 홈페이지와 깃허브에서 다운로드할 수 있다.

- 출판사: http://www.wiley.com/go/machinelearningawscloud
- 깃허브: https://github.com/asmtechnology/awsmlbook-chapter14.git

---

요약

- Amazon Lex는 음성과 문자 모두를 지원하는 대화형 인터페이스를 구축할 수 있는 웹 서비스다.

- 봇 혹은 자연어를 입력받고 인간의 대화를 흉내내는 프로그램이다.

- 챗봇은 AWS Mobile SDK를 사용하는 모바일 애플리케이션, AWS JavaScript SDK를 사용하는 웹 에플리케이션, Facebook 메신저, Slack, Twilio와 같은 일반적인 메시징 플랫폼과 통합할 수 있다.

- Amazon Lex 챗봇은 서버단 REST API로 음성과 문자를 지원하지만 프런트엔드 인터페이스를 포함하진 않는다.

- 인텐트는 챗봇 사용자가 수행할 수 있는 작업을 나타내는 객체다.

- 슬롯은 인텐트의 매개변수로 사용자가 입력한다.

- 슬롯 형식은 열거형 데이터 형식과 유사하며, 슬롯 값은 사용자 입력값의 미세한 차이에도 견고하게 작동하도록 머신러닝 모델을 학습시키는 데 사용된다.

- 어터런스는 인텐트와 관련된 구절로, 사용자가 챗봇에 말하거나 입력하면 Amazon Lex가 사전에 설정된 인텐트를 실행해 어터런스를 처리한다.

- Amazon Lex에는 모델 구축 API와 런타임 API 2가지가 있다.

- 모델 구축 API를 이용해 AWS 클라우드 챗봇 애플리케이션을 생성, 구축, 배포할 수 있다.

- Amazon Lex 런타임 API는 배포된 챗봇과 상호작용에 사용된다.

- Amazon Lex는 챗볼을 생성, 구축, 배포할 수 있는 웹 기반 관리 콘솔도 제공한다.

Amazon SageMaker

15장에서 다루는 내용은 다음과 같다.

- Amazon SageMaker 서비스 소개
- Amazon SageMaker 노트북 인스턴스 생성하기
- 로컬 환경 노트북 인스턴스에서 Scikit-learn 모델 훈련시키기
- 전용 인스턴스에서 Scikit-learn 모델 훈련시키기
- Amazon SageMaker 기본 제공 알고리즘
- 예측 작업 엔드포인트 생성

Amazon SageMaker는 AWS 클라우드 인프라에서 Python 코드로 데이터 탐색, 피처 엔지니어링, 머신러닝 모델 훈련 서비스를 제공해주는 웹 서비스다. 모델 훈련이 완료된 후 전용 연산 인스턴스^{dedicated compute instances} 클러스터에 모델을 배포하고 개별로 예측을 수행하거나 전체 데이터셋에 배치 예측을 수행할 수 있다.

Amazon SageMaker는 XGBoost, FM^{Factorization Machines}, PCA^{Principal Component Analysis}와 같은 클라우드에 최적화된 다양한 머신러닝 알고리즘과 Scikit-learn, Google TensorFlow, Apache MXNet과 같은 머신러닝 프레임워크에 자신만의 알고리즘을 만들 수 있는 기능을 제공한다. 15장에서는 Amazon SageMaker를 이용해 Scikit-learn과 기본 제공 알고리즘 기반 머신러닝 모델을 학습시키고 배포하는 방법을 배워본다.

> **노트** Amazon SageMaker는 AWS 프리 티어로 계정을 생성한 후 2개월 동안만 무료로 사용 가능하며, 그 이후에는 비용이 청구됨을 유의하자.

---

* Amazon Machine Learning이 더 이상 서비스되지 않기에 번역서에서는 원서의 15장 'Amazon Machine Learning'을 삭제하고 16장을 15장으로 번역했다. 따라서 번역서의 15장 예제는 원서 16장 예제를 사용한다. – 옮긴이

> **노트** 15장을 학습하려면 부록 B에 설명한 S3 버킷을 생성해야 한다.
>
> 예제 소스 코드는 Wiley 출판사 홈페이지와 깃허브에서 다운로드할 수 있다.
>
> • 출판사: http://www.wiley.com/go/machinelearningawscloud
>
> • 깃허브: https://github.com/asmtechnology/awsmlbook-chapter16.git

Amazon SageMaker 주요 개념

여기서는 Amazon SageMaker를 사용해 작업하면서 만나게 될 주요 개념을 살펴본다.

프로그래밍 모델

Amazon SageMaker는 다음과 같은 방법을 통해 작업할 수 있다.

- **Amazon SageMaker Python SDK**: 머신러닝 모델을 생성하고 예측 인스턴스에 배포하는 일반적인 작업을 목적으로 Amazon SageMaker와 상호작용할 수 있는 다양한 클래스를 제공하는 Python SDK이다.

- **AWS boto3 SDK**: Amazon SageMaker 외 다양한 AWS 서비스와 상호작용할 수 있는 Python SDK로, Amazon SageMaker를 위한 저수준 인터페이스를 제공하며 AWS Lambda 함수나 Jupyter Notebook과 작업이 가능하다.

- **프로그램 언어 SDK**: Amazon은 Ruby, Java와 같은 다양한 프로그래밍 언어 SDK를 지원해 Amazon SageMaker와 상호작용할 수 있다.

- **AWS CLI**: AWS 명령줄 인터페이스를 이용해 Amazon SageMaker와 상호작용이 가능하다.

Amazon SageMaker 노트북 인스턴스

Amazon SageMaker를 사용하면 Jupyter Notebook이 사전에 설정된 EC2 인스턴스를 실행할 수 있다. 이러한 인스턴스를 Amazon SageMaker 노트북 인스턴스라고 하고 Amazon SageMaker SDK, boto3 SDK, NumPy, Pandas, Scikit-learn, Matplotlib 외 기타 다양한 Conda 커널을 포함하며, SageMaker 관리 콘솔을 통해 실행 중인 인스턴스의 Jupyter Notebook 서버에 접근할 수 있다. 노트북 인스턴스에서 생성한 파일은 EC2 인스턴스 생성 시 자동으로 프로비저닝된 EBS$^{Elastic\ Block\ Store}$ 스토리지에 저장된다.

노트북 인스턴스에서 NumPy, Pandas, Matplotlib를 이용한 데이터 탐색, 피처 엔지니어링과 같은 일반적인 데이터 사이언스 작업을 진행할 수 있으며 Amazon SageMaker 노트북 인스턴스를 통해 훈련 작업, 서비스 환경으로 모델 배포 작업, 배포 모델 검증 작업을 프로그램적으로 자동화할 수도 있다.

훈련 작업

Amazon SageMaker에서 모델을 훈련시키기 위해서는 먼저 훈련 작업을 생성해야 한다. 훈련 작업에서는 모델 생성 코드를 포함한 AWS 클라우드에 전용 연산 인스턴스를 만들어 Amazon S3에 훈련 데이터를 불러오게 되며, 훈련 데이터를 이용해 모델 생성 코드를 실행하게 된다. 그렇게 해서 생성된 훈련 모델을 Amazon S3에 저장한다. 모든 훈련 과정을 마친 후 훈련을 위해 프로비저닝된 연산 인스턴스는 자동으로 종료되고^{terminated} 모델을 훈련하며 사용한 연산량에 따라 비용이 청구된다.

훈련 작업은 보통 노트북 인스턴스의 Jupyter Notebook 파일에서 고수준 Amazon Sage Maker SDK를 이용해 수행하며, 도커 이미지상의 연산 인스턴스가 모델을 훈련시키는 데 사용된다. Amazon SageMaker는 모델 구축 코드와 특정 파일 시스템 구조로 도커 이미지에 캡슐화된 런타임 라이브러리를 필요로 한다. 인스턴스의 연산 능력은 인스턴스에 할당된 CPU, RAM, GPU에 따라 달라지며 Amazon SageMaker에서는 인스턴스를 다양하게 구성할 수 있다. Amazon SageMaker SDK 훈련 작업을 생성하는 동안 인스턴스의 유형을 지정하게 되며, 훈련 작업에 사용 가능한 인스턴스 목록과 성능은 다음 주소에서 확인할 수 있다.

https://aws.amazon.com/sagemaker/pricing/instance-types/

예측 인스턴스

훈련 작업을 거쳐 모델의 학습 과정을 마친 후에는 실제 서비스를 위해 프로덕션^{production} 환경으로 배포해야 한다. 모델은 프로덕션 환경으로 배포하기 위해서는 하나 이상의 연산 인스턴스를 생성해 모델을 배포하고, 배포된 모델을 이용해 예측을 수행하는 데 필요한 API를 제공해야 한다. 훈련 과정에 사용하는 인스턴스와는 다르게 예측 인스턴스는 자동으로 종료되지 않으며 인스턴스가 활성화돼 있는 동안 비용이 청구된다. 모델 배포 작업은 SageMaker 관리 콘솔과 Amazon SageMaker Python SDK를 이용해 실행할 수 있으며, 모델을 배포하며 프로비저닝할 연산 인스턴스의 유형과 갯수를 지정할 수 있다. 예측 인스턴스 목록과 연산 능력은 다음 주소에서 확인할 수 있다.

https://aws.amazon.com/sagemaker/pricing/instance-types

예측 엔드포인트와 엔드포인트 구성

예측 엔드포인트^{prediction endpoint}는 HTTPS REST API 엔드포인트로 배포된 모델로 단일 예측에 사용할 수 있다. HTTPS 엔드포인트는 AWS Signature V4 인증을 사용해 보호된다. 엔드포인트 구성은 훈련을 마친 머신러닝 모델의 위치 정보, 연산 인스턴스 유형, 예측 엔드포인트와 관련된 오토스케일링 정책 정보를 포함한다. 먼저 엔드포인트를 구성하고 엔드포인트 구성을 이용해 모델을 예측 엔드포인트에 배포하게 되며, 예측 엔드포인트가 활성화된 동안에는 엔드포인트 구성을 변경할 수 없다. 엔드포인트 구성과 예측 엔드포인트는 Amazon SageMaker 관리 콘솔과 노트북 인스턴스의 Amazon SageMaker SDK 모두를 이용해 생성할 수 있다.

Amazon SageMaker 배치 변환

예측 엔드포인트는 한 번에 하나의 관찰값에 대해서만 예측을 수행할 수 있다. 따라서 전체 데이터셋에 예측을 수행하기 위해서는 Amazon SageMaker 배치 변환^{batch transform}을 이용해 훈련 모델에서 배치 예측 작업을 생성해야 한다. Amazon SageMaker 배치 예측 작업에 관한 자세한 정보는 다음 주소에서 확인할 수 있다.

https://docs.aws.amazon.com/sagemaker/latest/dg/ex1-batch-transform.html

데이터 채널

머신러닝 모델 훈련 작업과 검증 작업에는 다른 데이터셋이 필요하다. 이를 일반적으로 훈련 데이터셋, 테스트 데이터셋, 검증 데이터셋이라고 한다. Amazon SageMaker에서는 이러한 데이터셋을 채널^{channel}이라고 부른다.

데이터 위치와 형식

Amazon SageMaker의 훈련/테스트/검증 데이터는 Amazon S3 버킷에 저장해야 하며, CSV 파일 형식과 protobuf recordIO 파일 형식을 지원한다.

기본 제공 알고리즘

Amazon SageMaker는 클라우드에 최적화돼 구현된 여러 유명한 머신러닝 알고리즘을 포함하고 있다. 노트북 인스턴스로 작업하는 경우 Amazon SageMaker의 고수준 Python 라이브러리를 이용해 로컬 환경에서 이러한 알고리즘을 노트북 인스턴스에 적용해 모델을 훈련시킬 수 있다. 전용 EC2 인스턴스 클러스터에서 모델을 훈련시킬 경우 Amazon SageMaker Python 라이브러리와 Amazon이 제공하는 알고리즘 기반 도커 이미지를 이용해 인스턴스를 생성할 수 있다. 책을 번역하는 시점에 Amazon SageMaker는 다음과 같은 알고리즘을 지원한다.

- BlazingText Algorithm

- DeepAR Forecasting Algorithm

- Factorization Machines Algorithm

- Image Classification Algorithm (based on the ResNet deep learning network)

- IP Insights Algorithm

- K-Means Algorithm

- K-Nearest Neighbors Algorithm

- LDA(Latent Dirichlet Allocation) Algorithm

- Linear Learner Algorithm

- NTM(Neural Topic Model) Algorithm

- Object2Vec Algorithm

- Object Detection Algorithm (based on VGG and ResNet deep-learning networks)

- PCA(Principal Component Analysis) Algorithm

- RCF(Random Cut Forest) Algorithm

- Semantic Segmentation Algorithm

- Sequence-to-Sequence Algorithm

- XGBoost Algorithm

Amazon SageMaker 노트북 인스턴스는 위 알고리즘을 활용한 다양한 예제 Jupyter Notebook 파일을 제공한다. 알고리즘에 관한 더 자세한 정보는 다음 주소에서 확인할 수 있다.

https://docs.aws.amazon.com/sagemaker/latest/dg/algos.html

가격 정책 및 가용성

Amazon SageMaker는 사용한 만큼 비용을 지불할 수 있다. 또한 Amazon SageMaker 노트북 인스턴스를 위한 EC2 연산 인스턴스, S3 스토리지, 클라우드 기반 훈련 인스턴스,

실시간 예측 엔드포인트를 지원하는 EC2 인스턴스, 배치 예측 연산 수행을 위한 EC2 인스턴스에 관한 비용도 지불해야 한다. 일부 기능은 2개월 동안 AWS 프리 티어 계정에 포함되며 자세한 가격 정책은 다음 주소에서 확인할 수 있다.

https://aws.amazon.com/sagemaker/pricing

Amazon SageMaker 노트북 인스턴스 생성하기

여기서는 Amazon SageMaker 관리 콘솔을 이용해 Amazon SageMaker 노트북 인스턴스를 생성하고 웹 브라우저를 통해 해당 인스턴스에서 실행되는 Jupyter Notebook 서버에 접속하는 방법을 배운다. 노트북 인스턴스는 머신러닝 연산 EC2 인스턴스로 인터넷을 통해 인스턴스에 접근할 수 있게 해주는 인프라를 지원하는 역할을 한다.

Amazon EC2 인스턴스는 IAM 역할 기반 보안을 사용해 AWS 계정의 다른 리소스에 접근하며, Amazon SageMaker 노트북 인스턴스가 접근하는 리소스는 대부분 훈련/검증 데이터와 모델을 저장하는 S3 버킷이다. 노트북 인스턴스가 Amazon S3 버킷, Amazon EC2 인스턴스와 같은 계정 내 다른 리소스에 접근하게 하기 위해 Amazon S3 API에 접근하는 데 필요한 자격 증명이 필요하다. IAM 역할이 Amazon EC2 인스턴스가 이러한 자격 증명을 얻을 수 있는 방법을 제공하지만 그 배경에서는 Amazon IAM 서비스가 실제 자격 증명을 얻기 위해 Amazon STS^{Secure Token Service}라는 또 다른 AWS 서비스를 사용하고 있다.

IAM 역할을 사용하는 대부분의 경우에는 사용자가 직접 Amazon STS에 직접 관여할 필요가 없다. 하지만 Amazon STS는 글로벌 엔드포인트와 리전 기반 엔드포인트 모두를 지원하기에 Amazon SageMaker가 리전 기반 Amazon STS 엔드포인트를 사용하게 하기 위해서는 반드시 노트북 인스턴스를 생성한 AWS 리전을 Amazon STS 엔드포인트에서 활성화해야 한다. 그렇지 않으면 Amazon SageMaker 관리 콘솔에서 노트북 인스턴스를 생성할 수 없다.

Amazon SageMaker를 사용하려는 리전에 해당하는 리전 기반 Amazon STS 엔드포인트를 활성화하기 위해서는 AWS 관리 콘솔에 루트 계정 자격 인증으로 로그인 후 IAM 관리 콘솔로 이동한다. IAM 관리 콘솔 왼쪽 메뉴 중 '계정 설정'을 선택하고 'STS^{Security Token Service}' 영역으로 이동한다(그림 15.1)

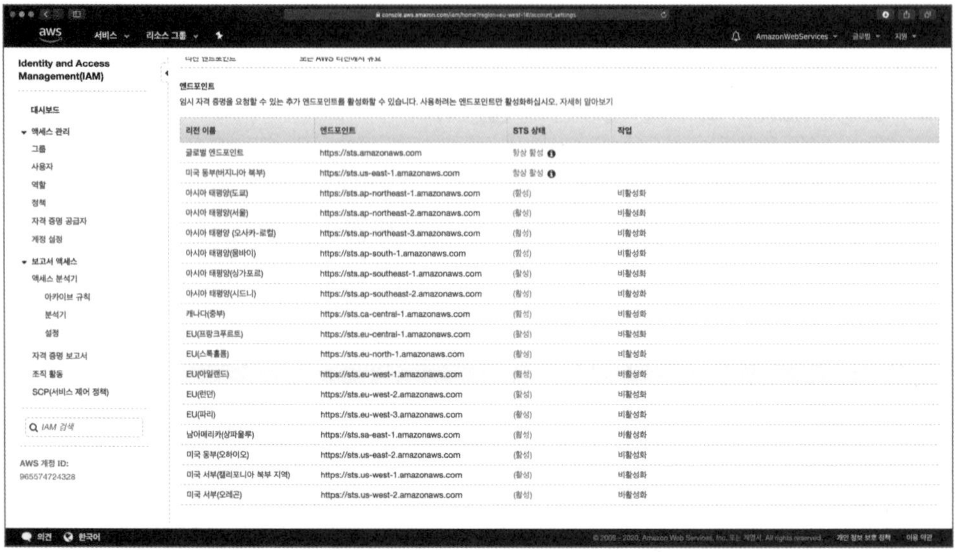

그림 15.1 리전 기반 Amazon STS 엔드포인트

Amazon SageMaker를 사용하고자 하는 리전의 STS 상태가 활성화됐는지 확인하고, 만약 활성화되지 않았다면 '작업'의 '활성화' 링크를 통해 변경할 수 있다. 리전 기반 Amazon STS가 활성화됐다면 이제 Amazon SageMaker 노트북 인스턴스를 생성할 수 있다. 루트 계정으로 로그인된 상태에서 Amazon SageMaker 관리 콘솔에서 작성을 할 수 있으나, 루트 계정 로그아웃 후 개발용 IAM 사용자 계정 전용 주소로 AWS 관리 콘솔에 로그인하기를 권장한다.

다시 로그인 후 AWS 관리 콘솔로 돌아와 Amazon SageMaker 서비스를 사용할 리전을 선택해야 하며, 이 책에서는 유럽(아일랜드) 리전을 선택하고 진행한다고 가정한다. 다음으로 '서비스' 메뉴에서 Amazon SageMaker 서비스를 선택한다(그림 15.2).

그림 15.2 Amazon SageMaker 관리 콘솔 접속

Amazon SageMaker 대시보드에서 '노트북 인스턴스' 메뉴를 선택해 Amazon Sage Maker 노트북 인스턴스 목록으로 이동한다. **노트북 인스턴스 생성** 버튼을 눌러 인스턴스에서 호스팅되는 Jupyter Notebook 서버에 새로운 인터넷에 연결된 ML 연산 EC2 인스턴스를 생성한다.

그림 15.3 노트북 인스턴스 목록 화면

노트북 인스턴스 이름과 일부 설정을 입력하는 화면이 나타난다. 기본적으로 Amazon SageMaker는 사용자 계정 AWS 리전에 VPC$^{Virtual\ Private\ Cloud}$ 및 서브넷에 ml.t2-medium EC2 인스턴스를 생성한다. EC2 인스턴스가 생성된 후 Amazon SageMaker는 데이터 사이언스에 필요한 Python 패키지와 아나콘다^{Anaconda}를 인스턴스에 설치한다. Amazon SageMaker는 EC2 인스턴스에 다양한 콘다^{conda} 환경 설정을 통해 일반적으로 많이 사용되는 Python 버전과 패키지 조합을 선택할 수 있게 해준다.

다른 종류의 EC2 인스턴스를 선택할 수도 있지만 EC2 인스턴스의 종류에 사용 요금이 다르며, ml.t2-medium EC2 인스턴스가 가장 저렴하다는 점에 유의하자. 예제에서는 kmeans-iris-flowers라는 이름을 입력하고, '권한 및 암호화' 영역으로 이동한다(그림 15.4).

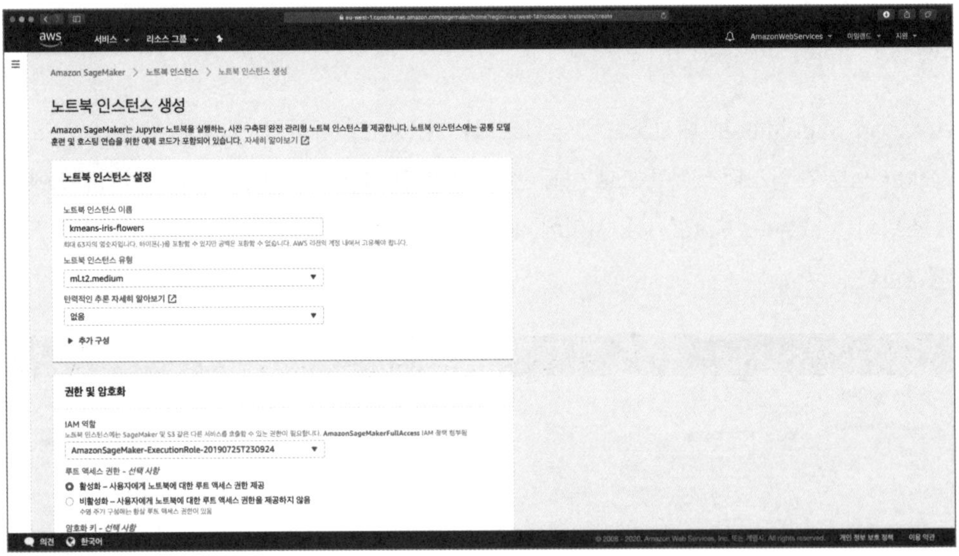

그림 15.4 노트북 인스턴스 이름 지정

Amazon SageMaker가 생성한 Amazon EC2 인스턴스는 IAM 정책을 통해 인스턴스 내 코드를 실행해 계정 내 접근 가능한 AWS 리소스를 관리한다. 최소한 IAM 역할은 데이터 탐색, 모델 구축 및 평가에 사용되는 데이터를 포함한 하나 이상의 Amazon S3 버킷에 접근할 수 있어야 한다. 'IAM 역할' 드롭다운 메뉴에서 '새 역할 생성'을 선택한다(그림 15.5).

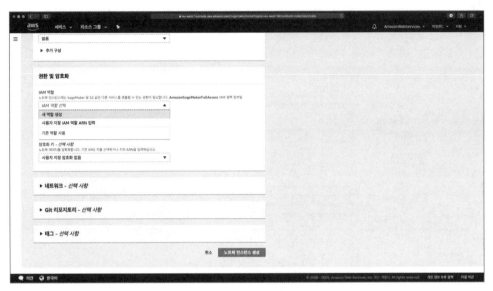

그림 15.5 Amazon SageMaker 노트북 인스턴스를 위한 새로운 역할 생성

'IAM 역할 생성' 창이 뜨고 IAM 역할이 접근 가능한 Amazon S3 버킷을 설정해야 한다. 실제 서비스를 위한 프로덕션 환경에서는 구체적으로 버킷 이름을 설정하고 사용해야 하지만 예제에서는 '모든 S3 버킷'을 선택하고 **역할 생성** 버튼을 눌러 IAM 역할을 생성한다 (그림 15.6).

그림 15.6 Amazon SageMaker를 위한 새로운 역할 권한 설정

여기서 주목할 만한 점은 특정 버킷의 이름을 구체적으로 설정하지 않아도 IAM 역할은 이름에 sagemaker라는 단어가 들어간 모든 Amazon S3 버킷에 접근할 수 있는 정책 문서를 생성한다는 점이다. 그리고 노트북 인스턴스에서 접근하는 Amazon S3 버킷이 노트북 인스턴스와 동일한 리전에 있는지 반드시 확인해야 한다. 그렇지 않은 경우 타 리전 간 데이터 전송 비용cross-region data transfer charges가 부과된다.

역할 생성 버튼을 누르고 나면 창이 사라지고 `AmazonSageMaker-ExecutionRole`로 시작하는 새로운 IAM 역할이 생성된 것을 볼 수 있다(그림 15.7).

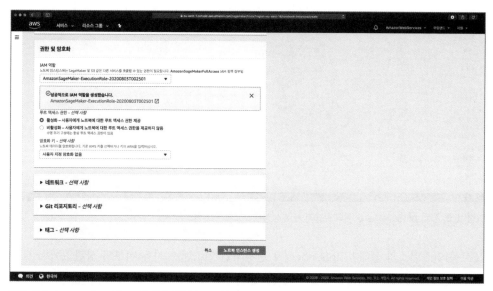

그림 15.7 Amazon SageMaker의 새로 생성된 IAM 역할

원한다면 추후 IAM 관리 콘솔을 통해 IAM 권한 정책을 수정해 노트북 인스턴스가 접근할 수 있는 AWS 리소스와 리소스에서 수행할 수 있는 작업을 변경할 수 있다. 새로운 노트북 인스턴스를 생성할 경우 새 노트북 인스턴스에 동일한 IAM 역할을 사용할 수도 있다.

화면의 나머지 선택 사항은 기본값으로 두고 화면 아래 **노트북 인스턴스 생성** 버튼을 눌러 노트북 인스턴스를 생성한다. AWS에서 신규 EC2 인스턴스를 생성하고 인스턴스에 관련 소프트웨어를 설치하는 데에는 시간이 몇 분 정도 소요된다. 노트북 인스턴스가 준비되면 SageMaker 관리 콘솔의 인스턴스 목록에서 상태가 'InService'로 변경된다(그림 15.8).

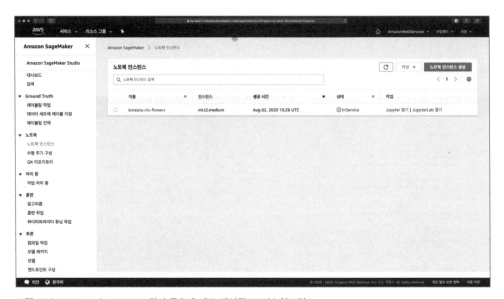

그림 15.8 Amazon SageMaker 관리 콘솔에 새로 생성된 노트북 인스턴스

노트북 인스턴스의 상태가 'InService'로 변경되면 인스턴스 사용 여부와 상관없이 노트북 인스턴스를 유지하기 위해 사용되는 연산 리소스 비용이 청구된다. 따라서 노트북 인스턴스를 사용하지 않는 경우 반드시 작업 메뉴를 통해 노트북 인스턴스를 '중지' 또는 '삭제'한다. 노트북 인스턴스에 저장한 데이터는 일반적인 용도의 SSD에 저장되며 이와 관련된 스토리지 비용도 청구된다. 하지만 노트북 인스턴스가 중지 상태에서 연산 리소스 비용이 청구되지 않는 반면, SSD 스토리지 비용은 계속해서 청구됨을 유의하자. 노트북 인스턴스를 재시작하는 경우 노트북 인스턴스를 호스팅하기 위해 Amazon SageMaker가 새로운 연산 리소스를 프로비저닝하고, 새 가상 서버에 기존 SSD 볼륨을 연결한다. 이러한 작동 방식으로 인스턴스를 재시작하거나 멈추더라도 노트북 인스턴스의 데이터를 지속해서 유지할 수 있으며, 다만 인스턴스가 정지한 경우에도 저장 스토리지에 관한 비용은 부담하게

된다. 노트북 인스턴스를 정지시킨 후 IAM 역할, EC2 인스턴스와 같은 설정을 변경이 가능하다. 삭제한 인스턴스는 연산 리소스나 저장 리소스를 더 이상 사용하지 않으며, 노트북 인스턴스에 생성한 파일도 인스턴스가 삭제될 때 같이 삭제된다. '작업' 메뉴를 통해 노트북 인스턴스 상태를 관리하고 정지된 인스턴스의 설정을 변경할 수 있다(그림 15.9).

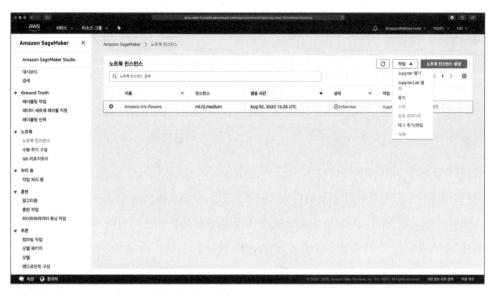

그림 15.9 Amazon SageMaker 노트북 인스턴스 관리

노트북 인스턴스가 서비스를 시작한 후 'Jupyter 열기' 메뉴를 통해 Jupyter Notebook 서버에 접속할 수 있으며, Amazon SageMaker의 'JupyterLab 열기' 메뉴를 이용해 .ipynb 노트북 파일도 관리할 수 있다. JupyterLap은 IDE 형식의 환경에서 Python .ipynb 노트북 파일을 생성하고 관리할 수 있는 기능으로 이 책에서는 다루지 않는다.

훈련 데이터와 테스트 데이터 준비하기

Amazon SageMaker에서 머신러닝 솔루션을 구축하기 위해서는 먼저 데이터를 탐색하고, 적절한 피처를 선택한 후 훈련 데이터와 테스트 데이터를 준비하는 작업이 필요하다. 노트북 인스턴스에 데이터셋을 다운로드해 피처 엔지니어링을 수행할 수 있지만, 실제 모델 구축과 평가를 위한 최종 데이터는 반드시 Amazon S3 버킷에 저장돼야 하며, AWS boto3 Python SDK와 Amazon SageMaker Python SDK가 노트북 인스턴스에서 Amazon S3 버킷으로 데이터를 전송할 수 있어야 한다. Amazon S3 버킷은 Amazon SageMaker를 사용하기 위한 필수 요소이기에 먼저 계정 내 Amazon SageMaker 서비스와 동일한 AWS 리전에 적어도 하나 이상의 Amazon S3 버킷을 생성해야 한다.

예제에서는 다음과 같은 2개의 버킷을 사용한다.

- `awsml-sagemaker-test-source`
- `awsml-sagemaker-test-results`

버킷 이름은 전역적으로 고유해야 하기 때문에 예제의 이름의 일부를 수정해야 할 것이다.

데이터 탐색과 피처 엔지니어링은 NumPy, Pandas, Scikit-learn과 같은 표준 Python 라이브러리를 사용해 자신의 컴퓨터나 클라우드 기반 Amazon SageMaker 노트북 인스턴스에서 수행하게 된다. 로컬 환경의 노트북 인스턴스를 사용하면 데이터 탐색과 시각화 작업에 있어 속도와 비용 측면에서 효율적인 반면, 클라우드 기반 Amazon SageMaker 노트북 인스턴스를 사용하는 경우 데이터를 Amazon S3에 업로드해야 할 뿐만 아니라 노트북 인스턴스를 위한 연산 비용도 지불해야 하기에 반드시 사용하지 않는 인스턴스는 중지해야 한다. 그리고 원격 클라우드 서버에서 코드를 실행하기 때문에 실행 결과가 사용자 컴퓨터의 웹 브라우저까지 도달하는 데 로컬 환경보다 시간이 더 소요된다.

예제에서는 유명한 데이터셋 중 하나인 Iris 데이터셋을 이용해 머신러닝 모델을 구축한다. Amazon SageMaker에서 모델을 구축하고 예측을 수행하는 것에 중심을 두기에 데이터셋에 별도의 피처 엔지니어링 작업은 진행하지 않는다. 훈련 데이터와 테스트 데이터로 분리된 Kaggle 버전의 Iris 데이터셋은 예제 실행 파일과 함께 제공된다.

개발용 IAM 사용자 계정의 전용 주소로 AWS 관리 콘솔에 로그인 후 Amazon S3 관리 콘솔의 `awsml-sagemaker-test-source` 버킷으로 이동한다(그림 15.10).

그림 15.10 데이터가 저장된 Amazon S3 버킷 접근

실습 예제 파일의 datasets/iris_dataset/Kaggle 경로에 있는 iris_train.csv 파일과 iris_test.csv 파일을 S3 버킷에 업로드한다(그림 15.11).

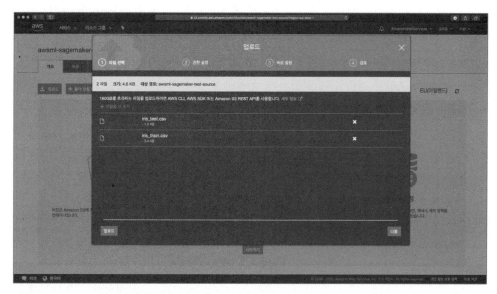

그림 15.11 Amazon S3 버킷에 훈련 데이터와 테스트 데이터 업로드

필요하다면 5장에서 다룬 훈련 데이터와 테스트 데이터를 생성하는 방법을 참고하자. 15장에는 PreparingDatasets.ipynb 실습 예제 파일이 포함돼 있으며, 이 노트북 파일에는 로컬 노트북 인스턴스에서 iris_train.csv와 iris_test.csv 파일을 생성하는 Python 코드가 포함돼 있다.

Amazon SageMaker 노트북 인스턴스에서 Scikit-Learn 모델 훈련하기

여기서는 Amazon SageMaker 노트북 인스턴스에서 Scikit-learn에 구현된 알고리즘을 이용해 머신러닝 모델을 훈련시키고 평가하는 방법을 다룬다. 노트북 인스턴스에서 모델을 훈련시키다는 것은 노트북 서버를 호스팅하는 EC2 인스턴스에 할당된 vCPU와 vRAM만을 사용할 수 있음을 의미한다. 고성능 연산 전용 인스턴스에서 실행할 훈련 작업을 Amazon SageMaker의 노트북 인스턴스에서 생성하고, 훈련된 모델을 REST 예측 엔드포인트로 접근 가능한 고성능 연산 인스턴스 클러스터에 배포할 수 있다. 고성능 연산 전용 인스턴스에서 모델을 학습시키는 방법은 15장 후반부에서 다룬다.

로컬 환경에서 머신러닝 모델을 훈련시키는 것은 Scikit-learn과 같은 Python 라이브러리를 사용해 구현한 알고리즘을 사용하는 경우나 대형 데이터셋의 일부 또는 작은 크기의 데이터셋의 데이터 사이언스 프로젝트의 데이터 탐색 과정에서 가장 우수한 알고리즘과 하이퍼 파라미터 조합을 선택할 때 적합하다. 이러한 로컬 환경의 노트북 인스턴스를 사용한 머신러닝 모델 훈련은 상대적으로 결과 응답 시간이 빠르고 전용 인스턴스에 관한 추가적인 비용이 들지 않아 저렴하다. 하지만 매우 큰 데이터를 이용하는 복잡한 딥러닝 모델 학습과 같은 경우에는 클라우드 기반의 전용 인스턴스 클러스터를 활용한 고성능의 병렬 훈련 과정이 더 적합하다.

이번 예제는 k-평균 클러스터링k-means clustering 알고리즘을 이용한 분류 모델을 구현한다. k-평균 알고리즘은 입력 관찰값을 k개의 클러스터에 할당하는 단순한 알고리즘으로 비지도 학습unsupervised learning 방식이기에 사전에 데이터 레이블링이 필요하지 않다. 클러스터의 수를 지정하면 알고리즘이 피처를 기반으로 훈련 데이터셋의 각 데이터를 클러스터 중 하나에 할당한다. Amazon SageMaker에서도 k-평균 알고리즘을 기본적으로 제공하지만 로컬 노트북 인스턴스에서는 사용할 수 없다.

클러스터링 알고리즘은 데이터상에서 그룹을 찾을 때 주로 사용지만, 인스턴스 기반의 학습 시스템을 구현하는 데에도 사용이 가능하다. 모든 데이터가 k개의 클러스터로 할당한 후 각 클러스터의 수학적 중심점mathematical centroid을 계산해 다음 예측을 위해 저장한 후 클러스터 중심과 새로운 데이터 간의 거리를 계산해 가장 가까운 중심에 해당하는 클러스터로 예측 결과를 반환하게 된다. 목적 클러스터target cluster를 선택하는 방식에는 약간의 차이가 있을 수 있으나 알고리즘의 일반적인 아이디어는 동일하다.

예제에서는 앞에서 Amazon S3 버킷에 업로드한 Iris 데이터셋을 이용한다. Amazon SageMaker 대시보드의 노트북 인스턴스 링크를 클릭해 계정 내 Amazon SageMaker 노트북 인스턴스 목록으로 이동한다. 다음으로 kmeans-iris-flowers 노트북 인스턴스를 실행하고 conda_python3 커널을 이용해 Jupyter Notebook을 생성한다(그림 15.12).

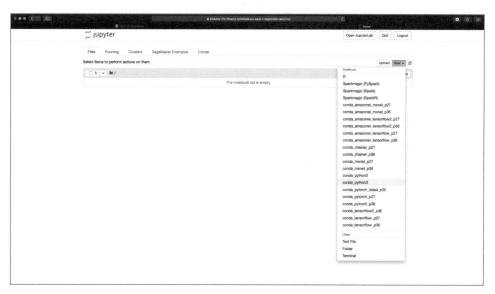

그림 15.12 Amazon SageMaker 노트북 인스턴스에 새로운 Jupyter Notebook 생성하기

Amazon SageMaker 노트북 인스턴스에 Untitled.ipynb이라는 이름의 새로운 Jupyter Notebook이 생성되고 자동으로 브라우저의 새 탭에 표시된다. 노트북 타이틀을 선택해 `sklearn-local-kmeans-iris-flowers`로 변경한다(그림 15.13).

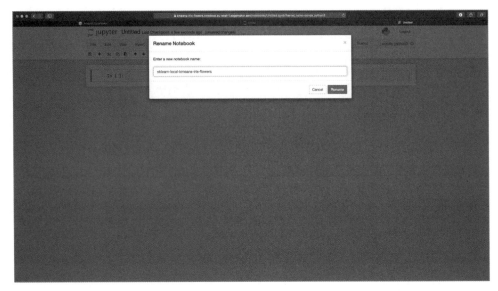

그림 15.13 Jupyter Notebook 타이틀 변경

Scikit-learn은 sklearn.cluster 패키지에 `KMeans`라는 클래스로 k-평균 알고리즘을 구현한다. Scikit-learn을 이용한 머신러닝 모델 훈련 과정은 5장에서 살펴봤으며 여기서는 Scikit-learn 사용법을 다루지 않는다. 노트북의 빈 셀^{cell}에 다음 코드를 입력한다.

```
import boto3
import sagemaker
import io

import pandas as pd
import numpy as np

# Amazon S3 데이터 불러오기
s3_client = boto3.client('s3')
s3_bucket_name='awsml-sagemaker-test-source'
```

```
response = s3_client.get_object(Bucket='awsml-sagemaker-test-source', Key='iris_train.
csv')
response_body = response["Body"].read()
df_iris_train = pd.read_csv(io.BytesIO(response_body), header=0, delimiter=",", low_
memory=False)

response = s3_client.get_object(Bucket='awsml-sagemaker-test-source', Key='iris_test.
csv')
response_body = response["Body"].read()
df_iris_test = pd.read_csv(io.BytesIO(response_body), header=0, index_col=False,
delimiter=",", low_memory=False)

# 데이터를 피처변수와 목적변수로 분리하기
# 데이터의 첫 열이 목적변수이고
# k-평균 알고리즘은 레이블링된 데이터가 필요하기 않기에
# df_iris_target_train은 알고리즘에서 사용하지 않음
df_iris_features_train = df_iris_train.iloc[:,1:]
df_iris_target_train = df_iris_train.iloc[:,0]

df_iris_features_test= df_iris_test.iloc[:,1:]
df_iris_target_test = df_iris_test.iloc[:,0]

# KMeans 분류 모델
from sklearn.cluster import KMeans

kmeans_model = KMeans(n_clusters=3)
kmeans_model.fit(df_iris_features_train)

# 모델을 사용해 테스트 데이터셋에 예측 수행
kmeans_predictions = kmeans_model.predict(df_iris_features_test)
```

위 코드는 iris_train.csv 파일과 iris_test.csv 파일을 awsml-sagemaker-test-source라는 Amazon S3 버킷에서 불러와 데이터를 Pandas 데이터프레임에 저장한다. 여기서는 비지도 학습 k-평균 클러스터링 알고리즘을 사용하기 때문에 훈련 과정에 목적변수가 필요 없어 df_iris_features_train 데이터셋만을 사용해 KMeans 모델을 훈련시킨다.

모델 훈련을 마친 후 훈련된 모델을 사용해 테스트 데이터셋에 예측을 수행하게 된다. 모델의 예측 결과 클러스터 값은 정수 0, 1, 2로 Python의 print() 함수로 확인할 수 있다.

```
# 예측 클러스터 확인
print (kmeans_predictions)
[0 1 2 1 1 1 2 1 1 2 0 1 0 2 0 0 2 2 2 1 0 1 1 1 1 1 1 0 1 0 1 0 0 1 1 1
 2]
```

Iris 데이터셋에서 목적 속성인 species는 범주형 문자열 값을 갖는다. k-평균 모델은 훈련 데이터의 레이블 값을 사용하지 않기에, 모델 예측 결과의 클러스터 번호 0, 1, 2와 Iris 데이터셋의 레이블 값인 Iris-setosa, Iris-versicolor, Iris-virginica 사이에 아무런 직접적 관계가 없다. Python의 print() 함수로 테스트 데이터셋의 레이블 값을 확인하면 다음과 같은 문자열 값을 확인할 수 있다.

```
# 레이블 확인
print (df_iris_target_test.values.ravel())

['Iris-setosa' 'Iris-versicolor' 'Iris-virginica' 'Iris-versicolor'
 'Iris-virginica' 'Iris-virginica' 'Iris-versicolor' 'Iris-virginica'
 'Iris-versicolor' 'Iris-virginica' 'Iris-virginica' 'Iris-setosa'
 'Iris-versicolor' 'Iris-setosa' 'Iris-virginica' 'Iris-setosa'
 'Iris-setosa' 'Iris-virginica' 'Iris-virginica' 'Iris-virginica'
 'Iris-virginica' 'Iris-setosa' 'Iris-virginica' 'Iris-versicolor'
 'Iris-versicolor' 'Iris-versicolor' 'Iris-versicolor' 'Iris-versicolor'
 'Iris-setosa' 'Iris-versicolor' 'Iris-setosa' 'Iris-versicolor'
 'Iris-setosa' 'Iris-setosa' 'Iris-versicolor' 'Iris-versicolor'
 'Iris-versicolor' 'Iris-virginica']
```

Scikit-learn이 제공하는 LabelEncoder 클래스를 사용하면 범주형 속성의 문자열을 정수형으로 변환할 수 있다. 다음 코드는 Iris-setosa, Iris-versicolor, Iris-virginica 문자열을 0, 1, 2 정수로 변환하고 모델의 성능을 평가하기 위해 혼동 행렬$^{confusion\ matrix}$을 계산한다. 0, 1, 2 매핑값은 사용자가 정의하는 값으로 다른 매핑값을 사용하면 혼동 행렬에도 다르게 표현될 것이다.

```
# 다음과 같은 매핑으로 혼동 행렬 계산
# Iris-setosa = 0
# Iris-versicolor = 1
# Iris-virginica = 2
```

```
# 목적변수 'species'를 문자열에서 정수형으로 변환
from sklearn.preprocessing import LabelEncoder
labelEncoder = LabelEncoder()
labelEncoder.fit(df_iris_target_test)
df_iris_target_test = labelEncoder.transform(df_iris_target_test)

from sklearn.metrics import confusion_matrix
cm_kmeans = confusion_matrix(df_iris_target_test, kmeans_predictions)
```

```
# 혼동 행렬 확인
print(cm_kmeans)
[[10  0  0]
 [ 0  0 15]
 [ 0  8  5]]
```

혼동 행렬을 통해 모델이 대부분의 관찰값을 정확하게 분류하고 있음을 알 수 있으며, 2번 클러스터 Iris-versicolor의 총 20개 데이터 중 5개를 3번 클러스터로 잘못 분류한 것을 확인할 수 있다.

훈련 전용 인스턴스에서 Scikit-Learn 모델 훈련하기

여기서는 노트북 인스턴스에 AWS SageMaker Python SDK를 이용해 훈련 전용 인스턴스를 생성하고 인스턴스에서 Scikit-learn의 k-평균 알고리즘을 학습시킬 훈련 작업을 생성한다. 훈련을 마친 모델은 Amazon S3 버킷에 저장되며 Amazon SageMaker Python SDK가 제공하는 다른 함수를 이용해 전용 예측 인스턴스에 모델을 배포하고 예측 엔드포인트를 생성한다. 마지막으로 AWS SageMaker Python SDK를 이용해 Jupyter Notebook의 예측 엔드포인트와 상호작용해 테스트 데이터셋에서 예측을 수행한다.

훈련 전용 인스턴스는 Amazon S3 버킷의 데이터에서 모델을 훈련시키고 훈련된 모델을 다른 Amazon S3 버킷에 저장하는 데 사용하는 EC2 인스턴스다. 노트북 인스턴스와는 다르게 Jupyter Notebook 서버가 없으며 훈련 과정을 마치면 자동으로 종료된다. 훈련 전용 인스턴스는 도커 이미지로 생성하며 기본 제공 머신러닝 알고리즘을 위해 Amazon

SageMaker가 머신러닝 모델을 훈련하는 데 필요한 소프트웨어를 포함한 도커 이미지에 알고리즘을 포함시킨다. 입/출력 버킷의 위치와 모델의 하이퍼파라미터 값은 일반적으로 도커 컨테이너가 이미지에서 인스턴스화될 때 명령줄에 인수^{command-line arguments}로 지정된다.

Amazon SageMaker는 기본 제공 알고리즘을 위한 도커 이미지뿐만 아니라 Scikit-learn, Google TensorFlow, Apache MXNet과 같은 표준 머신러닝 라이브러리를 포함한 도커 이미지도 제공한다. 도커 이미지가 내장 알고리즘 혹은 범용 머신러닝 라이브러리를 포함하는지와 상관없이 도커 이미지 자체는 각 AWS 리전의 도커 레지스트리^{Docker registries}에 저장된다. 훈련 작업을 생성할 때 도커 이미지의 경로를 지정해야 하며, Scikit-learn 도커 이미지용 도커 레지스트리 경로는 다음 주소에서 확인할 수 있다.

https://docs.aws.amazon.com/sagemaker/latest/dg/pre-built-docker-containers-frameworks.html

훈련 전용 EC2 인스턴스가 생성되고나면, 훈련 인스턴스에서 코드가 실행되도록 해주는 IAM 역할이 훈련 데이터가 저장된 Amazon S3 버킷과 같은 AWS 계정 내 다른 리소스에 접근할 수 있다고 볼 수 있다. 노트북 인스턴스를 생성하는 데 사용되는 IAM 역할에는 적절한 AWS 리소스에 접근할 수 있는 권한이 있기 때문에 EC2 훈련 인스턴스에는 동일한 IAM 역할을 사용하는 게 일반적이다.

Scikit-learn 훈련 인스턴스를 만드는 데 사용하는 도커 이미지는 특정 분류기를 생성하는 코드를 포함하고 있지 않다. 따라서 Scikit-learn 훈련 인스턴스는 Python, Scikit-learn 및 기타 여러 유명한 Python 머신러닝 프레임워크를 포함한 베어본^{barebones} 가상머신이라 생각할 수 있다. Scikit-learn 훈련 인스턴스에서 모델을 구축하기 위해서는 Python 스크립트파일로 모델 생성 코드를 작성하고 훈련 인스턴스에서 코드를 실행해야 한다. 코드는 Amazon S3 버킷의 훈련 데이터에 접근할 수 있어야 하며, Scikit-learn 클래스를 이용해 모델을 훈련시키고 훈련된 모델을 Amazon S3 버킷에 저장한다.

kmeans-iris-flowers 노트북 인스턴스를 시작하고, 업로드 버튼을 통해 실습 예제에 포함된 sklearn-kmenas-training-script.py 스크립트 파일을 업로드한다(그림 15.14).

그림 15.14 노트북 인스턴스에 파일 업로드

파일에 포함된 Python 스크립트는 다음과 같다.

```python
import argparse
import pandas as pd
import os

from sklearn.cluster import KMeans
from sklearn.externals import joblib
from sklearn.preprocessing import LabelEncoder

if __name__ == '__main__':
    parser = argparse.ArgumentParser()

    # 하이퍼파라미터 읽어오기
    parser.add_argument('--n_clusters', type=int, default=3)

    # Sagemaker 전용 인자값으로 기본값 사용
    parser.add_argument('--model_dir', type=str,
        default=os.environ.get('SM_MODEL_DIR'))
    parser.add_argument('--train', type=str,
        default=os.environ.get('SM_CHANNEL_TRAIN'))
```

```
    args = parser.parse_args()

    # iris_train.csv 파일 불러오기
    input_file = os.path.join(args.train, 'iris_train.csv')
    df_iris_train = pd.read_csv(input_file, header=0, engine="python")

    # 목적변수 'species'를 문자열에서 정수형으로 변환
    labelEncoder = LabelEncoder()
    labelEncoder.fit(df_iris_train['species'])
    df_iris_train['species'] = labelEncoder.transform(df_iris_train['species'])

    # 훈련 데이터와 검증 데이터용으로 피처와 목적변수를 각각 분리
    #
    # 데이터셋의 첫 열이 목적변수라 가정
    #
    # k-means는 레이블된 훈련 데이터가 필요 없으므로
    # df_iris_target_train은 사용하지 않음
    df_iris_features_train = df_iris_train.iloc[:,1:]
    df_iris_target_train = df_iris_train.iloc[:,0]

    # K-Means multi-class 분류기 생성
    kmeans_model = KMeans(n_clusters=args.n_clusters)
    kmeans_model.fit(df_iris_features_train)

    # 모델 저장
    joblib.dump(kmeans_model, os.path.join(args.model_dir,
        "sklearn-kmeans-model.joblib"))


# deserializer
def model_fn(model_dir):
    model = joblib.load(os.path.join(model_dir, "sklearn-kmeans-model.joblib"))
    return model
```

코드의 내용을 간략하게 살펴보자. SageMaker Python SDK를 이용해 훈련 작업을 생성할 때 스크립트 파일 이름과 스크립트 실행에 필요한 하이퍼파라미터를 지정해야 한다. 예제에서 사용하는 k-평균 모델 같은 경우 Scikit-learn KMeans 클래스의 생성자에 입력될 n_clusters라는 1개의 하이퍼파라미터만 필요하다.

EC2 인스턴스가 시작될 때 스크립트 파일이 스크립트 파일 이름과 동일한 이름의 Python 모듈로 설치되며, 다음 명령어와 같은 형태로 실행된다.

```
python -m <your_script> --<your_hyperparameters>
```

예를 들어 위의 스크립트로 훈련 작업을 생성한 후 하이퍼파라미터 n_clusters의 값을 3으로 지정했을 때, 훈련 인스턴스에서 훈련 작업을 시작하기 위한 명령어는 다음과 같다.

```
python -m sklearn-kmeans-training-script --num_clusters=3
```

모델 훈련 코드는 스크립트의 if __name__ == '__main__': 조건절 안에 넣어야 한다. 조건절 안에 훈련 코드를 넣게 되면 코드는 명령줄의 main 모듈이 실행될 때에만 실행되게 되고, Python 파일이 다른 Python 파일에 import 구문으로 불러올 때에는 실행되지 않는다.

모델 훈련 코드에 ArgumentParser 객체를 사용해 Amazon SageMaker에 의해 모듈에 전달된 명령줄 인수를 읽어올 수 있다. 후반부에 생성할 훈련 작업에서는 k-평균 클러스터의 수를 하이퍼파라미터로 전달하며, 다음 코드는 스크립트 파일에서 명령줄 인수를 읽어오는 방법을 보여준다.

```
parser = argparse.ArgumentParser()

# n_clusters라는 인자값이 필요하며 없을 경우 default값 적용
parser.add_argument('--n_clusters', type=int, default=3)

# 인자값 파싱
args = parser.parse_args()

# args.n_clusters를 이용해 명령줄 인자값 n_clusters 접근 가능
```

Scikit-learn 클래스를 인스턴스화할 때 사용하는 하이퍼파라미터 외에 훈련 데이터셋의 위치와 훈련 모델이 저장될 위치를 스크립트 파일에 추가로 지정해야 한다. 이러한 값들도 명령줄 인수로 전달하거나 스크립트 내 환경변수로부터 읽어올 수 있다.

훈련 작업이 생성된 후 Amazon SageMaker는 자동으로 여러 환경변수를 설정하게 되며, 이 환경변수도 스크립트에서 접근할 수 있다. 스크립트에 명령줄 인수로 제공되지 않는

Amazon SageMaker의 특정 런타임 변수가 필요한 경우에는 환경변수를 기본값으로 사용하는 것이 일반적이다. 훈련 인스턴스에서 실행되는 스크립트에 사용 가능한 환경변수 목록은 다음 주소에서 확인할 수 있다.

https://github.com/aws/sagemaker-containers

일반적으로 사용되는 환경변수는 다음과 같다.

- SM_OUTPUT_DATADIR: 스크립트가 머신러닝 모델을 생성하는 데 필요한 임시 결과물을 저장하기 위한 훈련 인스턴스 내 파일시스템 경로로, 이 경로는 Amazon S3 버킷에 매핑된다. 이에 파일은 Amazon S3 버킷에 저장되게 된다.
- SM_MODEL_DIR: 스크립트가 훈련을 마친 모델을 저장하기 위한 훈련 인스턴스 내 파일시스템 경로로, 이 경로도 Amazon S3 버킷에 매핑되고 모델도 S3 버킷에 저장된다.
- SM_CHANNEL_TRAINING: 스크립트가 훈련 데이터를 읽어올 훈련 인스턴스 내 파일시스템 경로로, Amazon S3 버킷에 매핑되며 이 버킷으로부터 데이터를 읽어온다.

```python
parser = argparse.ArgumentParser()

# Sagemaker 전용 인자값으로 기본값 사용
parser.add_argument('--model-dir', type=str,
    default=os.environ['SM_MODEL_DIR'])
parser.add_argument('--train', type=str,
    default=os.environ['SM_CHANNEL_TRAIN'])

# 인자값 파싱
args = parser.parse_args()

# args.n_clusters를 이용해 명령줄 인자값 n_clusters 접근 가능
```

Scikit-learn에서 k-평균 모델을 만드는 코드는 앞서 로컬 노트북 인스턴스에서 모델을 만드는 코드와 유사하다. 스크립트 내 모델 구축 코드는 args.train이 참조하는 Amazon S3 버킷의 iris_train.csv 파일의 데이터를 불러와 Pandas 데이터프레임 형식으로 저장한다.

```python
# iris_train.csv 파일 불러오기
input_file = os.path.join(args.train, 'iris_train.csv')
df_iris_train = pd.read_csv(input_file, header=0, engine="python")
```

다음으로 모델 생성 코드는 Scikit-learn의 `LabelEncoder` 클래스를 이용해 범주형 문자열 속성 species를 정수형으로 변환한다. 변환되기 전 목적 속성 species는 Iris-setosa, Iris-versicolor, Iris-virginica 중 하나의 문자열을 가지며, 각각 0, 1, 2의 정수로 변환된다.

```
# 목적변수 'species'를 문자열에서 정수형으로 변환
labelEncoder = LabelEncoder()
labelEncoder.fit(df_iris_train['species'])
df_iris_train['species'] = labelEncoder.transform(df_iris_train['species'])
```

피처변수와 목적변수를 df_iris_train 데이터프레임에서 가져와 각각의 데이터프레임 객체에 저장하고 KMeans 분류 모델이 피처를 학습하게 된다. KMeans 생성자의 n_clusters 인수는 명령줄에서 읽어온 하이퍼파라미터 args.n_clusters 값으로 할당된다.

```
# 훈련 데이터와 검증 데이터용으로 피처와 목적변수를 각각 분리
#
# 데이터셋의 첫 열이 목적변수라고 가정
#
# k-means는 레이블된 훈련 데이터가 필요 없으므로
# df_iris_target_train은 사용하지 않음

df_iris_features_train = df_iris_train.iloc[:,1:]
df_iris_target_train = df_iris_train.iloc[:,0]

# K-Means multi-class 분류기 생성
kmeans_model = KMeans(n_clusters=args.n_clusters)
kmeans_model.fit(df_iris_features_train)
```

훈련이 끝난 후 모델은 다음 코드를 통해 args.model_dir에 지정된 Amazon S3 버킷에 저장된다.

```
# 모델 저장
joblib.dump(kmeans_model, os.path.join(args.model_dir,
    "sklearn-kmeans-model.joblib"))
```

모델은 sklearn-kmeans-model.joblib라는 이름으로 저장되며, 훈련 인스턴스는 모델 결과물을 자동으로 저장하진 않는다. 만약 모델을 명시적으로 저장하지 않았다면 훈련 인스턴스는 모델 훈련 작업을 마친 후 종료되고 결과적으로 예측 인스턴스를 만들 수 없게 된다.

스크립트에는 모델 결과물을 읽어와 예측 인스턴스를 생성하는 model_fn() 함수를 일반적으로 포함시킨다.

```
# deserializer.
def model_fn(model_dir):
    model = joblib.load(os.path.join(model_dir, "sklearn-kmeans-model.joblib"))
    return model
```

지금까지 모델 훈련 스크립트 파일을 살펴봤으며, 이제 Jupyter Notebook 파일을 이용해 훈련 작업을 생성하자. conda_python3 커널을 이용해 노트북 인스턴스에서 새로운 Jupyter Notebook 파일을 만들고 노트북 타이틀을 sklearn-kmeans-iris-flowers로 변경 후 다음 코드를 입력한다.

```
import sagemaker

# 노트북 인스턴스가 사용할 SageMaker용 역할 얻기
role = sagemaker.get_execution_role()

# SageMaker API와 작동하는 SageMaker 세션 객체 얻기
sagemaker_session = sagemaker.Session()

# 전용 인스턴스의 Scikit-learn KMeans 분류기
# hyperparameter n_clusters = 3
from sagemaker.sklearn.estimator import SKLearn

sklearn = SKLearn(entry_point='sklearn-kmeans-training-script.py',
                  train_instance_type='ml.m4.xlarge',
                  role=role,
                  sagemaker_session=sagemaker_session,
                  hyperparameters={'n_clusters': 3},
                  output_path='s3://awsml-sagemaker-test-results/')

sklearn.fit({'train': 's3://awsml-sagemaker-test-source/'})
```

노트북 셀에 코드를 실행하면 SageMaker가 Scikit-learn 모델 훈련을 위한 기본 도커 이미지로부터 전용 ml.m4.xlarge EC2 인스턴스를 생성한다. 다른 유형의 인스턴스를 지정할 수 있으나 고성능의 인스턴스일수록 실행 비용이 비싸다는 점에 유의하자. SKLearn 클래스는 AWS SageMaker Python SDK의 일부로 Scikit-learn 모델의 훈련 과정 전체와 배포 작업을 처리할 수 있는 방법을 제공한다. 클래스의 생성자는 모델 생성 코드를 포함한 Python 스크립트 경로, 생성하고자 하는 훈련 인스턴스 유형, 명령줄 인수에서 실행 스크립트로 전달되는 모델 생성 하이퍼파라미터와 같은 여러 인수를 허용하며, SKLearn 클래스의 매개변수에 관한 자세한 내용은 다음 주소에서 확인할 수 있다.

https://sagemaker.readthedocs.io/en/stable/sagemaker.sklearn.html

노트북 셀에서 코드를 실행하면 Amazon SageMaker가 새로운 훈련 전용 인스턴스를 생성하고 인스턴스가 준비되면 스크립트를 실행한다. 이 작업은 시간이 소요되는 과정으로 몇 분 정도가 소요된다. 훈련 과정 중간에는 여러 상태 메시지가 노트북 셀 아래 나타난다 (그림 15.15).

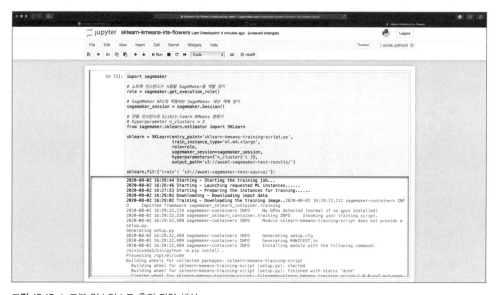

그림 15.15 노트북 인스턴스로 훈련 작업 생성

훈련 과정이 끝나면 다음과 유사한 결과를 확인할 수 있다.

```
2020-08-02 16:29:34 Uploading - Uploading generated training model
2020-08-02 16:29:34 Completed - Training job completed
Training seconds: 45
Billable seconds: 45
```

훈련 과정이 완료된 후 Amazon SageMaker는 자동으로 훈련 과정에 생성된 인스턴스를 종료시키며, 생성된 모델은 awsml-sagemaker-test-results 버킷의 <job name>/output/에 저장된다. job name은 로그 메시지의 SM_TRAINING_ENV 변수의 job_name 속성에서 찾을 수 있으며, module_dir 속성의 값을 확인해 모델 결과물의 전체 경로를 확인할 수 있다.

```
"SM_TRAINING_ENV="{
    "additional_framework_parameters":{

    },
    "channel_input_dirs":{
        "train":"/opt/ml/input/data/train"
    },
    "current_host":"algo-1",
    "framework_module":"sagemaker_sklearn_container.training:main",
    "hosts":[
        "algo-1"
    ],
    "hyperparameters":{
        "n_clusters":3
    },
    "input_config_dir":"/opt/ml/input/config",
    "input_data_config":{
        "train":{
            "RecordWrapperType":"None",
            "S3DistributionType":"FullyReplicated",
            "TrainingInputMode":"File"
        }
    },
    "input_dir":"/opt/ml/input",
    "is_master":true,
    "job_name":"sagemaker-scikit-learn-2020-08-02-16-26-44-595",
    "log_level":20,
    "master_hostname":"algo-1",
    "model_dir":"/opt/ml/model",
    "module_dir":"s3://awsml-sagemaker-test-results/sagemaker-scikit-
learn-2020-08-02-16-26-44-595/source/sourcedir.tar.gz",
    "module_name":"sklearn-kmeans-training-script",
    "network_interface_name":"eth0",
    "num_cpus":4,
    "num_gpus":0,
    "output_data_dir":"/opt/ml/output/data",
```

```
      "output_dir":"/opt/ml/output",
      "output_intermediate_dir":"/opt/ml/output/intermediate",
      "resource_config":{
         "current_host":"algo-1",
         "hosts":[
            "algo-1"
         ],
         "network_interface_name":"eth0"
      },
      "user_entry_point":"sklearn-kmeans-training-script.py"
}
```

로그 메시지에서 파일이 참조한 `module_dir` 속성은 s3://awsml-sagemaker-test-results/sagemaker-scikit-learn-2020-08-02-16-26-44-595/source/sourcedir.tar.gz로 Python 훈련 스크립트에 지정한 sklearn-kmeans-model.joblib의 경로가 아니다. Amazon SageMaker가 훈련 작업 결과물을 tar.gz 형식으로 압축해서 Amazon S3에 업로드했기 때문이며 이 파일을 다운로드해 tar.gz 파일의 압축을 해제하면 sklearn-kmeans-model.joblib 파일을 확인할 수 있다.

노트북 셀 아래 메시지에 표시된 모델 위치나 작업 이름을 별도로 기록할 필요는 없으며, 생성된 훈련 작업은 AWS SageMaker 관리 콘솔(그림 15.16)에서 확인할 수 있다.

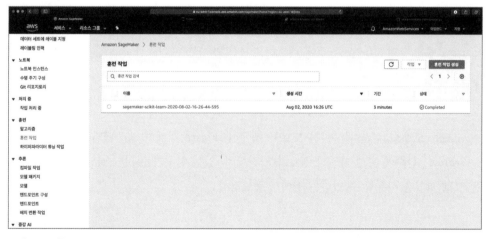

그림 15.16 훈련 작업 목록

이제 훈련이 끝난 모델을 하나 이상의 예측 인스턴스에 배포해 한 번에 하나의 예측을 수행하는 HTTPS API 엔드포인트를 생성하거나 전체 데이터셋에 예측을 수행하는 배치 변환^{batch transform}을 생성한다. 배치 변환은 여기서 다루지 않으며 다음 주소에서 자세한 정보를 확인할 수 있다.

https://docs.aws.amazon.com/sagemaker/latest/dg/ex1-batch-transform.html

AWS SageMaker Python SDK와 AWS 관리 콘솔을 이용해 예측 인스턴스에 모델을 배포할 수 있으며, 배포 방식과 상관없이 배포 과정은 먼저 엔드포인트 구성 객체^{endpoint configuration object}를 생성하고 이 객체를 사용해 배포된 모델에서 추론값을 가져올 수 있는 예측 인스턴스와 HTTPS 엔드포인트를 생성한다. 엔드포인트 구성은 모델 위치, 모델이 배포될 연산 인스턴스의 유형과 개수, 필요한 경우 인스턴스 확장을 위한 오토스케일링 정책에 관한 정보를 포함하고 있다.

고수준의 Amazon SageMaker Python SDK를 이용해 모델을 배포하는 경우에는 엔드포인트 구성, 연산 리소스 생성, 모델 배포, HTTPS 엔드포인트 생성을 쉽게 처리할 수 있는 함수를 사용해 쉽게 작업이 가능하다. 저수준의 AWS boto3 Python SDK를 사용하는 경우에는 각 단계를 순서대로 스스로 실행해야 하며, 예측 인스턴스는 추가적인 비용이 소요되고 예측 수행 후 자동으로 종료되지 않는 점에 유의하자.

sklearn-kmeans-iris-flowers 노트북의 빈 셀에 다음 코드를 입력해 훈련을 마친 Scikit-learn 모델을 단일 ML 인스턴스에 배포하고 HTTPS 엔드포인트를 생성하자.[1]

```
# 예측 인스턴스 생성
predictor = sklearn.deploy(initial_instance_count=1, instance_type="ml.m4.xlarge")
```

이 코드는 모델을 훈련시킨 이전 노트북 셀에서 sklearn 객체가 생성됐다고 가정한다. 이는 deploy() 함수에 모델 파일의 경로를 지정할 수 있는 인수가 없지만, sklearn 객체 내 모든 모델 파일을 사용할 수 있다는 점에서 중요하다.

---

1 instance_type에 지정한 인스턴스 허용 수량이 적어 다음 코드가 실행되지 않을 수도 있다. 이러한 경우 https://console.aws.amazon.com/servicequotas/에 접속해 해당 인스턴스 추가 허용을 요청해야 한다. – 옮긴이

코드를 실행한 후 Amazon SageMaker가 엔드포인트 구성, 연산 인스턴스 생성, 모델 배포, HTTP 엔드포인트 생성 작업을 완료하는 데 몇 분 정도가 소요되며, 노트북 셀 아래 로그 메시지에서 작업 상태를 확인할 수 있다.[2]

```
INFO:sagemaker:Creating model with name: sagemaker-scikit-learn-2020-08-02-16-26-44-595
INFO:sagemaker:Creating endpoint with name sagemaker-scikit-
learn-2020-08-02-16-26-44-595
```

배포된 모델은 AWS SageMaker 관리 콘솔(그림 15.17)에서 확인할 수 있다.

그림 15.17 배포된 모델

예측 엔드포인트가 생성되면 deploy() 함수는 HTTPS 엔드포인트에서 예측하는 데 편리하게 사용할 수 있는 predict()라는 함수를 제공해주는 SKLearnPredictor 클래스의 객체를 반환한다. 예측 엔드포인트는 AWS Signature V4 자격 인증을 통해 안전하게 인터넷에 연결된다. AWS CLI나 Postman, AWS SDK와 같은 다양한 방법으로 엔드포인트에 연결할

---

2   로그 메시지의 형태는 SDK 버전에 따라 다르게 나타날 수 있다. – 옮긴이

수 있으며, AWS CLI나 AWS SDK를 사용하는 경우 인증 과정은 뒤에서 처리된다. AWS Signature V3에 관한 자세한 정보는 다음 주소에서 확인할 수 있다.

https://docs.aws.amazon.com/AmazonS3/latest/API/sig-v4-authenticating-requests.html

만약 예측 엔드포인트를 사용자에게 서비스 형식으로 제공하고자 한다면 Amazon API Gateway 인스턴스에 엔드포인트를 생성하고 서비스 요청을 받았을 때 API Gateway가 AWS Lambda 함수를 실행하도록 설정한다. AWS Lambda 함수는 프로그래밍 언어 SDK를 사용해 예측 엔드포인트와 상호작용할 수 있으며 이러한 방식은 클라이언트가 AWS Signature V4 자격 증명에 관해 신경 쓰지 않아도 된다. API Gateway가 인증 정보 관리 credential management, 인증 정보 변경credential rotation, OIDC 지원, API 버전 관리, 사용량 관리와 같은 상용 API 서비스를 관리하는 데 필요한 중요한 기능을 제공한다는 장점이 있다.

노트북 인스턴스에서 AWS SageMaker Python SDK를 사용하는 경우 SKLearnPredictor 인스턴스의 predict() 함수를 사용해 단일 예측을 수행할 수 있다. 이때 배경에서는 predict() 함수가 노트북과 관련된 IAM 역할의 임시 자격 증명을 사용해 예측 엔드포인트를 인증한다. 다음 코드를 노트북의 빈 셀에서 실행해 predict() 함수로 iris_test.csv 파일에 저장된 데이터셋에 예측을 수행한다.

```python
# Amazon S3 iris_test.csv를 불러와 피처와 목적변수로 분리
import boto3
import sagemaker
import io

import pandas as pd
import numpy as np

# Amazon S3 훈련 데이터와 검증 데이터셋 불러오기
s3_client = boto3.client('s3')
s3_bucket_name='awsml-sagemaker-test-source'

response = s3_client.get_object(Bucket='awsml-sagemaker-test-source', Key='iris_test.csv')
response_body = response["Body"].read()
```

```
df_iris_test = pd.read_csv(io.BytesIO(response_body), header=0, index_col=False,
delimiter=",", low_memory=False)

# 문자열 목적변수 'species'를 정수형으로 변환
from sklearn.preprocessing import LabelEncoder
labelEncoder = LabelEncoder()
labelEncoder.fit(df_iris_test['species'])
df_iris_test['species'] = labelEncoder.transform(df_iris_test['species'])

# 검증 데이터셋을 피처와 목적변수로 분리
# 데이터셋의 첫 번째 열이 목적변수라 가정
df_iris_features_test= df_iris_test.iloc[:,1:]
df_iris_target_test = df_iris_test.iloc[:,0]

# 예측 인스턴스를 사용해 예측 실행
predictions = predictor.predict(df_iris_features_test.values)
```

다음과 같이 Python의 print() 함수로 예측값을 확인할 수 있다.

```
print (predictions)


[1 2 0 2 2 2 2 0 2 2 0 1 2 1 0 1 1 0 0 0 2 1 2 2 2 2 2 2 1 2 1 2 1 1 2 2 2
 0]
```

다시 AWS SageMaker Python SDK가 제공하는 고수준 인터페이스를 사용해 예측 인스턴스와 HTTPS 엔드포인트를 종료시킨다. 노트북의 빈 셀에서 다음 코드를 실행해 예측 엔드포인트를 비활성화시킨 후 종료한다.

```
predictor.delete_endpoint()

INFO:sagemaker:Deleting endpoint with name: sagemaker-scikit-
learn-2020-08-02-16-26-44-595
```

AWS SageMaker 관리 콘솔을 이용해 예측 엔드포인트를 활성화, 비활성화, 종료할 수 있으며, 예측 구성으로부터 새로운 예측 엔드포인트를 생성할 수도 있다.

훈련 전용 인스턴스에서 기본 제공 알고리즘 모델 훈련하기

위에서는 Scikit-learn 기반 k-평균 분류기를 생성해 노트북 인스턴스와 훈련 전용 인스턴스에서 훈련하는 방법을 배웠다. 여기서는 노트북 인스턴스를 사용해 Amazon SageMaker가 기본으로 제공하는 k-평균 알고리즘을 사용해 Iris 데이터셋에서 k-평균 분류기를 훈련시킨다. Amazon SageMaker는 k-평균 알고리즘과 같이 다양한 인기 있는 머신러닝 알고리즘을 클라우드에 최적화해 제공한다. 기본으로 제공되는 알고리즘으로 모델을 훈련시키는 과정은 전용 Scikit-learn 인스턴스에서 모델을 훈련시키는 것보다 쉽진 않지만 거의 유사하다. Amazon SageMaker는 내장 기본 알고리즘을 위한 도커 이미지를 제공하는데, 이러한 알고리즘별 도커 이미지는 모델을 배포하지 않아도 된다는 점을 제외하고는 일반적인 Scikit-learn 도커 이미지와 매우 비슷하다. 명령줄 인수에서 데이터위치와 하이퍼파라미터와 같은 표준 입력을 받아들일 수 있도록 코드가 이미 이미지에 사전 구성돼 제공된다.

알고리즘별 도커 이미지의 일반적인 경로 형식은 다음과 같다.

```
<ecr_path>/<algorithm>:<tag>
```

ecr_path 부분은 훈련 인스턴스를 생성할 리전의 Amazon ECR 도커 레지스트리 경로를 의미하며, algorithm 부분은 알고리즘 구분자이고, tag 부분은 도커 이미지의 버전을 나타낸다. 전체 알고리즘별 도커 이미지는 다음 주소에서 확인할 수 있다.

https://docs.aws.amazon.com/sagemaker/latest/dg/sagemaker-algo-docker-registry-paths.html

책을 번역하는 시점에 eu-west-1 리전의 기본 제공 k-평균 분류기를 포함한 도커 이미지 최신 버전의 경로는 632365934929.dkr.ecr.us-west-1.amazonaws.com/kmeans:latest이다. 리전마다 사용 가능한 알고리즘이 다르다는 점에 주의하자.

노트북 인스턴스에서 AWS SageMaker Python SDK의 고수준 인터페이스를 사용하는 경우 도커 이미지의 경로를 명시적으로 지정하지 않아도 되지만, 저수준 클래스 일부를 사용하거나 AWS boto3 SDK를 사용하는 경우 이미지 경로를 지정해야 한다. 여기서는 저수준의 Estimator 클래스나 boto3 SDK 사용법은 다루지 않으며, 만약 저수준 SDK로 내장 알고리즘 모델을 훈련하고자 한다면 다음 주소를 참고하자.

https://docs.aws.amazon.com/sagemaker/latest/dg/ex1-train-model.html

지금부터는 AWS SageMaker Python SDK의 고수준 인터페이스로 노트북 인스턴스에서 기본 제공 알고리즘 훈련 작업을 생성한다. kmeans-iris-flowers 노트북 인스턴스를 실행하고, conda_python3 커널을 이용해 새로운 Jupyter Notebook 파일을 노트북 인스턴스에 생성한다. 노트북의 타이틀을 kmeans-iris-flowers로 변경하고 노트북의 빈 셀에 다음 코드를 입력한다.

```
import sagemaker
import boto3
import io
import pandas as pd
import numpy as np

# 노트북 인스턴스가 사용할 SageMaker용 역할 얻기
role = sagemaker.get_execution_role()

# SageMaker API와 작동하는 SageMaker 세션 객체 얻기
sagemaker_session = sagemaker.Session()

# 전용 인스턴스의 Scikit-learn KMeans 분류기
# hyperparameter n_clusters = 3
from sagemaker import KMeans

input_location = 's3://awsml-sagemaker-test-source/iris-train.csv'
output_location = 's3://awsml-sagemaker-test-results'

kmeans_estimator = KMeans(role=role,
                train_instance_count=1,
                train_instance_type='ml.m4.xlarge',
                output_path=output_location,
                k=3)


# Amazon S3에서 훈련 데이터와 검증 데이터 불러오기
```

```
s3_client = boto3.client('s3')
s3_bucket_name='awsml-sagemaker-test-source'

response = s3_client.get_object(Bucket='awsml-sagemaker-test-source', Key='iris_train.
csv')
response_body = response["Body"].read()
df_iris_train = pd.read_csv(io.BytesIO(response_body), header=0, delimiter=",", low_
memory=False)

response = s3_client.get_object(Bucket='awsml-sagemaker-test-source', Key='iris_test.
csv')
response_body = response["Body"].read()
df_iris_test = pd.read_csv(io.BytesIO(response_body), header=0, index_col=False,
delimiter=",", low_memory=False)

# 목적변수 'species'를 문자열에서 정수형으로 변환
from sklearn.preprocessing import LabelEncoder
labelEncoder = LabelEncoder()
labelEncoder.fit(df_iris_train['species'])
labelEncoder.fit(df_iris_test['species'])
df_iris_train['species'] = labelEncoder.transform(df_iris_train['species'])
df_iris_test['species'] = labelEncoder.transform(df_iris_test['species'])

# 훈련 데이터와 검증 데이터용으로 피처와 목적변수를 각각 분리
#
# 데이터셋의 첫 열이 목적변수라고 가정
#
# k-means는 레이블된 훈련 데이터가 필요 없으므로
# df_iris_target_train은 사용하지 않음

df_iris_features_train= df_iris_train.iloc[:,1:]
df_iris_target_train = df_iris_train.iloc[:,0]

df_iris_features_test= df_iris_test.iloc[:,1:]
df_iris_target_test = df_iris_test.iloc[:,0]


# 훈련 작업 생성
train_data = df_iris_features_train.values.astype('float32')
record_set = kmeans_estimator.record_set(train_data)
kmeans_estimator.fit(record_set)
```

노트북 셀에 코드를 실행하면 SageMaker가 k-평균 알고리즘 코드를 포함한 기본 도커 이미지로부터 전용 ml.m4.xlarge EC2를 생성하고 모델 훈련을 시작한다. 모델 훈련에는 몇 분 정도 소요되며 훈련 중간에 노트북 셀 아래에 로그 메시지가 나타난다(그림 15.18). 모델 훈련이 끝나고 나면, Amazon SageMaker가 훈련을 마친 모델을 awsml-sagemaker-test-results S3 버킷에 저장하고 훈련 인스턴스를 종료시킨다.

그림 15.18 SageMaker 노트북 인스턴스 기본 제공 알고리즘으로 모델 훈련

코드의 주요 부분을 살펴보자. 먼저 다음 구문은 노트북 인스턴스와 연관된 IAM 역할에 접근하는 것으로 시작한다.

```
role = sagemaker.get_execution_role()
```

다음으로 IAM 역할, 훈련 인스턴스 유형, 인스턴스 수, 결과 저장 위치, 클러스터 수를 지정해 KMeans 클래스를 인스턴스화한다.

```
kmeans_estimator = KMeans(role=role,
            train_instance_count=1,
            train_instance_type='ml.m4.xlarge',
            output_path=output_location,
            k=3)
```

KMeans 클래스는 AWS SageMaker Python SDK의 일부분으로 고수준의 인터페이스를 제공해 기본 제공 k-평균 알고리즘으로 훈련 작업을 생성한다. KMeans 클래스에 관한 자세한 내용은 다음 주소에서 확인할 수 있다.

https://sagemaker.readthedocs.io/en/stable/kmeans.html

다음으로 awsml-sagemaker-test-source S3 버킷의 iris_train.csv 파일과 iris_test.csv 파일에서 훈련 데이터와 테스트 데이터를 Pandas 데이터프레임으로 불러와 범주형 목적변수 species를 숫자로 변환한다.

```
# Amazon S3에서 훈련 데이터와 검증 데이터 불러오기
s3_client = boto3.client('s3')
s3_bucket_name='awsml-sagemaker-test-source'

response = s3_client.get_object(Bucket='awsml-sagemaker-test-source', Key='iris_train.
csv')
response_body = response["Body"].read()
df_iris_train = pd.read_csv(io.BytesIO(response_body), header=0, delimiter=",", low_
memory=False)

response = s3_client.get_object(Bucket='awsml-sagemaker-test-source', Key='iris_test.
csv')
response_body = response["Body"].read()
df_iris_test = pd.read_csv(io.BytesIO(response_body), header=0, index_col=False,
delimiter=",", low_memory=False)

# 목적변수 'species'를 문자열에서 정수형으로 변환
from sklearn.preprocessing import LabelEncoder
labelEncoder = LabelEncoder()
labelEncoder.fit(df_iris_train['species'])
labelEncoder.fit(df_iris_test['species'])
df_iris_train['species'] = labelEncoder.transform(df_iris_train['species'])
df_iris_test['species'] = labelEncoder.transform(df_iris_test['species'])
```

훈련 작업은 KMeans 인스턴스의 fit() 메서드를 호출해 생성할 수 있으나, Amazon Sage Maker는 protobuf recordIO 포맷에 훈련 데이터를 지정해 구현하는 방식을 선호한다. protobuf recordIO 포맷에 관한 자세한 정보는 다음 주소에서 확인할 수 있다.

https://docs.aws.amazon.com/sagemaker/latest/dg/cdf-training.html

다음 코드는 훈련 데이터셋을 피처와 목적 레이블 2개의 데이터프레임으로 나누어 저장한다. 피처 데이터프레임은 NumPy 배열로 변환된 후 다시 protobuf recordIO 버퍼로 변환돼 fit() 메서드를 통해 모델 훈련 작업의 입력값으로 사용된다.

```
df_iris_features_train= df_iris_train.iloc[:,1:]
df_iris_target_train = df_iris_train.iloc[:,0]

df_iris_features_test= df_iris_test.iloc[:,1:]
df_iris_target_test = df_iris_test.iloc[:,0]

# 훈련 작업 생성
train_data = df_iris_features_train.values.astype('float32')
record_set = kmeans_estimator.record_set(train_data)
kmeans_estimator.fit(record_set)
```

KMeans 클래스는 추정자estimator 클래스로 EstimatorBase라는 기본 클래스를 상속받는다. AWS SageMaker Python SDK는 SageMaker가 지원하는 다양한 내장 알고리즘에 해당하는 EstimatorBase 하위 클래스를 포함한다. 또한 SDK에는 어떤 모든 기본 내장 알고리즘을 사용해 모델을 훈련시킬 수 있는 Estimator라는 하위 클래스가 있으며, 이 클래스는 특정 도커 이미지를 선택할 수 있는 저수준의 권한을 제공한다. Estimator 클래스에 관한 자세한 정보는 다음 주소에서 확인할 수 있다.

https://sagemaker.readthedocs.io/en/stable/estimators.html#sagemaker.estimator.EstimatorBase

모델 훈련 과정을 마친 후 다음 코드를 노트북 빈 셀에서 실행해 모델을 예측 인스턴스에 배포하고, 예측 작업에 사용할 HTTPS 엔드포인트를 생성한다.

```
# 모델을 예측 인스턴스에 배포 후 예측 엔드포인트 생성
predictor = kmeans_estimator.deploy(initial_instance_count=1, instance_type="ml.
m4.xlarge")
```

모델 배포에는 몇 분 정도가 소요되며, 배포가 완료되면 Iris 테스트 데이터셋에 예측을 수행할 수 있다.

```
test_data = df_iris_features_test.values.astype('float32')

predictions = predictor.predict(test_data)
print (predictions)
```

테스트 데이터의 각 행에 관한 예측 결과는 클러스터 레이블 값과 클러스터 중심으로부터의 거리 정보를 포함한 JSON 객체로 반환된다.

```
label {
  key: "closest_cluster"
  value {
    float32_tensor {
      values: 0.0
    }
  }
}
label {
  key: "distance_to_cluster"
  value {
    float32_tensor {
      values: 0.33853915333747864
    }
  }
}
```

마지막으로 다음 코드를 이용해 예측 인스턴스와 HTTPS 엔드포인트를 종료한다.

```
# 예측 인스턴스와 HTTPS 엔드포인트 종료
kmeans_estimator.delete_endpoint()
```

> **노트** 예제 소스 코드는 Wiley 출판사 홈페이지와 깃허브에서 다운로드할 수 있다.
>
> • 출판사: http://www.wiley.com/go/machinelearningawscloud
> • 깃허브: https://github.com/asmtechnology/awsmlbook-chapter16.git

요약

- Amazon SageMaker는 Python 코드를 이용해 데이터 탐색, 피처 엔지니어링, AWS 클라우드 인프라상에서 머신러닝 모델 훈련 기능을 제공하는 관리형 웹 서비스다.

- Amazon SageMaker는 XGBoost, FM$^{\text{Factorization Machines}}$, PCA와 같은 다양한 클라우드 기반 머신러닝 알고리즘을 제공한다.

- Amazon SageMaker는 Scikit-learn, Google TensorFlow, Apache MXNe와 같은 유명한 프레임워크를 기반으로 사용자가 알고리즘을 생성할 수 있는 기능도 제공한다.

- Amazon SageMaker Python SDK는 Python 고수준의 Python 객체지향 인터페이스를 제공한다.

- Amazon SageMaker 노트북 인스턴스는 Jupyter Notebook 서버와 여러 Python 라이브러리가 사전에 구성된 사용자 계정 내 EC2 인스턴스다.

- 훈련 작업은 모델을 구축하는 코드를 포함하고 훈련 데이터를 S3에서 불러와 훈련 데이터에 모델 빌딩 코드를 실행하고 훈련된 모델을 Amazon S3에 저장하는 작업을 수행하는 전용 연산 인스턴스를 AWS 클라우드에 생성한다.

- 훈련 작업을 마친 후 훈련 작업에 사용된 연산 인스턴스는 자동으로 종료된다.

- 서비스 환경^{production}에 모델을 배포하는 작업은 하나 이상의 연산 인스턴스를 생성하고, 연산 인스턴스에 모델을 배포하고 배포한 모델을 사용해 예측을 수행하는 데 사용되는 API를 제공하는 작업을 포함한다.

- 예측 인스턴스는 자동으로 종료되지 않는다.

- 엔드포인트 구성은 훈련된 머신러닝 모델의 위치와 연산 인스턴스의 유형 및 오토 스케일링 정책 정보를 포함한다.

- 예측 엔드포인트는 배포된 모델로 단일 예측을 수행하는 데 사용되는 HTTPS REST API 엔드포인트이며, HTTP 엔드포인트는 AWS Signature V4 자격인증으로 암호화된다.

- 전체 데이터셋에 예측을 수행하기 위해서는 Amazon SageMaker Batch 변환을 이용해 훈련된 모델에 배치 예측 작업을 생성해야 한다.

Amazon SageMaker에서 TensorFlow 사용하기

16장에서 다루는 내용은 다음과 같다.

- Google TensorFlow 소개
- Google TensorFlow로 선형회귀 모델 생성
- 인공 신경망 소개
- Google TensorFlow 추정기 API로 인공 신경망 분류기 생성
- Amazon SageMaker 기본 제공 알고리즘
- Amazon SageMaker에서 Google TensorFlow 모델 훈련 및 배포

15장에서는 Amazon SageMaker를 이용해 Amazon SageMaker가 기본으로 제공하는 알고리즘 및 Scikit-learn으로 생성한 머신러닝 모델 구축하고 배포하는 방법을 배웠다. 16장에서는 Google TensorFlow를 이용해 모델을 생성하고 Amazon SageMaker에서 훈련과 배포 방법을 배워본다.

> **노트** Amazon SageMaker는 AWS 프리 티어로 계정을 생성한 후 2개월 동안만 무료로 사용 가능하며, 그 이후에는 비용이 청구됨을 유의하자.

---

* Amazon Machine Learning이 더 이상 서비스되지 않기에 번역서에서는 원서의 15장을 삭제하고 17장을 16장으로 번역했다. 따라서 번역서의 16장 예제는 원서 17장 예제를 사용한다. - 옮긴이

Google TensorFlow 소개[1]

Google TensorFlow는 Google에서 제작한 머신러닝 라이브러리이다. 처음에는 Google Brain에서 내부 사용을 목적으로 개발했으나 2015년 11월 Apache 오픈소스 라이선스로 공개됐다. TensorFlow는 노드^{node}와 잎^{leaves}으로 구성된 트리 구조의 연산 그래프^{computation} ^{graph}로 모델을 구축한다. 그래프의 노드는 수학 연산 또는 함수를 나타내며 잎 노드는 연산의 입력을 의미한다. 그래프 연산을 위한 데이터는 텐서^{tensor}라고 부르는 n-차원 행렬로, 벡터 혹은 행렬의 일반적인 형태로 생각할 수 있다.

연산 노드$^{operation\ node}$는 op 노드라고도 한다. 일반적으로 텐서를 입력으로 사용하고 연산 결과를 텐서로 반환하지만 일부 연산 노드는 아무런 값도 반환하지 않는다. 일반적으로 출력을 반환하지 않는 노드는 그래프의 위치에 상관없이 모든 변수를 초기화하는 것과 같은 방식으로 그래프의 전체 데이터를 수정한다.

잎 노드는 다음과 같은 3가지 종류가 있다.

- **상수**^{constant}: 상수 텐서라 부르는 잎 노드 상수는 할당 후 변경할 수 없는 텐서다. 상수 텐서는 파이썬 함수 `tf.constant()`로 생성하며 자세한 내용은 다음 주소에서 확인할 수 있다.

  https://www.tensorflow.org/versions/r1.15/api_docs/python/tf/constant

---

1   이 책에서는 TensorFlow 1.x 버전으로 설명한다. – 옮긴이

- **변수**variable: 변수 텐서라고도 부르는 잎 노드 변수는 프로그램을 실행할 때 변경할 수 있는 텐서로 머신러닝 모델을 생성할 때 가중치, 바이어스bias와 같은 매개변수를 변수 텐서로 나타낸다. 변수 텐서는 `tf.Variable` 클래스의 인스턴스로 클래스 생성자나 `tf._get_variable()` 함수로 만들 수 있다. 자세한 내용은 다음 주소에서 확인할 수 있다.

  https://www.tensorflow.org/versions/r1.15/api_docs/python/tf/Variable

- **플레이스홀더**placeholder: 플레이스홀더 텐서는 그래프를 평가할 때 그래프에 입력하는 특수한 노드다. 텐서를 위한 플레이스홀더는 일반적으로 훈련 데이터와 레이블을 입력할 때 사용되며, `tf.placeholder()` 함수로 생성한다. 자세한 정보는 다음 주소에서 확인할 수 있다.

  https://www.tensorflow.org/versions/r1.15/api_docs/python/tf/placeholder

TensorFlow 프로그램 실행 과정은 세션session이라는 객체의 연산 그래프를 평가하는 과정이라고 할 수 있다. 세션에서 그래프를 평가하는데, 평가 과정에서 입력 데이터tensors는 그래프의 입력 노드로 공급돼 그래프를 통해 루트 노드를 향해 흘러가게flow 되므로 TensorFlow라는 이름을 갖게 됐다. TensorFlow 세션은 연산 그래프를 실행 가능한 코드로 변환해 CPU 혹은 GPU에서 실행한다. 상수, 변수, 플레이스홀더의 범위는 세션 범위 안으로 제한되며 다른 연산 그래프를 갖는 여러 세션을 만들 수 있다.

이러한 그래프 기반 접근 방식은 단순한 연산 문제에는 너무 복잡한 과정으로 보일 수 있으나, 해결하려는 문제가 인공 신경망과 같이 본질적으로 그래프 기반인 경우 매우 유용하다. TensorFlow는 일반적으로 분류 및 회귀 문제를 위한 인공 신경망 모델을 만드는 데 사용되며 여기서는 인공 신경망에 관한 작동 원리를 이해할 수 있도록 일반적인 내용을 설명한다.

인공 신경망ANN, Artificial Neural Network은 1943년 워렌 맥컬로치Warren McCulloch와 월터 피츠Walter Pitts가 개발한 연산 도구로 생물학적 신경망에서 영감을 받아 만들었다. 그림 16.1은 매우 단순한 인공 신경망을 보여준다.

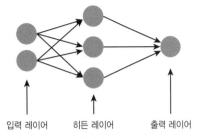

입력 레이어   히든 레이어   출력 레이어

그림 16.1 인공 신경망 구조

ANN은 뉴런^{neuron}이라는 단위로 이뤄진 층^{layer}으로 구성되며, 레이어에는 다음과 같이 3가지 종류가 있다.

- **입력 레이어**$^{input layer}$: 연산에 사용되는 입력값을 받아들이는 레이어로, 인공 신경망에는 오직 1개의 입력 레이어만 존재한다.
- **출력 레이어**$^{output layer}$: 연산 결과를 출력하는 레이어로, 해결하고자 하는 문제의 유형에 따라 1개 이상의 뉴런으로 구성된다.
- **히든 레이어**$^{hidden layer}$: 입력 레이어와 출력 레이어 사이에 있는 레이어로, 입력 레이어의 뉴런은 히든 레이어와 연결되고 히든 레이어의 뉴런은 출력 레이어와 연결된다. 한 레이어의 각 뉴런이 이전 레이어의 모든 레이어와 연결돼 있을 때 완전 연결 네트워크$^{fully connected network}$라고 한다. 매우 단순한 신경망의 경우 히든 레이어가 필요하지 않으며, 딥러닝 네트워크와 같이 복잡한 신경망은 많은 수의 뉴런을 갖는 여러 개의 히든 레이어를 갖는다.

뉴런 사이의 연결에는 가중치 값이 있으며 이 가중치는 원래 연결된 뉴런의 값에 곱해지게 된다. 각각의 뉴런은 입력값의 합을 계산해 비선형 활성화 함수$^{non-linear activation function}$를 통해 합을 전달하는 방식으로 작동한다. 뉴런의 출력값은 활성화 함수의 결괏값으로 그림 16.2는 2개의 입력과 1개의 출력을 갖는 단순한 신경망을 보여준다.

$$output = f(w_1 x_1 + w_2 x_2)$$

그림 16.2 단순한 신경망

x_1, x_2가 입력 레이어의 뉴런에 입력된 값이고, w_1, w_2가 입력 레이어와 출력 레이어 사이의 연결 가중치이며, $f()$가 출력 레이어 뉴런의 활성화 함수라고 한다면 그림 16.2의 신경망의 출력값은 $f(w_1\,x_1 + w_2\,x_2)$와 같다.

각각의 장단점을 갖고 있는 여러 활성화 함수가 존재하며, 활성화 함수를 사용해 네트워크가 단 하나의 큰 선형 모델이 되는 것을 막아준다. 신경망이 초기화되는 과정에서 가중치는 임의의 값으로 설정되고, 신경망 훈련 과정에서 이 가중치를 찾게 된다.

TensorFlow Python API는 그림 16.3과 같이 여러 개의 레이어로 구성된다. 그 가운데 최고점의 레이어를 에스티메이터 API$^{Estimators\ API}$라고 한다. 에스티메이터 레이어의 객체는 단일 Python 구문으로 신경망 전체를 생성할 수 있는 기능을 제공한다.

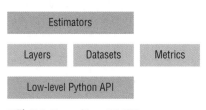

그림 16.3 TensorFlow API 구조

또한 에스티메이터 레이어는 신경망을 훈련시킬 수 있는 프레임워크도 제공한다. 중간 레이어들$^{intermediate\ layers}$은 Layers, Datasets, Metrics API로 구성된다. Layers API는 신경망 수준에서 동작하며 서로 다른 유형의 레이어를 조합해 복잡한 형태의 신경망을 구성한다. 가장 낮은 수준의 레이어는 저수준 Python 클래스와 `tf.Variable`, `tf.placeholder`, `tf.constant`와 같은 개별 그래프 노드 수준에서 동작하는 함수들로 구성된다. 예제에서는 저수준 Python API를 이용해 간단한 선형회귀 모델을 처음부터 만들어본다. 그 후 에스티메이터 API를 사용해 DNN$^{Dense\ Neural\ Network}$이라는 특별한 형태의 신경망을 만들어 분류 작업에 사용한다. TensorFlow API에 관한 정보는 다음 주소에서 확인할 수 있다.

https://www.tensorflow.org/guide

Google TensorFlow로 선형회귀 모델 생성

이번 예제에서는 TensorFlow가 제공하는 저수준 Python API를 이용해 Amazon Sage Maker 노트북 인스턴스에서 Scikit-learn에 포함된 보스턴 주택 가격 데이터셋을 이용해 선형회귀 모델을 학습시킨다. 보스턴 주택 데이터셋에 관한 정보는 다음 주소에서 확인할 수 있으며, 실습 예제 파일에 데이터셋이 포함돼 있다. 보스턴 주택 가격 데이터셋 사본이 실습 예제파일에 함께 제공되며, 데이터셋에 관한 자세한 정보는 다음 주소에서 확인할 수 있다.

https://scikit-learn.org/stable/datasets/index.html#datasets

Google TensorFlow의 사용 방법을 쉽게 설명하기 위해 먼저 데이터셋의 여러 피처 중 하나의 피처만을 선형회귀 모델로 학습시키고, 이어 나머지 피처에서 동작할 수 있도록 수정할 것이다.

실습을 위해 개발용 IAM 사용자 계정 전용 주소로 AWS 관리 콘솔에 로그인 후 Amazon S3 관리 콘솔을 통해 awsml-sagemaker-test-source 버킷으로 이동한다(그림 16.4).

그림 16.4 훈련/테스트 데이터를 포함한 Amazon S3 버킷 접속

만약 아직 `awsml-sagemaker-test-source` 버킷을 생성하지 않았다면, 15장의 '훈련 데이터와 테스트 데이터 준비하기' 절을 참고해 생성한다. 실습 예제 파일의 datasets/boston_dataset 폴더에 첨부된 boston_train.csv 파일과 boston_test.csv 파일을 Amazon S3 버킷에 업로드한다(그림 16.5).

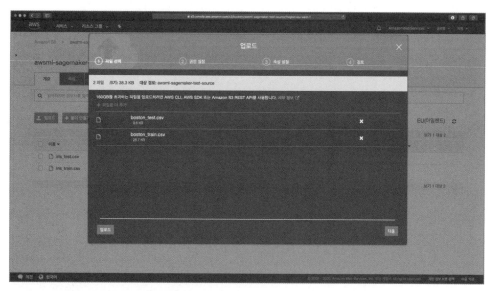

그림 16.5 Amazon S3 버킷에 훈련/테스트 데이터 업로드

훈련 데이터와 테스트 데이터로 나누는 방법은 5장을 참고하자. 실습 예제 파일에 포함된 PreparingTheBostonDataset.ipynb 파일은 로컬에서 boston_train.csv 파일과 boston_test.csv 파일을 생성하는 Python 코드를 포함한다.

Amazon S3 버킷에 파일을 업로드한 후 관리 콘솔의 서비스 메뉴를 통해 Amazon SageMaker 관리 콘솔로 이동해 `tensorflow-models`라는 이름의 새로운 ml.t2-medium 노트북 인스턴스를 생성한다. 이때 기본적으로 Amazon SageMaker는 15장에서 `kmeans-iris-flowers` 노트북을 생성할 때 사용한 IAM 역할을 사용한다.

tensorflow-models 노트북 인스턴스가 준비되면 Amazon SageMaker 관리 콘솔에서 상태가 'InService'로 변경된다(그림 16.6).

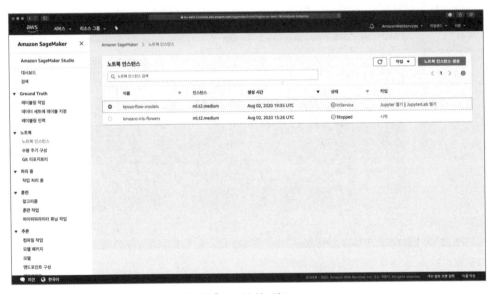

그림 16.6 Amazon SageMaker 관리 콘솔의 새로운 노트북 인스턴스

'Jupyter 열기'를 선택해 tensorflow-models 노트북 인스턴스에서 동작 중인 Jupyter Notebook 서버에 접속한 후 conda_tensorflow_p36 커널을 이용해 TF_SingleFeatureRegression_SGD라는 새로운 노트북을 생성한다. 노트북의 빈 셀에 다음 다음 코드를 실행해 Amazon S3 버킷에서 boston_train.csv 파일과 boston_test.csv 파일을 불러와 Pandas 데이터프레임으로 변환 후 피처 변수와 목적변수를 각각의 데이터프레임에 저장한다.

```
import boto3
import sagemaker
import io

import pandas as pd
import numpy as np

# Amazon S3에서 데이터 불러오기
s3_client = boto3.client('s3')
s3_bucket_name='awsml-sagemaker-test-source'

response = s3_client.get_object(Bucket='awsml-sagemaker-test-source', Key='boston_train.
csv')
response_body = response["Body"].read()
df_boston_train = pd.read_csv(io.BytesIO(response_body), header=0, delimiter=",", low_
memory=False)

response = s3_client.get_object(Bucket='awsml-sagemaker-test-source', Key='boston_test.
csv')
response_body = response["Body"].read()
df_boston_test = pd.read_csv(io.BytesIO(response_body), header=0, index_col=False,
delimiter=",", low_memory=False)

# 피처변수와 목적변수로 구분해 저장하기
df_boston_train_target = df_boston_train.loc[:,['price']]
df_boston_train_features = df_boston_train.drop(['price'], axis=1)

df_boston_test_target = df_boston_test.loc[:,['price']]
df_boston_test_features = df_boston_test.drop(['price'], axis=1)
```

df_boston_train 데이터셋은 14개의 열을 갖고 있으며, 첫 번째 열은 price로 목적변수이고 나머지 13개의 열은 피처변수이며, 변수에 관한 자세한 설명은 다음 주소에서 확인할 수 있다.

https://scikit-learn.org/stable/datasets/index.html#datasets

이제 df_boston_train 데이터프레임의 첫 5개 행을 head() 메서드로 확인하자(그림 16.7).

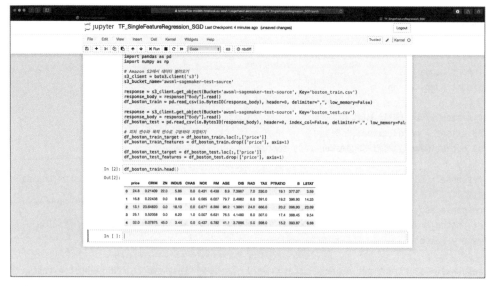

그림 16.7 보스턴 주택 데이터셋의 첫 5행 확인하기

이제 저수준 TensorFlow Python API를 이용해 단일 피처변수로부터 주택 가격 목적변수의 값을 예측하는 선형회귀 모델을 만들어본다. 전체 실행 코드는 뒤에서 확인할 수 있으며, 여기서는 먼저 저수준 TensorFlow API를 이용해 모델을 생성하고 훈련시키는 과정을 살펴보자.

어떤 변수를 사용해도 상관없으나 코드에서는 1인당 범죄 비율을 나타내는 데이터셋의 첫 번째 피처 CRIM을 사용한다고 가정한다. 4장에서 선형회귀 모델을 이용해 훈련 데이터셋의 데이터 포인트에 적합한 직선이나 초평면을 찾아 이를 이용해 미래값을 예측하는 과정을 떠올려보자. N개의 피처에 관한 일반적인 선형회귀 모델 식은 다음과 같다.

$$Y = w_1X_1 + w_2X_2 + \cdots + w_nX_n + c$$

단, w_1, w_2, $\cdots$, w_n은 각각 피처 X_1, X_2, $\cdots$, X_n에 관한 계수이다.

Y는 예측값(목적값)이다.

X_i는 입력 피처이다.

c는 바이어스 혹은 절편을 나타내는 상수이다.

여기서는 단일 피처를 이용해 모델을 생성하기 때문에 이 식을 다음과 같이 정리할 수 있다.

$$Y = w_1 X_1 + c$$

모델의 훈련 과정은 가장 좋은 예측 결과를 보일 수 있는 w_1과 c값을 찾는 것으로, 여기서 예측 성능은 그림 16.8에 설명된 MSE$^{\text{mean squared error}}$를 사용한다.

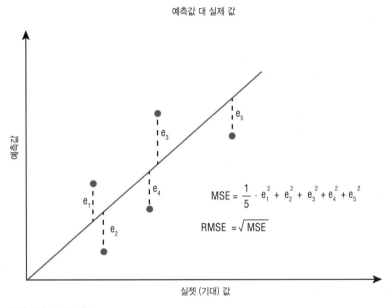

그림 16.8 MSE 지표

TensorFlow로 모델을 생성하는 과정은 연산 그래프라는 트리 구조를 정의하는 과정을 포함하며, 모델 훈련 과정은 세션을 통해 연산 그래프의 루트 노드를 평가하고 그래프에 훈련 데이터를 입력해주는 과정을 통해 진행된다. 이제 연산 그래프를 정의해보자.

여기서는 단일 피처를 이용해 목적변숫값을 예측하는 선형회귀 모델을 만들기 때문에 모델 훈련 과정에 TensorFlow 그래프에 2개의 값을 입력해야 한다. 첫 번째 값은 x1이라는 배열값으로 df_bosston_train_features 데이터셋의 CRIM 열의 값을 포함한다. 모델 훈련 과정에 입력되는 두 번째 값은 y_actual이라는 배열값으로 df_boston_train_target 데이터셋의 price 열의 값을 포함한다. price 열의 값은 모델을 사용해 예측하고자 하는 값이지만 모델 훈련 과정에서는 CRIM값과 price값 모두를 입력해 최적의 w_1과 c값을 계산하게 된다.

런타임에 연산 그래프에 값을 입력할 때 tf.placeholder() 함수로 플레이스홀더 노드를 만들어 사용한다. 다음 코드는 x1과 y_actual이라는 두 개의 플레이스홀더 노드를 만들고 기본 연산 그래프에 추가한다.

```
import tensorflow as tf
tf.reset_default_graph()

x1 = tf.placeholder(tf.float32, [None, 1], name="x1")
y_actual = tf.placeholder(tf.float32, [None, 1], name="y_actual")
```

> **노트** Python 프로젝트에서 TensorFlow의 일반적인 약칭은 tf로, 다음과 같이 불러올 수 있다.
>
> ```
> import tensorflow as tf
> ```
>
> TensorFlow의 일반적인 역할은 기본 연산 그래프에 노드를 생성해서 추가하는 것으로, 추가적인 그래프를 생성하고 여기에 노드를 추가할 수도 있다.
>
> tf.reset_default_graph() 구문은 기본 연산 그래프의 모든 노드를 삭제하는 데 사용된다.

TensorFlow는 세션에서 연산 그래프를 실행가 실행될 때 모든 플레이스홀더 노드에 값이 입력돼 있을 것으로 기대하는데, 이에 관해서는 잠시 후 살펴본다. 연산 그래프를 통해 흘러가는 모든 데이터는 텐서라고 하는 n차원 행렬로 플레이스홀더가 텐서가 된다. x1과 y_actual 텐서의 차원은 단일 열로 행의 수가 정해지지 않았다는 의미로 [None, 1]과 같이 나타낼 수 있다. 텐서 요소의 데이터 형식은 32bit 부동소수점 형식의 float32로 정의한다. tf.placeholder() 함수에 관한 자세한 내용은 다음 주소에서 확인할 수 있다.

https://www.tensorflow.org/versions/r1.15/api_docs/python/tf/placeholder

그림 16.9는 2개의 플레이스홀더 노드가 생성된 후의 연산 그래프 구조를 보여준다.

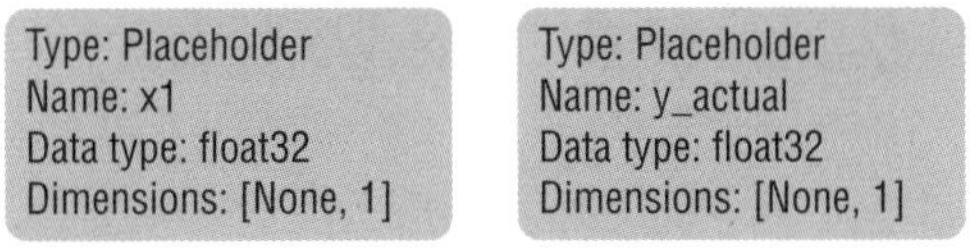

Type: Placeholder
Name: x1
Data type: float32
Dimensions: [None, 1]

Type: Placeholder
Name: y_actual
Data type: float32
Dimensions: [None, 1]

그림 16.9 2개의 플레이스홀더 노드를 갖는 연산 그래프

또한 선형회귀 모델은 하나의 입력 피처에 관한 가중치를 나타나는 w_1 변수와 절편을 나타내는 c의 2가지 변수를 포함하며, 모델 훈련 과정의 목표는 연산 그래프를 사용해 이 w_1과 c값을 찾는 것이다. TensorFlow에서 변수는 변경될 수 있는 그래프 실행 결괏값을 의미하며 tf.Variable 클래스의 인스턴스로 표현한다. 일반적으로 계산하려는 모든 수치에 관해 tf.Variable 인스턴스를 생성하며, 플레이스홀더와 같이 이 변수들도 텐서라고 할 수 있다. 하지만 플레이스홀더와 다르게 런타임에 변수의 값을 연산 그래프에 입력할 필요가 없으며, 대신 초깃값을 할당하고 후에 그래프의 다른 노드가 평가될 때 변수의 값이 업데이트된다. 변수는 tf.Variable() 생성자나 tf.get_variable() 함수로 생성할 수 있으며, 다음 코드는 tf.Variable() 생성자를 이용해 w1과 c 2개의 변수를 정의한다.

```
w1 = tf.Variable(tf.zeros([1,1]), name="w1")
c = tf.Variable(tf.zeros([1]), name="c")
```

변수를 생성할 때 기본값을 입력해야 하며 변수 텐서의 모양은 기본값의 형태에 따라 결정된다. 위 구문에서는 tf.zeros() 함수를 이용해 텐서를 생성해 w1과 c의 기본값으로 사용한다. tf.zeros() 함수는 모든 원소를 0으로 채운 텐서를 생성하는 함수로 자세한 정보는 다음 주소에서 확인할 수 있다.

https://www.tensorflow.org/api_docs/python/tf/zeros

생성자의 인자로 변수의 초깃값을 지정했다 하더라도 세션에서 그래프가 실행되기 전까지 값은 할당되지 않는다. 그림 16.10은 2개의 변수 노드가 생성된 후 연산 그래프의 구조를 보여준다.

| Type: Placeholder
Name: x1
Data type: float32
Dimensions: [None, 1] | Type: Placeholder
Name: y_actual
Data type: float32
Dimensions: [None, 1] | Type: Variable
Name: w1
Data type: float32
Dimensions: [1, 1] | Type: Variable
Name: c
Data type: float32
Dimensions: [1] |

그림 16.10 2개의 변수 노드를 갖는 연산 그래프

지금까지 플레이스홀더 노드와 변수 노드를 연산 그래프에 생성했고, 이제 `tf.matmul()` 연산자를 이용해 w1, x1 노드의 텐서 행렬곱 연산을 포함하는 연산 노드를 만든다. `tf.matmul()` 연산자에 관한 정보는 다음 주소에서 확인할 수 있다.

https://www.tensorflow.org/versions/r1.15/api_docs/python/tf

다음 구문은 w1과 x1 텐서의 행렬곱 연산 결과를 텐서로 갖는 temp라는 새로운 노드를 연산 그래프에 추가한다.

```
temp = tf.matmul(x1,w1)
```

그림 16.11은 행렬곱 노드가 추가된 연산 그래프의 구조를 보여준다.

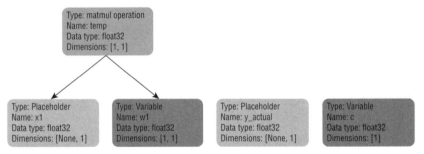

그림 16.11 w1과 x1 노드의 행렬곱이 추가된 연산 그래프 구조

다음으로 연산 그래프에 다음 코드와 같이 + 연산자를 이용해 temp 텐서와 변수 c 텐서의 합을 갖는 새로운 연산 노드를 만든다.

```
y_predicted = temp + c
```

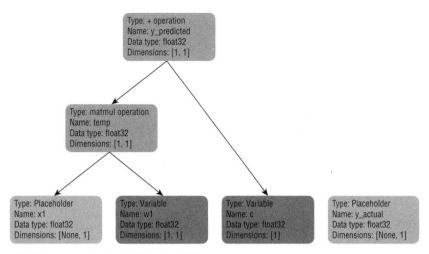

Type: + operation
Name: y_predicted
Data type: float32
Dimensions: [1, 1]

Type: matmul operation
Name: temp
Data type: float32
Dimensions: [1, 1]

Type: Placeholder
Name: x1
Data type: float32
Dimensions: [None, 1]

Type: Variable
Name: w1
Data type: float32
Dimensions: [1, 1]

Type: Variable
Name: c
Data type: float32
Dimensions: [1]

Type: Placeholder
Name: y_actual
Data type: float32
Dimensions: [None, 1]

그림 16.12 y_predicted가 추가된 연산 그래프

y_predicted 노드가 선형회귀 모델을 의미하는데, w1과 c의 기본값이 0으로 채워진 텐서이기에 x1 플레이스홀더의 값과 상관없이 y_predicted 값은 모두 0이 된다.

이제 w1과 c 텐서에 가장 적합한 값을 찾아야 하는데, 이를 위해 목적변수 price의 기댓값을 y_actual 플레이스홀더에 입력해 실제 값과 예측값의 예측 오차를 측정하는 비용함수 값을 계산하고, 비용함수 값을 최소화하도록 w1과 c값을 조정해야 한다.

다음으로 비용함수의 값을 계산하기 위한 노드를 연산 그래프에 추가할 것이다. 비용함수에는 MSE, RMSE, MAE와 같은 다양한 종류가 있으며, 저수준 TensorFlow API는 일반적인 비용함수와 조합할 수 있는 연산 노드를 제공한다. 예제에서는 다음과 같은 단계로 MSE 비용함수를 계산한다.

1. 실제 값과 예측값의 차이를 계산하기 위해 연산 그래프에 - 연산자를 이용해 연산 노드를 만든다.

2. 이전 단계에서 계산한 차이를 제곱하기 위해 tf.square() 연산자를 이용해 새로운 연산 노드를 만든다.

3. 이전 단계에서 계산한 값의 평균을 계산하기 위해 tf.reduce_mean() 함수를 이용해 세 번째 연산 노드를 만든다.

다음 코드는 위 세 단계를 실행하기 위해 연산 그래프에 노드들을 추가한다.

```
# 예측값과 실제 값 차이 MSE를 이용한 비용함수 계산
diff = y_predicted - y_actual
square_diff = tf.square(diff)
mse_cost = tf.reduce_mean(square_diff)
```

TensorFlow의 tf.reduce_mean() 연산자는 NumPy의 mean() 함수와 같은 역할을 한다. 자세한 정보는 다음 주소에서 확인할 수 있다.

https://www.tensorflow.org/versions/r1.15/api_docs/python/tf/math/reduce_mean

그림 16.13은 MSE 비용함수 노드가 추가된 연산 그래프의 구조를 보여준다.

지금까지 비용함수 노드를 그래프에 추가했으며, 다음으로는 비용함수 값을 최소화할 수 있도록 w1과 c값을 조정해야 한다. 한 가지 해결 방법은 w1과 c가 가질 수 있는 모든 조합을 시도해보고 비용함수의 값이 가장 낮은 것을 선택하는 것이다. 하지만 이 방법은 최적의 w1과 c값을 찾을 수 있을지라도 너무 많은 경우의 수를 갖기에 비현실적이다. 최적의 값을 찾는 방법이 현실적이지 않다면 충분히 좋은 값을 찾을 수 있는 방법을 고려해야 할 것이며, 이를 위해 탐색 공간search space의 범위를 줄일 수 있는 최적화 전략optimization strategy을 사용해야 한다. 다양한 최적화 알고리즘이 존재하지만 예제에서는 경사하강법GD, Gradient Descent 최적화 알고리즘을 사용한다.

경사하강법에 관한 자세한 내용은 책의 범위에서 벗어나므로 여기서 설명하지 않는다. 관심 있는 독자는 다음 주소를 참고하자.

https://developers.google.com/machine-learning/crash-course/reducing-loss/gradient-descent

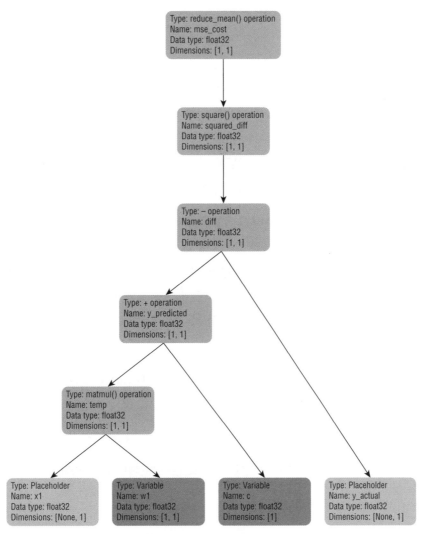

그림 16.13 MSE 비용함수 노드가 추가된 연산 그래프 구조

경사하강법은 매우 유명한 최적화 알고리즘으로, mse_cost, w1, c의 3차원 그래프가 아래로 볼록한concave 그릇 형태 그래프로 오직 1개의 최솟값을 갖는다는 것을 가정으로 한다. 이러한 가정을 바탕으로 경사하강법 알고리즘은 [mse_cost, w1, c] 지점에서의 편미분을 통해 기울기gradient 값을 계산하고, 비용함수가 이동해야 할 방향을 결정하는 데 사용한다. 양의 기울기 값은 그릇 형태 곡선의 지점에서 그릇의 바깥 테두리 방향을 향하는 것을 나타내며, 음의 기울기 값은 그릇의 바닥을 향하는 것을 의미한다. 기울기 값에 의해 정해진 방향으로 약간 이동해 곡선의 한 지점으로 이동해 이 지점에 해당하는 w1과 c값을 선택한다. 이러한 과정을 정해진 횟수만큼 반복하는 과정에서 최적의 값이 결정된다.

TensorFlow에서는 경사하강법을 처음부터 구현할 필요 없이 tf.GradientDescentOptimizer 클래스의 인스턴스를 생성해 최적화 객체optimizer object를 생성하고 최적화 객체의 minimize() 메서드로 기울기를 계산한 후 기울기를 통해 비용함수에 영향을 미치는 변수의 값을 조정할 수 있다. 다음 코드는 tf.GradientDescentOptimizer 클래스를 이용해 연산 그래프에 연산 노드를 추가하는 과정을 보여준다. 이 클래스에 관한 자세한 설명은 다음 주소에서 확인할 수 있다.

https://www.tensorflow.org/api_docs/python/tf/compat/v1/train/GradientDescent Optimizer

```
# mse_cost 최적화 경사 하강 루트 노드 생성
learning_rate = 0.000001
train_step = tf.train.GradientDescentOptimizer(learning_rate).minimize(mse_cost)
```

그림 16.14는 최적화 연산을 추가한 연산 그래프의 구조를 보여준다.

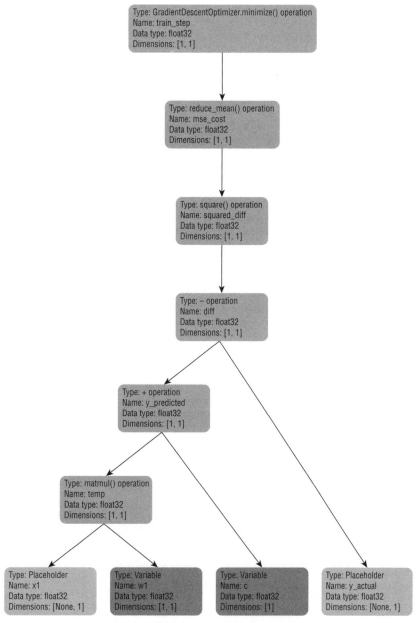

그림 16.14 비용함수를 최적화하는 연산을 추가한 연산 그래프 구조

지금까지 연산 그래프를 생성했으며 이제 세션에서 연산 그래프를 실행해야 한다. 이 과정은 tf.Session 객체를 생성하고 그래프의 변수를 초기화한 후 플레이스홀더에 값을 입력해 그래프의 노드의 값을 평가하는 과정을 포함한다.

다음 코드는 연산 그래프를 세션에서 실행할 때 플레이스홀더 노드에 입력되는 값을 포함하는 xin과 yin 2개의 배열을 생성한다.

```
# CRIM 피처와 목적변수를 배열에 저장
# 사전에 생성한 플레이스홀더를 통해 연산 그래프에 공급
xin = df_boston_train_features['CRIM'].values
yin = df_boston_train_target['price'].values
```

TensorFlow는 평가할 노드의 값을 계산하는 데 필요한 하위 노드의 모든 값을 평가하기 때문에 그래프의 루트 노드에서 반드시 평가를 시작해야 하는 것은 아니며 어떤 노드를 선택해도 상관없다. 연산 그래프의 모든 변수를 하나씩 초기화하는 대신 tf.global_variables_initializer() 함수를 이용해 연산 그래프에 초기화 노드를 추가한다. 세션에서 이 노드가 실행될 때 연산 그래프의 모든 변수가 기본값으로 초기화된다. 다음 코드는 tf.Session 객체를 생성하고 tf.global_variables_initializer() 함수를 이용해 연산 그래프의 모든 변수를 초기화한다.

```
with tf.Session() as sess:
    # global_variable_initializer node를 사용
    # 그래프의 모든 변수 초기화(w1과 c)
    init_node = tf.global_variables_initializer()
    sess.run(init_node)
```

tf.global_variables_initializer() 함수를 호출할 때 그래프에 초기화 노드가 그래프에 추가되지만, 실제 변숫값은 sess.run(init_node)가 실행될 때 초기화된다. tf.Session 객체의 run() 메서드는 연산 그래프의 어떤 노드에도 사용할 수 있으며, tf.Session에 관한 자세한 내용은 다음 주소에서 확인할 수 있다.

https://www.tensorflow.org/versions/r1.15/api_docs/python/tf/Session

> **노트** with-as 구문을 사용하면 세션 객체를 사용한 후 명시적으로 종료를 선언하지 않아도 된다. 만약 with-as 구문을 사용하지 않는다면 다음과 같은 형식으로 코드를 작성해야 한다.
>
> ```
> sess = tf.Session()
> init_node = tf.global_variables_initializer()
> sess.run(init_node)
>   sess.close()
> ```
>
> sess.close()를 호출하지 않는 경우 세션과 관련된 자원을 해제하지 않아 문제가 발생하기 때문에 세션을 생성할 때 with-as 구문을 사용한다.

다음 코드는 변수가 초기화된 후 xin과 yin의 각 원소를 x1과 y_actual 플레이스홀더 노드에 한 번에 하나씩 입력하고, 그래프의 train_step 노드를 평가한다. 비용함수의 값을 최소화하는 w1과 c 변숫값이 best_w1, best_c, lowest_cost 변수에 저장되며, 이 구문은 with-as 범위 안에서 실행돼야 한다.

```
# 각 원소들에 관해 train_step이라는 노드를 평가해서
# 비용함수를 최소화하도록 w1과 c값을 차례로 업데이트

num_elements = df_boston_train_features.shape[0]
best_w1 = 0.0
best_c = 0.0
lowest_cost = 100000.00

for i in range(num_elements):
    input_dict={x1:[[xin[i]]], y_actual:[[yin[i]]]}
    sess.run(train_step, feed_dict=input_dict)

    computed_w1 = sess.run(w1)
    computed_c = sess.run(c)
    computed_cost = sess.run(mse_cost, feed_dict=input_dict)

    if computed_cost < lowest_cost:
        lowest_cost = computed_cost
        best_w1 = computed_w1
        best_c = computed_c

    print ("End of iteration %d, w1=%f, c=%f, cost=%f" % (i, computed_w1, computed_c,
computed_cost))
```

```
    print ("End of training, w1=%f, c=%f, lowest_cost=%f" % (best_w1, best_c, lowest_
cost))
```

위 코드의 Python for 반복문은 xin과 yin의 원소를 한 번에 하나씩 열거해 각각의 원소를 x1, y_actual 플레이스홀더에 입력한다. TensorFlow에서는 sess.run() 함수를 호출할 때 플레이스홀더 노드의 적절한 값이 딕셔너리 객체를 이용해 연산 그래프로 입력되게 해야 한다. 모델이 어떻게 학습되는지 이해하기 위해 첫 번째 반복을 i = 1, xin[i] = 10, yin[i] = 20 이라고 가정해보자. sess.run() 함수가 호출되면 이 값들은 다음과 같이 나타낼 수 있다.

```
sess.run(train_step, feed_dict={x1:[[10]], y_actual:[[20]]})
```

sess.run() 함수 호출에서 평가되는 노드는 train_step 노드로 다음과 같이 정의된다.

```
train_step = tf.train.GradientDescentOptimizer(learning_rate).minimize(mse_cost)
```

train_step 노드를 평가하기 위해 TensorFlow는 mse_cost 노드에 접근해야 하며, 결과적으로 그래프의 mse_cost 노드를 평가해야 한다. mse_cost 노드는 다음과 같이 정의할 수 있다.

```
mse_cost = tf.reduce_mean(square_diff)
```

다음으로 TensorFlow가 square_diff 노드의 값을 평가하며, square_diff 노드는 다음과 같이 정의된다.

```
square_diff = tf.square(diff)
```

이러한 재귀적recursive 평가 과정은 TensorFlow가 xin과 yin 플레이스홀더 노드를 평가할 때까지 계속되며, xin, yin 플레이스홀더 노드를 평가할 때 TensorFlow는 feed_dict 매개 변수의 10과 20을 각각의 노드를 위한 sess.run()에 사용한다. w1과 c 변수 노드의 초깃값은 0이며 mse_cost 텐서는 이 값을 사용해 계산된다. GradientDescentOptimizer 노드가 평가될 때 mse_cost 값이 조금 줄어들 수 있도록 w1과 c 변수 노드의 값이 조절된다. global_variables_initializer 노드는 for 반복문 안에서 실행되지 않기 때문에, 변수의 값은 반복문 전체에 동일한 값을 유지한다.

train_step 노드가 평가된 후 w1과 c 노드의 텐서는 최적화된 모델 매개변수를 갖게 되며, 이 값을 읽어오기 위해 w1과 c 노드를 각각 sess.run() 구문으로 평가한다.

```
computed_w1 = sess.run(w1)
computed_c = sess.run(c)
```

TensorFlow가 train_step 노드를 평가하는 동안 w1과 c 노드의 값을 계산했지만, sess.run(w1)과 sess.run(c)에 이은 호출에서 TensorFlow가 연산 그래프를 다시 평가한다. 이 변수 노드들은 어떠한 종속 노드도 없기 때문에 재귀적인 절차를 포함하지 않으며, TensorFlow는 이 변수 노드에 저장한 텐서의 값을 반환한다.

예리한 독자의 경우 xin과 yin의 원소를 한 번에 하나씩 입력해 경사하강 최적화 과정이 xin과 yin의 값 전체에 걸친 예측의 비용함수를 최적화하는 것이 아니라, 각각의 원소에 독립적인 비용함수를 최적화함을 알아차렸을 것이다. 이러한 방식으로 한 번에 하나씩 경사하강 최적화를 적용하는 방법을 확률적 경사하강법^{SGD, Stochastic Gradient Descent}이라고 한다.

다음 코드는 지금까지 다룬 모델 구축, 훈련, 최적화 단계를 포함하며, 예제 실습 파일의 TF_SingleFeatureRegression_SGD 노트북 파일에서 확인할 수 있다.

```
# 단일 피처 선형회귀 모델 학습
# 선형회귀의 일반적인 형태:
# y = w1x1 + w2x2 + ... wnxn + c
#
# 단일 피처의 경우:
# y = w1x1 + c

import tensorflow as tf
tf.reset_default_graph()

#
# TensorFlow graph 정의
#

# 제공할 내용:
# x1 = 1차원 칼럼 배열 피처
# y_actual = 1차원 칼럼 배열 레이블 값
x1 = tf.placeholder(tf.float32, [None, 1], name="x1")
```

```python
y_actual = tf.placeholder(tf.float32, [None, 1], name="y_actual")

# 찾고자 하는 값:
# w1, c: 가중치와 바이어스(절편)
w1 = tf.Variable(tf.zeros([1,1]), name="w1")
c = tf.Variable(tf.zeros([1]), name="c")

# y_predicted = w1x1 + c 계산
temp = tf.matmul(x1,w1)
y_predicted = temp + c


# 비용함수 계산
# 실제 값과 예측값 차이의 MSE
diff = y_predicted - y_actual
square_diff = tf.square(diff)
mse_cost = tf.reduce_mean(square_diff)

# root node 생성
# mse 비용함수를 최적화하는 gradient descent optimizer 설정
learning_rate = 0.000001
train_step = tf.train.GradientDescentOptimizer(learning_rate).minimize(mse_cost)

# CRIM 피처와 목적변수를 배열에 저장
# 사전에 생성한 플레이스홀더를 통해 연산 그래프에 공급
xin =  df_boston_train_features['CRIM'].values
yin =  df_boston_train_target['price'].values


#
# graph 연산
#
with tf.Session() as sess:
    # global_variable_initializer node를 사용
    # 그래프의 모든 변수 초기화(w1과 c)
    init_node = tf.global_variables_initializer()
    sess.run(init_node)

    # 각 원소들에 관해 train_step이라는 노드를 평가해
    # 비용함수를 최소화하도록 w1과 c값을 차례로 업데이트
    num_elements = df_boston_train_features.shape[0]
    best_w1 = 0.0
    best_c = 0.0
```

```
lowest_cost = 100000.00

for i in range(num_elements):
    input_dict={x1:[[xin[i]]], y_actual:[[yin[i]]]}
    sess.run(train_step, feed_dict=input_dict)

    computed_w1 = sess.run(w1)
    computed_c = sess.run(c)
    computed_cost = sess.run(mse_cost, feed_dict=input_dict)

    if computed_cost < lowest_cost:
        lowest_cost = computed_cost
        best_w1 = computed_w1
        best_c = computed_c

    print ("End of iteration %d, w1=%f, c=%f, cost=%f" % (i, computed_w1, computed_c,
computed_cost))
    print ("End of training, w1=%f, c=%f, lowest_cost=%f" % (best_w1, best_c, lowest_
cost))
```

노트북의 빈 셀에서 위 코드를 실행하면 다음과 같이 노트북 셀 아래에 w1, c, 비용함수를
반복적으로 보여주는 로그 메시지를 확인할 수 있다. 로그 메시지의 마지막 일부는 다음과
같다.

```
End of iteration 371, w1=0.038582, c=0.016661, cost=83.229652
End of iteration 372, w1=0.038587, c=0.016705, cost=483.073090
End of iteration 373, w1=0.038598, c=0.016748, cost=465.388062
End of iteration 374, w1=0.039058, c=0.016770, cost=122.635811
End of iteration 375, w1=0.039264, c=0.016800, cost=219.331360
End of iteration 376, w1=0.039390, c=0.016831, cost=237.831055
End of iteration 377, w1=0.039394, c=0.016871, cost=403.164185
End of iteration 378, w1=0.039399, c=0.016916, cost=518.887878
End of training, w1=0.016363, c=0.005673, lowest_cost=15.077192
```

로그파일에서 확인할 수 있는 것과 같이 비용함수의 값이 매 단계마다 위 아래로 움직이는
것을 볼 수 있다. 데이터가 한 번에 하나씩 입력되기 때문이다.

훈련 과정이 끝난 후 best_w1과 best_c1값은 훈련된 모델의 매개변수를 나타내며, 이 값으로 선형회귀 방정식 $Y = w_1 X_1 + c$를 이용해 테스트 데이터셋에 예측을 수행할 수 있다. 다음 코드는 이 과정을 보여준다.

```
# best_w1과 best_c값을 이용해 테스트셋에 예측 수행
predictions = df_boston_test_features['CRIM'].values * best_w1 + best_c
```

예측을 수행한 후 Scikit-learn을 이용해 전체 테스트셋에 best_w1 = 0.016363과 best_c = 0.005673을 이용해 다음과 같이 MSE를 계산할 수 있다.

```
# 테스트셋에서 MSE 계산
from sklearn.metrics import mean_squared_error
mse_test = mean_squared_error(np.transpose(df_boston_test_target.values), predictions)
```

Python print() 함수로 MSE의 값을 확인해보면 비교적 큰 에러값을 보여 모델의 성능이 좋지 않음을 예상할 수 있다.

```
print (mse_test)
601.8169340697825
```

모델의 성능이 좋지 않을 수밖에 없는 이유는 여러 가지가 있을 수 있다. 가장 주요한 원인은 데이터셋에서 단일 피처만을 사용했다는 점과 최적화 단계가 전체 데이터셋의 비용함수를 줄이는 방법이 아니라는 점이다. 위 코드는 약간만 수정하면 데이터셋의 여러 피처를 사용할 수 있으며, 배치 경사하강법 최적화도 적용할 수 있다. 수정된 버전은 예제 실습 파일 중 TF_MultiFeatureRegression_BatchGradientDescent 노트북 파일에 포함돼 있다. 모델 훈련과 최적화 과정 중 다른 부분은 굵은 글씨로 나타냈다.

```
# 단일 피처 선형회귀 모델 학습
# 선형회귀의 일반적인 형태:
# y = w1x1 + w2x2 + ... wnxn + c
#
# 단일 피처의 경우:
# y = w1x1 + c
```

```python
import tensorflow as tf
tf.reset_default_graph()

#
# TensorFlow graph 정의
#

# 제공할 내용:
# x1 = 1차원 칼럼 배열 피처
# y_actual = 1차원 칼럼 배열 레이블 값
x1 = tf.placeholder(tf.float32, [None, 1], name="x1")
y_actual = tf.placeholder(tf.float32, [None, 1], name="y_actual")

# 찾고자 하는 값:
# w1, c: 가중치와 바이어스(절편)
w1 = tf.Variable(tf.zeros([1,1]), name="w1")
c = tf.Variable(tf.zeros([1]), name="c")

# y_predicted = w1x1 + c 계산
y_predicted = tf.matmul(x1,w1) + c

# 비용함수 계산
# 실제 값과 예측값 차이의 MSE
mse_cost = tf.reduce_mean(tf.square(y_predicted - y_actual))

# root node 생성
# mse 비용함수를 최적화하는 gradient descent optimizer 설정
learning_rate = 0.00001
train_step = tf.train.GradientDescentOptimizer(learning_rate).minimize(mse_cost)

#
# graph 연산
#
with tf.Session() as sess:
    # global_variable_initializer node를 사용
    # 그래프의 모든 변수 초기화(w1과 c)
    init = tf.global_variables_initializer()
    sess.run(init)

    # CRIM 피처와 목적변수 배열에 저장
    xin = df_boston_train_features['CRIM'].values
    yin = df_boston_train_target['price'].values
```

```
xin = np.transpose([xin])
yin = np.transpose([yin])

# 각 원소들에 관해 train_step이라는 노드를 평가해
# 비용함수를 최소화하도록 w1과 c값을 차례로 업데이트
best_w1 = 0.0
best_c = 0.0
lowest_cost = 100000.00

num_epochs = 100000
for i in range(num_epochs):
    input_dict={x1:xin, y_actual:yin}
    sess.run(train_step, feed_dict=input_dict)

    computed_w1 = sess.run(w1)
    computed_c = sess.run(c)
    computed_cost = sess.run(mse_cost, feed_dict=input_dict)

    if computed_cost < lowest_cost:
        lowest_cost = computed_cost
        best_w1 = computed_w1
        best_c = computed_c

    print ("End of epoch %d, w1=%f, c=%f, cost=%f" % (i, computed_w1, computed_c,
computed_cost))
    print ("End of training, best_w1=%f, best_c=%f, lowest_cost=%f" % (best_w1, best_c,
lowest_cost))
```

위 코드에서는 xin과 yin의 전체 데이터가 연산 그래프로 입력되며, 100,000번 반복하게 된다. 전체 훈련 데이터셋을 여러 번 입력해주는 것으로 경사하강법이 더 우수한 w1과 c값을 찾을 수 있게 해준다. 모델 최적화 과정 중 훈련 횟수는 에폭^{epoch}이라는 수치로 나타내며 위 코드에는 100000이란 숫자로 지정돼 있으며, 실제로 learning_rate와 num_epochs 변수는 선형회귀 모델의 하이퍼파라미터 값이다.

노트북의 빈 셀에 이 코드를 실행하면 매 실행마다 셀 아래 w1, c, 비용함수 값이 노트북 셀 아래 표시된다. 훈련 과정의 일부 로그 메시지는 다음과 같다.

```
End of epoch 0, w1=0.001066, c=0.000448, cost=588.218872
End of epoch 1, w1=0.002129, c=0.000896, cost=588.085815
End of epoch 2, w1=0.003191, c=0.001344, cost=587.953125
End of epoch 3, w1=0.004251, c=0.001791, cost=587.820862
End of epoch 4, w1=0.005309, c=0.002239, cost=587.689026
…
…
End of epoch 380, w1=0.293133, c=0.165376, cost=557.741821
End of epoch 381, w1=0.293664, c=0.165798, cost=557.695679
End of epoch 382, w1=0.294195, c=0.166221, cost=557.649658
End of epoch 383, w1=0.294725, c=0.166643, cost=557.603760
End of epoch 384, w1=0.295254, c=0.167066, cost=557.557983
End of epoch 385, w1=0.295782, c=0.167488, cost=557.512268
End of epoch 386, w1=0.296309, c=0.167911, cost=557.466675

…
…
End of epoch 99995, w1=-0.222613, c=19.488510, cost=90.642677
End of epoch 99996, w1=-0.222616, c=19.488585, cost=90.642120
End of epoch 99997, w1=-0.222619, c=19.488659, cost=90.641563
End of epoch 99998, w1=-0.222622, c=19.488733, cost=90.640999
End of epoch 99999, w1=-0.222625, c=19.488808, cost=90.640442
End of training, best_w1=-0.222625, best_c=19.488808, lowest_cost=90.640442
```

로그에서 확인할 수 있는 것과 같이 비용함수 값이 임의로 단계마다 오르락내리락하지 않고 꾸준하게 감소하는 것을 확인할 수 있다. 이는 최적화 과정에서 기대할 수 있는 것이다.

훈련 과정을 마친 모델의 매개변수 best_w1 = -0.222625와 best_c1 = 19.488808값을 확인할 수 있으며, 이 값을 이용해 선형회귀 방정식 $Y = w_1 X_1 + c$를 이용해 테스트셋에 예측을 실행할 수 있다. 다음 코드는 이 과정을 보여준다.

```
# best_w1과 best_c를 이용해 테스트셋에 예측 수행
predictions = df_boston_test_features['CRIM'].values * best_w1 + best_c
```

예측을 수행한 후 다음 코드와 같이 best_w1=-0.222625와 best_c1=19.488808값과 Scikit-learn을 이용해 테스트 데이터셋 전체에 관한 MSE를 계산할 수 있다.

```
# 테스트셋의 MSE 계산
from sklearn.metrics import mean_squared_error
mse_test = mean_squared_error(np.transpose(df_boston_test_target.values), predictions)
```

Python print() 함수로 MSE 값을 확인할 수 있으며, 이전 보다 성능이 나아진 것을 확인할 수 있다.

```
print (mse_test)

85.05865369536087
```

TensorFlow 에스티메이터 API와 Amazon SageMaker를 이용한 DNN 모델 훈련 및 배포

이전 예제에서는 저수준 TensorFlow Python API를 이용해 처음부터 선형회귀 모델을 생성해봤다. 이번 예제에서는 고수준 TensorFlow 에스티메이터 API를 이용해 DNN^{Deep} Neural Network 기반 분류기를 Iris 데이터셋에서 학습시켜본다.

예제에서 Python 스크립트 파일에 TensorFlow 코드를 작성하고 Amazon SageMaker 노트북 인스턴스에 업로드 후 Python SageMaker SDK를 이용해 노트북 인스턴스의 Jupyter Notebook에서 훈련 작업을 생성한다. 훈련 작업은 AWS 클라우드상에 전용 훈련 인스턴스를 생성하고 거기에 TensorFlow 모델 훈련 코드를 배포한다. 훈련 과정을 마친 모델은 Amazon S3 버킷에 저장되고, Python SageMaker SDK가 제공하는 함수를 이용해 훈련된 모델을 전용 예측 인스턴스에 배포하고 HTTPS 예측 엔드포인트를 생성한다. 마지막으로 Python SageMaker SDK를 이용해 Jupyter Notebook 파일에서 이 예측 엔드포인트와의 상호작용을 통해 아직 접해보지 못한 데이터에 관해 예측을 수행하게 된다.

전용 훈련 인스턴스는 EC2 인스턴스로 Amazon S3 버킷의 데이터로 모델을 훈련하는 데 사용되며 훈련을 마친 모델을 또 다른 Amazon S3 버킷에 저장한다. 하지만 노트북 인스턴스와는 다르게 전용 훈련 인스턴스는 Jupyter Notebook 서버를 갖고 있지 않으며 훈련 과정을 마친 후 자동으로 종료된다. 전용 훈련 인스턴스는 도커 이미지로부터 생성되는데, Amazon SageMaker는 TensorFlow 에스티메이터 API를 이용해 만든 도커 이미지를 모델 훈련과 배포 작업을 위해 제공한다. 훈련 작업을 위한 도커 이미지에는 TensorFlow, Python 외에도 NumPy, Pandas와 같은 라이브러리를 포함한다. 훈련을 마친 모델을 배포하는 데 사용하는 도커 이미지는 프로덕션 환경에 배포된 TensorFlow 모델에 REST APIs를 통해 접근할 수 있게 해주는 Google의 TensorFlow Serving을 포함한다. Amazon의 도커 이미지들은 AWS 리전의 도커 레지스트리에 저장되며 TensorFlow 도커 이미지를 위한 리전별 도커 레지스트리는 다음 주소에서 확인할 수 있다.

https://docs.aws.amazon.com/sagemaker/latest/dg/pre-built-docker-containers-frameworks.html

전용 EC2 훈련 인스턴스가 일단 생성되면 IAM 역할이 훈련 데이터를 포함하는 Amazon S3 버킷과 같은 AWS 계정 내 다른 리소스에 접근할 수 있다. 노트북 인스턴스를 생성하는 데 사용된 IAM 역할은 관련 AWS 리소스에 접근할 수 있는 적절한 권한을 갖고 있기 때문에 보통은 동일한 IAM 역할을 사용해 작업한다.

예제를 시작하기 위해 `tensorflow-models` 노트북 인스턴스를 실행하고 예제 실습 파일에 포함된 TF_DNN_iris_training_script.py 파일을 업로드한다(그림 16.15).

그림 16.15 노트북 인스턴스에 파일 업로드

파일에 포함된 Python 코드는 다음과 같다.

```python
import argparse
import numpy as np
import pandas as pd
import os
import tensorflow as tf

def estimator_fn(run_config, params):

    feature_columns = [tf.feature_column.numeric_column(key='sepal_length'),
                    tf.feature_column.numeric_column(key='sepal_width'),
                    tf.feature_column.numeric_column(key='petal_length'),
                    tf.feature_column.numeric_column(key='petal_width')]


    return tf.estimator.DNNClassifier(feature_columns=feature_columns,
                                    hidden_units=[10, 10],
                                    n_classes=3,
                                    config=run_config)


def train_input_fn(training_dir, params):

    # iris_train.csv 파일 불러오기
    input_file = os.path.join(training_dir, 'iris_train.csv')
    df_iris_train = pd.read_csv(input_file, header=0, engine="python")

    # 문자열 범주형 데이터 'species'를 정수형으로 변환
    df_iris_train['species'] = df_iris_train['species'].map({'Iris-setosa':0,'Iris-
virginica':1,'Iris-versicolor':2})

    # 데이터프레임에서 numpy 데이터 추출
    labels = df_iris_train['species'].values

    features = {
        'sepal_length': df_iris_train['sepal_length'].values,
        'sepal_width': df_iris_train['sepal_width'].values,
        'petal_length': df_iris_train['petal_length'].values,
        'petal_width': df_iris_train['petal_width'].values
    }

    return features, labels
```

```
def eval_input_fn(training_dir, params):

    # iris_test.csv 파일 불러오기
    input_file = os.path.join(training_dir, 'iris_test.csv')
    df_iris_test = pd.read_csv(input_file, header=0, engine="python")

    # 문자열 범주형 데이터 'species'를 정수형으로 변환
    df_iris_test['species'] = df_iris_test['species'].map({'Iris-setosa':0,'Iris-
virginica':1,'Iris-versicolor':2})

    # 데이터프레임에서 numpy 데이터 추출
    labels = df_iris_test['species'].values

    features = {
        'sepal_length': df_iris_test['sepal_length'].values,
        'sepal_width': df_iris_test['sepal_width'].values,
        'petal_length': df_iris_test['petal_length'].values,
        'petal_width': df_iris_test['petal_width'].values
    }


    return features, labels


def serving_input_fn(params):

    feature_spec = {
        'sepal_length': tf.FixedLenFeature(dtype=tf.float32, shape=[1]),
        'sepal_width': tf.FixedLenFeature(dtype=tf.float32, shape=[1]),
        'petal_length': tf.FixedLenFeature(dtype=tf.float32, shape=[1]),
        'petal_width': tf.FixedLenFeature(dtype=tf.float32, shape=[1])
    }

    return tf.estimator.export.build_parsing_serving_input_receiver_fn(feature_spec)()
```

고수준 TensorFlow 에스티메이터 API는 tf.estimators 패키지에 포함돼 있으며, 패키지
에 포함된 에스티메이터 중 하나를 사용하거나 직접 에스티메이터를 만들어 모델을 생성
할 수 있다. 책을 집필하던 시점에는 Amazon SageMaker는 예측 인스턴스에만 에스티메
이터 API를 이용해 모델을 생성하고 배포할 수 있었다. 만약 저수준 TensorFlow Python
API를 사용한다면 노트북 인스턴스에서 모델을 훈련시킬 수는 있으나 Amazon 클라우드

에 배포하거나 HTTPS 예측 엔드포인트를 생성할 수 없다. Estimator 객체를 직접 생성해 저수준 모델 생성 코드를 래핑wrapping해서 사용할 수 있으나 이 책에서는 다루지 않는다. 사용자 지정 에스티메이터에 관한 자세한 내용은 다음 주소에서 확인할 수 있다.

https://www.tensorflow.org/guide/custom_estimators

예제에서는 tf.estimators.DNNClassifier라는 사전에 만들어진 에스티메이터를 훈련 과정에 사용하며, 이미 만들어진 에스티메이터를 사용하면 연산 그래프를 만들거나 세션을 관리할 필요가 없어 최소한의 노력으로 작동 원리를 이해하지 않고 사용할 수 있다. 모든 Estimator 객체는 일반적인 인터페이스를 구현하기 때문에 최소한의 노력으로 다른 모델 아키텍처로 변경할 수 있다. 신경망 분류기는 4개의 뉴런을 갖는 입력 레이어, 10개의 뉴런을 갖는 2개의 히든 레이어, 3개의 뉴런을 갖는 출력 레이어로 구성할 것이며, 모든 레이어는 이전 레이어와 완전하게 연결fully connected된다. 그림 16.16은 신경망의 아키텍처를 보여준다.

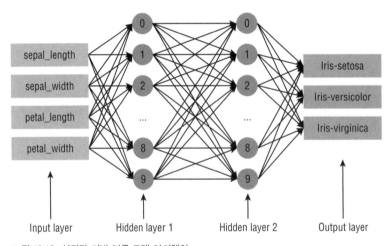

그림 16.16 신경망 기반 분류 모델 아키텍처

4개의 입력 뉴런은 Iris 데이터셋의 4개 피처와 대응되며 각각의 뉴런은 연속형 부동소수점 수치 데이터를 허용한다. 3개의 출력 뉴런은 3개의 목적변수 범주와 대응되며 연속형 부동소수점 수치 데이터로 범주별 예측 확률값을 나타낸다.

간단하게 훈련 스크립트 TF_DNN_iris_training_script.py 파일을 살펴보자. Amazon SageMaker에서 스크립트 파일로 TensorFlow 모델을 훈련시키기 위해서는 다음 함수를 구현해야 한다.

- 다음 3개 함수 중 1개의 함수
  - 에스티메이터 함수(estimator_fn): 사전에 생성된 TensorFlow 에스티메이터로 모델을 생성할 때 사용하는 함수
  - 케라스 모델함수(keras_model_fn): Keras 라이브러리를 이용해 모델을 생성할 때 사용하는 함수
  - 모델함수(model_fn): 맨 처음부터 직접 모델을 생성할 때 사용하는 함수. Estimator 객체를 생성하는 데 필요한 EstimatorSpec 객체를 반환해야 한다.
- 훈련 입력함수(train_input_fn): 훈련 데이터 불러오기, 데이터 전처리, 에스티메이터에 맞는 데이터 형식으로 변환을 담당하는 함수
- 평가 입력함수(eval_input_fn): 평가 데이터 불러오기, 데이터 전처리, 에스티메이터에 맞는 데이터 형식으로 변환을 담당하는 함수
- 서빙 입력함수(serving_input_fn): 예측을 수행하는 데 필요한 데이터를 전처리하고 모델에 입력을 준비하는 함수

기본적으로 내장된 에스티메이터를 사용해 모델을 구축하기 때문에 예제 스크립트는 estimator_fn을 다음과 같이 구현한다.

```python
def estimator_fn(run_config, params):

    feature_columns = [tf.feature_column.numeric_column(key='sepal_length'),
                    tf.feature_column.numeric_column(key='sepal_width'),
                    tf.feature_column.numeric_column(key='petal_length'),
                    tf.feature_column.numeric_column(key='petal_width')]


    return tf.estimator.DNNClassifier(feature_columns=feature_columns,
                                    hidden_units=[10, 10],
                                    n_classes=3,
                                    config=run_config)
```

신경망 분류기를 생성하기 위해 tf.estimator 패키지에서 DNNClassifier 클래스를 인스턴스화 한다. 클래스의 생성자는 feature_columns라는 입력 피처를 설명하는 배열을 필요로 하며, 이 배열은 반드시 피처 열 객체로 DNNClassifier 인스턴스를 이용해 신경망의 입력 레이어를 만드는 데 사용된다. 입력 피처는 모두 연속형 수치 데이터이기 때문에, feature_columns의 인자로 전달되는 배열의 각 원소는 NumericColumn의 인스턴스이고 tf.feature_column.numeric_column()로 생성해야 한다. 다양한 형태의 입력 피처 열을 생성하는 방법은 다음 주소에서 확인할 수 있다.

https://www.tensorflow.org/versions/r1.15/api_docs/python/tf

DNNClassifier 인스턴스 또한 각 히든 레이어의 뉴런 수와 출력 범주 수를 생성자의 hidden_units와 n_classes에 각각 지정해야 한다. DNNClassifier 클래스에 관한 자세한 정보는 다음 주소에서 확인할 수 있다.

https://www.tensorflow.org/api_docs/python/tf/estimator/DNNClassifier

훈련 입력함수는 모델 훈련 과정에 사용되며 훈련 데이터를 데이터소스에서 읽어와 피처 엔지니어링을 수행하고 입력 피처 열에 맞는 형태로 데이터를 변형하는 역할을 담당하며, 여기서는 train_input_fn()이라는 이름으로 구현했다.

```python
def train_input_fn(training_dir, params):

    # iris_train.csv 파일 불러오기
    input_file = os.path.join(training_dir, 'iris_train.csv')
    df_iris_train = pd.read_csv(input_file, header=0, engine="python")

    # 문자열 범주형 데이터 'species'를 정수형으로 변환
    df_iris_train['species'] = df_iris_train['species'].map({'Iris-setosa':0,'Iris-virginica':1,'Iris-versicolor':2})

    # 데이터프레임에서 numpy 데이터 추출
    labels = df_iris_train['species'].values

    features = {
        'sepal_length': df_iris_train['sepal_length'].values,
        'sepal_width': df_iris_train['sepal_width'].values,
```

```
            'petal_length': df_iris_train['petal_length'].values,
            'petal_width': df_iris_train['petal_width'].values
    }

    return features, labels
```

train_input_fn() 함수는 Pandas를 사용해 Amazon S3의 awsml-sagemaker-test-source에서 iris_train.csv 파일을 불러와 pd.read_csv 함수로 df_iris_train 데이터프레임 형식으로 저장한다. Amazon S3 버킷의 전체 경로는 훈련 컨테이너에 스크립트를 배포할 때 Amazon SageMaker에 의해 training_dir 매개변수로 전달된다.

신경망 분류기의 출력값은 문자열이 아닌 수치형 값으로, 데이터프레임의 목적변수 species 열의 값을 문자열에서 수치형으로 변환해야 한다. 데이터프레임의 map() 함수를 이용해 species 열의 Iris-setosa는 정수 0, Iris-virginica는 정수 1, Iris-versicolor는 정수 2로 변환한다.

train_input_fn() 함수의 반환값은 2개의 값을 갖는 튜플로 첫 번째 값은 딕셔너리 형식의 features로 키-값은 estimater_fn()에 설정한 입력 피처 열의 이름에 해당하며, 해당 값은 그 피처에 관한 값의 배열이다. 두 번째 반환 값은 목적값 배열로 TensorFlow 데이터셋 API를 활용하는 등 여러 가지 방식으로 구성할 수 있지만 예제에서는 직접 처음부터 구성한다.

평가 입력함수는 모델 평가 단계에서 사용되는 함수로 평가 데이터를 데이터 소스에서 읽어와 피처 엔지니어링을 수행하고 입력 피처 열에 맞는 데이터 형식으로 변환한다. 평가 입력함수도 eval_input_fn()이라는 이름으로 iris_test.csv 파일을 불러온다는 점을 제외하고는 훈련 입력함수와 비슷한 형식으로 작성된다.

```
def eval_input_fn(training_dir, params):

    # iris_test.csv 파일 불러오기
    input_file = os.path.join(training_dir, 'iris_test.csv')
    df_iris_test = pd.read_csv(input_file, header=0, engine="python")

    # 문자열 범주형 데이터 'species'를 정수형으로 변환
```

```
df_iris_test['species'] = df_iris_test['species'].map({'Iris-setosa':0,'Iris-
virginica':1,'Iris-versicolor':2})

# 데이터프레임에서 numpy 데이터 추출
labels = df_iris_test['species'].values

features = {
    'sepal_length': df_iris_test['sepal_length'].values,
    'sepal_width': df_iris_test['sepal_width'].values,
    'petal_length': df_iris_test['petal_length'].values,
    'petal_width': df_iris_test['petal_width'].values
}


return features, labels
```

서빙 입력함수는 훈련을 마친 모델을 이용해 예측을 수행할 때 사용되는 함수로 예측에 필요한 데이터를 모델에서 사용할 수 있는 형식으로 변환한다. 서빙 입력함수는 다음과 같이 구현한다.

```
def serving_input_fn(params):

    feature_spec = {
        'sepal_length': tf.FixedLenFeature(dtype=tf.float32, shape=[1]),
        'sepal_width': tf.FixedLenFeature(dtype=tf.float32, shape=[1]),
        'petal_length': tf.FixedLenFeature(dtype=tf.float32, shape=[1]),
        'petal_width': tf.FixedLenFeature(dtype=tf.float32, shape=[1])
    }

    return tf.estimator.export.build_parsing_serving_input_receiver_fn(feature_spec)()
```

TensorFlow Serving에 관한 자세한 내용은 다음 주소에서 확인할 수 있다.

https://www.tensorflow.org/tfx/serving/serving_basic

지금까지 모델 훈련 스크립트 파일을 준비했으며 이제 Jupyter Notebook에서 훈련 작업을 생성할 것이다. 먼저 노트북 인스턴스에 conda_tensorflow_p36 커널을 이용해 새로운 Jupyter Notebook 파일을 생성한다. 노트북의 타이틀을 TF_DNN_iris_flowers로 변경한 후 노트북의 빈 셀에 다음 코드를 입력한다.

```
import sagemaker

# Notebook Instance에서 사용할 SageMaker용 역할 불러오기
role = sagemaker.get_execution_role()

# SageMaker API에 사용할 SageMaker 객체 불러오기
sagemaker_session = sagemaker.Session()

# 전용 인스턴스에서 TensorFlow Estimator 모델 훈련
from sagemaker.tensorflow import TensorFlow

tf_estimator = TensorFlow(entry_point='TF_DNN_iris_training_script.py',
                          train_instance_count=1,
                          train_instance_type='ml.m4.xlarge',
                          role=role,
                          framework_version='1.12',
                          training_steps=500,
                          evaluation_steps=10,
                          output_path='s3://awsml-sagemaker-test-results/'
)

tf_estimator.fit('s3://awsml-sagemaker-test-source/')
```

노트북 셀에서 코드를 실행하면 훈련 작업이 시작되고 TensorFlow 모델 훈련을 위한 `ml.m4.xlarge` EC2 인스턴스가 기본 도커 이미지로부터 생성된다. 원하는 인스턴스의 유형으로 선택할 수 있으나 성능이 우수한 인스턴스일수록 비용이 비싸다는 점을 유의해야 한다.

TensorFlow 클래스는 Python SageMaker SDK의 일부로 TensorFlow 모델의 훈련 과정부터 배포까지 전체 과정을 다루는 데 편리한 방법을 제공한다. 클래스의 생성자는 모델 생성 Python 스크립트의 경로, 생성하고자 하는 훈련 인스턴스 유형, 새로운 인스턴스에 할당할 IAM 역할, 모델 생성 하이퍼파라미터와 같은 다양한 인자값을 설정할 수 있다. 모든 TensorFlow 에스티메이터는 `training_steps`와 `evaluation_steps` 매개변수를 설정해 훈련과 평가 횟수를 설정한다. 또한 개별 에스티메이터에 15장에서 Scikit-learn 모델을 훈련하는 동안 하이퍼파라미터를 전달한 것과 유사한 방식으로 특정 하이퍼파라미터를 하이퍼파라미터 딕셔너리로 전달할 수 있도록 설정할 수 있다. TensorFlow 클래스의 하이퍼파라미터에 관한 자세한 내용은 다음 주소에서 확인할 수 있다.

https://sagemaker.readthedocs.io/en/stable/sagemaker.tensorflow.html

노트북 셀에서 코드를 실행하면 Amazon SageMaker가 새로운 전용 훈련 인스턴스를 생성해 인스턴스에서 스크립트 파일을 실행한다. 이 작업은 몇 분 정도 시간이 소요되며 훈련 과정 동안 여러 상태 메시지를 노트북 셀 아래에서 확인할 수 있다(그림 16.17).

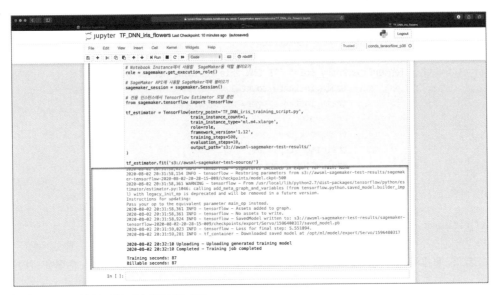

그림 16.17 노트북 인스턴스에서 훈련 작업 생성

훈련 과정이 완료되면 다음과 같은 결과를 확인할 수 있다.

```
2020-08-02 20:31:58,924 INFO - tensorflow - SavedModel written to: s3://awsml-
sagemaker-test-results/sagemaker-tensorflow-2020-08-02-20-28-15-009/checkpoints/export/
Servo/1596400317/saved_model.pb
2020-08-02 20:31:59,023 INFO - tensorflow - Loss for final step: 5.551894.
2020-08-02 20:31:59,281 INFO - tf_container - Downloaded saved model at /opt/ml/model/
export/Servo/1596400317

2020-08-02 20:32:10 Uploading - Uploading generated training model
2020-08-02 20:32:10 Completed - Training job completed

Training seconds: 87
Billable seconds: 87
```

Amazon SageMaker는 훈련 과정이 완료되면 자동으로 훈련 작업을 위해 생성된 인스턴스를 종료한다. 훈련 과정에서 생성된 모델은 `awsml-sagemaker-test-results` 버킷에 저장되고, 저장 경로는 로그 메시지에 출력된다. AWS SageMaker 관리 콘솔의 '훈련' 메뉴를 통해서도 훈련 과정을 마친 모델을 확인하고 모델 생성 파일에 접근할 수 있다(그림 16.18).

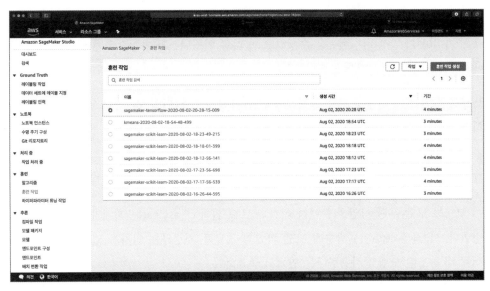

그림 16.18 훈련 작업 목록

지금까지 모델 훈련 과정을 마쳤으며 이제 모델을 하나 이상의 전용 예측 인스턴스에 배포하고 한 번에 하나씩 예측을 수행할 수 있도록 HTTPS API 엔드포인트를 생성하거나, 전체 데이터셋에 관해 예측을 수행하도록 배치 변환 작업을 생성한다. 배치 변환 작업은 책에서 다루지 않으며 자세한 내용은 다음 주소에서 확인할 수 있다.

https://docs.aws.amazon.com/sagemaker/latest/dg/ex1-batch-transform.html

AWS Python SageMaker SDK와 AWS 관리 콘솔을 사용하는 등 다양한 방법으로 예측 인스턴스에 모델을 배포할 수 있다. 배포 방식과 상관없이 배포 과정은 먼저 엔드포인트 구성 객체를 생성하고, 엔드포인트 구성 객체를 이용해 예측 인스턴스와 배포 모델에서 추론하는 데 사용되는 HTTPS 엔드포인트를 생성하는 과정을 포함한다. 엔드포인트 구성에는 모델 파일의 위치 정보, 모델을 배포할 연산 인스턴스의 종류와 수량, 오토스케일링 정책 등의 정보를 포함한다.

고수준 Amazon SageMaker Python SDK는 엔드포인트 구성 생성, 연산 리소스 생성, 모델 배포, HTTPS 엔드포인트 구축을 쉽게 처리할 수 있는 함수를 제공하며, 저수준 AWS Boto Python SDK의 경우 위 절차를 개별적으로 직접 수행해야 한다. 예측 인스턴스의 경우 추가 비용이 발생하며 예측을 수행하고 난 다음 인스턴스가 자동으로 종료되지 않는 점에 유의하자.

노트북의 빈 셀에 다음 코드를 실행해 훈련을 마친 모델을 단일 ML 연산 인스턴스에 배포하고 HTTPS 엔드포인트를 생성하자.

```
# 예측 인스턴스 생성
predictor = tf_estimator.deploy(initial_instance_count=1, instance_type="ml.m4.xlarge")
```

이 코드는 모델 훈련 작업을 수행한 이전 노트북 셀에 tf_estimator 객체가 생성됐다고 가정한다. 이 점은 deploy() 함수에 모델 파일의 경로를 지정하는 인자가 없고 tf_estimator 객체 내 참조된 모델을 사용한다는 면에서 중요하다.

위 코드를 실행하면 몇 분에 걸쳐 Amazon SageMaker는 엔드포인트 구성 생성하고 연산 인스턴스를 만들어 모델을 인스턴스에 배포해 HTTPS 엔드포인트를 구성한다. 예측 인스턴스가 생성된 후 deploy() 함수는 HTTPS 엔드포인트에서 편리하게 예측 작업에 사용할 수 있는 predict() 함수를 제공하는 TensorFlowPredictor 클래스의 객체를 반환한다. 예측 엔드포인트는 인터넷에 연결돼 있고 AWS Signature V4 자격 인증을 통해 보안처리된다. AWS CLI, Postman, 프로그래밍 언어 AWS SDK 등 다양한 방식으로 엔드포인트에 접근할 수 있으며, AWS CLI나 AWS SDK를 사용하는 경우 인증은 사용자가 관여하지 않아도 된다. AWS Signature V4에 관한 내용은 다음 주소에서 확인할 수 있다.

https://docs.aws.amazon.com/AmazonS3/latest/API/sig-v4-authenticating-requests.html

예측 엔드포인트를 사용자에게 서비스 형태로 제공하기 위해서는 Amazon API Gateway 인스턴스에 엔드포인트를 만들고, 요청을 받았을 때 AWS Lambda 함수가 실행되도록 Amazon API Gateway를 설정한다. 이렇게 설정한 후 프로그래밍 언어 SDK로 AWS Lambda 함수가 예측 인스턴스와 상호작용하도록 한다. 이러한 방식은 클라이언트가 AWS Signature V4 인증에 관해 신경 쓰지 않아도 된다는 장점이 있으며, Amazon API Gateway는 자격 증명 관리, 자격 증명 변경, OIDC 지원, API 버전 관리, 트래픽 관리와 같은 상용 API 관리와 관련된 비즈니스 측면에서의 장점을 제공한다.

노트북 인스턴스에서 AWS SageMaker Python SDK를 이용하는 경우, `TensorFlowPredictor` 인스턴스의 `predict()` 함수를 이용해 단일 예측을 수행할 수 있다. 배경에서는 `predict()` 함수는 노트북과 관련된 IAM 역할의 임시 자격 증명을 사용해 예측 엔드포인트를 인증한다. 다음 코드를 노트북의 빈 셀에 실행해 `predict()` 함수로 Iris의 종류를 예측한다.

```
input_dict = {'sepal_length': 63.4,
              'sepal_width': 3.2,
              'petal_length': 4.5,
              'petal_width': 11.5 }

# 예측 엔드포인트로 단일 예측 수행
prediction = predictor.predict(input_dict)
```

예측값을 Python의 `print()` 함수로 확인할 수 있다.

```
print (prediction)

{'result': {'classifications': [{'classes': [{'label': '0', 'score': 1.0},
{'label': '1'}, {'label': '2', 'score': 5.525393273616511e-15}]}]}, 'model_spec':
{'name': 'generic_model', 'version': {'value': 1557687587}, 'signature_name':
'serving_default'}}
```

예측 인스턴스와 관련한 HTTPS 엔드포인트를 종료하기 위해 다시 AWS SageMaker Python SDK가 제공하는 고수준 인터페이스를 사용한다. 노트북의 빈 셀에 다음 코드를 실행해 예측 인스턴스를 비활성화한 다음 종료한다.

```
tf_estimator.delete_endpoint()
```

AWS SageMaker 관리 콘솔을 이용해 활성화된 예측 엔드포인트 목록을 확인하고 예측 엔드포인트를 비활성화하고 종료할 수 있으며, 엔드포인트 구성으로부터 새로운 예측 엔드포인트를 생성할 수도 있다.

> **노트** 예제 소스 코드는 Wiley 출판사 홈페이지와 깃허브에서 다운로드할 수 있다.
> - 출판사: http://www.wiley.com/go/machinelearningawscloud
> - 깃허브: https://github.com/asmtechnology/awsmlbook-chapter17.git

요약

- Google TensorFlow는 Google에서 제작한 머신러닝 라이브러리이다. 처음에는 Google Brain에서 내부 사용을 목적으로 개발했으나 2015년 11월 Apache 오픈소스 라이선스로 공개됐다.

- TensorFlow는 노드와 잎으로 구성된 트리 구조의 연산 그래프로 모델을 구축한다.

- 상수 텐서라 부르는 잎 노드 상수는 할당 후 변경할 수 없는 텐서다.

- 변수 텐서라 부르는 잎 노드 변수는 프로그램을 실행할 때 변경할 수 있는 텐서로 머신러닝 모델을 생성할 때 가중치, 바이어스와 같은 매개변수를 변수 텐서로 나타낸다.

- 플레이스홀더 텐서는 그래프를 평가할 때 그래프에 입력하는 특수한 노드이다. 텐서를 위한 플레이스홀더는 일반적으로 훈련 데이터와 레이블을 입력할 때 사용되며, `tf.placeholder()` 함수로 생성한다.

- 인공 신경망은 워렌 맥컬로치와 월터 피츠가 1943년 개발한 연산 도구로 생물학적 신경망에서 영감을 받아 만들었다.

- TensorFlow Python API는 여러 개의 레이어로 구성되는데, 최고점의 레이어를 에스티메이터 API라 한다.

- 에스티메이터 레이어의 객체는 단일 Python 구문으로 신경망 전체를 생성할 수 있는 기능을 제공한다.

- Amazon SageMaker에서 에스티메이터 API를 사용하는 머신러닝 모델을 훈련시키고 배포할 수 있다.

Amazon Rekognition

17장에서 다루는 내용은 다음과 같다.

- Amazon Rekognition 서비스 소개
- Amazon Rekognition 관리 콘솔 사용법
- AWS CLI로 Amazon Rekognition 작업
- AWS Lambda에서 Amazon Rekognition API 호출

Amazon Rekognition은 이미지, 동영상 분석 딥러닝 모델을 제공하는 웹 서비스로 객체 감지, 사물 위치, 장면 분석, 활동 감지, 콘텐츠 필터링과 같은 이미지 혹은 비디오 관련 작업 프로젝트를 수행할 수 있다. 18장에서는 관리 콘솔, AWS CLI, AWS Lambda에서 Amazon Rekognition API를 이용하는 방법을 배워본다.

> **노트** 17장을 학습하려면 부록 B에 설명한 S3 버킷을 생성해야 한다.
>
> 예제 소스 코드는 Wiley 출판사 홈페이지와 깃허브에서 다운로드할 수 있다.
> - 출판사: http://www.wiley.com/go/machinelearningawscloud
> - 깃허브: https://github.com/asmtechnology/awsmlbook-chapter18.git

Amazon Rekognition 주요 개념

여기서는 Amazon Rekognition을 사용해 작업하면서 만나게 될 주요 개념을 살펴본다.

객체 감지

객체 감지object detection는 컴퓨터가 디지털 이미지의 내용을 분석하고 이미지에서 감지한 객체 목록을 만드는 알고리즘에 초점을 둔 컴퓨터 비전의 한 분야이다. 전통적으로 이러한 알고리즘은 템플릿 객체 데이터베이스를 두고, 이미지의 내용과 데이터베이스의 템플릿을 비교하는 기법을 사용해왔으나 최근 딥러닝의 발전으로 보다 신뢰성이 높고 강력한 알고리즘을 만들 수 있게 됐다. Amazon Rekognition을 활용한 객체 감지로 이미지의 내용을 설명하는 문자열 레이블을 생성할 수 있으며 이를, 레이블 검출label detection이라고 한다.

객체 위치

객체 위치object location는 이미지에서 객체를 검출하고 위치에 관한 정보를 제공하는 알고리즘을 구축하는 컴퓨터 비전의 한 분야이다. 보통 위치는 이미지에 경계 상자bounding box라는 사각형으로 위치를 나타낸다.

장면 감지

장면 감지scene detection는 장면 설명scene description이라고도 하는 인공지능의 한 분야로 객체와 객체의 위치를 검출한 결과를 기반으로 해 문자로 디지털 이미지를 설명하고자 한다. 예를 들어 객체 감지 알고리즘은 사진에서 사람과 자전거를 검출하고, 객체 위치 검출 알고리즘은 검출한 객체에 관해 이미지에 경계 상자로 정의할 수 있다. 장면 감지 알고리즘은 이 결과를 이용해 "맑은 날씨에 자전거 타는 남자Man riding a bicycle on a sunny day"라고 설명한다. 컨볼루션 인공신경망을 이용한 장명 감지 분야는 활발하게 연구되고 있다.

활동 감지

활동 감지activity detection는 비디오의 프레임별 콘텐츠를 분석해 발생한 활동을 설명하는 알고리즘을 만드는 인공지능의 한 분야이다. 활동 감지는 단일 이미지를 분석하는 반면, 장면 감지의 경우 연속된 일련의 이미지들을 분석해 설명한다는 점이 다르다.

얼굴 인식

얼굴 인식^{facial recognition} 알고리즘은 디지털 이미지나 비디오를 분석해 특정인의 얼굴을 인식하고 위치를 파악한다. 이러한 인식 알고리즘은 얼굴 데이터베이스에 접근해 데이터베이스에 존재하는 얼굴만을 인식할 수 있으며, 보통 얼굴 이미지는 훈련 과정의 일부로 데이터베이스에 추가된다. 과거에는 하 웨이블릿^{Harr wavelet} 알고리즘을 주로 사용했으나 요즘에는 사람과 비슷한 수준의 성능을 보이는 컨볼루션 인공신경망 접근 방식을 주로 사용한다.

얼굴 모음

얼굴 모음^{face collection}은 얼굴 정보를 색인화^{indexed}한 컨테이너로, DetectFaces와 같은 Amazon Rekognition API를 이용해 얼굴 모음을 이용한 얼굴 인식을 구현한다.

API 집합

Amazon Rekognition은 Amazon Rekognition 이미지 API와 Amazon Rekognition 비디오 API 두 가지를 제공한다. 이름과 같이 API는 각각 이미지와 비디오를 함께 사용한다. 두 API의 입출력은 모두 JSON 객체 형식이나 Amazon Rekognition 이미지 API는 동기식인 반면, Amazon Rekognition 비디오 API는 비동기식으로 실행된다. 비동기 API 작업은 StartFaceDetection과 같은 Start API를 호출해 작업을 시작한 후 작업 완료 상태를 Amazon SNS 주제에 게시한다. Amazon SNS으로부터 작업 완료 알림을 받으면 GetFaceDetection과 같은 Get API를 사용해 작업 결과를 불러온다.

비스토리지 및 스토리지 기반 작업

비스토리지^{non-storage} API 작업의 경우 Amazon Rekognition은 분석 과정이나 결과에 관한 어떠한 정보도 저장하지 않는다. 사용자는 이미지나 비디오를 입력하고 API 작업을 통해 입력을 읽어와 결과를 제공하지만 Amazon Rekognition에는 아무것도 저장되지 않는다. 반면 스토리지 기반 작업은 Amazon Rekognition에 작업 결과를 저장하며 일반적으로 추후 얼굴 인식 작업을 위한 얼굴 모음^{facial collection}을 구축하는 데 사용한다. 얼굴 모음을 생성하는 API는 스토리지 기반이나 실제 얼굴 인식 API는 비스토리지 기반 API이다.

모델 버전 관리

Amazon Rekognition은 딥러닝 CNN 모델을 사용해 API를 구현한다. 특히 Amazon은 지속적으로 이러한 모델을 발전시키고 꾸준히 새로운 버전을 출시한다. 만약 Amazon Rekognition 이미지 API를 사용한다면 Amazon Rekognition에서 자동으로 최신의 버전을 적용하므로 별도로 사용 버전을 관리할 필요는 없다. 하지만 기존에 구축한 얼굴 모음을 사용하거나 새로운 얼굴을 추가하는 Amazon Rekognition 비디오 API를 사용하는 경우에는 모음을 생성할 때 사용한 버전의 모델만을 사용할 수 있다. 특정 버전으로 만든 얼굴 모음은 다른 버전으로 변환하거나 함께 사용할 수 없다.

가격 정책 및 가용성

Amazon Rekognition은 사용한 만큼 비용을 지불할 수 있으며, 이미지 API를 사용한 수에 따라 비용이 청구되고 비디오 API는 영상을 처리한 시간(분)에 따라 청구된다. 만약 얼굴 모음을 사용하는 경우 저장한 얼굴의 수에 따라 비용을 지불해야 한다. Amazon Rekognition은 AWS 프리 티어 계정에 포함되며, 가격 정책에 관한 자세한 정보는 다음 주소에서 확인할 수 있다.

https://aws.amazon.com/rekognition/pricing/

Amazon Rekognition은 일부 리전에서만 서비스가 가능하며, 서비스 리전에 관한 최신 정보는 다음 주소에서 확인 가능하다.

https://aws.amazon.com/about-aws/global-infrastructure/regional-product-services

Amazon Rekognition 관리 콘솔을 이용한 이미지 분석

이번 예제에서는 Amazon Rekognition 관리 콘솔을 이용해 이미지에서 객체를 감지하는 방법을 배워본다. Amazon Rekognition은 그 작동 방식 때문에 AWS SDK를 사용해 직접 접근하거나 AWS 이벤트의 응답에 트리거되는 Lambda 함수를 이용해 접근해야 한다.

Amazon Rekognition 관리 콘솔은 이미지와 비디오에 Rekognition API를 쉽게 사용할 수 있는 사용자 인터페이스를 제공한다.

개발용 IAM 사용자 계정 전용 로그인 주소로 AWS 관리 콘솔에 로그인 후 Amazon Rekognition 서비스를 사용할 리전을 선택한다. 예제에서는 유럽(아일랜드) 리전을 선택한 것으로 가정하며, '서비스' 메뉴를 통해 Amazon Rekognition 서비스로 이동한다(그림 17.1).

그림 17.1 Amazon Rekognition 서비스 첫 화면

화면 왼쪽의 메뉴를 확장해 '데모' 카테고리의 '객체 및 장면 감지' 메뉴로 이동한다(그림 17.2).

그림 17.2 객체 및 장면 감지 메뉴 접속

Amazon에서 제공하는 샘플 이미지를 사용하거나 자신이 원하는 이미지를 사용해 실습을 진행할 수 있으며, 실습 예제 파일에도 실습용 이미지 파일이 포함돼 있다. sample_images 폴더의 bicycle_01.jpg 파일을 선택해 업로드하고 Amazon Rekognition이 감지한 객체 목록을 살펴보자(그림 17.3).

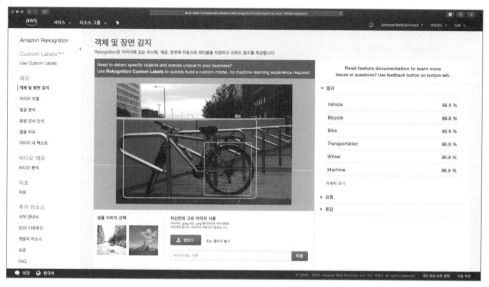

그림 17.3 샘플 이미지에서 감지된 객체 레이블

각 객체 레이블은 0에서 100점 사이의 신뢰도와 함께 표시되며 신뢰도 점수가 높은 레이블이 목록의 위에 표시된다. 관리 콘솔을 이용해 Rekognition API에 접근하면 콘솔이 사용자를 대신해 JSON 요청을 생성하고 관련 Rekognition 이미지 혹은 비디오 API에 요청을 전송한다. API로부터의 응답도 JSON 객체로 관리 콘솔이 JSON 객체를 파싱^{parsing}해 화면에 표시해주게 된다.

감지된 객체 레이블 아래 '요청' 및 '응답' 영역에서 파싱되기 전 원시(raw) JSON 객체를 확인할 수 있다. 예제에서의 요청 객체는 'Image'라는 단일 속성을 포함하고 있다.

```json
{
"Image": {"Bytes": "..."}
}
```

응답 객체는 감지한 객체 레이블과 신뢰도 점수 등 많은 정보를 포함하고 있다.

```json
{
    "LabelModelVersion": "2.0",
    "Labels": [  {
```

```
"Confidence": 99.98981475830078,
"Instances": [],
"Name": "Vehicle",
"Parents": [{"Name": "Transportation"}]
},
{
"Confidence": 99.98981475830078,
"Instances": [],
"Name": "Transportation",
"Parents": []
},
{
"Confidence": 99.98981475830078,
"Instances": [{
    "BoundingBox":{
    "Height": 0.6593928337097168,
    "Left": 0.04068286344408989,
    "Top": 0.2880190312862396,
    "Width": 0.7587363719940186
    },
    "Confidence": 99.98981475830078
    }],
"Name": "Bicycle",
"Parents": [
    {"Name": "Vehicle" },
    {"Name": "Transportation"}]
},
{
"Confidence": 99.98981475830078,
"Instances": [],
"Name": "Bike",
"Parents": [{"Name": "Vehicle" },
{"Name": "Transportation" }]
},
{
"Confidence": 99.92826080322266,
"Instances": [],
"Name": "Machine",
"Parents": []
},
{
 "Confidence": 99.92826080322266,
 "Instances": [{
```

```
            "BoundingBox": {
            "Height": 0.44183894991874695,
            "Left": 0.5008670091629028,
            "Top": 0.4816884696483612,
            "Width": 0.2692929804325104
            },
            "Confidence": 99.92826080322266 }],
        "Name": "Wheel",
        "Parents": [{ "Name": "Machine" } ]
        },
        {
        "Confidence": 55.68204879760742,
        "Instances": [],
        "Name": "Mountain Bike",
        "Parents": [
            {"Name": "Vehicle"},
            {"Name": "Bicycle"},
            {"Name": "Transportation"}]
        }
    ]
}
```

각각의 레이블은 배열의 항목으로 표현되며, 이름Name, 신뢰도 점수Confidence, 경계 상자 BoundingBox, Amazon Rekognition이 레이블 사이의 계층적 관계를 감지한 경우 상위 레이블parent label에 관한 정보를 포함한다.

```
{
        "Confidence": 99.92826080322266,
        "Instances": [ {
            "BoundingBox": {
            "Height": 0.44183894991874695,
            "Left": 0.5008670091629028,
            "Top": 0.4816884696483612,
            "Width": 0.2692929804325104
            },
            "Confidence": 99.92826080322266
        }],
        "Name": "Wheel",
        "Parents": [ { "Name": "Machine" } ]
}
```

왼쪽 '지표' 메뉴를 통해 기간별 6가지 지표에 관한 집계 그래프를 확인할 수 있다(그림 17.4).

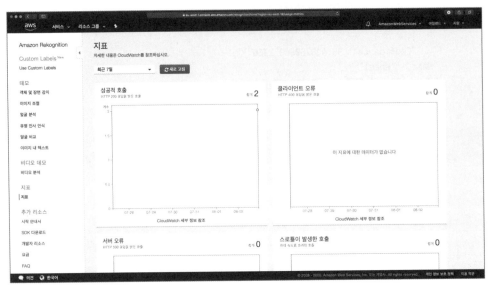

그림 17.4 Amazon Rekognition 집계 지표 그래프

6가지 지표와 관련 그래프는 표 17.1과 같다.

표 17.1 Aggregate Metric Graphs

그래프 이름	지표 이름
성공적 호출	SuccessfulRequestCount
클라이언트 오류	UserErrorCount
서버 오류	ServerErrorCount
스로틀이 발생한 오류	ThrottledCount
감지한 레이블	DetectedLabelCount
감지한 얼굴	DetectedFaceCount

Amazon Rekognition 지표 그래프를 확인하기 위해서는 사용 중인 IAM 사용자가 Amazon CloudWatch와 Amazon Rekognition에 적절한 권한을 갖고 있어야 하며, 최소한 사용자 는 AmazonRekognitionReadOnlyAccess와 CloudWatchReadOnlyAccess 권한을 갖고 있어야 한다.

Rekognition의 지표 메뉴에서 확인할 수 있는 집계 그래프는 Amazon CloudWatch에서 제공하는 받는 값이며, Amazon Rekognition의 모니터링과 관련된 자세한 내용은 다음 주소에서 확인할 수 있다.

https://docs.aws.amazon.com/rekognition/latest/dg/rekognition_monitoring.html

AWS CLI를 이용한 이미지 분석

AWS CLI를 사용해 Amazon Rekognition API에 접근이 가능하며, 명령줄을 통해 이미지와 비디오 분석이 가능하다. Amazon Rekognition API는 JSON 객체를 이용한 입력을 허용하며, JSON 형태의 응답을 제공한다. 일반적으로 Amazon Rekognition API는 대용량의 이미지나 비디오 분석에 사용되므로 이미지나 동영상을 Amazon S3 버킷에 업로드 후 Amazon S3 객체 ARN^{Amazon Resource Name}을 JSON 요청 페이로드^{request payload}의 매개변수로 사용한다.

다른 방법은 이미지나 동영상 객체의 바이트값을 BASE64 문자열로 인코딩해 JSON 요청 페이로드에 사용하는 것이나 이는 권장하지 않는 방식으로, 이미지/동영상 업로드와 Amazon Rekognition API 호출을 분리하는 것이 좋다.

이번 예제에서는 Amazon Rekognition API를 호출하기 전 Amazon S3 버킷에 이미지를 업로드하며 사용할 버킷의 이름은 `awsml-rekognition-awscli-source`이다. 다만 버킷의 이름은 고유한 값이어야 하기에 필요하다면 원하는 이름으로 버킷 이름은 변경할 수 있다. 그리고 예제를 따라 하기 위해서는 먼저 개발 IAM 자격 증명을 사용해 AWS CLI를 설치하고 구성을 마친 상태여야 한다.[1]

AWS CLI로 Amazon S3 버킷에 이미지를 업로드하기 위해 Mac의 터미널이나 Windows의 명령 프롬프트 창을 실행하고 다음과 같은 구문을 입력한다.

---

1   AWS CLI 설치 및 구성 방법은 부록 C를 참고하면 된다. – 옮긴이

```
$ aws s3 cp <source-file-name> s3://<bucket-name>
```

<source-file-name> 부분을 자신의 컴퓨터에 있는 이미지 파일 전체 경로로 변경하고, <bucket-name> 부분을 이미지를 업로드할 Amazon S3 버킷 이름으로 변경한다. 예를 들어 다음 명령어는 tower_bridge_01.jpg 파일을 awsml-rekognition-awscli-source 버킷에 업로 드한다.

```
aws s3 cp \
/Users/abhishekmishra/Desktop /tower_bridge_01.jpg  \
s3://awsml-rekognition-awscli-source
```

이미지 업로드에는 몇 초가 소요된다. 다음 명령어로 버킷에 업로드된 이미지 목록을 확인 할 수 있다.

```
$ aws s3 ls s3://awsml-rekognition-awscli-source
```

이미지가 Amazon S3 버킷에 올라간 것을 확인한 후 다음 명령어를 실행해 Amazon Rekognition 이미지 API를 통해 이미지에서 객체 분석을 수행한다. 단, Amazon S3 버킷 과 파일 이름은 자신이 사용하고자 하는 내용에 맞게 변경한다.

```
aws rekognition detect-labels --image \
'{"S3Object":{"Bucket":"awsml-rekognition-awscli-source", \
"Name":"tower_bridge_01.jpg"}}'
```

명령줄 구문은 image라는 단일 매개변수를 JSON 객체로 입력받아 DetectLables API를 실 행한다.

```
{
        "S3Object":{
        "Bucket":"awsml-rekognition-awscli-source",
        "Name":"tower_bridge_01.jpg"}
}
```

키보드의 **엔터** 키로 명령어를 실행하면 다음과 같이 레이블 목록과 신뢰도 점수가 JSON 객체로 반환된다.

```
{
    "Labels": [
        {
            "Name": "Building",
            "Confidence": 99.22096252441406,
            "Instances": [],
            "Parents": []
        },
        {
            "Name": "Bridge",
            "Confidence": 97.9942855834961,
            "Instances": [
                {
                    "BoundingBox": {
                        "Width": 0.8991885185241699,
                        "Height": 0.580137312412262,
                        "Left": 0.09563709050416946,
                        "Top": 0.2453334629535675
                    },
                    "Confidence": 96.43193817138672
                }
            ],
            "Parents": [
                {
                    "Name": "Building"
                }
            ]
        },
        {
            "Name": "Architecture",
            "Confidence": 91.6387939453125,
            "Instances": [],
            "Parents": [
                {
                    "Name": "Building"
                }
            ]
        },
        {
            "Name": "Outdoors",
            "Confidence": 83.56424713134766,
            "Instances": [],
            "Parents": []
```

```
        },
        {
            "Name": "Suspension Bridge",
            "Confidence": 80.96751403808594,
            "Instances": [],
            "Parents": [
                {
                    "Name": "Bridge"
                },
                {
                    "Name": "Building"
                }
            ]
        },
        {
            "Name": "Arch",
            "Confidence": 76.18531799316406,
            "Instances": [],
            "Parents": [
                {
                    "Name": "Building"
                },
                {
                    "Name": "Architecture"
                }
            ]
        },
        {
            "Name": "Arched",
            "Confidence": 76.18531799316406,
            "Instances": [],
            "Parents": [
                {
                    "Name": "Building"
                },
                {
                    "Name": "Architecture"
                }
            ]
        },
        {
            "Name": "Nature",
            "Confidence": 73.91722869873047,
            "Instances": [],
```

```
                "Parents": []
        },
        {
            "Name": "Arch Bridge",
            "Confidence": 70.39462280273438,
            "Instances": [],
            "Parents": [
                {
                    "Name": "Architecture"
                },
                {
                    "Name": "Arch"
                },
                {
                    "Name": "Bridge"
                },
                {
                    "Name": "Building"
                }
            ]
        },
        {
            "Name": "Urban",
            "Confidence": 58.88948440551758,
            "Instances": [],
            "Parents": []
        },
        {
            "Name": "Metropolis",
            "Confidence": 58.88948440551758,
            "Instances": [],
            "Parents": [
                {
                    "Name": "Urban"
                },
                {
                    "Name": "Building"
                },
                {
                    "Name": "City"
                }
            ]
        },
```

```
            {
                "Name": "City",
                "Confidence": 58.88948440551758,
                "Instances": [],
                "Parents": [
                    {
                        "Name": "Urban"
                    },
                    {
                        "Name": "Building"
                    }
                ]
            },
            {
                "Name": "Town",
                "Confidence": 58.88948440551758,
                "Instances": [],
                "Parents": [
                    {
                        "Name": "Urban"
                    },
                    {
                        "Name": "Building"
                    }
                ]
            }
        ],
        "LabelModelVersion": "2.0"
}
```

--image 인자값에 추가로 --max-labels와 --min-confidence 인자값을 명령줄 구문에 추가해 최대 레이블 개수와 최소 신뢰도 점수를 넘는 레이블만 응답에 추가하도록 제한할 수 있다. 다음 명령줄 구문은 추가 인자값을 적용한 예를 보여준다.

```
$aws rekognition detect-labels \
--image  '{"S3Object":{"Bucket":"awsml-rekognition-awscli-source", \
 "Name":"tower_bridge_01.jpg"}}' \
--max-labels 4 \
--min-confidence 98.75
```

앞의 명령어를 실행하면 몇 초 후 다음과 유사한 실행 결과를 확인할 수 있다.

```
{
    "Labels": [{
        "Name": "Building",
        "Confidence": 99.22096252441406,
        "Instances": [],
        "Parents": []
        }],
    "LabelModelVersion": "2.0"
}
```

만약 DetectLabels 작업이 아무런 레이블을 찾지 못했다면 비어 있는 Labels 배열을 반환하게 된다.

Amazon Rekognition과 AWS Lambda로 작업하기

이전 예제에서는 관리 콘솔과 AWS CLI를 이용해 Amazon Rekognition을 사용하는 방법을 살펴봤다. API와 상호작용을 통해 결과를 얻을 수는 있으나 이러한 방식으로 사용자의 프로젝트와 Amazon Rekognition을 통합할 수는 없다.

Amazon Rekognition과 실제 프로젝트를 통합하기 위해서는 다음 두 가지 접근 방식 중 하나를 선택해야 한다.

- 프로그래밍 언어 AWS SDK를 사용해 코드에서 직접 Amazon Rekognition API 호출
- AWS Lambda 함수가 트리거 됐을 때 Amazon Rekognition API 호출

이번 예제에서는 Amazon DynamoDB 테이블과 Amazon S3 버킷에 이미지가 업로드 됐을 때 트리거되는 AWS Lambda 함수를 생성한다. AWS Lambda 함수가 트리거되면 Amazon S3 버킷의 이미지를 읽어와 Amazon Rekognition 이미지 API를 사용해 이미지에서 객체를 감지한다. 감지한 객체의 이름은 Amazon DynamoDB 테이블에 파일 이름과 함께 기록되며, Amazon DynamoDB 테이블은 콘텐츠 기반 인덱스를 제공해 애플리케이션이 특정 객체를 포함하는 이미지를 검색하는 데 사용된다.

실무에서는 API Gateway가 받는 HTTP 요청과 같은 AWS Lambda 함수를 트리거하는 다양한 이벤트가 있을 수 있으나 이 책에서는 다루지 않는다.

노트　18장을 학습하려면 부록 B에 설명한 S3 버킷을 생성해야 한다.

예제 소스 코드는 Wiley 출판사 홈페이지와 깃허브에서 다운로드할 수 있다.

- 출판사: http://www.wiley.com/go/machinelearningawscloud
- 깃허브: https://github.com/asmtechnology/awsmlbook-chapter18.git

---

Amazon DynamoDB 테이블 생성

개발용 IAM 사용자 계정 전용 로그인 주소로 AWS 관리 콘솔에 로그인 후 Amazon Rekognition 서비스를 사용할 리전을 선택한다. 예제에서는 유럽(아일랜드) 리전을 선택한 것으로 가정하며, '서비스' 메뉴를 통해 Amazon DynamoDB 서비스로 이동한다(그림 17.5).

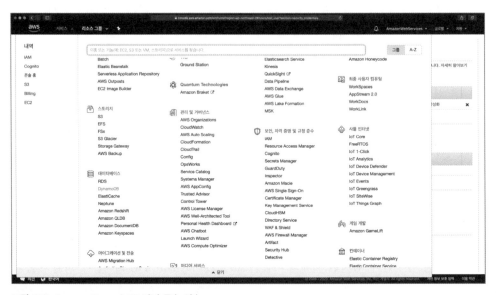

그림 17.5 Amazon DynamoDB 관리 콘솔 접속

Amazon DynamoDB 콘솔이 Amazon S3 버킷과 동일한 리전을 선택했는지 확인한다. imageindex라는 테이블 이름을 입력한 후 label이라는 파티션 키와 filename이라는 정렬 키를 추가한다(그림 17.6).

그림 17.6 Amazon DynamoDB 테이블 이름과 기본 키 속성 값

'기본 설정 사용' 옵션을 해제하고 읽기 용량 유닛과 쓰기 용량 유닛 영역으로 이동한다(그림 17.7). '오토스케일링^Auto Scaling'을 해제하고 '프로비저닝된 용량'을 사용하도록 설정됐는지 확인한다.

그림 17.7 Amazon DynamoDB 테이블 읽기/쓰기 용량 모드

화면 아래 **생성** 버튼을 눌러 테이블을 생성하면 Amazon DynamoDB 관리 콘솔의 기존
테이블 목록과 함께 새로 생성된 테이블을 확인할 수 있다(그림 17.8).

그림 17.8 Amazon DynamoDB 관리 콘솔의 테이블 목록

AWS Lambda 함수 생성

'서비스' 메뉴를 통해 AWS Lambda 서비스에 접속해 관리 콘솔의 리전이 Amazon S3 버킷과 Amazon DynamoDB 테이블의 리전과 동일한지 확인한다. **함수 생성** 버튼을 선택해 새로운 AWS Lambda 함수 생성을 시작한다. AWS Lambda가 처음이거나 복습이 필요한 경우 12장을 참고한다.

함수 생성 버튼을 선택 후 함수 생성 방법 중 '새로 작성'을 선택한다(그림 17.9).

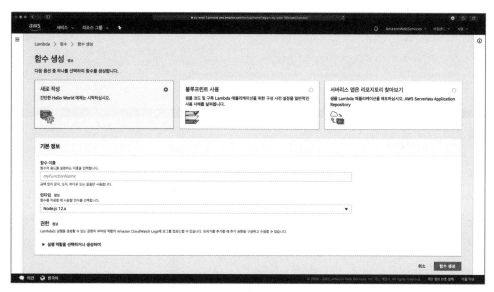

그림 17.9 Amazon Lambda 함수 새로 작성

'함수 이름'에 'DetectLabels'를 입력하고 '런타임'에 'Python 3.6'을 선택한 다음 '실행 역할 선택/생성'에서 '기본 Lambda 권한을 가진 새 역할 생성'을 선택한다(그림 17.10).

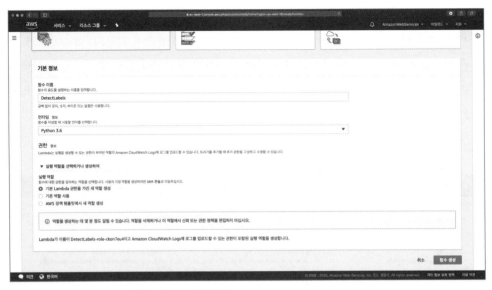

그림 17.10 Amazon Lambda 함수 이름과 런타임 설정

AWS는 Lambda 함수가 AWS CloudWatch에 로그를 기록할 수 있는 최소한의 권한을 가진 새로운 IAM 역할을 생성하게 되며, 이 IAM 역할의 이름은 그림 17.10과 같이 화면 아래 `DetectLabels-role-xxxxx`와 유사한 형식으로 표시된다. Amazon S3, Amazon DynamoDB 및 Amazon Rekognition에 접근할 수 있도록 수정하기 위해 이 이름을 기록해 둔다. 화면 아래 **함수 생성** 버튼을 눌러 함수를 생성한다.

AWS Lambda 함수 생성이 완료된 후 '서비스' 메뉴를 통해 IAM 관리 콘솔로 이동해 Lambda 함수를 생성하면서 만든 새로운 IAM 역할로 이동한다. **정책 편집** 버튼을 통해 역할과 관련된 권한 정책 문서로 이동한다(그림 17.11).

그림 17.11 AWS Lambda 함수 생성 시 만든 IAM 역할의 기본 정책 문서 확인

정책 편집기 화면에서 'JSON' 탭을 선택해 정책 문서를 JSON 형식으로 확인한다(그림 17.12).

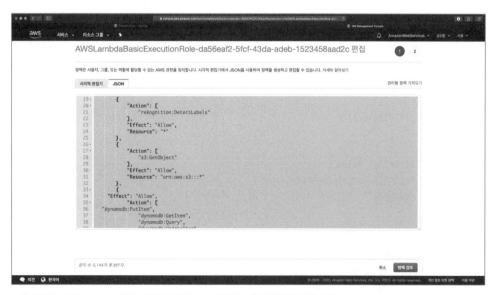

그림 17.12 AWS Lambda 함수 생성 시 만든 IAM 역할의 기본 정책 문서 업데이트

Statement 배열에 다음 객체를 추가한다.

```
    {
        "Action": [
            "rekognition:DetectLabels"
        ],
        "Effect": "Allow",
        "Resource": "*"
    },
    {
        "Action": [
            "s3:GetObject"
        ],
        "Effect": "Allow",
        "Resource": "arn:aws:s3:::*"
    },
    {
        "Effect": "Allow",
        "Action": [
            "dynamodb:PutItem",
            "dynamodb:GetItem",
            "dynamodb:Query",
            "dynamodb:UpdateItem"
        ],
        "Resource": "*"
    }
```

최종 정책 문서는 다음과 유사한 형식이 된다.

```
{
    "Version": "2012-10-17",
    "Statement": [
        {
            "Effect": "Allow",
            "Action": "logs:CreateLogGroup",
            "Resource": "arn:aws:logs:eu-west-1:5083XXXX13:*"
        },
        {
            "Effect": "Allow",
            "Action": [
                "logs:CreateLogStream",
                "logs:PutLogEvents"
            ],
```

```
            "Resource": [
                "arn:aws:logs:eu-west-1:5083XXXX813:log-group:/aws/lambda/
DetectLabels2:*"
            ]
        },
        {
            "Action": [
                "rekognition:DetectLabels"
            ],
            "Effect": "Allow",
            "Resource": "*"
        },
        {
            "Action": [
                "s3:GetObject"
            ],
            "Effect": "Allow",
            "Resource": "arn:aws:s3:::*"
        },
        {
    "Effect": "Allow",
            "Action": [
    "dynamodb:PutItem",
                "dynamodb:GetItem",
                "dynamodb:Query",
                "dynamodb:UpdateItem"
            ],
            "Resource": "*"
        }
    ]
}
```

이 정책 문서는 계정 내에서 AWS Lambda가 CloudWatch에 로그 기록, Amazon Rekogni
tion의 DetectLabels API를 호출, Amazon S3 버킷에서 객체 읽기, Amazon DynamoDB
테이블에 읽기, 쓰기 및 쿼리 실행을 할 수 있도록 허용한다.

"rekognition:DetectLabels" 이후에 적절한 내용을 추가해 다른 Amazon Rekognition
API에 접속을 허용할 수 있다. 정책 문서에 사용할 수 있는 Amazon Rekognition actions
에 관한 내용은 다음 주소에서 확인할 수 있다.

https://docs.aws.amazon.com/rekognition/latest/dg/api-permissions-reference.
html

화면 아래 **정책 검토** 버튼을 눌러 정책 검토 화면으로 이동한다(그림 17.13).

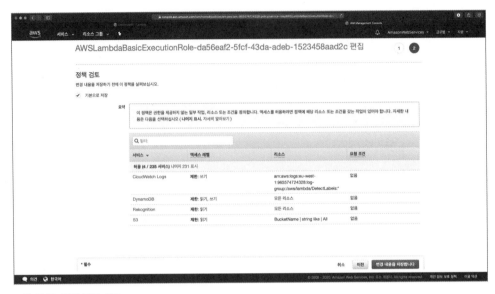

그림 17.13 정책 검토 화면

변경 내용을 저장합니다 버튼을 눌러 IAM 정책 업데이트를 마무리한다. 변경 사항을 저장한 후 '서비스' 메뉴를 통해 AWS Lambda 관리 콘솔을 선택 후 DetectLabels Lambda 함수로 이동한다.

'Designer' 영역에서 **트리거 추가** 버튼을 선택 후 '트리거 구성'에서 S3를 선택한다. '버킷'에 awsml-rekognition-awslambda-test-source를 선택하고, '이벤트 유형'에 '모든 객체 생성 이벤트'를 선택 후 **추가** 버튼으로 트리거를 추가한다(그림 17.14). 이 트리거를 통해 S3 버킷에 새로운 파일이 업로드될 때마다 Lambda 함수가 실행된다.

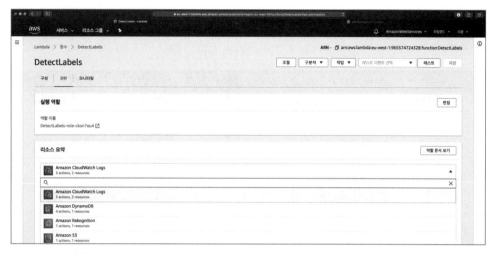

그림 17.14 S3 이벤트 트리거 구성

함수의 'Designer' 영역의 '권한' 탭 화면은 그림 17.14와 같이 '리소스 요약' 영역에 Amazon CloudWatch Logs, Amazon S3, Amazon DynamoDB, Amazon Rekognition이 표시돼야 한다.

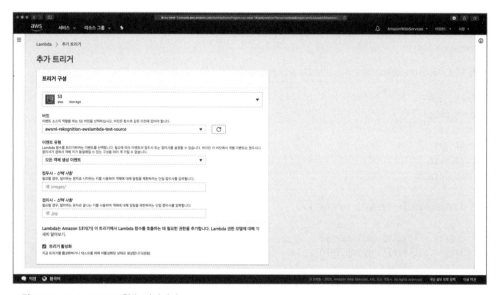

그림 17.15 AWS Lambda 함수 디자이너

Lambda 함수를 업데이트하기 위해 함수 이름을 선택 후 '함수 코드' 영역으로 이동한다 (그림 17.16).

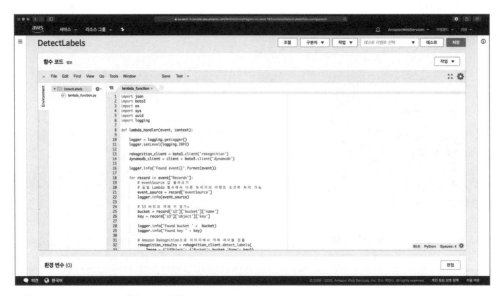

그림 17.16 AWS Lambda 함수 코드 설정

코드 에디터의 내용을 목록 17.1로 대체한다.

목록 17.1 Amazon Rekognition의 Label Detection을 수행하기 위한 AWS Lambda 함수 코드

```
import json
import boto3
import os
import sys
import uuid
import logging

def lambda_handler(event, context):

    logger = logging.getLogger()
    logger.setLevel(logging.INFO)

    rekognition_client = boto3.client('rekognition')
    dynamodb_client = client = boto3.client('dynamodb')
```

```python
        logger.info('Found event{}'.format(event))

        for record in event['Records']:
            # eventSource 값 불러오기
            # 동일 Lambda 함수에서 다른 트리거의 이벤트 조건부 처리 가능
            event_source = record['eventSource']
            logger.info(event_source)

            # S3 버킷과 객체 키 읽기=
            bucket = record['s3']['bucket']['name']
            key = record['s3']['object']['key']

            logger.info('Found bucket ' + bucket)
            logger.info('Found key ' + key)

            # Amazon Rekognition으로 이미지에서 객체 레이블 검출
            rekognition_results = rekognition_client.detect_labels(
                Image = {'S3Object': {'Bucket': bucket,'Name': key}},
                MaxLabels = 5,
                MinConfidence = 70)

            # 레이블 검출 결과 DynamoDB에 기록
            for label in rekognition_results['Labels']:

                text = label['Name']
                confidence = str(label['Confidence'])

                logger.info('Found label ' + text)

                dynamodb_response = dynamodb_client.put_item(
                    Item={'label': {'S': text},'filename': {'S': key}, 'confidence':
{'N':confidence}},
                    ReturnConsumedCapacity='TOTAL',
                    TableName='imageindex')

                logger.info('DynamDBResponse ' + format(dynamodb_response))


        # 처리 결과 반환
        return {
        'statusCode': 200,
        }
```

화면 오른쪽 위 **저장** 버튼을 눌러 변경 사항을 저장해 Lambda 함수 생성을 마무리한다. 함수를 테스트하기 위해 '서비스' 메뉴를 통해 Amazon S3로 이동 후 AWS Lambda 함수 트리거와 관련된 버킷으로 이동한다. S3 버킷에 이미지 파일을 업로드 후 Amazon DynamoDB 관리 콘솔로 이동해 imageindex 테이블로 이동한다. 테이블의 '항목' 탭에서 Amazon Rekognition이 감지한 레이블 목록을 확인할 수 있다(그림 17.17).

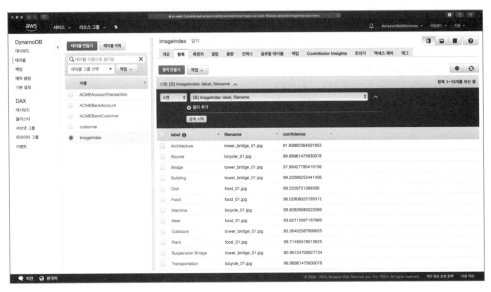

그림 17.17 AWS Lambda 함수 실행 결과 확인

S3 버킷에 여러 이미지를 업로드하게 되면 잠시 후 Amazon DynamoDB 테이블에 여러 행이 추가된 것을 볼 수 있다. '쿼리' 메뉴 실행을 통해 특정 객체를 포함하는 이미지를 테이블에서 검색할 수 있다(그림 17.18).

그림 17.18 Amazon DynamoDB 테이블 쿼리로 검색

이번 예제에서 사용한 파일과 버킷 이름은 다음과 같으며 실제 사용하는 버킷 이름이 다르다면 적절하게 변경해서 사용해야 한다.

- **이미지 업로드 S3 버킷**: awsml-rekognition-awslambda-test-source

- DynamoDB 테이블: imageindex

- **업로드 이미지**: food_01.jpg(실습 예제에 포함)

노트 예제 소스 코드는 Wiley 출판사 홈페이지와 깃허브에서 다운로드할 수 있다.

- 출판사: http://www.wiley.com/go/machinelearningawscloud

- 깃허브: https://github.com/asmtechnology/awsmlbook-chapter18.git

---

요약

- Amazon Rekognition은 이미지, 동영상 분석 딥러닝 모델을 제공하는 웹 서비스로, 이를 사용해 객체 감지, 사물 위치, 장면 분석, 활동 감지, 콘텐츠 필터링과 같은 이미지 혹은 비디오 관련 작업 프로젝트를 수행할 수 있다.

- Amazon Rekognition은 Amazon Rekognition 이미지 API와 Amazon Rekognition 비디오 API 두 가지를 제공하며, 각각 이미지와 비디오와 함께 사용한다.

- 이미지 API는 동기식으로 실행되는 반면 비디오 API는 비동기식으로 실행된다.

- Amazon Rekognition 비디오 API의 비동기식 모델은 Amazon SNS 토픽을 이용해 작업 완료를 구독자에게 알리는 방식에 의존해 수행된다.

- 비스토리지 API 작업의 경우 Amazon Rekognition은 분석 과정이나 결과에 관한 어떠한 정보도 저장하지 않는다. 반면 스토리지 기반 작업은 Amazon Rekognition에 정보를 저장한다.

- Amazon Rekognition 비디오 API는 얼굴 모음^{facial collection}을 구축할 수 있는 스토리지 기반 API이다.

- 얼굴 모음을 생성할 때 사용한 Amazon Rekognition 모델의 버전은 업데이트할 수 없다.

Anaconda와 Jupyter Notebook 설정

부록 A에서는 아나콘다 내비게이터 설치, 머신러닝 라이브러리를 포함한 Python 환경 설정 및 Jupyter Notebook 구성을 살펴본다.

아나콘다 설치

아나콘다는 데이터 과학에 널리 사용되는 Python 배포판(사전 빌드 및 사전 구성된 패키지 모음)이다. 아나콘다에는 사전에 구성된 패키지 및 기타 도구 외에도 콘다 패키지 매니저가 포함돼 있다. 명령줄에서 콘다 패키지 매니저를 이용해 Python 가상환경을 설정하고 아나콘다에 기본으로 설치되지 않은 추가적인 패키지를 설치할 수 있다.

아나콘다 내비게이터는 Jupyter Notebook과 같은 도구를 쉽게 설치, 구성, 실행할 수 있도록 하는 아나콘다 배포판에 포함된 GUI 도구이다. 책에서는 아나콘다 내비게이터를 사용하지만 conda 명령줄 명령어를 통해 모든 작업을 수행할 수 있음을 명심하자.

아나콘다 내비게이터 설치를 위해 https://www.anaconda.com에 접속 후 화면 상단 메뉴를 통해 개인용 버전 다운로드 버튼을 클릭한다(그림 A.1).

그림 A.1 아나콘다 홈페이지

다운로드 페이지에서 자신의 운영체제에 맞는 Python 3.7 혹은 그 이상의 버전을 다운로드한다(그림 A.2).

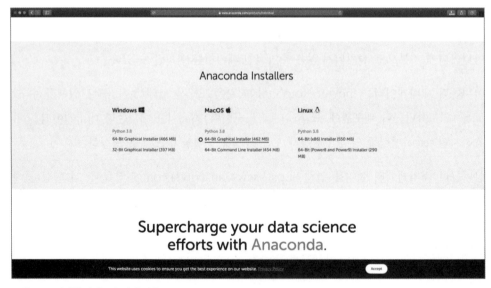

그림 A.2 적절한 아나콘다 버전 다운로드

인스톨러를 다운로드한 폴더를 찾아 실행해 설치 절차를 시작한다(그림 A.3).

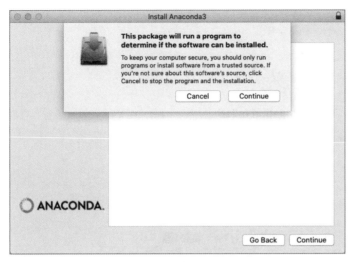

그림 A.3 macOS X 아나콘다 인스톨러

설치 중간에 PyCharm IDE를 설치할 것인지 묻는 화면이 나타난다(그림 A.4). PyCharm IDE는 Python용 무료 IDE로 책에서는 사용하지 않으며, Anaconda 배포판 설치 과정 중 설치하거나 추후 아나콘다 내비게이터 사용자 화면을 통해 설치할 수 있다.

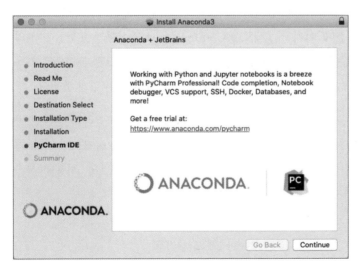

그림 A.4 Microsoft Visual Studio Code 설치 옵션

인스톨러가 성공적으로 끝나면 컴퓨터에 아나콘다 배포판 설치가 완료된다(그림 A.5).

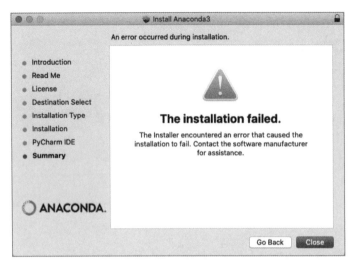

그림 A.5 아나콘다 설치 완료

Conda Python 가상환경 만들기

아나콘다 설치를 마치면 일부 사전에 설치된 패키지를 포함한 base(root)라는 Conda Python 가상환경이 만들어진다. 여기서는 새로운 Conda Python 가상환경을 만들고 책의 예제에서 사용하는 패키지를 설치한다. Conda Python 가상환경은 독립된 환경으로 사용자 시스템에 설치된 Python 패키지를 변경하지 않고 패키지를 설치할 수 있게 해준다.

Python의 공식 패키지 매니저는 PiP^Pip Installs Packages로 PyPI^Python Package Index라는 온라인 저장소에서 패키지를 가져온다. Conda는 언어에 구애받지 않는 패키지 매니저로 Conda 가상환경에 패키지를 설치하는 데 사용한다. 이는 중요한 차이점으로 conda는 사용자 시스템에 설치된 Python에 패키지를 설치하는 데는 사용할 수 없다.

Jupyter Notebook과 Spyder IDE와 같은 아나콘다 내비게이터에 포함된 여러 도구에서 Conda 가상환경을 사용할 수 있으며, 느리긴 하지만 서로 다른 가상환경으로 전환할 수 있다.

새로운 가상환경을 만들기 위해 먼저 아나콘다 내비게이터를 실행하고 사용자 화면의 Environments를 선택한다(그림 A.6).

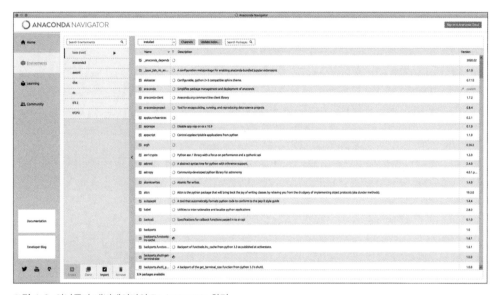

그림 A.6 아나콘다 내비게이터의 Environments 화면

아나콘다 인스톨러가 설치한 base(root) 가상환경과 가상환경에 포함된 모든 패키지가 나타난다. 새로운 Conda 가상환경을 만들기 위해 **Create** 버튼을 선택한다.

새로 생성할 Conda 가상환경의 이름을 입력하고(그림 A.7), Python을 선택하고 버전을 3.7 혹은 그 이상으로 선택한다. 그리고 R 언어 체크박스를 해제했는지 확인한다. 책의 예제에서는 Conda 가상환경의 이름을 AWS_ML_Book으로 사용하며 원하는 이름으로 설정해도 상관없다. 단, 책의 예제를 실행할 때 거기에 맞는 적절한 가상환경을 선택해야 하는 점을 기억하자. 대화상자의 **Create** 버튼을 눌러 환경 생성을 마무리한다.

몇 분 뒤 사용자의 컴퓨터에 새로운 Conda 가상환경이 설치되고 아나콘다 내비게이터 목록에서 새로 만든 가상환경을 볼 수 있다(그림 A.8).

그림 A.7 새로운 Conda Python 가상환경 생성

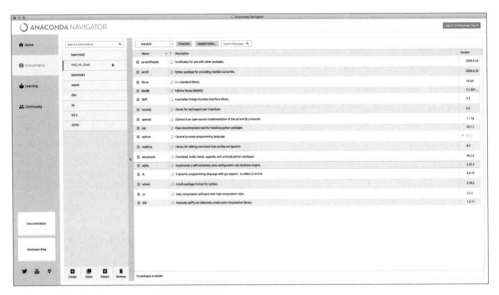

그림 A.8 AWS_ML_Book Conda 가상환경으로 전환

Python 패키지 설치하기

여기서는 사용자의 새로운 Conda 가상환경에 다양한 Python 패키지를 설치해본다. 시작하기 전 먼저 아나콘다 내비게이터에서 원하는 Conda 가상환경을 선택했는지 확인한다. 패키지 콤보 박스를 All로 변경하자(그림 A.9).

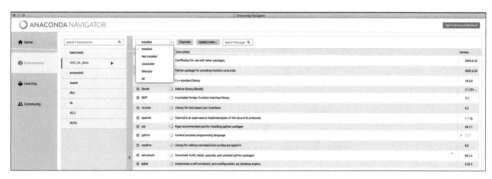

그림 A.9 모든 Python 패키지 표시하기

검색창에서 Pandas 패키지를 검색해 선택한 다음 Apply 버튼을 누른다(그림 A.10)

그림 A.10 패키지 검색하기

아나콘다 내비게이터가 Pandas 패키지 및 의존성이 있어 설치될 패키지를 보여준다(그림 A.11). Apply 버튼을 눌러 Pandas 패키지 및 의존성 있는 패키지 설치를 시작한다.

그림 A.11 패키지 의존성 대화상자

추가로 동일한 방식으로 아래 패키지 및 의존성이 있는 패키지를 설치한다.

- matplotlib
- pillow
- scikit-learn[1]
- tensorflow
- seaborn
- graphviz
- pydotplus
- python-graphviz

> **노트** 자신의 컴퓨터에 Nvidia GPU가 장착돼 있다면 GPU를 사용할 수 있는 버전의 TensorFlow-GPU 버전을 선택할 수 있다.

---

1   Scikit-learn의 경우 conda install scikit-learn==1.1.3로 버전을 지정해 설치하길 권장한다. - 옮긴이

Jupyter Notebook 설치하기

이번에는 새로 생성한 Conda 가상환경에 Jupyter Notebook을 설치해본다. 먼저 아나콘다 내비게이터를 실행하고 Home 탭으로 이동한다. Jupyter Notebook으로 이동해 **Install** 버튼을 누른다(그림 A.12). 이렇게 설치할 경우 Jupyter Notebook이 base(root) 기본 가상환경에 설치된다.

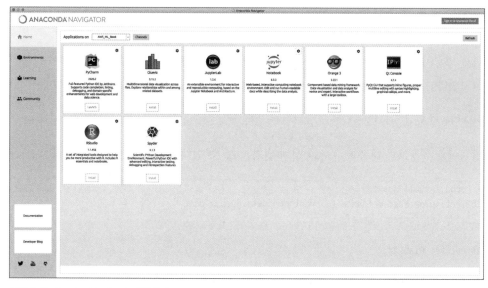

그림 A.12 Jupyter Notebook 설치하기

Jupyter Notebook 설치 후 Mac의 터미널 창 혹은 Windows의 명령 프롬프트에 다음 명령어를 입력하면 사용자의 컴퓨터에 설치된 모든 가상환경을 보여준다. 명령어를 입력 후 **엔터** 키를 누른다.

```
$ conda info --envs
```

명령어를 실행하면 다음과 유사한 실행 결과를 볼 수 있다.

```
$ conda info --envs
# conda environments:
#
```

```
base                          *  /anaconda3
AWS_ML_Book                      /anaconda3/envs/AWS_ML_Book
```

위에서 사용자의 컴퓨터에 설치한 Conda 가상환경과 기존에 존재하던 다른 Conda 가상환경을 볼 수 있다. 다음 명령어를 통해 위에서 생성한 Conda 가상환경으로 전환한다. AWS_ML_Book 부분을 자신이 사용한 가상환경 이름으로 대체하도록 하자. 명령어를 입력하고 **엔터** 키를 누른다.

```
$ conda activate AWS_ML_Book
```

다음 명령어를 통해 activate 명령어로 활성화한 Conda 가상환경에 Jupyter Notebook을 설치한다.

```
$ conda install jupyter
```

명령어를 실행하면 다음과 유사한 실행 결과를 볼 수 있다.

```
$ conda install jupyter
Collecting package metadata (current_repodata.json): done
Solving environment: done

## Package Plan ##

  environment location: /Users/jeonghyunpark/anaconda3

  added / updated specs:
    - jupyter


The following packages will be downloaded:

    package                    |            build
    ---------------------------|-----------------
    qtconsole-4.7.5            |            py_0          96 KB
    ------------------------------------------------------------
                                           Total:          96 KB

The following NEW packages will be INSTALLED:
```

```
jupyter            pkgs/main/osx-64::jupyter-1.0.0-py37_7
jupyter_console    pkgs/main/noarch::jupyter_console-6.1.0-py_0
prompt_toolkit     pkgs/main/noarch::prompt_toolkit-3.0.5-0
qtconsole          pkgs/main/noarch::qtconsole-4.7.5-py_0
```

```
Proceed ([y]/n)?
```

가상환경에 설치될 패키지 요약 정보와 계속 진행할 것인지를 묻는 화면이 나타난다. 키보드의 Y 키를 누르고 **엔터** 키를 누른다.

가상환경에 Jupyter Notebook을 설치 후 다음 명령어를 입력해 Jupyter Notebook에 새로운 커널 스펙^kernel specification^을 생성한다. 커널 스펙을 통해 Jupyter Notebook의 가상환경을 전환할 수 있다. AWS_ML_Book 부분을 자신의 가상환경 이름으로 변경해 다음 명령어를 입력한 후 **엔터** 키를 누른다.

```
$ python -m ipykernel install --user --name AWS_ML_Book --display-name "Python(AWS_ML_
Book)"
```

커널 스펙이 설치되면 다음과 같은 메시지를 확인할 수 있다.

```
Installed kernelspec AWS_ML_Book in /Users/사용자이름/Library/Jupyter/kernels/aws_ml_book
```

다음 명령어를 통해 conda-forge 저장소(채널)로부터 nb-conda-kernels 패키지를 설치할 수 있다.

```
$ conda install --channel=conda-forge nb_conda_kernels
```

nb_conda_kernels 패키지와 의존성이 있는 패키지를 다운로드해 설치할 것인지 묻는 화면이 나타나며, Y 키를 눌러 패키지 설치를 시작한다.

이제 아나콘다 내비게이터를 이용해 Jupyter Notebook을 실행할 수 있다. Jupyter Notebook은 사용자의 기본 웹 브라우저에서 실행되며, 사용자의 디렉터리 내용을 보여준다(그림 A.13).

그림 A.13 웹 브라우저에서 실행 중인 Jupyter Notebook

웹 브라우저 내 Jupyter Notebook의 **New** 버튼을 선택하면 사용자의 컴퓨터에 설치된 커널이 표시되며 이 가운데 하나를 선택해 새로운 Jupyter Notebook을 만들 수 있다.

다음 명령어를 터미널 혹은 명령 프롬프트에 입력해 Jupyter Notebook을 실행할 수도 있다.

```
$ jupyter notebook
```

요약

- 아나콘다는 사전 빌드 및 사전 구성된 Python 배포판으로 데이터 과학 분야에 널리 사용된다. 아나콘다 배포판은 conda 패키지 매니저와 사전 구성된 Python 패키지 및 여러 도구를 포함한다.

- 아나콘다 내비게이터는 GUI 도구로 아나콘다 배포판에 포함돼 있으며, Jupyter Notebook과 같은 도구를 쉽게 설정, 설치, 실행할 수 있게 해준다.

- Conda Python 가상환경은 독립된 환경으로 사용자 시스템에 설치된 Python을 변경하지 않고 패키지를 설치할 수 있게 한다.

부록 B

실습에 필요한 AWS 자원 설정

부록 B에서는 책의 내용을 실습하는 데 필요한 AWS 자원을 사용자의 계정에 설정하는 방법을 살펴본다.

개발용 IAM 사용자 설정

이번에는 개발에 필요한 IAM 사용자 계정을 생성할 것이다. 이 사용자 계정은 여러 자원에 접근할 수 있는 정책을 갖게 된다. 실제 서비스 환경에서는 모든 Amazon S3 버킷이나 Amazon DynamoDB 테이블에 접근할 수 있는 정책을 사용하진 않는다. 하지만 솔루션을 개발하는 과정에서는 많은 권한을 갖는 특별한 개발용 사용자 계정을 사용하고, 테스트나 출시를 앞두고서는 제한적인 정책을 갖는 실제 서비스^{production}를 위한 계정을 생성한다.

시작하기 앞서 관리자 권한을 갖는 IAM 사용자 계정이나 루트 자격 증명을 이용해 IAM 관리 콘솔에 로그인한다. IAM 대시보드의 '사용자'를 선택해 사용자 관리 화면으로 이동한다. **사용자 추가** 버튼을 눌러 루트 계정 아래 사용자 추가 과정을 시작한다(그림 B.1).

그림 B.1 사용자 생성

사용자 이름을 입력하고 '프로그래밍 방식 액세스'와 'AWS Management Console 액세스' 모두를 활성화한다(그림 B.2).

그림 B.2 사용자 세부 정보 설정 화면

IAM 사용자가 관리 콘솔에 로그인할 때 사용할 '사용자 지정 비밀번호'를 입력하고 '비밀번호 재설정 필요'를 선택한다.

사용자 이름과 접근 방식을 설정하고 나면 사용자 권한 설정 화면으로 넘어간다. '그룹에 사용자 추가' 옵션을 선택하고 **그룹 생성** 버튼을 선택한다(그림 B.3).

그림 B.3 IAM 사용자를 위한 새 그룹 생성

새로 만든 그룹 이름을 'MLDevelopers'로 입력하고 다음 정책을 그룹에 추가한다.

- AmazonMachineLearningFullAccess

- AmazonSageMakerFullAccess

- ComprehendFullAccess

- AmazonS3FullAccess

- AmazonDynamoDBFullAccess

- AWSLambdaFullAccess

- AmazonLexFullAccess

- AmazonRekognitionFullAccess

그룹 생성 버튼을 눌러 그룹 생성을 마무리한다. 생성을 마치면 다시 이전 화면으로 돌아가 새로 생성한 그룹이 기존 그룹과 함께 표시된다(그림 B.4). 새로 생성한 사용자가 MLDevelopers 그룹에 제대로 추가됐는지 확인하자.

그림 B.4 IAM 사용자를 MLDevelopers 그룹에 추가

598

다음 버튼을 눌러 검토 화면으로 이동하고 **사용자 만들기** 버튼을 눌러 사용자 생성을 마무리하면, 그림 B.5와 같이 새로 생성한 사용자 이름과 접속 정보를 포함한 성공 화면이 나타난다.

그림 B.5 사용자 생성 성공 화면

.csv 다운로드 버튼을 통해 사용자 자격 증명 정보를 내려받은 후 **닫기** 버튼을 선택해 다시 IAM 첫 화면으로 이동한다.

S3 버킷 생성

이번에는 AWS 관리 콘솔을 사용해 책의 예제에서 사용할 S3 버킷을 생성한다. IAM 사용자 전용 로그인 주소를 통해 관리 콘솔에 로그인해 S3 서비스 화면으로 이동한다(그림 B.6).

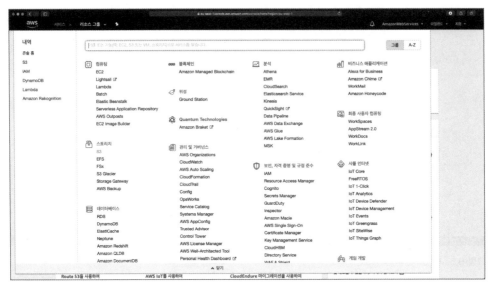

그림 B.6 S3 관리 콘솔 접속

9장에서 다룬 것과 같이 S3 서비스는 모든 리전에서 사용 가능하므로 관리 콘솔에서 리전을 선택할 필요가 없다. 반면 버킷은 리전 설정이 필요하므로 버킷을 생성할 리전을 선택해야 한다.

다음 버킷을 자신이 원하는 리전에 생성하자. 책의 모든 예제는 유럽(아일랜드) 리전을 사용하며, 만약 다른 리전에 버킷을 생성한 경우 일부 AWS 서비스가 여러분이 선택한 리전에 지원되지 않을 수도 있다는 점을 명심하자.

- `awsml-comprehend-entitydetection-test-result`

- `awsml-comprehend-entitydetection-test-source`

- awsml-rekognition-awscli-test-source

- awsml-rekognition-awslambda-test-source

버킷의 이름은 전역적으로 고유해야 하기에 일반적으로 도메인을 거꾸로 표기하는 리버스-도메인 이름을 많이 사용한다. 위 이름에 적절한 접두어를 추가해 버킷을 생성할 수도 있다.[1]

버킷의 버전, 로깅 및 태그는 지금 단계에서는 설정할 필요가 없고 기본값으로 설정한다 (그림 B.7).

그림 B.7 버전, 로깅, 태그 설정 화면

---

1 S3 버킷은 전역적으로 유일해야 하기 때문에 이미 다른 사람이 사용한 버킷 이름은 사용할 수 없다. 날짜 혹은 자신의 아이디 등을 적절하게 조합해서 생성하자. – 옮긴이

'퍼블릭 액세스 차단' 화면에서 다음 설정값이 해제됐는지 확인하자.

- 새 ACL(액세스 제어 목록)을 통해 부여된 버킷 및 객체에 관한 퍼블릭 액세스 차단
- 임의의 ACL을 통해 부여된 버킷 및 객체에 관한 퍼블릭 액세스 차단
- 새 퍼블릭 버킷 또는 액세스 지점 정책을 통해 부여된 버킷 및 객체에 관한 퍼블릭 액세스 차단
- 임의의 퍼블릭 버킷 또는 액세스 지점 정책을 통해 부여된 버킷 및 객체에 관한 퍼블릭 및 교차 계정 액세스 차단

설정 화면은 그림 B.8과 유사하다.

그림 B.8 버킷 권한 설정

다음 버튼을 눌러 버킷을 생성하며 동일한 방식으로 다른 버킷을 생성한다.

부록 C

AWS CLI 설치 및 구성

부록 C에서는 Mac OS X와 Windows상에 AWS CLI를 설치하고 구성하는 방법을 살펴본다.

Mac OS 사용자

Mac OS 사용자의 경우 번들 인스톨러^{bundled installer}를 통해 AWS CLI를 설치할 수 있으며, 번들 인스톨러를 사용하기 위해서는 Python2 2.6.5 이상 혹은 Python3 3.3 이상 버전이 컴퓨터에 설치돼 있어야 한다.

먼저 Mac OS 컴퓨터에 Python 버전을 확인하기 위해 터미널 창을 새로 열어 다음 명령어를 입력 후 **엔터** 키로 실행한다.

```
python -version
```

만약 Python이 위 조건을 만족하지 않는 경우 다음 주소를 참고해 Python을 업데이트하거나 설치하면 된다.

http://docs.aws.amazon.com/cli/latest/userguide/installing.html#install-python

AWS CLI 설치

다음 명령어를 Mac OS 터미널 창이나 적당한 셸 프롬프트에 입력한다.

```
$ curl "https://s3.amazonaws.com/aws-cli/awscli-bundle.zip" -o "awscli- bundle.zip"
$ unzip awscli-bundle.zip
$ sudo ./awscli-bundle/install -i /usr/local/aws -b /usr/local/bin/aws
```

만약 unzip이 설치돼 있지 않거나 관리자 권한이 없는 경우 다음 주소에 나온 설명을 통해 AWS CLI를 설치할 수 있다.

http://docs.aws.amazon.com/cli/latest/userguide/installing.html

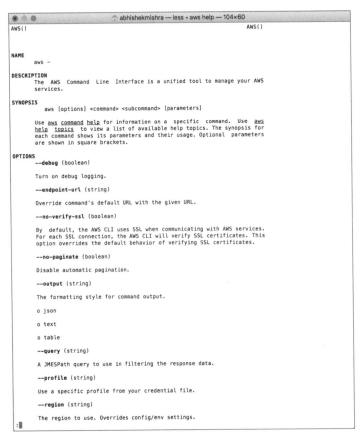

그림 C.1 Mac OS에서의 AWS CLI 명령어 목록

AWS CLI를 설치한 후 다음 명령어를 통해 정상적으로 설치됐는지를 확인할 수 있다.

```
$ aws help
```

정상적으로 설치된 경우 aws 명령어와 간략한 설명을 보여주는 화면이 나타난다(그림 C.1).

aws 명령어를 통해 AWS CLI 셸로 진입할 수 있으며, 키보드 q 키를 통해 AWS CLI 셸에서 운영체제의 기본 셸로 되돌아갈 수 있다.

AWS CLI 구성

AWS CLI를 사용하기 전 먼저 CLI 도구를 설정해야 한다. Mac 터미널 창이나 적절한 셸 프롬프트에 다음 명령어를 입력한다.

```
$ aws configure
```

AWS 리소스에 접근할 수 있는 권한을 가진 IAM 사용자의 'Access Key ID'와 'Secret Access Key'를 입력하라는 요청을 받게 되며, 추가로 기본 AWS 리전과 기본 결과 형식도 입력하라는 메시지가 나타난다.

```
$ aws configure
AWS Access Key ID [None]:
AWS Secret Access Key [None]:
Default region name [None]:
Default output format [None]:
$
```

Access Key Id와 Secret Access Key는 IAM 사용자를 생성할 때 만들어지며, 안전한 장소에 정보를 보관하라는 메시지가 나타난다. 만약 Access Key ID와 Secret Access Key 정보를 기억하지 못한다면 IAM 관리 콘솔을 통해 새로 생성할 수 있다.

리전 이름은 문자열 형태로 AWS 리전을 의미하며, 표 C.1은 AWS CLI에 입력할 수 있는 리전 목록을 나타낸다.

표 C.1 AWS 리전 이름

리전 이름	AWS CLI 문자열
US East (N. Virginia)	us-east-1
US East (Ohio)	us-east-2
US West (N. California)	us-west-1
US West (Oregon)	us-west-2
Canada (Central)	ca-central-1
Asia Pacific (Mumbai)	ap-south-1
Asia Pacific (Singapore)	ap-southeast-1
Asia Pacific (Sydney)	ap-southeast-2
Asia Pacific (Tokyo)	ap-northeast-1
Asia Pacific (Seoul)	ap-northeast-2
Asia Pacific (Osaka)	ap-northeast-3
EU (Frankfurt)	eu-central-1
EU (Ireland)	eu-west-1
EU (London)	eu-west-2
EU (Paris)	eu-west-3
China (Beijing)	cn-north-1
China (Ningxia)	cn-northwest-1
South America (São Paulo)	sa-east-1

결과 출력 형식$^{output\ format}$은 기본적으로 JSON이며 텍스트로 출력하기 원하는 경우 text를 입력한다.

위 정보 입력이 끝나면 Mac에 AWS CLI 도구 설치 및 구성이 완료된다.

Windows 사용자

Windows 사용자는 Amazon에서 제공하는 인스톨러 패키지를 사용해 사용자의 Windows 운영체제에 CLI를 설치할 수 있다. AWS CLI는 Windows XP 이전 버전은 지원하지 않는다.

AWS CLI 설치

다음 주소를 통해 Windows 32-bit와 64-bit 버전의 인스톨러를 다운로드할 수 있다.

https://docs.aws.amazon.com/cli/latest/userguide/install-windows.html

인스톨러를 실행하고 화면에 나타나는 지시를 따라 설치를 진행한다. 기본적으로 AWS CLI는 C:\Program Files\Amazon\AWSCLI(64-bit) 혹은 C:\Program Files(x86)\Amazon\AWSCLI(32-bit)에 설치된다.

CLI가 정상적으로 설치됐는지 확인하기 위해 명령 프롬프트를 실행하고 다음 명령어를 입력한 후 **엔터** 키로 실행한다.

```
> aws help
```

정상적으로 설치된 경우 aws 명령어와 함께 간략한 설명을 보여주는 화면이 나타난다(그림 C.2).

다시 명령 프롬프트로 돌아가려면 'q'를 입력한다.

그림 C.2 Windows에서의 AWS CLI 명령어 목록

AWS CLI 구성

AWS CLI를 사용하기 위해 IAM 사용자 계정에 관한 CLI 도구를 설정해야 한다. 이를 위해 다음 명령어를 명령 프롬프트에 입력하자.

```
> aws configure
```

AWS 리소스에 접근할 수 있는 권한을 가진 IAM 사용자의 'Access Key ID'와 'Secret Access Key'를 입력하라는 요청을 받게 되며, 추가로 기본 AWS 리전과 기본 결과 형식도 입력하라는 메시지가 나타난다.

```
Microsoft Windows [Version 10.0.16299.785]
(c) 2017 Microsoft Corporation. All rights reserved.

C:\Users\user>aws configure
AWS Access Key ID [None]:
AWS Secret Access Key [None]:
Default region name [None]:
Default output format [None]:
C:\Users\user>
```

Access Key Id와 Secret Access Key는 IAM 사용자를 생성할 때 만들어지며, 안전한 장소에 정보를 보관하라는 메시지가 나타난다. 만약 Access Key ID와 Secret Access Key 정보를 기억하지 못한다면 IAM 관리 콘솔을 통해 새로 생성할 수 있다.

리전 이름은 문자열 형태로 AWS 리전을 의미하며, 표 C.2는 AWS CLI에 입력할 수 있는 리전 목록을 나타낸다.

표 C.2 AWS 리전 이름

리전 이름	AWS CLI 문자열
US East (N. Virginia)	us-east-1
US East (Ohio)	us-east-2
US West (N. California)	us-west-1
US West (Oregon)	us-west-2
Canada (Central)	ca-central-1

리전 이름	AWS CLI 문자열
Asia Pacific (Mumbai)	ap-south-1
Asia Pacific (Singapore)	ap-southeast-1
Asia Pacific (Sydney)	ap-southeast-2
Asia Pacific (Tokyo)	ap-northeast-1
Asia Pacific (Seoul)	ap-northeast-2
Asia Pacific (Osaka)	ap-northeast-3
EU (Frankfurt)	eu-central-1
EU (Ireland)	eu-west-1
EU (London)	eu-west-2
EU (Paris)	eu-west-3
China (Beijing)	cn-north-1
China (Ningxia)	cn-northwest-1
South America (São Paulo)	sa-east-1

결과 출력 형식은 기본적으로 JSON이며 텍스트로 출력하기 원하는 경우 text를 입력한다.

NumPy와 Pandas 소개

부록 D에서는 데이터 과학자들이 널리 사용하는 2가지 Python 라이브러리인 NumPy와 Pandas를 살펴본다. 이 두 라이브러리는 주로 데이터 탐색과 피처 엔지니어링 단계에 사용한다. 부록의 예제를 실행하기 위해서는 Jupyter Notebook이 필요하다.

> **노트** 부록 D를 학습하려면 부록 A에 설명한 Anaconda Navigator와 Jupyter Notebook이 설치돼 있어야 한다.
>
> 예제 소스 코드는 Wiley 출판사 홈페이지와 깃허브에서 다운로드할 수 있다.
>
> - 출판사: http://www.wiley.com/go/machinelearningawscloud
> - 깃허브: https://github.com/asmtechnology/awsmlbook-appendixd.git

NumPy

NumPy는 빠르고 효율적으로 배열을 처리할 수 있는 Python용 수학 라이브러리이다. NumPy가 제공하는 주요 객체는 ndarray라는 동종 다차원 배열로, ndarray의 모든 원소는 동일한 데이터 유형을 갖는다. NumPy에서는 차원을 축^{axes}이라고 표현한다.

Python 프로젝트에 NumPy를 사용하기 위해서는 일반적으로 다음과 같이 import 구문을 사용한다.

```
import numpy as np
```

소문자 np는 Python 프로젝트에서 NumPy를 참조하기 위해 일반적으로 사용하는 별칭이다.

NumPy 배열 생성

ndarray는 다양한 방법으로 생성이 가능하다. 다음 코드와 같이 Jupyter Notebook에 np.array() 구문을 이용해 3개의 원소를 갖는 Python 리스트로 ndarray 객체를 생성할 수 있다.

```
# ndarray 배열 생성
x = np.array([10, 27, 34])
print (x)

[10 27 34]
```

소괄호 () 안에 대괄호 []를 사용했으며 대괄호를 생략하면 에러가 발생한다. 위에서 생성한 ndarray 객체 x는 하나의 축과 3개의 원소를 갖는다. 일반적인 Python 라이브러리로 만든 array 배열과는 다르게 NumPy 배열은 다차원 배열이 가능하며, 다음 구문은 2개의 축을 갖는 NumPy 배열을 만들고 ndarray 객체의 내용을 보여준다.

```
# 2차원 ndarray 배열 생성
points = np.array([[11, 28, 9], [56, 38, 91], [33,87,36], [87,8,4]])
print (points)

[[11 28  9]
 [56 38 91]
 [33 87 36]
 [87  8  4]]
```

앞의 구문으로 생성한 ndarray 배열은 2개의 축을 가지며 4개의 행과 3개의 열을 갖는 2차원 행렬로 표시할 수 있다.

```
11  28  9
56  38  91
33  87  36
87  8   4
```

첫 번째 축은 4개의 원소(행의 수)를 가지며, 두 번째 축은 3개의 원소(열의 수)를 갖는다. 표 D.1은 일반적으로 사용하는 ndarray 속성을 보여준다.

표 D.1 일반적으로 사용하는 ndarray 속성

속성	설명
ndim	축의 개수를 반환
shape	각 축의 원소 개수를 반환
size	ndarray 배열의 총 원소 개수를 반환
dtype	ndarray 배열 원소의 데이터 형식을 반환

ndarray 배열의 모든 원소는 동일한 데이터 형식을 갖는다. NumPy는 `np.int16`, `np.int32`, `np.float64`와 같은 고유한 데이터 형식을 제공하며, Python과 달리 NumPy는 특정 데이터 클래스에 여러 데이터 유형을 제공한다. 이는 C 언어의 `short`, `int`, `long`, `signed`, `unsigned` 데이터 클래스와 유사하다. 예를 들어 NumPy는 다음과 같은 signed integer 형식을 제공한다.

- `byte`: C 언어 `char`와 대응되는 형식

- `short`: C 언어 `short`과 대응되는 형식

- `intc`: C 언어 `int`와 대응되는 형식

- `int_`: Python의 `int`와 대응되는 형식

- `long long`: C 언어 `long long`과 대응되는 형식

- `intp`: 포인터를 나타내는 데 사용할 수 있는 데이터 형식으로, 바이트 수는 프로세서 아키텍처와 코드가 실행되는 운영체제에 따라 다르다.

- `int8`: 8-bit signed integer

- `int16`: 16-bit signed integer

- `int32`: 32-bit signed integer

- `int64`: 64-bit signed integer

일부 NumPy 데이터 형식은 Python과 대응되며 이러한 형식을 보통 `int_`, `float_`과 같이 "`_`"로 끝난다. 모든 NumPy 데이터 유형은 다음 주소에서 확인할 수 있다.

https://docs.scipy.org/doc/numpy-1.15.1/reference/arrays.scalars.html

다음 코드와 같이 ndarray 배열을 생성할 때 데이터 형식을 지정할 수 있다.

```
# 데이터 형식을 지정해 1차원 배열 생성
y = np.array([10, 27, 34], dtype=np.float64)
print (y)

[10. 27. 34.]
```

배열을 만들면서 원소의 유형을 지정할 수 있으나 지정하지 않았다면, NumPy가 가장 적절한 데이터 유형을 지정한다. 기본 데이터 유형은 float_으로 Python의 float 형식과 대응된다.

NumPy 배열을 생성할 때 배열 원소의 값을 모르지만 배열과 축의 개수만 아는 경우, 다음 함수 중 하나를 사용해 자리표시자placeholder 내용으로 ndarray 배열을 만들 수 있다.

- zeros: 모든 원소를 0으로 하는 지정된 차원의 ndarray 배열 생성
- ones: 모든 원소를 1로 하는 지정된 차원의 ndarray 배열 생성
- empty: 지정된 차원의 초기화되지 않은 ndarray 배열 생성
- random.random: [0.0, 1.0) 구간의 임의의 값을 원소로 하는 지정된 차원의 ndarray 배열 생성

예를 들어 4개의 행과 3개의 열을 갖고 각 원소가 int16 형식의 1을 원소로 하는 ndarray 배열을 생성하는 경우, 다음과 같은 코드로 생성할 수 있다.

```
# 1을 원소로 하는 배열 생성
a = np.ones((4,3), dtype=np.int16)
print (a)

[[1 1 1]
 [1 1 1]
 [1 1 1]
 [1 1 1]]
```

다음 구문은 2개의 행과 3개의 열을 갖고 임의의 수를 원소로 하는 ndarray를 생성한다. 이때 임의의 수의 데이터 형식은 float_을 갖는다.

```
# 임의의 수를 원소로 하는 배열 생성
r = np.random.random([2,3])
print (r)

[[0.48746158 0.93214926 0.1450121 ]
 [0.69303901 0.43758922 0.62645661]]
```

NumPy는 순서대로 숫자를 생성할 수 있는 메서드를 제공하며, 가장 널리 쓰이는 것들은 다음과 같다.

- arange: 동일한 가격을 갖는 원소들로 이뤄진 1차원 ndarray 생성
- linespace: 동일한 가격을 갖는 원소들로 이뤄진 1차원 ndarray 생성

arange 함수는 Python의 range 함수와 유사한 기능을 한다. arange 함수는 4개의 인자값을 갖는데 첫 번째 값은 범위의 시작이며 두 번째 값은 범위의 끝, 세 번째 값은 범위 내 숫자의 증가 폭, 네 번째 값은 데이터 형식으로 필수는 아니다.

다음 코드는 [0, 9) 사이의 값을 원소로하는 ndarray 배열을 생성한다. 배열의 각 원소는 앞의 원소보다 3씩 증가한다.

```
# arange 함수를 이용해 순차적으로 증가하는 숫자 생성
sequence1 = np.arange(0, 9, 3)
print (sequence1)

[0 3 6]
```

범위의 경계 중 큰 값은 arange 함수로 생성하는 숫자에 포함되지 않기에, 위 코드로 생성한 ndarray 배열은 9를 제외하고 다음의 숫자들을 원소로 갖는다.

0, 3, 6

만약 0부터 특정 숫자까지 순차적으로 증가하는 정수 값을 만들고자 한다면 하나의 인자 값을 넣어 arange 함수를 호출하면 된다. 다음 코드는 동일한 결과를 출력한다.

```
# 아래 arange 구문은 동일한 결과를 보여줌
sequence2 = np.arange(5)
sequence3 = np.arange(0,5,1)

print (sequence2)
[0 1 2 3 4]

print (sequence3)
[0 1 2 3 4]
```

linespace 함수도 특정 범위 내에서 순차적으로 증가하는 수를 생성한다는 점에서 arange 함수와 비슷하다. 차이점은 세 번째 인자값으로 범위의 처음과 끝 사이를 포함해 생성할 원소의 개수를 나타낸다. 다음 코드는 0과 9사이에 3개의 원소를 갖는 ndarray 배열을 생성한다.

```
# linspace 함수로도 순차적으로 증가하는 값을 얻을 수 있음
sequence4 = np.linspace(0, 9, 3)
print (sequence4)

[0.    4.5    9. ]
```

arange 함수와는 다르게 linespace 함수는 범위의 경계를 원소로 포함한다.

배열 수정

NumPy는 배열의 내용을 수정할 수 있는 다양한 함수를 제공한다. 부록 D에서 모든 것을 다룰 수는 없지만 가장 많이 사용되는 작업에 관해 다룬다.

산술 연산

NumPy를 사용하면 두 배열 간의 원소별element-wise 산술 연산arithmetic operations을 수행할 수 있다. +, -, /, * 연산자는 각각의 연산 의미를 가지며, 다음 코드는 두 배열 간 산술 연산의 예시를 보여준다.

```
# ndarray에서의 원소별 산술 연산
array1 = np.array([[1,2,3], [2, 3, 4]])
array2 = np.array([[3,4,5], [4, 5, 6]])

Sum = array1 + array2
Difference = array1 - array2
Product = array1 * array2
Division = array1 / array2

print (Sum)
[[ 4  6  8]
 [ 6  8 10]]

print (Difference)
[[-2 -2 -2]
 [-2 -2 -2]]

print (Product)
[[ 3  8 15]
 [ 8 15 24]]

print (Division)
 [[0.33333333 0.5        0.6       ]
 [0.5        0.6        0.66666667]]
```

+=, -=, *=, /= 연산자를 이용해 원소 별 산술 연산을 수행할 수도 있으며, 이러한 연산의 결괏값은 새로운 배열에 저장되지 않는다. 다음 코드는 이러한 연산자를 사용 예제를 보여준다.

```
# 원소별 산술 연산
array1 = np.array([1,2,3], dtype=np.float64)
array2 = np.array([3,4,5], dtype=np.float64)
array3 = np.array([4,5,6], dtype=np.float64)
array4 = np.array([5,6,7], dtype=np.float64)
```

```
# 동일한 크기의 배열에서 원소별 산술 연산이 가능
array1 += np.array([10,10,10], dtype=np.float64)
array2 -= np.array([10,10,10], dtype=np.float64)
array3 *= np.array([10,10,10], dtype=np.float64)
array4 /= np.array([10,10,10], dtype=np.float64)

# 스칼라 값을 이용해 원소별 산술 연산이 가능
array1 += 100.0
array2 -= 100.0
array3 *= 100.0
array4 /= 100.0

print (array1)
[111. 112. 113.]

print (array2)
[-107. -106. -105.]

print (array3)
[4000. 5000. 6000.]

print (array4)
[0.005 0.006 0.007]
```

지수 연산자는 별표 두 개(**)로 표시하며, 다음 코드는 지수 연산자의 예시를 보여준다.

```
# 지수 연산자
array1 = np.arange(4, dtype=np.float64)
array1 **= 4
print (array1)
[ 0.  1. 16. 81.]
```

비교 연산

NumPy는 <, >, <=, >=, !=, ==와 같은 표준 비교 연산자를 제공한다. 비교 연산자는 동일한 크기의 배열이나 스칼라 값과 비교할 때 사용할 수 있으며, 비교 연산의 결과는 부울 형식의 ndarray가 된다. 다음 코드는 비교 연산자의 사용 방법을 보여준다.

```
array1 = np.array([1,4,5])
array2 = np.array([3,2,5])

# 작다(less than)
print (array1 < array2)
[True False False]

# 작거나 같다(less than equal to)
print (array1 <= array2)
[True False  True]

# 크다(greater than )
print (array1 > array2)
[False  True False]

# 크거나 같다(greater than equal to)
print (array1 >= array2)
[False  True  True]

# 같다(equal to)
print (array1 == array2)
[False False  True]

# 같지 않다(not equal to)
print (array1 != array2)
[ True  True False]
```

행렬 연산

NumPy는 ndarray에서 행렬 연산을 수행하는 기능을 제공한다. 널리 사용되는 행렬 연산
은 다음과 같다.

- inner: 두 배열 사이의 내적을 계산

- outer: 두 배열 사이의 외적을 계산

- cross: 두 배열 사이의 교차곱을 계산

- transpose: 전치 행렬을 계산

다음 코드는 행렬 연산을 사용한 예제를 보여준다.

```
array1 = np.array([1,4,5], dtype=np.float_)
array2 = np.array([3,2,5], dtype=np.float_)

# 내적 (inner, dot product)
print (np.inner(array1, array2))
36.0

# 외적 (outer product)
print (np.outer(array1, array2))
[[ 3.  2.  5.]
 [12.  8. 20.]
 [15. 10. 25.]]

# 교차곱 (cross product)
print (np.cross(array1, array2))
[ 10.  10. -10.]
```

인덱싱과 슬라이싱

NumPy는 배열의 원소를 인덱싱^{indexing}할 수 있으며 작은 배열로 슬라이싱^{slicing}할 수 있는 방법을 제공한다. NumPy 배열의 인덱스는 0을 기준으로 한다. 다음 코드는 1차원 배열을 어떻게 인덱싱하고 슬라이싱하는지 보여준다.

```
# 10개의 원소를 갖는 1차원 배열 생성
array1 = np.linspace(0, 9, 10)
print (array1)
[0. 1. 2. 3. 4. 5. 6. 7. 8. 9.]

# 3번째 원소를 가져옴. 인덱스는 0을 기준으로 함
print (array1[3])
3.0

# 2, 3, 4번째 원소를 리스트로 추출
print (array1[2:5])
[2. 3. 4.]
```

```
# 배열의 첫 6개의 개의 원소 추출(0번부터 5번 원소까지)
print (array1[:6])
[0. 1. 2. 3. 4. 5.]

# 5번째 원소 이후부터 추출
print(array1[5:])
[5. 6. 7. 8. 9.]

# 증가값이 2인 모든 대체 원소 추출
print (array1[::2])
[0. 2. 4. 6. 8.]

# reverse all the elements in array1의 모든 원소를 뒤부터 추출
print (array1[::-1])
[9. 8. 7. 6. 5. 4. 3. 2. 1. 0.]
```

다차원 배열을 인덱싱하기 위해서는 각각의 축의 값을 튜플 형식으로 제공해야 한다. 다음 코드는 다차원 배열을 어떻게 슬라이싱하는지 보여준다.

```
# 12개의 원소를 갖는 2차원 배열 생성
array1 = np.array([[1,2,3,4], [5,6,7,8], [9, 10, 11, 12]])

print (array1)
[[ 1  2  3  4]
 [ 5  6  7  8]
 [ 9 10 11 12]]

# 2행, 3열의 원소 가져오기. 인덱스는 0을 기준으로 함
print (array1[1,2])
7

# 첫 번째 열의 모든 원소 가져오기
print (array1[:,0])
[1 5 9]

# 첫 번째 행의 모든 원소 가져오기
 print (array1[0,:])
 [1 2 3 4]

# 2차 행렬로 가져오기
```

```
print (array1[:3, :2])
[[ 1  2]
 [ 5  6]
 [ 9 10]]
```

Pandas

Pandas는 Python을 위한 무료 오픈소스 데이터 분석 라이브러리로 가장 많이 사용되는 데이터 먼징data munging 도구 중 하나다. Pandas가 제공하는 주요 객체는 시리즈series와 데이터프레임dataframe으로, 시리즈는 1차원 리스트list와 유사하며, 데이터프레임은 2차원 테이블과 유사하다. Pandas의 데이터프레임과 NumPy 배열의 가장 큰 차이점은 Pandas의 데이터프레임 객체는 열마다 다른 유형의 데이터를 가질 수 있으며 결측치 처리도 가능하다는 점이다.

Python 프로젝트에 Pandas를 사용하기 위해서는 일반적으로 다음과 같이 import 구문을 사용한다.

```
import pandas as pd
```

소문자 pd는 Python 프로젝트에서 Pandas를 참조하기 위해 일반적으로 사용하는 별칭이다.

시리즈와 데이터프레임 생성

Pandas로 시리즈와 데이터프레임 객체를 만드는 방법은 여러 가지가 있으나, 가장 간단하게 Pandas 시리즈를 만드는 방법은 다음 코드와 같이 Python 리스트를 사용하는 것이다.

```
# Python 리스트로 Pandas 시리즈 만들기
car_manufacturers = ['Volkswagen','Ford','Mercedes- Benz','BMW','Nissan'] pds_car_
manufacturers = pd.Series(data=car_manufacturers)
print (pds_car_manufacturers)
```

```
0         Volkswagen
1               Ford
2      Mercedes-Benz
3                BMW
4             Nissan
dtype: object
```

Pandas 시리즈는 각 행에 관한 고유한 정수 값을 갖는 인덱스 열을 포함한다. 대부분의 경우 인덱스 열은 자동으로 생성되며, 인덱스 값은 대괄호([])를 이용해 원소를 선택하는 데 사용할 수 있다.

```
print (pds_car_manufacturers[2])

Mercedes-Benz
```

데이터를 Python 딕셔너리 형식으로 불러온 후 Pandas 시리즈 형식으로 변환할 수 있다. 기본적으로 Python 딕셔너리로 시리즈를 생성한 경우 시리즈는 정수형 인덱스 열을 갖지 않는다. 다음 예제는 Python 딕셔너리를 Pandas 시리즈로 변환하는 방법을 보여준다.

```
# Python 딕셔너리를 이용해 Pandas 시리즈 생성
#
# Pandas가 정수형 인덱스를 생성하지 않음
cars = {'RJ09VWQ':'Blue Volkswagen Polo',
        'WQ81R09':'Red Ford Focus',
        'PB810AQ':'White Mercedes- Benz E-Class',
        'TU914A8':'Silver BMW 1 Series'}

pds_cars = pd.Series(data=cars)

print (pds_cars)
RJ09VWQ            Blue Volkswagen Polo
WQ81R09                  Red Ford Focus
PB810AQ       White Mercedes-Benz E-Class
TU914A8             Silver BMW 1 Series
dtype: object
```

시리즈가 수치형 인덱스를 갖지 않더라도 여전히 숫자를 사용해 값을 얻을 수 있다.

```
print (pds_cars[2])
```

```
White Mercedes-Benz E-Class
```

Python 딕셔너리로 Pandas 시리즈를 생성했으므로 딕셔너리의 키-값으로도 값을 불러올 수 있다.

```
print (pds_cars['WQ81R09'])
```

```
Red Ford Focus
```

Python 딕셔너리를 Pandas 시리즈로 변환 후 딕셔너리 객체의 키를 사용할 수 있는 것은 Python이 자동으로 시리즈에 인덱스 객체를 생성했기 때문이다. 다음 코드를 통해 시리즈의 인덱스를 확인할 수 있다.

```
print (pds_cars.index)
```

```
Index(['RJ09VWQ', 'WQ81R09', 'PB810AQ', 'TU914A8'], dtype='object')
```

실무에서 Python 리스트나 딕셔너리를 Pandas 시리즈로 만들어 사용하기보다는 보통은 직접 CSV 파일의 내용 전체를 Pandas 데이터프레임으로 직접 불러온다. 다음 코드는 이번 예제에 포함된 CSV 파일의 내용을 Pandas 데이터프레임으로 불러오는 방법을 보여준다.

```
# CSV 파일을 Pandas 데이터프레임으로 불러오기
input_file = './titanic_dataset/original/train.csv'
df_iris = pd.read_csv(input_file)
```

이렇게 생성한 데이터프레임은 행과 열을 갖는 행렬로 columns 속성을 이용해 열의 이름 리스트를 확인할 수 있다.

```
# 열 이름 조회
print (df_iris.columns)

Index([ 'PassengerId', 'Survived', 'Pclass', 'Name', 'Sex', 'Age', 'SibSp',
        'Parch', 'Ticket', 'Fare', 'Cabin', 'Embarked'],
dtype='object')
```

다음 코드와 같이 기존 데이터프레임에서 일부 열을 가져와 새로운 데이터프레임을 만드는 것도 가능하다.

```
# df_iris의 열을 선택해 데이터프레임 만들기
df_iris_subset = df_iris[['PassengerId', 'Survived', 'Pclass', 'Sex','Fare', 'Age']]
```

데이터프레임 정보 확인

Pandas는 데이터프레임의 내용, 메모리 공간 정보, 통계 정보 등을 확인하는 데 필요한 여러 유용한 함수를 제공한다. 데이터프레임의 내용을 확인하는 데 주로 사용되는 함수는 다음과 같다.

- shape(): 데이터프레임의 행과 열의 수 조회
- head(n): 데이터프레임의 첫 n개 열 조회, n값을 지정하지 않으면 기본값은 5
- tail(n): 데이터프레임의 마지막 n개 열 조회, n값을 지정하지 않으면 기본값은 5
- sample(n): 데이터프레임의 임의의 n개 열 조회, n값을 지정하지 않으면 기본값은 1

```
# 데이터프레임의 행과 열 개수 확인
 print (df_iris_subset.shape)
(891, 6)

# 첫 5행 내용 확인
```

```
print (df_iris_subset.head())
```

```
   PassengerId  Survived  Pclass     Sex     Fare   Age
0            1         0       3    male   7.2500  22.0
1            2         1       1  female  71.2833  38.0
2            3         1       3  female   7.9250  26.0
3            4         1       1  female  53.1000  35.0
4            5         0       3    male   8.0500  35.0
```

```
# 마지막 3행 내용 확인
print (df_iris_subset.tail(3))
```

```
     PassengerId  Survived  Pclass     Sex   Fare   Age
888          889         0       3  female  23.45   NaN
889          890         1       1    male  30.00  26.0
890          891         0       3    male   7.75  32.0
```

```
# 임의의 10행 내용 확인
print (df_iris_subset.sample(10))
```

```
     PassengerId  Survived  Pclass     Sex      Fare   Age
806          807         0       1    male    0.0000  39.0
29            30         0       3    male    7.8958   NaN
738          739         0       3    male    7.8958   NaN
735          736         0       3    male   16.1000  28.5
426          427         1       2  female   26.0000  28.0
395          396         0       3    male    7.7958  22.0
318          319         1       1  female  164.8667  31.0
774          775         1       2  female   23.0000  54.0
179          180         0       3    male    0.0000  36.0
441          442         0       3    male    9.5000  20.0
```

Pandas는 데이터프레임의 메모리 공간 정보, 통계 정보 등을 확인하는 데 필요한 여러 유용한 함수를 제공하며, 데이터프레임의 통계 정보를 확인할 때 주로 사용되는 함수는 다음과 같다.

- describe(): 데이터프레임의 non-null 값, 평균, 표준편차, 최솟값, 최댓값, 4분위값 제공
- mean(): 각 열의 평균값 제공

- median(): 각 열의 중간값 제공

- std(): 각 열의 표준편차 제공

- corr(): 각 열 간의 상관관계 제공

- count(): 각 열의 non-null 값 개수 제공

- max(): 각 열의 최댓값 제공

- min(): 각 열의 최솟값 제공

다음 예제는 위 함수 중 일부의 사용 방법을 보여준다.

```
# 수치 데이터 열의 통계 정보 확인
print (df_iris_subset.describe())

       PassengerId    Survived      Pclass        Fare         Age
count   891.000000  891.000000  891.000000  891.000000  714.000000
mean    446.000000    0.383838    2.308642   32.204208   29.699118
std     257.353842    0.486592    0.836071   49.693429   14.526497
min       1.000000    0.000000    1.000000    0.000000    0.420000
25%     223.500000    0.000000    2.000000    7.910400   20.125000
50%     446.000000    0.000000    3.000000   14.454200   28.000000
75%     668.500000    1.000000    3.000000   31.000000   38.000000
max     891.000000    1.000000    3.000000  512.329200   80.000000


# 모든 열의 평균값 확인
print (df_iris_subset.mean(axis=0))

PassengerId    446.000000
Survived         0.383838
Pclass           2.308642
Fare            32.204208
Age             29.699118
dtype: float64

# 이전 코드와 동일한 의미
# axis = 0은 열을 의미
print (df_iris_subset.mean(axis=0))

PassengerId    446.000000
Survived         0.383838
```

```
Pclass          2.308642
Fare           32.204208
Age            29.699118
dtype: float64

# 각 열 간의 상관관계 확인
print (df_iris_subset.corr())

            PassengerId  Survived    Pclass      Fare       Age
PassengerId    1.000000 -0.005007 -0.035144  0.012658  0.036847
Survived      -0.005007  1.000000 -0.338481  0.257307 -0.077221
Pclass        -0.035144 -0.338481  1.000000 -0.549500 -0.369226
Fare           0.012658  0.257307 -0.549500  1.000000  0.096067
Age            0.036847 -0.077221 -0.369226  0.096067  1.000000

# 각 열의 non-null인 값의 개수 확인
print (df_iris_subset.count())

PassengerId    891
Survived       891
Pclass         891
Sex            891
Fare           891
Age            714
dtype: int64
```

info() 함수는 다음 예제와 같이 모든 열의 데이터 형식에 관한 정보와 데이터프레임을 저장하는 데 필요한 메모리 공간 정보를 제공한다.

```
# 데이터 형식과 메모리 공간 정보 조회
print (df_iris_subset.info())

<class 'pandas.core.frame.DataFrame'>
RangeIndex: 891 entries, 0 to 890
Data columns (total 6 columns):
 #   Column       Non-Null Count  Dtype
---  ------       --------------  -----
 0   PassengerId  891 non-null    int64
 1   Survived     891 non-null    int64
 2   Pclass       891 non-null    int64
 3   Sex          891 non-null    object
```

```
4    Fare            891 non-null    float64
5    Age             714 non-null    float64
dtypes: float64(2), int64(3), object(1)
memory usage: 41.9+ KB
```

isnull() 함수는 데이터프레임의 null 값을 확인할 수 있도록 표시한다. isnull() 함수의 실행 결과는 다음 예제와 같이 원본 데이터프레임의 차원과 동일한 형태로 데이터프레임의 데이터가 null 값이면 True이고, 그렇지 않으면 False로 표현한다.

```
# 임의의 10개 데이터 행의 값 중 null 값 위치 표시
print(df_iris_subset.sample(10).isnull())

     PassengerId  Survived  Pclass    Sex   Fare    Age
316        False     False   False  False  False  False
76         False     False   False  False  False   True
815        False     False   False  False  False   True
474        False     False   False  False  False  False
821        False     False   False  False  False  False
343        False     False   False  False  False  False
267        False     False   False  False  False  False
807        False     False   False  False  False  False
432        False     False   False  False  False  False
120        False     False   False  False  False  False
```

다음 예제와 같이 sum() 함수와 isnull() 함수를 사용하면 데이터프레임의 각 열에 포함된 null 값의 개수를 빠르게 계산할 수 있다.

```
# 각 열의 결측값의 개수 확인
print (df_iris_subset.isnull().sum())

PassengerId      0
Survived         0
Pclass           0
Sex              0
Fare             0
Age            177
dtype: int64
```

데이터 선택

Pandas는 데이터프레임의 값을 조회하는 데 사용할 수 있는 강력한 함수들을 제공한다. 다음 예제와 같이 기존 데이터프레임에서 선택하고자 하는 열의 이름을 지정해 기존 데이터프레임의 일부 열을 포함하는 새로운 데이터프레임이나 시리즈를 만들 수 있다.

```
# 시리즈 객체로 단일 열 추출
print (pds_class.head())

   Pclass
0       3
1       1
2       3
3       1
4       3

# 특정 열의 이름을 지정해 새로운 데이터프레임 생성
df_test1 = df_iris_subset[['PassengerId', 'Age']]
print (df_test1.head())

   PassengerId   Age
0            1  22.0
1            2  38.0
2            3  26.0
3            4  35.0
4            5  35.0
```

또한 아래 예제와 같이 데이터프레임의 행 인덱스 범위를 지정해 기존 데이터프레임의 일부 행을 포함하는 새로운 데이터프레임을 생성할 수도 있다.

```
# 처음 3개 행을 추출해 새로운 데이터프레임 생성
df_test2 = df_iris_subset[0:3]
print (df_test2.head())

   PassengerId  Survived  Pclass     Sex     Fare   Age
0            1         0       3    male   7.2500  22.0
1            2         1       1  female  71.2833  38.0
2            3         1       3  female   7.9250  26.0
```

iloc() 함수를 이용하면 기존 데이터프레임의 일부를 선택해 새로운 행렬을 만들 수도 있다.

```
# 첫 3개 행과 열을 추출해 새로운 데이터프레임 생성
df_test3 = df_iris_subset.iloc[0:3,0:3]
print (df_test3.head())

   PassengerId  Survived  Pclass
0            1         0       3
1            2         1       1
2            3         1       3
```

또한 비교 연산자를 사용해 특정 조건을 만족하는 열을 기존 데이터프레임에서 추출할 수도 있다. 다음 예제는 df_iris_subset 데이터프레임의 Age 열 데이터 중에서 26보다 큰 값을 추출해 새로운 데이터프레임을 만든다.

```
# Age > 26을 만족하는 행을 추출해 새로운 데이터프레임 생성
df_test4 = df_iris_subset[df_iris_subset['Age'] > 26]
print (df_test4.count())

PassengerId    395
Survived       395
Pclass         395
Sex            395
Fare           395
Age            395
dtype: int64
```

이번 부록에서 다룬 함수들 외에도 Pandas에는 데이터를 정렬하는 함수와 표준 Python 함수를 전체 데이터프레임의 필터로 사용하는 기법을 제공한다. Pandas의 더 많은 기능을 확인하려면 다음 주소를 방문해보자.

http://pandas.pydata.org

찾아보기

AWS 클라우드 머신러닝

머신러닝 기초부터 AWS SageMaker까지

발 행 | 2021년 1월 4일

옮긴이 | 박 정 현
지은이 | 아비섹 미쉬라

펴낸이 | 권 성 준
편집장 | 황 영 주
편 집 | 김 진 아
          임 지 원
디자인 | 윤 서 빈

에이콘출판주식회사
서울특별시 양천구 국회대로 287 (목동)
전화 02-2653-7600, 팩스 02-2653-0433
www.acornpub.co.kr / editor@acornpub.co.kr

한국어판 ⓒ 에이콘출판주식회사, 2021, Printed in Korea.
ISBN 978-11-1955-483-3
http://www.acornpub.co.kr/book/ml-aws-cloud

이 도서의 국립중앙도서관 출판시도서목록(CIP)은 서지정보유통지원시스템 홈페이지(http://seoji.nl.go.kr)와
국가자료공동목록시스템(http://www.nl.go.kr/kolisnet)에서 이용하실 수 있습니다.(CIP제어번호: CIP2020053326)

책값은 뒤표지에 있습니다.